# 直面历史的深渊（下册）

## 南京大屠杀始末探析

[美] 陆束屏 ◎ 著
[美] 陆束屏 ◎ 译

团结出版社

# 目　录（下）

**第九章　英文、中文与日文媒体的报道** ………………………… 385
　英文媒体的报道 ………………………………………………… 385
　中文媒体的报道 ………………………………………………… 413
　日文媒体的报道 ………………………………………………… 427

**第十章　美国、英国与德国外交文件中记载的南京大屠杀** …… 443
　美国大使馆及其外交文献记录 ………………………………… 443
　英国大使馆及其外交电文 ……………………………………… 462
　德国大使馆及其外交文件 ……………………………………… 473

**第十一章　遇难者尸体的处理** …………………………………… 496
　日军处理尸体 …………………………………………………… 496
　慈善组织掩埋尸体 ……………………………………………… 505
　地方政府组织掩埋尸体 ………………………………………… 532
　团体、个人、家属与亲戚掩埋尸体 …………………………… 537

**第十二章　战后军事法庭审判** …………………………………… 543
　南京军事审判法庭 ……………………………………………… 543

远东国际军事法庭 …………………………………………………… 558

## 第十三章　对南京大屠杀的争论 …………………………… 616
美国方面改弦更张 ……………………………………………… 616
50年代至70年代初中国与日本出版的关于南京大屠杀的材料 ………… 621
争论的起点 ……………………………………………………… 635
争论的转折点 …………………………………………………… 656
日本右翼的兴起 ………………………………………………… 658
搜寻日本军人战时的日记 ……………………………………… 672
日本学界对南京大屠杀的研究 ………………………………… 676
中国学界对南京大屠杀的研究 ………………………………… 684

## 第十四章　"百人斩竞赛"及其争论 ………………………… 700
最初的新闻报道 ………………………………………………… 700
当事人回忆录中描述的"百人斩竞赛" ………………………… 713
2003—2006年"百人斩"诉讼始末 …………………………… 726

## 参考资料 …………………………………………………… 751
档案资料 ………………………………………………………… 751
中文资料 ………………………………………………………… 752
英文资料 ………………………………………………………… 755
德文资料 ………………………………………………………… 761
日文资料 ………………………………………………………… 763

# 第九章　英文、中文与日文媒体的报道

## 英文媒体的报道

日军在南京犯下暴行后，英文媒体立即在头版报道了城内发生的情况。五名美国和英国记者，即《芝加哥每日新闻》的阿契包德·特洛简·斯提尔、《纽约时报》的弗兰克·提尔曼·杜丁、美联社的查尔斯·叶兹·麦克丹尼尔、帕拉蒙新闻摄影社的亚瑟·冯·布里森·孟肯和路透社的莱斯利·C.史密斯，留在被围困的南京城内，报道了南京保卫战及城市陷落，也目睹了大屠杀的最初阶段。

美舰"瓦胡号"和英舰"瓢虫号"于1937年12月14日赶到"巴纳号"被炸沉的水域进行救援后，于12月15日下午4点17分左右抵达南京。这五名记者获得了离开南京的许可。斯提尔、杜丁和孟肯登上了"瓦胡号"，史密斯上了"瓢虫号"，而麦克丹尼尔则在一天后乘坐日本炮舰"栂号"前往上海。

直到12月16日上午7点，"瓦胡号"和"瓢虫号"才启航驶往上海。12月15日登上"瓦胡号"后，在炮舰仍然停泊在南京水域时，斯提尔成功地说服了海军发报员向《芝加哥每日新闻》拍发了一篇新闻稿，由于时差，南京比芝加哥早14个小时，因此该报于当地时间1937年12月15日晨在头版刊登了他的稿件。这篇题为《日军屠杀成千上万：目击者叙述沦陷城市"四天地狱般的日子"；街道上尸体积有五英尺高》的报道，是揭露日军南京暴行的第一篇新闻报道。斯提尔写道：

> 我刚刚和攻城开始后第一批离开首都的外国人一起登上"瓦胡号"军舰。离开南京之际，我们最后见到的场面是一群300名中国人在临江的城墙前井然有序地遭处决，那儿的尸体已积有膝盖高。
>
> 这是近几天疯狂的南京景象最典型的写照。
>
> 南京城陷落的过程也是困在城中中国城防军人难以言说的惊恐、混乱的经历，以及接踵而至日本占领军造成数以万计的生灵，其中许多都是无辜老百姓遭屠杀的恐怖笼罩的过程。①

接着，斯提尔继续描述他目睹的情况：

> 日军只要宽恕困在城里大多数已放下武器准备投降的中国军人就几乎可以不费一枪一弹占领南京城其余的部分。然而，他们选择了有计划地屠杀守军的做法。
>
> **尸体积有五英尺高**
>
> 屠杀犹如屠宰羔羊。很难估计有多少军人受困，遭屠杀，也许在五千与两万之间。
>
> 由于陆路已切断，中国军人通过挹江门涌向江边，挹江门迅速堵塞。今天经此城门过，发现要在积有五英尺高的尸体堆上开车才能通过城门。已有数百辆日军卡车、大炮在尸体堆上开过。
>
> 城里所有街道上都遍布着平民百姓的尸体和遗弃的中国军队的装备与军装，许多没有找到船只过江的军人径直跳入长江，十之八九遭溺毙。

---

① A. T. Steele, "Japanese troops kill thousands: 'Four days of hell' in captured city told by eyewitness; bodies piled five feet high in streets", *Chicago Daily News*, December 15, 1937, p. 1.

### 抢劫美国大使的寓所

尽管中国军人动手在先，日军的抢劫导致中国军队的掳掠，劫掠过后看上去犹如星期日教会学校的野餐，一片狼藉。日军闯入外国人的房产，其中包括美国大使纳尔逊·T.约翰逊的府邸。

在美国人开办的金陵大学医院，他们抢去护士的手表、钱财。至少偷走两辆美国人的汽车，撕掉美国旗。他们甚至闯进难民营，许多穷人仅有的几个铜板亦遭洗劫。

这篇报道是根据我自己的亲眼所见和攻占南京整个过程都留在城内的其他外国人的目睹见闻而写成的。①

两天后，12月17日，斯提尔在《芝加哥每日新闻》上又发表了一篇文章：《记者描绘战争屠杀场景；"巴纳号"遭日军袭击长达半小时；屠戮与掳掠笼罩着南京》。该报的编辑介绍道："《芝加哥每日新闻》报记者A. T. 斯提尔冒着生命危险，忍受着艰辛和恐怖，从而能够向美国读者讲述日军进攻并洗劫中国首都的悲惨经历。多亏一艘美国军舰，他现已平安抵达上海。这些电讯描述了斯提尔在日本人进入南京并试图将外国船只赶出中国水域的那几个致命的小时里亲眼所见以及从目击者那里了解到的情况。"② 斯提尔在文章中写道："映入我眼帘的是南门外一片肆意屠杀的场景，至少上千名军人以各种可能的姿态战死，断落的电话、电灯线杂乱无章地散落在周围，到处是烧焦的残骸，显然，他们为紧闭的城门所困。"③ 然后他补充道：

---

① A. T. Steele, "Japanese troops kill thousands: 'Four days of hell' in captured city told by eyewitness; bodies piled five feet high in streets", *Chicago Daily News*, December 15, 1937, p. 1.

② "Editor's Note" for Steele's article "War's death drama pictured by reporter: Panay victims under Japanese fire for full half hour; butchery and looting reign in Nanking", *Chicago Daily News*, December 17, 1937, p. 1.

③ A. T. Steele, "War's death drama pictured by reporter: Panay victims under Japanese fire for full half hour; butchery and looting reign in Nanking", *Chicago Daily News*, December 17, 1937, p. 1.

我也见过这样的场面：一个惊惧的士兵蜷缩在一面德国旗下面；上百名伤兵匍匐爬行、跛行在街头，乞求每一个过路人伸出援手；日军强迫苦力、毛驴为他们驮运抢来的物品；月光下日军的机枪手在街头游荡，击杀奔跑者，也打死不跑的人；日军有计划地逐屋搜索，抓走身着便衣的嫌疑分子，把他们几十个人绑成一团，一个个拉出去枪毙，其他命运相同的伙伴则木然地坐在一边，等待轮到他们被枪毙的时刻。

**孤苦无助的平民遭刺杀**

我眼见日军拳打脚踢孤苦无助的老百姓，在医院见到许多被刺刀刺伤的平民。

我亲眼见到每条街上都横陈着尸体，其中包括一些不可能对他人造成伤害的老人，还见到成堆成堆遭处决而死的尸体。

在北门，我看见可怖、杂乱的一堆，那曾是200人的躯体，现在是一摊焦烂的骨肉。

城门外，我观察到绳梯，布条、毯子扎成的带子从城墙上挂下去，许多人发现城门堵塞时，从这儿逃出城，只是又陷入更加致命的陷阱。①

12月18日，在一篇题为《讲述美国佬在南京见义勇为》的文章中，斯提尔作了如下叙述：

日军在街上巡逻，挨家挨户搜捕被怀疑为穿便装的士兵。很少有人活着回来，极个别回来的人说他们的同伴在没有任何审判程序的情况下遭受屠杀。

我目睹这样的集体屠杀，也见过其他屠杀留下的残酷场面。更难以忍受的是不得不听妇女号啕大哭，恳求让她们再也见不到的儿子、丈夫

---

① A. T. Steele, "War's death drama pictured by reporter: Panay victims under Japanese fire for full half hour; butchery and looting reign in Nanking", *Chicago Daily News*, December 17, 1937, pp. 1-3.

回来。①

斯提尔接着又发表了两篇报道南京大屠杀的文章。1938年2月3日发表在《芝加哥每日新闻》上的《攻占南京之际中国人惊慌失措，恐怖与残暴的场景暴露无遗》中，他观察到：

> 残存的中国军队已成惊弓之鸟，毫无组织的乌合之众，如果保证宽待不杀，他们会自愿投降。但日军却肆意屠杀。不把所有的官兵抓到斩尽杀绝，日军就不会如意。
>
> 投降者并没有受到宽待，而是和其他人一道被押往屠场。没有军事法庭，更没有审判。恐怖笼罩之中，数以百计的平民百姓被捕，遭杀戮也在预料之中。②

在2月4日以《记者将在南京屠杀惊恐的中国人比作美国被围猎的大野兔》为题发表的第五篇文章中，他写道：

> 日军在街道上缓缓推进，用机枪、步枪扫射奔跑或形迹可疑的人，此时垂头丧气的败兵辗转进入所谓的安全区。安全区是日军最后进行搜索残敌行动的区域，街道形同阎王地狱。……
>
> 日军如同细齿梳子般仔细在城内搜索中国军人和"便衣人员"。数以百计的人从难民营中被搜出遭屠杀。临刑就戮的人们被两三百人一群押往就近的屠场，用步枪、机枪扫射枪杀。有一次，坦克被调来处决数百名俘虏。
>
> 我目睹了一场集体屠杀。一群几百个行将处死的人扛着一面大幅日

---

① A. T. Steele, "Tells heroism of Yankees in Nanking", *Chicago Daily News*, December 18, 1937, p. 1.
② A. T. Steele, "Panic of Chinese in capture of Nanking, scenes of horror and brutality are revealed", *Chicago Daily News*, February 3, 1938, p. 2.

本旗穿街而过，他们被三三两两的日本兵押着，赶入一块空地，被一小组、一小组地枪杀。一名日本兵站在越积越多的尸体堆上，用步枪补射仍在动弹的躯体。

对日军来说这可能是战争，然而，对我却像谋杀。①

另一位设法从"瓦胡号"上发出电报的记者是孟肯。1937年12月16日，他向美联社发电讯稿。《波士顿环球报》于1937年12月16日首次刊登了他的稿子，其中提道："一度为古老中国骄傲首都的南京今天遍布着在轰炸、炮击、激烈战斗中丧生的城防军人和平民的尸体。"② 12月17日，《芝加哥每日论坛报》发表了更详细的版本，其中部分内容引述如下：

城内四处散落着数以百计由溃逃的中国军人遗弃的军装，他们设法换上老百姓的便服，以期从日军手中逃生。……为了确保美国使馆门卫不会因携带武器而遭杀害，麦克丹尼尔除去他的手枪，并让他待在使馆里面。这也许救了他的命。中国男子只要被发现有在军队服役的痕迹，即被押到一起，遭处决。③

其他三位记者在12月17日抵达上海后，也设法将他们的新闻稿发回各自的新闻机构。麦克丹尼尔的报道以日记形式首先发表在12月17日的《西雅图每日时报》上④。同时，他还于12月18日在《春田共和报》上发表了一篇题为《南京希望日军将缓解严酷残暴》的文章，他在文章中表示："昨

---

① A. T. Steele, "Reporter likens slaughter of panicky Nanking Chinese to jackrabbit drive in U. S.", *Chicago Daily News*, February 4, 1938, p. 2.

② Arthur Menken, "Cameraman reveals carnage in Nanking", *Boston Globe*, December 16, 1937, p. 16.

③ Arthur Menken, "Witness tells Nanking horror as Chinese flee", *Chicago Daily Tribune*, December 17, 1937, p. 4.

④ C. Yates M'Daniel, "Newsman's diary describes horrors in Nanking", *Seattle Daily Times*, December 17, 1937, p. 12.

天乘日本驱逐舰抵达上海的本记者目睹了南京沦陷的悲惨后果。我看到了四天来日本人对中国人的掳掠与大规模屠杀。"①

杜丁的新闻报道于12月18日在《纽约时报》上发表，他的报道提供了更详细的描述和更深入的分析。他的第一篇报道《攻占南京肆意屠戮，俘虏均遭戕杀；日军在南京制造恐怖，平民百姓亦遭杀戮》是在"瓦胡号"上写的。杜丁也像其他记者那样提供了关于日军暴行的描述，但他不只是简略地叙述。他在报告中首先介绍了恐怖笼罩下总体的状况：

> 大规模的抢劫，强奸妇女，屠杀平民，将中国人赶出家园，集体屠杀战俘，强迫壮年男子做苦工等暴行使南京成为一座恐怖之城。

### 很多平民遭杀戮

> 屠杀平民的现象极为普遍。星期三外国人在全城四处走了走，发现每条街上都有死难的平民。他们当中有的是上了年纪的老汉，有妇女，也有儿童。
>
> 警察和消防队员特别会遭到攻击。很多人被刺刀刺死，有些刺刀刺的伤口野蛮残忍到了极点。
>
> 任何人由于害怕或激动而奔跑都可能被当场击毙，天黑后在街巷里遇上巡逻的日军也会送命。外国人目睹了许许多多这样的屠杀。
>
> 日军的抢劫已经达到洗劫全城的程度。几乎每一座房子都被日本兵闯进去过，并且经常在军官的眼皮底下随心所欲地抢东西。日本兵还逼迫中国人挑运他们抢来的物品。
>
> 首先要抢的是食物，其他有用或值钱的东西也一一遭劫。特别不光彩的行径是大规模搜查难民中心的日本兵抢劫难民的钱财，经常把不幸

---

① C. Yates McDaniel, "Nanking hopes Japanese will mitigate harshness", *Springfield Daily Republican* (Springfield, MA), December 18, 1937, p. 2.

难民的全部家当洗劫一空。①

杜丁接着揭示了他所观察到的肆意杀戮和大规模处决的更多信息：

很多中国男子向外国人报告他们的妻女被劫持，遭强奸，希望得到帮助，但外籍人士也无能为力。

集体屠杀战俘更强化了日军在南京造成的恐怖。屠杀完放下武器的中国军人，日军又在城里仔细搜索穿便衣但被怀疑当过兵的男子。

在难民区的一栋建筑里抓出 400 个人。他们被 50 个人一组地捆在一起，持步枪和机枪的日本兵在两旁将他们押往屠场。

登船赴上海之前，笔者亲眼见到 200 个人在江边被处决。屠杀的过程历时十分钟。那些人背靠城墙排开遭枪杀。接着一批持手枪的日军冷漠地四处踢踢蜷缩的尸体，对尚在动弹的躯体补射子弹。②

随后，杜丁发人深省地评论道："掳掠南京城，践踏民众，日军在中国人心里深深地埋下仇和恨，这种仇恨日积月累便会形成东京表示要尽力从中国根除的抗日意志。"③然后，他继续讲述了日军所犯暴行的更多细节：

成千上万的俘虏被日军屠杀。大多数留在安全区内的中国军人遭到集体屠杀。在全城有计划地逐屋仔细搜索，捕捉肩膀上有背包印痕或其他当兵痕迹的人。这些人被押到一起遭处决。

很多人被抓住后当场被杀，其中包括与军队没有牵连的无辜者，以

---

① F. Tillman Durdin, "Butchery marked capture of Nanking: All captives slain; civilians also killed as the Japanese spread terror in Nanking", *New York Times*, December 18, 1937, p. 1.

② F. Tillman Durdin, "Butchery marked capture of Nanking: All captives slain; civilians also killed as the Japanese spread terror in Nanking", *New York Times*, December 18, 1937, p. 10.

③ F. Tillman Durdin, "Butchery marked capture of Nanking: All captives slain; civilians also killed as the Japanese spread terror in Nanking", *New York Times*, December 18, 1937, p. 10.

及很多伤兵与老百姓。星期三，在数小时之内，我目睹三起集体屠杀。一次屠杀中，坦克机枪在交通部防弹掩体附近对准100名俘虏扫射。

日军最喜欢用的屠杀方法是将十几个人赶到防空洞口，向他们射击，使这些人的躯体倒入洞内，再将土铲入掩埋尸体。……

老百姓的伤亡也很惨重，人数已有数千。唯一收治病人的医院是美国人办的金陵大学医院，但医院的设施哪怕是医治一小部分伤员也不够。

南京街头横陈着死者。有时，要把尸体移开才能开车通过。

日军攻占挹江门时即大肆屠杀守军，他们的尸体和沙包堆积有六英尺高。星期三晚上，日军还没有搬走尸体，两天之内，重型军车穿行于此，碾压在人、狗、马的遗骸上。

日本人似乎想让恐怖的景象留存下去，以此让中国人牢记抵抗日军的可怕后果。……

今天的南京居住着惊恐万状的人们，他们在外国人的统治之下，生活在对死亡、折磨、抢劫的恐惧之中。数万中国军人的坟墓也可能是所有希望抵抗日本侵略的中国人的坟墓。①

12月19日，《纽约时报》刊登了杜丁的另一篇文章，标题为《外国人在南京的作用受到赞扬》，他在文章中描述了一小群西方人士组织国际委员会、安全区、红十字会和红十字会医院，以及保持鼓楼医院（一家教会医院）正常运转，来接受伤病员，为城中成千上万的难民提供住所、食物和医疗援助。然而，他们在发挥"具有重大人道主义和政治意义的独特作用"的同时，"经常因炮击、轰炸以及无法无天的士兵而危及他们的生命"，但外国人几乎"奇迹般地都在围困攻城中幸存下来，除了轻微割伤外，没有任何人受伤"②。

---

① F. Tillman Durdin, "Butchery marked capture of Nanking: All captives slain; civilians also killed as the Japanese spread terror in Nanking", *New York Times*, December 18, 1937, p. 10.

② F. Tillman Durdin, "Foreigners' role in Nanking praised", *New York Times*, December 19, 1937, pp. 1 & 38.

南京的血腥场面和恐怖氛围似乎一直困扰着他，而他已经撰写和发表的关于暴行的文章，似乎并没有对曾经在他眼前展现的悲惨屠杀景象提供足够和充分的报道和分析。他不断地写下他所目睹的一切，并表明他想对这场战争和大屠杀进行更详细和深入的分析。12月22日，他用航空邮件从上海向纽约发送了一份内容广泛的长篇报道，但该邮件直到1938年1月9日才刊登在《纽约时报》上。在这篇整版文章中，作者用了许多篇幅从军事战略的角度分析了南京战役和围城，但同时，也对日军的暴行作了进一步的详细描述：

> 攻占南京的过程中，日军肆意屠杀，掳掠抢劫，其野蛮残酷达到中日开战以来前所未有的程度。日军毫无节制的残暴只能和欧洲黑暗时代恣意毁坏行径或中世纪亚洲征服者的残酷暴行相匹敌。
>
> 大部分已经缴械、准备投降的中国军人已是求助无门，他们被有组织地搜捕并处决。成千上万名在安全区委员会缴械并住进难民中心的军人被筛出来，手绑在背后，押往城外的屠场。
>
> 小股躲进防空洞的士兵被赶出来，在避弹掩体的入口被枪毙，或用刀捅死。尸体再扔回防空洞掩埋。坦克上的机枪时常用来射杀被捆绑的军人。更常见的处决方式是用手枪击毙。
>
> 在南京，每一个身强力壮的男子都会被日军怀疑为士兵。他们检查肩膀上的背包痕，枪托印，由此把士兵和平民分辨出来，当然，在很多情况下和军队没有任何瓜葛的无辜平民被赶进将遭处决的人群，其他情况下，当过兵的也会漏网。
>
> 日本人自己宣称，前三天在南京的"清剿"行动中，搜捕了15000中国军人。那时认为还有25000仍藏在城内。
>
> 这些数字准确地显示困在城内部队的数量。也许日本人25000的数字有所夸大，但有两万名中国军人被处决是极有可能的。
>
> 平民中男女老少都有被日军打死的。消防队员和警察常常被杀。任何

人在日军到来之际由于兴奋或恐惧而奔跑都有被枪杀的危险。在日军对城市巩固控制之际，到城里转了转的外国人发现每天都有平民被打死。常常看见老人面朝下倒在人行道上，显然是日本兵一时兴起从背后开的枪。①

杜丁还用几段文字描述了日军士兵大规模的抢劫和肆无忌惮的强奸：

大规模抢劫也是日军占领南京时的主要罪行之一。一旦日军完全控制一个区域，士兵便接到可以洗劫区内房屋的命令。首先抢的是食物，但其他值钱的，特别是容易携带的物品亦被任意抢夺。住在屋子里的人也遭抢，只要抵抗就被打死。

### 洗劫外国人的财产

日军闯入难民营，在很多情况下，不幸难民的几块钱也被抢去。封住的房屋被破门而入。外国人的财产亦未能幸免。日本兵闯入美国教会办的金陵女子学院的教师住宅随心所欲地拿东西。

美国人办的金陵大学医院也遭搜查，护士的物品被从宿舍抢走。他们把外国国旗从建筑物上扯下，至少抢去三辆外国人的汽车。美国大使纳尔逊·T.约翰逊的府邸亦被闯入，但是，五个闯入的日本兵，除了拿去一只电筒，还没抢到东西就被赶了出来。

中国妇女被任意凌辱，美国传教士亲眼目睹许多妇女从难民营被劫持走，遭强奸的案件。②

杜丁认为，如果不提及安全区和留在被围困城市中的西方人士所扮演的角色，对南京沦陷和此后的恐怖笼罩的描述就不够完整：

---

① F. Tillman Durdin, "Japanese atrocities marked fall of Nanking after Chinese command fled", *New York Times*, January 9, 1938, p. 38.

② F. Tillman Durdin, "Japanese atrocities marked fall of Nanking after Chinese command fled", *New York Times*, January 9, 1938, p. 38.

虽然不算完全成功，南京安全区不管怎样有助于解救成千上万平民的生命。几位外国发起人的目的是获得完全非军事化，并希望在整个攻占城市的过程中尊重它的中立性。完全的非军事化并未实现，南京战斗最后几天，中国军人鱼贯穿过安全区。日军进城时也随心所欲地进入安全区。

然而，日军从未把这一地区作为重点炮击或飞机轰炸的区域，因此，在这里避难的平民是相对安全的。估计有10万平民在安全区避难。安全区位于城西部，占有面积三或四平方英里。

安全区委员会的会长是约翰·H. D. 拉贝，一位白发德国人，在南京认识他的人都相当尊重他。主任是苏州的乔治·菲齐，一位出生在中国的美国人，危难之际，他的工作令人钦佩而很胜任，这一工作要负各种各样的责任，犹如发大水，或其他灾害发生时管理一座美国小城需要负的责任。

委员会的秘书长是路易斯·S. C. 史迈斯博士，金陵大学的社会学教授，是位充满干劲、主动性极强的人。在谈判成立安全区过程中功绩卓著者是 M. 舍尔·贝茨博士，金陵大学的历史教授。贝茨博士在争取南京停战协议中也站在最前沿，这个停战协议打算让中国军队撤出，日军和平占领城市。[①]

这批记者中唯一的英国记者——路透社的记者史密斯，抵达上海后也立即将新闻电讯稿发回他的通讯社。他的第一篇报道匿名发表在12月18日的伦敦《泰晤士报》上：

星期一早晨，日军逐渐向北移动，没有遇到抵抗，并开始进行有计划的肃清残敌的行动。虽然街上仍有一群群中国军人在彷徨，外国人以

---

① F. Tillman Durdin, "Japanese atrocities marked fall of Nanking after Chinese command fled", *New York Times*, January 9, 1938, p. 38.

为麻烦就要终结了。来到安全区的军人被告知要放下武器，数以千计的人丢掉枪支，脱去军装。武器装备和军装在燃烧的交通部大楼前堆成一大堆。大批中国人和为数不多的外国人都希望日军的到来可以结束混乱，但是侵略者仔细肃清残敌的行动使他们的希望破灭了。中国军人由于惊恐而逃窜，恐怖的场面加上伤兵四处爬行哀求援手而更加恐怖。

那天晚上，日军打开中山门举行胜利入城仪式，由于车辆不足，入城式中用了牛、驴、独轮车，甚至破车厢。接着，他们进入安全区，发现有人没什么原因在户外活动，即当场击毙。星期二，日军有计划地搜捕和中国军队稍有牵连的人。他们从难民营抓出嫌疑者，并将许多中国军人困在街头。原本愿意投降的士兵被击杀，而成他人之殷鉴。

### 护士被抢劫

毫无仁慈怜悯。老百姓的希望转化为畏惧，恐怖笼罩着一切。日军沿大街逐屋搜查，大规模掳掠财物，破店而入，抢劫钟表、餐具及一切能拿得走的东西，并胁迫苦力为他们挑运掠夺来的物品。他们闯进美国人办的金陵大学医院，抢走护士的手表、钢笔、电筒，搜查房屋，洗劫财产，抢走汽车，撕掉车上的美国旗。他们闯入外国人的住宅，德国人的商店亦遭抢劫。外国人对解除了武装的中国军人的恻隐之心亦会激怒日本人。

有可能是军人的青年男子和许多警察被成群地押在一起，集体屠杀，后来见到成堆倒下的尸体便是明证。街道上横陈着尸体，其中包括不会伤害他人的老汉，但没有见到妇女的尸体。通往江边的挹江门，人与马的尸体可怖地堆成一大堆，足有四英尺厚，汽车、卡车在尸体堆上行驶，出入城门。①

他的另一篇报道于12月19日登载在由英国人在北平创办的《北京纪事

---

① "Terror in Nanking: Looting and murder; the conquerors' brutality", *The Times* (London), December 18, 1937, p. 12.

报》上。编辑在文章开头作了简短的介绍："报道完南京攻城战役后乘英国军舰'瓢虫号'回到上海的路透社记者莱斯利·史密斯先生说，12月12日下午，当中国南京城防崩溃之际，在意大利大使馆的屋顶上见到一幕令人心生恐怖，又徒劳无益的景象。"[1] 这份报纸在已被日军占领的城市出版，所以文章更多的是描述中国军队的混乱撤退和南京的沦陷，而不是暴行，这些暴行描述可能已经被报纸的编辑删掉了。然而，这篇文章仍然透露了一些关于大屠杀的信息：

> 数百名中国军人被困在城墙内，他们开始用梯子、绳索，甚至用衣服结扎成绳索攀越城墙。
>
> 得以奔逃至此的幸存者开始登上筏子和船只过江，但它们已拥挤不堪。
>
> 用一位中国目击者的话说，"数百人，也许上千人可能淹死了"。同时，为了阻止日军进逼，勇敢的后卫部队采取行动。重机枪射击一直持续到深夜，大约在午夜时分达到高潮，当时许多城防军人在城墙外被歼灭，目击者后来看到了1000具中国军人的尸体。[2]

当美国和英国记者启程前往上海时，他们协助偷运出一些仍在南京的美国人写的目击报告。M. S. 贝茨于1937年12月15日撰写的文章被上海的其他西方记者获取。驻上海的《纽约时报》记者哈立特·阿本德（Hallett Abend, 1884—1955）获得了贝茨文章的副本，他1937年12月24日在《纽约时报》发表的报道中大量引用了这篇文章：

> "这个地区中国当局不光彩的崩溃使得广大老百姓准备响应日本人吹嘘的秩序和组织。整个局面被频繁的屠杀、大规模的洗劫、不加节制

---

[1] "Fall of Nanking vividly retold by eye-witness", *Peking Chronicle*, December 19, 1937, p. 1.
[2] "Fall of Nanking vividly retold by eye-witness", *Peking Chronicle*, December 19, 1937, p. 18.

地骚扰私人住宅，包括侵犯妇女的安全等行为而损毁。"

## 平民百姓遭刺杀

作者补充说，很多死难的平民百姓是遭枪击和刺杀致死的，许多次屠杀都是在外国人或有身份的中国人在场目睹的情况下进行的。成群成群放下武器、脱去军装的中国军人被绑在一起加以杀害，另一份报告补充道。

有封信说："除了成群已被屠杀，或正被押往屠场的战俘，到目前为止，没有迹象证明日军手上还有中国俘虏兵。"

许多被强迫挑运日军抢劫来的物品的中国人据说后来也遭杀害。一位美国传教士继续写道：

"首先被抢走的是大批食品，然而，稍微有用或值钱的东西之后都被掳掠而去。成千上万的私人住宅，不管有没有人住，是大是小，也无论是中国人还是外国人的，一律遭洗劫。他们闯入几十个难民营，金钱、财物，还有零碎物品都在大规模的搜查中被掳掠而去。

"金陵大学医院的工作人员被抢去现金、手表，护士在宿舍里听任成群抢劫者的摆布。"

## 国旗被扯下

同一个美国人写道，大批外国人的汽车和房产被扯去国旗后加以强占。日军官兵劫持小姑娘、妇女的现象也极为普遍。这份报告最后评论道：

"在这种情况下，恐怖是难以用语言来形容的，而文雅些的日军军官侈谈'对压迫人民的中国政府发动战争的唯一目的是为了中国人民的利益'只会留下令人作呕的印象。一定会有负责任的日本政治家，不管是武将还是文官，为了他们国家的利益，将迅速妥善地纠正日本人在中国的名望这几天所遭受的损害。也有个别士兵与军官表现得像绅士，无愧于他们的职业与帝国。然而，整体的行为却是一个令人悲哀的打击。"①

---

① Hallett Abend, "Japanese Colonel Is Not Disciplined", *New York Times*, December 24, 1937, p. 7.

英国人在上海出版的英文报纸《字林西报》也获得了贝茨文章的副本。1937年圣诞节，该报刊登了一篇题为《攻占首都后的强奸与抢劫。日本人进入后的两天是痛苦的；数百人被屠杀；外国财产无法避免被掠夺》的报道，该文直接引用了贝茨文章的主要段落，但作了些许修改：

> 在主要街道上，多半是从商店与未加防范的橱窗中攫取食品的中国军人小打小敲的抢劫转变成日军在军官的眼皮下面有计划地将一座座店面损毁。日本兵需要有自己个人的挑夫吃力地帮他们挑运沉重的担子。很显然，他们首先要的是食物，然而，一切有用与值钱的东西也一一抢走。全城各处成千上万的私人房屋，不管有没有人居住，无论大小，也不管是中国人的屋子还是外国人的房产，均一律遭到洗劫。日军特别可耻的抢劫包括下列各案件：在大规模搜查中，日军从难民营与收容所里的几十个难民微薄的行囊中抢走金钱与值钱之物；从鼓楼医院工作人员身上抢走现金与手表，从护士宿舍抢走其他物品（他们的房屋建筑是美国财产，犹如其他遭洗劫的房屋都悬挂着外国国旗，张贴着各自大使馆的官方告示）；扯下车上的国旗之后，抢走汽车及其他财产。①

关于南京暴行的最初英文新闻报道大致可以分为两类。第一类包括五位美国和英国记者撰写的材料，以及由五位记者带出的传教士的目击叙述。第二类是根据1938年1月6日，即美国外交官返回南京的那一天，之后经由外交渠道传送出的那些身陷南京的美国传教士的各种目击证词所撰写的新闻报道。

这五位记者所目睹和报道的暴行发生在大屠杀的最初阶段。在他们离开

---

① "Rape, looting follow taking of the capital: Bitter two days on entry of Japanese; hundreds massacred; foreign property not safe from plundering", *The North-China Daily News* (Shanghai), December 25, 1937, p. 5.

南京前往上海后，城外出现了更多大规模的集体处决，小规模的和零星的杀戮、强奸、抢劫和焚烧也有增无减。由于没有通信联络工具，剩下的22名西方人实际上与世界其他地区隔绝，直到三名美国外交官回来，他们才能够通过外交渠道发送邮件。在第一批传教士的目击报告被传送到上海后，《字林西报》于1938年1月21日发表了一篇题为《巨大的变化》的社论。该社论指出：

> 令绝大多数人震惊的是，现在得悉这些暴行仍在持续着，自占领南京到最近几天，以一种本来可以对更值得称道的事业作出贡献的勤奋，持续不断地劫持妇女、强奸妇女和掳掠财物。中国人被刺刀刺杀，或被鲁莽轻率地枪杀。据估计，已有一万多人被杀害，其中有些人甚至没有犯下为祖国而战这样轻微的罪责。有多少妇女被强奸，无从确知，但估计的数据从8000到高达20000不等。年齿稚嫩仅11岁的少女，53岁的妇女，都被迫成为军人兽欲的受害者。掳掠走难民们微薄的钱财、衣服、被褥和食物，而这一切直到不到一个星期前还在持续发生着。在最初阶段，由于宪兵不足，无法控制无法无天的军人。已委派更多的宪兵，然而一周之前，士兵们仍日夜闯房入舍，肆无忌惮地强奸和劫持。①

社论还告诫道："证实这种情况的证据确凿，无辜而不伤害他人的中国平民百姓遭受如此骇人听闻暴行这一事实已经越来越大白于天下。尽管南京实际上与世界其他地方隔绝了，但这些状况所有的恐怖面貌总有一天会广为人知。其中大部分内容已为世人所知，其余的内容将成为未来几代人感到遗憾的阅读材料。我们真诚地建议，现在已经到了对这些人的行为负有责任的当局下决心坚决制止这种令人发指行为的时候了。"②

几天后，同一份报纸发表了一篇由路易斯·史迈斯撰写的关于南京安全

---

① "A great change", *The North-China Daily News*, January 21, 1938, p. 4.
② "A great change", *The North-China Daily News*, January 21, 1938, p. 4.

区救济工作的文章。文章讨论了诸如安全区的难民人口、食品供应、向难民分发大米和面粉，以及对那些养家糊口的人被日军杀害的寡妇的救济工作等问题。关于救济问题，文章提供了国际委员会到那时为止所收集到的信息：

> 恢复正常生活的另一难题是孤儿寡妇。在金陵女子学院调查时，调查表的第一部分就这个问题进行调查后，发现420名妇女仰仗生计的男人被日军屠杀。城里许多男子因被怀疑是"便衣军人"而遭厄运。即使女人、孩子担保，有些男子仍在登记时被押走。①

同时，哈立特·阿本德在1月24日报道："围困攻城期间冒着生命危险管理难民营的传教士和福利工作者传送出并抵达上海的中国前首都的情况摘要，以及现在居住在南京的领事和其他外国官员的其他报告，不可能都是恶意的，然而所有这些报告都众口一词，并且都包含了目击者对目前在南京的日军的可怕暴行和肆无忌惮的行径的描述。"阿本德写道，日本兵"完全失控，每天都在强暴数百名妇女和年纪很轻的姑娘"，而且"直至1月20日，无法无天与兽欲横行仍在继续，不受约束"。②

然而，美国传教士叙述的下一份详细的暴行报告直到1938年1月28日才刊登出来，其时，伦敦的《每日电讯早报》发表了该报驻香港特派记者写的新闻电讯。该报告在开头简短地介绍道："通过金陵大学教授和美国传教士给日本大使馆和教会总部的报告与信件，我现在得以首次披露日本兵在南京与杭州所犯暴行的全部情况。"③ 接着，文章介绍了一个又一个暴行案例：

---

① Hallet Abend, "Invaders despoil cringing Nanking", *The Oregonian* (Portland, OR), January 25, 1938, p. 2.
② Hallet Abend, "Invaders despoil cringing Nanking", *The Oregonian* (Portland, OR), January 25, 1938, p. 2.
③ "Japan's reign of terror in China: First authentic description; Americans tell of atrocities; children killed; girls attacked", *Daily Telegraph and Morning Post* (London), January 28, 1938, p. 15.

这些报告描述了大规模的处决、强奸和抢劫。据一位传教士估计，在南京被屠杀的中国人数有2万，据称，包括年轻女孩在内的数千名女性被强奸。

作者不希望透露姓名，但我看到了所有的文件。它们的真实性根本毋庸置疑。

人们一再抱怨日本当局没有采取任何措施来制止部队。据宣称，在日本大使馆工作人员众目睽睽之下，犯下语言难以形容的罪行。

### 男孩有7处伤口

一位传教士于1月11日从南京写来的信中说，和日本总领事一起步行时，他看到了每条街上都有尸体。这是12月13日占领这座城市四周之后。这封信宣称：

"今天早上，一名小男孩在医院死于腹部7处刺刀伤。我昨天在医院看到一名女子，她被强奸了20次，之后日本兵企图用刺刀把她的头割下来，但却造成喉咙受重伤。……"

### 传教士受到威胁

别的传教士描述了类似的大规模暴行。在一些案件中，丈夫在试图保护妻子时被刺杀或枪杀。

传教士讲述了在试图干预时他们自己如何受到左轮手枪的威胁。

一位美国传教士12月19日写道，中国人成群结队地被驱赶出去枪杀。大约300人一起被押到一座池塘，站在冰冷的水中被枪杀。这封信补充道：

"另有一大批人被驱赶进一座四周机关枪环绕的芦席棚，然后将棚子点着，里面所有的人都被烧死。"[①]

南京基督教青年会的乔治·A.菲齐是14名美国人中第一个获准离开南

---

① "Japan's reign of terror in China: First authentic description; Americans tell of atrocities; children killed; girls attacked", *Daily Telegraph and Morning Post* (London), January 28, 1938, p. 15.

京的。他于 1938 年 2 月 20 日乘坐日本军用火车前往上海，成功地偷运出 8 卷由约翰·麦琪拍摄的暴行影片胶卷。在上海短暂停留后，他于 3 月初抵达广州。广东省政府主席吴铁城举行招待会欢迎他，在招待会上，菲齐作了关于南京暴行的演讲。尽管没有记者受邀参加招待会，但演讲的内容还是被泄露，并于 3 月 16 日由香港出版的英文报纸《南华早报》刊登，标题为《南京暴行：美国目击者讲述了侵略者的放荡行为；手无寸铁的中国人遭屠杀》。这是首次用"南京暴行（Rape of Nanking）"一词来形容日军在南京城的屠杀和暴行。该文没有透露菲齐的身份，但详细描述了暴行：

> 12 月 14 日，一名日本大佐来到中立区办公室，要求得知，根据他的消息，住在中立区的 6000 名解除武装的中国军人的身份和现状。拒绝向他提供信息。于是，日本搜索队在总部附近的一座难民营发现了一堆中国军服。最靠近军服堆的 1300 名男子被抓去枪决。
>
> 中立区总部提出抗议，并得到保证这些人只是去为日军干活。抗议信送到了日本大使馆，送抗议信的人夜幕降临时分回来时，发现 1300 名囚犯被捆绑在一起。他们没有戴帽子，没有带铺盖，也没有拿任何行李；针对他们的意图再明显不过了。他们被押解走，没有一个人出声，在江边被处决。①

菲齐于 1938 年 3 月 9 日抵达旧金山，并于 3 月 17 日飞往华盛顿特区，在那里他会见了国务院的官员，向他们介绍了日本占领下的南京的情况。随后，他在美国各地巡回演讲，并向不同城市的听众放映了他偷运出来的影片。当地媒体密切关注他的巡回演讲并加以报道。他在俄亥俄州克利夫兰的克利夫兰高地长老会演讲时，《克利夫兰平民报》于 1938 年 5 月 23 日报道：

---

① "The Rape of Nanking: American eyewitness tells of debauchery by invaders; unarmed Chinese butchered", *South China Morning Post* (Hong Kong), March 16, 1938, p. 17.

据乔治·菲齐说，南京的毁灭是现代史上最黑暗的一页，他在12月13日至2月20日期间担任南京安全区主任，是日军在该市进行破坏的目击见证者。……

菲齐说，日军在两个月内持续不断地掳掠、焚烧、抢夺和谋杀。

他断言："数以千计的中国人被押出去用机枪打死，或者被用来练习手榴弹而屠杀。""抢劫走最贫穷的人们最后几个铜子儿、被褥以及他们从一座被大火有计划逐步摧毁的城市能够寻获的所有东西。有数百起对中国妇女发泄兽欲的案件。"①

一方面由于他四处演讲，另一方面由于他的南京日记广泛流传，菲齐记录的暴行故事以匿名或署名的方式，反复在报纸和杂志上刊载。1938年6月2日，《视野》杂志以匿名方式，发表了他的叙述，但假借讲述给约翰·马洛尼的故事，该杂志以《南京浩劫》（The Sack of Nanking）为题，以文学写作的风格，叙述了南京的情况：

老汉、老太婆、怀抱中的婴儿、尚未面世的胎儿，无一幸免。我目睹两万男男女女，年龄不一的孩子，数以千计的平民与投降的士兵一道被屠杀。日军攻破古老厚重的城墙四周以来，南京城里新铺设的街道上一直布满着斑斑血迹。

在机枪喷射的火舌前，在刺刀的刀尖上，在枪托的重击下，在手榴弹的爆炸声中，成千上万的生灵倒下了。还有更为可怕的，用绳索绑作一团的活人被浸透汽油点燃起来，以满足五万日军邪恶的欲望。这些日本兵充满难以控制的要摧毁眼前一切事物的冲动。②

《视野》杂志的叙述被缩略后刊载在1938年7月的《读者文摘》上，

---

① "Eye-Witness Tells of Horror Seen in Fall of Nanking", *Cleveland Plain Dealer*, May 23, 1938, p. 8.
② "The Sack of Nanking", *Ken*, Vol. 1 (June 2, 1938): 12-14.

采用了同样的标题①。

1938年6月11日，《旧金山纪事报》在其星期天副刊《今世缘》上刊登了菲齐的另一个版本的南京经历，标题还是《南京暴行》。这是第一次署上作者的姓名"乔治·A.菲齐"，尽管该文是"讲述给帕迪·洛"的。报纸的编辑详细介绍了作者：

> 乔治·A.菲齐是1929年在上海为蒋介石总司令与夫人主婚的牧师。作为一名美国传教士，一个传教士的儿子，他把自己的一生都奉献给了中国人民。人民也都以对他的爱戴来回报他。
>
> 菲齐以其在1932年第一次淞沪战役中的英勇表现成为中国的一个传奇。他从战区救出了大约一百个家庭。对此以及他所作的其他服务，政府有理由感谢他，当中国领导人去年放弃南京时，自然批准他担任首都国际中立区的主任。新闻报道证明了他承担这项工作表现出的勇敢与效率，在下列的文章中他描述了他所履行的一些职责。
>
> 菲齐迄今一直保持沉默，尽管他允许《生活杂志（Life）》使用他记录南京沦陷的珍贵照片，并向《视野》的一位作家讲述了他的一些经历。然而，这是他第一次授权在这些材料中使用他的姓名。②

在这篇实际上是他的南京日记缩略版的文章中，菲齐以第一人称讲述了他的经历：

> 日军主力部队于13日上午通过在中山门打开的缺口涌入南京，接踵而至的是两个月的抢劫、掳掠、强奸与大规模的屠杀。……
>
> 其他外国人和我不得不完全无助地旁观，目睹我们生活在其中、熟

---

① "The Sack of Nanking", *Reader's Digest*, Vol. 33 (July 1938): 28-31.
② George A. Fitch, "The Rape of Nanking", *This World*, Sunday Supplement to *The San Francisco Chronicle*, June 11, 1938, p. 16.

悉和热爱的人们先是被残酷地毒打，然后被嗜血的日本兵疯狂地摧毁。

在整整十个星期里，我们见到最贫穷的人被抢走了他们最后的几个铜板与被褥。我们认识的确实为平民的那些身强力壮的男子汉从我们安全区的避难所被拖出来，在我们眼前被数以千计地押出去用机枪扫射和坦克炮、手榴弹杀害，甚至被当作练刺刀的靶子。

我听到成千上万妇女的哭声，她们跪在地上祈求帮助，而我们却无能为力。先是把丈夫和儿子从她们身边夺走残酷杀害。然后，一群群日本兵每个夜晚持续不断地闯入中立区，将数百名痛哭流涕的妇女劫持走，遭受难以言喻的侮辱。她们的命运比死亡还要可怕。……

每晚的休息结束后，我都会在黎明时分醒来，发现一长列不见尽头、遭受强奸的妇女，哭哭啼啼、面容憔悴。在经历了又一个无法形容的恐怖之夜后，她们试图找到一个短暂的避难所。我们举着红十字会的旗帜把她们送到我们中立区的一个避难所，但日本人却日复一日肆无忌惮地践踏我们的中立标志。

无论我们出去拯救什么，都发现日军执意将其摧毁。比如，一天晚上，我们把车开到市中心，继续我们的救援工作，却发现道路被封堵。我们的汽车的灯光照射到由1300人组成的队伍，他们被绑在一起，帽子被扯掉，正在被押往集体处决的屠场……

然而，我们发现，这些非战斗人员的命运是多么的悲惨。日本人对这群人使用了刺刀和坦克炮，然后把汽油倒在他们身上点燃。我们之所以知道这一点，是因为那些受伤等死的人，设法爬着回到我们的医院。第二天清晨，我们发现了三个可怜的家伙，都被严重烧伤。许多人肯定被活活烧死，因为在我家旁边的角落里发现了一具被烧焦的尸体，身上没有子弹和刺刀的伤口。[①]

---

① George A. Fitch, "The Rape of Nanking", *This World*, Sunday Supplement to *The San Francisco Chronicle*, June 11, 1938, p. 16.

同时，随着仍被困在南京的美国传教士有关暴行的目击证言持续不断地传到上海，全球的英文媒体也不断地刊载这些报道。1938年3月19日，美国人在上海出版的英文周刊《密勒氏评论报》发行了一份增刊，其中包括了一篇关于日军南京暴行的目击者证词，标题为《南京——到底发生了什么——还是日本的"天堂"》。这篇暴行证言还附有日本人的简短新闻报道，这篇新闻报道粉饰南京是一个温暖而美好的"天堂"。该文指出：

> 但是，正如中立国观察家所报告的，在南京的抢劫、强奸的情况远远超过了偶然、孤立行为的可能性，达到的程度足以反映军官约束的情况，或者，反映出日本封建军事哲学，日军发言人曾经自豪地强调的武士道的真诚度。
>
> 下一页上发表了一篇日本人希望全世界相信在南京所发生的事情的文章，然而，12月13日占领南京数天，甚至数周之内在中国首都发生事件的真实记载却显示事实与之描绘的情况大相径庭。
>
> 日军刚刚攻占南京之际，实施大规模集体屠杀每一个扛过枪的人，或有能力扛枪的人。屠杀的场面残酷暴戾得罄竹难书。[1]

作者引用了 F. 提尔曼·杜丁在 1937 年 12 月 18 日的新闻报道，然后描述了妇女在日本士兵手中的命运：

> 但是，残酷暴戾地对待身强力壮的男子还不是全部的内容。当南京和中国其他部分隔绝之后，日本军人无恶不作，制造恐怖。
>
> 日本兵在中国往日的首都仔细搜索，寻找钱财、物品和女人。很多中国人遭到日军粗暴野蛮的对待，因为日军到达时他们一无所有，什么也不能提供给日军。年龄介于16和60之间的妇女如果被日军发现可就

---

[1] "Nanking—What Really Happened—and the Japanese 'Paradise'", *The China Weekly Review*, Supplement (March 19, 1938): 10.

遭殃了。在南京，一群中国人把他们家中的女人藏在一大堆木料的底下才救了她们的命。每隔几天，把整堆木料搬开，将食物和饮水送给妇女，再将木料仔细堆上，不留任何有女人待在这儿的痕迹。①

文章还引用了 M. S. 贝茨在 1937 年 12 月 16 日至 27 日提交给日本大使馆的抗议信的段落，但隐匿了贝茨的名字。12 月 16 日，他写道：

在我们 _____ 的大院里，昨晚 30 多名妇女被一而再再而三地到那儿去的大批日本兵强奸。我已彻底调查了这事，可以肯定这个说法确实无误。城里这一带的情况的确非常可怜。我们相信你们已在军事力量上显示出优越之处，也将在显现仁慈上展示出优越之点。保障生命和人身安全是数十万和平民众目前最急需的。②

12 月 27 日，他极度失望，抗议道："一个多星期之前，您向我们承诺，在几天内将通过部队换防、恢复军纪、增加宪兵等方式恢复秩序。然而，可耻的混乱仍在继续，我们没有看到认真的努力来加以阻止。"③ 与美国人描述的笼罩南京的恐怖氛围相反，日本人试图呈现这样一幅画面：1938 年 1 月 8 日在上海出版的、日本控制的中文报纸《新申报》一篇题为《日军温厚抚慰难民，南京城内和气蔼蔼》的报道称："幸得皇军入城，枪剑入鞘，伸慈悲之手，为之诊察治疗，普施恩惠于善良难民，日本大使馆西方一带数千被难民群，舍弃本来抗日的妄举，合手称庆得保余生。"④

---

① "Nanking—What Really Happened—and the Japanese 'Paradise'", *The China Weekly Review*, Supplement (March 19, 1938): 10.

② "Nanking—What Really Happened—and the Japanese 'Paradise'", *The China Weekly Review*, Supplement (March 19, 1938): 10.

③ "Nanking—What Really Happened—and the Japanese 'Paradise'", *The China Weekly Review*, Supplement (March 19, 1938): 11.

④ 此处中文采用《新申报》1938 年 1 月 8 日第三版题为《日军温厚抚慰难民，南京城内和气蔼蔼》一文中的原文。

上海的《密勒氏评论报》刊载暴行证词一个月后，流行杂志《时代周刊》在 1938 年 4 月 18 日刊出了暴行案件的报告，披露了令人毛骨悚然的案件：

> 在中国有分支机构的基督教和犹太慈善组织上周在美国将有关南京陷落一个月之内屠杀、强奸的相当完整的目击报道和图片资料集中在一起。……
> 
> 典型而令人惊骇的一桩惨案是 1 月 26 日被人用竹筐抬到南京教会医院的一位年轻的中国姑娘。她说丈夫是名警察，日军将她从安全区的一间棚屋劫持到城南的同一天，她的丈夫被日军行刑队抓走。在城南，她被关了 38 天，每天被日军强奸 5 到 10 次。经教会医院检查，她已感染上三种最常见的性病，最终由于阴道溃烂对日军失去使用价值。……
> 
> 许多星期以来，抢劫、掳掠在南京亦很猖獗。被处决而不是战死的中国人的总数据最保守的估计也已达两万。节选一段最糟糕的时期发自南京的一封信："一名 17 岁的[中国]男孩来医院，他说有 1 万名 15 到 30 岁的中国男子于[1 月][1]14 日被押出城到轮渡旁的江岸上。在那儿，日军用野战炮、手榴弹、机关枪向他们开火。大多数尸体被推入长江，有的尸体被高高架起焚烧，只有三个人逃出来。男孩推测，1 万人中，约有 6000 是军人，4000 为平民。他的胸脯中了一弹，伤势不重。"[2]

《读者文摘》在 7 月出版了《视野》杂志《南京浩劫》一文的缩略版后，又通过自己的渠道收集了有关暴行的描述和报告，其中包括罗伯特·O. 威尔逊、M. S. 贝茨和乔治·A. 菲齐所写信件的摘录等材料，杂志编辑也在编者的按语中说明了刊载这些材料的原因：

---

[1] 此处应该是[12 月]。
[2] "Basket Cases", *Time*, Vol. 31 (April 18, 1938): 22.

由《视野》原文缩写的《南京浩劫》发表在《读者文摘》7月号上。"难以置信,我们会相信显然是用来宣传的东西,这使人联想到上一次战争向公众灌输的内容。"一位订户写道。几位读者也寄来类似的评论。

然而,恐怖的故事却是真实的。《读者文摘》以极其沉痛的心情收集了在那些可怕的日子里留在南京的几位美国人的来信。这些信件有的是习惯于血腥场面、受过科学性精确言辞训练的外科医生写的,有的是传教士、教师写给教会董事会的报告,还有的是督教男青年会的工作人员写的。我们见到的这些材料可以连篇累牍地载满本期杂志,所有的材料均可确证以下所刊载的极其典型的节录。(由于显而易见的原因,写信人的姓名必须隐匿。)①

在《我们当时在南京》的标题下,它首先刊登了威尔逊从1937年12月18日至1938年5月3日写给他妻子马娇莉的信件摘要:

12月18日

今天是用鲜血和奸淫的巨型大字书写的当代但丁《地狱》的第六天。集体屠杀,数以千计的强奸案。对于野兽的残暴与淫欲似乎并没有加以制止。

昨晚,金陵大学一位中国工作人员的家被破门而入,他的两位女亲戚遭强奸。在XX学校住着8000人,日本兵昨晚越墙而入达10次,他们偷食品、衣物,强奸妇女直至心满意足。他们用刺刀刺死一个小孩。今天上午,我花了一个半小时为另一名八岁的男孩缝合伤口,他被刺了五刀,其中一刀刺穿腹部。我觉得他能活。

我这儿还有一个弱智女孩。一个日本兵抢她的铺盖时,她的智力只

---

① "We were in Nanking", *Reader's Digest*, Vol. 33 (October 1938): 41.

允许她用手抓扯日本兵。她得到的是一刺刀切断她颈项一边的肌肉。……

圣诞除夕

今天刚进医院的一个人说他是抬担架的，是被押往长江边遭机枪扫射的4000人之一。S说巨大的防坦克壕沟里填着尸体和伤兵，尸体不够填满壕沟，坦克开不过去，日军便任意枪杀住在附近的人们来填满壕沟。他借了部照相机回去将这个场面照下，以证实他讲的话。……

2月13日

六名日本兵走进离这儿西南面几英里的一座小镇，从事他们惯常的强奸、劫掠的勾当。镇上的男子组织起来杀了三个日本兵。另外三个逃了回去，不久又带了几百日本兵回来将镇子包围。300名居民全部被六个人或八个人一组地捆在一起，扔进冰冷的河里。接着，日军将小镇夷为平地，不留一寸墙壁。

2月27日

日军好像宣布要卖面粉（他们劫掠物品的一部分），大约两百名老百姓聚集在那儿买。日军有大约100袋面粉，很快就卖完了。之后，日本兵叫留在那儿的人群滚开，并用刺刀乱刺来强调这一命令。一个年轻妇女从身后被刺穿，刀尖从前面小腹穿出。到医院后，她只活了五分钟。第二个妇女昨天到医院，屁股被刺伤，下腹部被日本兵踢得严重挫伤。第三个人今天到医院，肠子被刺穿两个地方。

3月6日

两天前，一个人从秣陵关来到医院。镇子上的牲口被抢光，大部分居民都逃到山上去了。一位老汉和家里几个人留下来。每天，日本兵都要上门来要花姑娘、要牲口。2月初，几个日本兵由于他无法提供显然没有的东西而愤怒地把他捆起来，离地三英尺悬吊在两根木柱上，并在他身下点上一盆火。火焰灼烧他的下腹部、大腿上部、胸部和膀子上一大片。一个日本兵看他年纪大可怜他，把火熄灭，但并没有放他下来。日本兵走了以后，家里人将他放下来。他被吊了一个小时。18天后，他设法来到医院。①

文章选取了贝茨的两封信，其中一封是在1938年1月10日写给他的朋友的：

> 逾万名手无寸铁的人被残酷屠杀了。实际上城里所有的房屋，包括美国、英国和德国大使馆都被日本兵一而再再而三地洗劫。除了国际委员会开的米店和一座军用商店，城里没有任何店铺。大肆偷盗之后，又被一伙伙日本兵时常在军官的指挥下用卡车有组织地抢劫一空，然后再付之一炬。②

这里也引用了菲齐的一封信：

> 我所要谈的情况，相信在现代历史上尚没有与之匹敌的。12月14日日军冲进城，中国首都的征服者获准可以肆意胡作非为。他们任意烧、抢、杀。随意破坏和残暴的行径不加任何制约地持续着。整片整片的城区被有组织地烧毁。日本兵怀疑谁就抓谁；手上的老茧成为当过中国兵的证据。木匠、苦力和其他劳动者频繁地被抓。设法从东门溜出去的K告诉我，他所到达的约20英里以内的村庄都被烧了，不见一个活着的中国人，也看不到一个动物的影子。③

## 中文媒体的报道

南京城陷时并没有中国记者留在城内，在五名美国和英国记者前往上海

---

① "We were in Nanking", *Reader's Digest*, Vol. 33 (October 1938): 41-43.
② "We were in Nanking", *Reader's Digest*, Vol. 33 (October 1938): 43.
③ "We were in Nanking", *Reader's Digest*, Vol. 33 (October 1938): 44.

后，日军当局禁止任何人出入南京城。由于没有通信联络，无法送出信息。与此同时，一些成功逃出南京并到达徐州的中国官兵接受了中央社记者的采访。1937年12月17日，《大公报》在中国中部的汉口发表了一篇来自徐州的简短而粗略的报道。"敌军于进占南京后，连日大肆搜索，任意杀戮，城内外各种建筑被其纵火焚毁者甚多，现仍烟火未熄，劫后残痕悽惨万分。"① 第二天，另一份来自徐州的中央社新闻电讯刊登在成都的《华西日报》上，其中一位官员谈到了保卫幕府山炮台和乌龙山炮台军人的勇敢和牺牲②。除了这些粗略的信息，自1937年12月13日南京沦陷以来的10天内，中国方面没有任何关于日军在南京暴行的具体或详细的中文或英文媒体报道。12月22日，美国人在上海出版的英文报纸《大美晚报》刊登了一篇文章，概括了《纽约时报》上的新闻报道。这篇文章立即被翻译成中文，12月23日，汉口出版的《汉口中西报》刊登了这篇文章的内容摘要：

> [中央新社香港电二十二日电] 据沪杭讯，此间英文《大美晚报》云，日军占据南京时，某某外国人曾在场目击其事。日军入城，听任军队从事有组织的劫掠，并任意强奸妇女，继复大事屠杀，四日中被杀者约五万人。日军并侵入难民区，而将所有壮丁借口谓系中国士兵，悉数加以枪决，目前死尸骸，堆积如山云。③

在接下来的日子里，《大美晚报》这篇报道的中文版本被全国各大城市的报纸反复转载，其文字经编改而略有不同。12月25日，汉口的《大公报》登出两篇报道，标题分别是《外人方面消息证实敌在南京大屠戮》和《美报揭露敌军暴行》。前者除了提到 "敌军占据南京后，奸淫掳掠，无所不为，

---

① 《南京敌军焚掠》，载《大公报》1937年12月17日，第3页。
② 《某军官谈南京之战 敌死亡数千以上》，载《华西日报》1937年12月18日，第2页。
③ 《南京五万人被日军屠杀》，载《汉口中西报》1937年12月23日，转引自《日本帝国主义侵华档案资料选编：南京大屠杀》，第167页。

我国难民中四十岁以下男子被惨杀者达五万人之多"外，还指出，"敌军实行恐怖及屠杀之一幕，非仅中国军民之所震惊，亦足使各列强为之骇异也，……又闻南京难民区亦遭屠杀"①。而后者是《大美晚报》12月22日报道的译文，该报道是根据《纽约时报》12月20日刊登的哈立特·阿本德的文章改编的②。

12月26日，《大公报》发表了另一篇简短的报道，其中有几句话是从《字林西报》12月25日的文章《攻占首都后的强奸、抢劫》翻译过来的："难民区某号屋内即被捕杀四十人，奸淫极普遍，如某西人比邻某家即被敌兵带去少女四人，又某西人目击新到日军官室内有少妇八人云。"③ 同一家报纸在12月28日刊登了一条源自中央社的简短新闻，披露日军杀害了很多中国伤兵与医护人员，并洗劫了美国教会医院——鼓楼医院④。

五位美英记者抵达上海后，有人途经香港再前往汉口，其中一名在香港接受了《公教报》（Kung kao Po）记者的采访，该报为当地天主教会办的英文周报。采访的内容被翻译成中文，于1938年1月8日和9日分两次刊载在当时在湖南长沙出版的《中央日报》上。尽管受访者的身份被隐匿，仅称其为"来自南京之西人某君"，但从采访报告的内容来看，这个人很可能是《纽约时报》的F.提尔曼·杜丁。他告诉记者：

> 继先头部队开入南京之日军，约在二万至三万人之谱，彼等入城后，城内状态益形紊乱，日军纪律极坏，一若野蛮时代之战胜军队，横行无忌，而统领之长官，亦取放任主义，毫不约束，日军入城后之第一步工作，为搜杀华军，中国军队自动撤退南京时，尚有一部分受伤与未及撤退之

---

① 《外人方面消息证实敌在南京大屠戮》，载《大公报》1937年12月25日，第2页。
② 《美报揭露敌军暴行》，载《大公报》1937年12月25日，第2页；Hallett Abend, "Split in Japanese command", The New York Times, December 20, 1937, pp. 1 & 16.
③ 《京敌暴行又一证据》，载《大公报》1937年12月26日，第2页。
④ 《京敌暴行又一端　竟杀伤我伤兵医士　美教会医院遭劫掠》，载《大公报》1937年12月28日，第2页。

士兵，退至"安全地带"，并有在城外各僻地躲避者，彼等多已解除武装，然彼等仍未能免难，一被日军发觉，非被枪杀，即以刺刀刺杀，日军杀戮士兵后，即埋诸城外壕沟中，其中有已死者，有尚未绝气者，堆埋坑中，重叠如沙包，除搜杀华军外，日军对于非战员之平民，亦加以杀戮，尸骸盈野，血流成河……有少数华军，事前经已解除武装，而得国际救济会许可，暂行避居安全地带，但终被日军闯入拘去，全数枪杀。①

采访报告还详细描述了日军猖獗的抢劫行为。他们抢走了难民最后的一块钱或几毛钱，以及他们随身携带的日常物品。抢劫不只发生在中国人身上，外国人也遭到了抢劫。美国大使约翰逊的官邸遭劫掠，两名美国女传教士鲍尔和海因兹小姐的住宅也被日本兵光顾洗劫②。

然而，详细的中国本土目击者描述直到1938年1月9日才见诸报端。当时在西安出版的《西京日报》刊登了一篇采访，接受此次采访的是一名曾在南京参战的军人，他被日军俘虏后设法逃脱，回到西安。此次采访被分为三部分，分别于1月9日、10日和17日刊登。在采访中，这位名叫陈庆华的军人讲述了他的南京经历。他在教导总队服役，他所在的营被部署在太平门附近的富贵山。12月13日，当撤退命令下达后，他和许多人躲在城外的一个山洞里，当日军靠近时，他和其他四名同伴偷偷溜出山洞，躲在山上的草丛中，直到14日中午。然后，他们设法换上便服，伪装成工人，来到一位开店的老婆婆家。老婆婆给他们吃了一顿饱饭，但拒绝收留他们。他们别无选择，只能躲进山沟，在那里他们被日军搜查队发现并扣留。日军反复审问他们，但他们坚称自己是工人，与军队没有任何瓜葛。因此，日军给每个人发了一张纸条，上面写着"两角部队夫役"，要求他们打扫、烧火、做饭、洗刷、打水③。

---

① 《沦陷后之南京》，载《中央日报》（长沙）1938年1月8日，第3页。
② 《沦陷后之南京》，载《中央日报》（长沙）1938年1月9日，第3页。
③ 泯光：《一位守卫南京的壮士》，载《西京日报》1938年1月9日，第3页。

陈庆华没有在城墙外看到屠杀，但他目睹了日本兵奸淫妇女："当天晚间我们眼睁睁地看见这些野狗污辱我们的女同胞，也不知他们从什么地方搜寻来的，我们怎么也不能忍受那一种极端的耻辱……甚至于四十几岁的妇女也被他们轮奸，而后是用刺刀杀死。"①

12月20日，他跟随两角部队渡过长江，到达浦镇。第二天，部队北上，抵达安徽省全椒。12月25日，他和另外两人在杀死七名日本士兵后成功逃跑②。陈庆华讲述了很多具体的细节，显然那都是他真实的个人经历。然而，杀死七名日本兵的部分还有待由两角部队（也被称为第六十五步兵联队）的日本军人撰写的材料来证实。

1938年1月23日，《大公报》简要报道了前一天的新闻发布会上，日军发言人在谴责《字林西报》发表南京暴行报道的同时，与《曼彻斯特卫报》的H. J. 田伯烈进行了激烈的争论。田伯烈认为，每份暴行报告都有确凿的证据，他进一步质问发言人，为何日本当局要对驻上海的外国记者向海外发送的电讯稿进行审查③。

第二天，《大公报》和《扫荡报》都再次提到了上述问题，但有更多的细节，包括美国驻南京领事约翰·爱利生在他1月18日拍发的第27号电报中提到，他向日本人提出抗议时曾描述南京的状况。《纽约时报》也于1月23日报道了这些内容。报道指出，从1月15日至18日，有15起日本兵擅自闯入美国房产的案件。在这些非法擅闯的过程中，美国人的财产遭到破坏和损失，居住在相关场所的几名中国女性难民也被强行劫持走④。

1938年1月25日，在汉口出版的《申报》和《新华日报》分别报道了向井敏明和野田毅开展的百人斩竞赛。这是1月1日刊载在英文周报《密勒氏评论报》上报道的中文翻译，而《密勒氏评论报》则是从日本报纸《东京

---

① 泯光：《一位守卫南京的壮士》，载《西京日报》1938年1月9日，第3页。
② 泯光：《一位守卫南京的壮士》，载《西京日报》1938年1月10日与17日，均在第3页。
③ 《恐怖中之南京暴敌焚掠未已》，载《大公报》1938年1月23日，第2页。
④ 《敌军在京暴行：美提抗议》，载《大公报》1938年1月24日，第2页；《南京已成黑暗地狱》，载《扫荡报》1938年1月24日，第3页。

日日新闻》获得的信息①。

　　1月31日，《大公报》刊登了两篇英文报道的中译本。第一篇是《字林西报》1月25日发表的社论《一个巨大的变化》②。第二篇是美国国务院发布的关于"爱利生事件"的详细描述③。

　　《大公报》于2月7日发表了《一笔血债》，这是一位匿名的中国士兵的叙述，他可能是教导总队通信营的一个班长。他于12月13日被拘留，当时他独自在南京一家废弃的商店里。他推测自己没有被当场击毙是因为他已穿上了便衣，一个人在商店里，而不是在街上。此外，扣留他的日军部队需要有人为他们打饮用水。12月16日，他目睹了日本人在一所学校处决了他们围捕的100多名中国士兵和平民。士兵们被刺刀刺死，而平民们则被强迫每人挖一个坑，然后跪在坑边，被射杀后的尸体落入坑内。处决结束后，他参与了掩埋尸体的工作④。

　　和陈庆华一样，这名士兵也跟随日军于12月26日渡过长江，来到安徽滁县，并于1938年1月初成功逃脱⑤。

　　礼和洋行的克里斯卿·克罗格是第一个离开南京的西方人。他于1938年1月23日乘坐日本军用火车前往上海。在上海时，他给朋友⑥邮寄了一封他在出发前于1月21日写的信，告诉这位朋友他在南京的情况，以及城内的总体状况，包括日军的暴行。这位朋友又把这封信转给了《中央日报》，经其同意，《中央日报》于1938年2月16日刊登了这封信。在信中，克罗

---

① 《紫金山下杀人竞赛》，载《申报》1938年1月25日，第2页；《南京紫金山杀人赛》，载《新华日报》1938年1月25日，第2页。

② 《南京敌军之残暴：军队素质发生变化　上海字林西报之评论》，载《大公报》1938年1月31日，第3页。

③ 《美国务院公布爱理逊被殴经过》，载《大公报》1938年1月31日，第3页。

④ 《一笔血债》，载《大公报》1938年2月3日，第2页。

⑤ 《一笔血债》，载《大公报》1938年2月3日，第2页。

⑥ 此人为德国驻华军事顾问阿尔弗雷德·斯特雷希斯（Alfred Streccius, 1874—1944）中将。这份日期为1938年1月21日的德文原文信件，现藏德国联邦档案馆弗莱堡军事档案分馆（Bundesarchiv Militärarchiv, Freiburg, Germany）MSG 160/8，第77至79页。

格谈道：

> 简单说，恐怖日子是开始在日本军队进了城以后，抢劫南京经认可地开始了，对于南京平民残酷的行为出演了，连续到两星期之久，每一个平民区都搜索遍了，虽然中国的平民并没有对日本军队发过一颗子弹——在上帝鉴证下的老实话——结果，却有五千至六千个穿便衣的男子，在下关惨遭枪杀了。在搜劫时进门就杀人，是很敏捷的用刺刀宰杀的，这样杀死的人数目有几千之多，其中尚有一部分死于令人不忍知道的残酷方法之下的，妇人少女被强奸而死的数目更难统计了。
>
> 所有的住宅统统都遭洗劫干净，就是插着别国旗子的住宅也不能免，H·K·S·E四君[①]的房子已烧成灰烬，十五座的住宅（详细名单另行开呈）抢劫较重，二十四位的住宅较轻，汽车十三辆劫去，这已经是特别的幸运了，英美两国朋友的损失还要重几倍！几个忠于其主的仆人都遭残杀，XX君的仆人死于宅内，已给予其家属少数抚恤。[②]

袁霭瑞是教导总队的一名文职人员，被困于城内一个多月。在他离开南京后不久，他写下了他的目击报告，该报告于1938年2月20日由《大公报》以《陷落后的南京》为题发表。袁霭瑞写道：

> 记者居住于难民区上海路×号，十二月十五日闯进来了三个鬼子，衣服不整，醉醺醺的样子，嘴中叽里咕噜，不知说些什么。老百姓睹其而来，则远走他避，一人未走脱，被鬼子上前捉住，脚踢手打，因为言

---

[①] 根据德国外交部档案馆内收藏的相关文件，克罗格此处所指四处被日军焚毁的德国公民的房产分别为理查德·翰培尔（Richard Hempel）位于中山东路178号的河北饭店，位于中山东路25号的起士林糕点铺（Kiessling & Bader），克劳斯·冯·施梅林-迪林肖芬（Klaus von Schmeling-Diringshofen）位于中山门外苜蓿园33号的住宅，以及沃特·埃克特（Walter Eckert）位于苜蓿园6号的寓所。

[②] 《劫后首都》，载《中央日报》（长沙）1938年2月16日，第3页。

语不懂，鬼子即问有花姑娘没有？（妓女）此人胆悸心惊地答以没有，鬼子就把那人连刺了数刀，立倒于地，喘息待毙。三个鬼子走到房子里，可巧有一十二岁的女孩子，被其捉住，三人轮行奸污，孩子大声哭唤，女孩子的父母站立在门外，瞪目旁观，眼看自己的女孩子，被敌践蹋，不敢上前拦阻。又附近席棚内住有相依为命的母女二人，十七日偶去鬼子四人，意将此女抢走，其母上前护阻，鬼子将母以刺刀刺死，终将此女掳走。①

同一天的《大公报》在第三版刊登了另一篇关于南京暴行的报道，其续篇于次日刊出。报道称，1938年2月5日，几名难民设法离开了南京。他们排除万难，到达汉口，在那里与中央通讯社的记者交谈，讲述自1937年12月13日以来在南京发生的情况：

同时分派大批军队至各处按户严密搜索，我武装军队无论抵抗与否，一律遭受枪杀。自是日起，杀人恐怖，蔓延全城，嗣敌方声称，难民区内藏有武装军队，乃不顾国际信义，公然违反对国际救济委员会之诺言，冲入难民区内，按户搜查，凡貌似军人者，辄捆绑以去，十余日内，每日均有十余卡车，满载非武装人民向城外驶去，总计不下万人，惨遭屠杀。②

报告详细介绍了南京居民被迫登记的情况：

初则布告市民，举行良民登记，倘有违背，即不准住于难民区内，于是每日均有万余市民，分别集合于金陵大学操场及新街口广场与山西路广场，争求登记，拥挤不堪。敌人于此时伴作善意，向民众演说称，

---

① 袁霭瑞：《陷落后的南京》，载《大公报》1938年2月20日，第4页。
② 《陷后南京惨象》，载《大公报》1938年2月20日，第3页。

凡前曾充兵士者，请即退列两旁，以便分配职务，免与市民杂处。如有违犯，决予枪毙，因之每四五千人中，至少有四五百人被迫退出民众之群。本人等亦一度前往参加登记，目视当时敌人之自然神情，似非诡计，一般民众亦并不感恐慌，乃离开登记地点，约二十分钟后，忽闻机枪声连作，可怜此成千上万无辜市民竟惨遭毒手。敌人灭绝理性之残暴，于此可以想见。①

报告还指出，日军肆意放火焚烧，"其延烧区域，计有中华门、夫子庙、中华路、朱雀路、太平路、中正路、国府路、珠江路及陵园新村等地带，所有高大建筑及商店房屋，均付之一炬。断垣颓壁，焦土无垠，凄惨情况，目不忍睹"②。

在日军到达南京之前，大量的难民逃离了受战争影响的地区，其中很多人在南京的安全区寻求庇护。许多难民原本来自上海，在南京被困了几个月。经过多轮谈判，1938年2月27日，大约1200名来自上海的难民在被火车送回上海前进行了登记。经过13个小时的旅程，这些难民到达上海，但他们直到28日上午才被允许进入公共租界。

上海的一家报纸《文汇报》在3月2日简要报道了他们的行程和抵达情况③，并在3月5日发表了其中一位难民关于南京经历和行程的叙述。根据这些叙述，在进入难民区的第三天，"日军就假搜查残余军队为由，冲入难民区，他们好像发疯一样，乱抓难民，严格检查……倘若他们在你身上，发现一件破旧的灰色衬裤，或者一些'抗日'文字，他们立刻就会将你拖往街头，费上一颗子弹，送你回归'老家'去，所以我们中间，一时惨遭这种命运的很多"④。从3月5日至8日，另一份上海报纸《大晚报》以《逃出黑色的

---

① 《陷后南京惨象》，载《大公报》1938年2月20日，第3页。
② 《陷后南京惨象》，载《大公报》1938年2月20日，第3页。
③ 《南京难民一千余名抵沪》，载《文汇报》1938年3月2日，第3页。
④ 《从南京逃到上海 一个难民的口述》，载《文汇报》1938年3月5日，第2页。

紫金城》为题，分四期刊登了这些难民的故事，描述了他们类似的南京经历与旅途①。

1938年3月5日，重庆出版的《新民族周刊》刊登了一篇目击者的叙述。它的标题为《地狱中的南京》，主要是M. S. 贝茨从12月14日到1月11日写给日本大使馆和他的朋友的信件摘录的中文译文。1月28日，贝茨的几封信件节选的英文原文在伦敦刊出。1938年3月19日，《密勒氏评论报》在上海刊登了一组相对更完整的贝茨的信件摘录，但重庆周刊发表的内容大大超过了这两个英文版本。这些原始材料，重庆的周刊可能是从教会组织中华全国基督教协进会获得的，或者是从掌握这些传教士目击者叙述的美国和英国外交官那里获得的，或者是从H. J. 田伯烈那里获得的。当时田伯烈正在编撰《战争意味着什么：日军在华暴行》一书。然而，直到1938年5月10日，总部设在汉口的《半月文摘》转载了这本重庆杂志，这些内容才被大众了解②。

1938年3月9日，《申报》刊登了另一篇由中央社发稿的日军暴行报道，据说是一个难民于2月19日从南京经上海，寄往香港的信件中的内容。《新华日报》在3月9日和11日分两期刊登了同样的叙述。关于大屠杀，信中说：

> 在下关方面不及退却之吾军，当场被杀者约有万计，道路变赤，尸阻江流，被俘于麒麟门一带四千余人，无饮无食，每日倒毙者恒四五百人，现在三汊河一带被沉之忠魂尸体尚不计其数，在城内有大批保安队，约四千余，以及每日搜捉之壮年民众，被认为战士者，每日必有数千，均押赴下关，使其互为束缚，再以机关枪扫射，不死者益掷以手榴弹，或以刀刺迫入地窖，或积叠成山，聚而焚之。③

---

① 史芜：《逃出黑色的紫金城》，载《大晚报》1938年3月5日、8日，均在第3页。
② 《地狱中的南京》，载《半月文摘》第二卷 第六期，1938年5月10日，第176—178页。
③ 《日寇在南京兽行》，载《新华日报》1938年3月9日、11日，第2、4页。《京敌穷凶极恶》，载《申报》1938年3月9日，第2页。

# 第九章
英文、中文与日文媒体的报道

1938年3月28日,《大公报》以《暴敌兽行世界彰闻》为题,刊登了1月28日伦敦《每日电讯报早报》刊登的南京暴行详细报道的中译本。这篇报道引用了美国传教士在南京记录的目击证言的摘录,提供了第一手的真实描述,包括大批集体处决,肆无忌惮的强奸、掳掠[1]。

广州出版的《中山日报》于1938年4月1日刊登了一篇题为《沦陷已三月 挥泪话南京》的文章,在这篇文章中,两位分别于2月16日和3月10日从南京逃出的难民萧先生和王先生谈到了他们所目睹和经历的情况:

> 至十三日拂晓,敌我已在城内各处发生巷战,午前十一时敌大队入城,占据各机关后,就开始分向各处搜索,见我民众任意屠杀,而武装军队的无论抵抗与否,皆遭格杀。到了十四日,敌军认为在难民区内,一定还有许多中国军队,就不顾国际信义,冲了进去,凡是"和尚头"或有一点类似军人的民众,都一律捆缚起来。虽经国际委员会的交涉,暂予释放,但是到了晚间十一时,国际委员会的委员都已离开后,敌寇便又来了,不分皂白,只要年在三十左右的,都一卡车一卡车的绑送八十八师及军政部营房,到了午夜二时,复押赴挹江门外。当时被押的民众,跑到海军部附近,乘敌不备,多互解其缚,企图到城外后,乘机逃脱,甫抵江边,敌人的机关枪,就密集地扫射起来了,于是一部分跌入江中淹毙,大部分饮弹后,亦被敌推入江中。这样地继续了一星期之久。后来据一当时跳入江中,匍匐江边至第二日逃往燕子矶被敌强迫搬运弹械入城的王某说,一周来敌枪杀者,仅下关沿江至少在三万人以上。江边流水尽为之赤,城内外所有河渠沟堑,无不填满尸体,尚未计算在内。[2]

---

[1] 《暴敌兽行世界彰闻》,载《大公报》1938年3月28日,第3页。
[2] 《沦陷已三月 挥泪话南京》,载《中山日报》1938年4月1日,第4页。

刘柔远（1905—1989）毕业于黄埔军校和陆军大学，是南京卫戍部队的一名少将，参加了南京保卫战。由于缺乏渡船，他无法渡过长江，因此被困在南京几个月。幸运的是，在一位从事出版业的左先生帮助下，他不仅得到了很好的保护，而且还获得了一张菜农的通行证，因此他能够离开南京。他从南京步行到上海，然后乘船到香港，最后回到家乡长沙。他在长沙接受了《中央日报》的采访，该报于1938年4月1日至3日分三次刊登了采访内容。他的目击记述详细、涉及面广，而且相当完备，分析很有见地，他对屠杀和杀戮的不同阶段进行了分析界定：

> 从十二月十三日到十八日，是寇军大规模的屠杀期间，从十八日到一月初旬，是很细密很普遍的自由屠杀期间。一月初旬以后，是零星屠杀期间。在第一个期间以内，寇军牵引着成千成百的民众，到宽广的地方去执行枪决，是一种触目皆是的惨剧。自朝至暮，也不知要发见多少次数。在第二期以内，街头巷尾到处都是难民的死尸，无论是壮丁也好，年老弱也好，寇敌看见了，只当他们认为有充当战斗员的可能，或是有财物可掠，或更有他项情况触发了他们的杀心，提取刺刀，就完结了这个人的性命，到了第三个期间，寇军的残暴行为略为减少了，但是遭毒手的民众，还是时有所闻。综计南京被屠戮的难民，至少也在五万左右。……我在十二月十三日避往难民区的时候，中途见了一批被捆缚的民众，大约有一千余人，有的穿西装，有的穿长衫，科头赤脚，有的是尚未成年的童子，敌人将他们散开，用机枪四面扫射……①

以同样的分析方式，刘柔远对日军在南京大肆放火焚烧的原因和方式进行了观察和并提出了他的见解：

---

① 《敌陷南京后之暴行：刘柔远脱险抵湘谈话》，载《中央日报》1938年4月2日，第4页。

除公共机关可为寇军屯驻地场所以外，繁盛的地方，大都是焚毁一空，而尤以中华路太平路为甚，敌人表面所持的理由，肃清"抗日分子"，但实际上他们第一是藉着焚烧房屋为他们抢劫财物之资，他们知道太平路中华路，是南京的精华所在，他们也知道一切货品，多半是没有迁徙罄尽的，所以特别光顾这两处地方，第二个焚烧房屋的原因，是他们缺乏煤炭，风雪严寒的时候，往往毁烧门片窗格板壁，为他们御寒之具，有时他们闯入民宅燃火取暖，事后他们忘记了一切，扬长而去，留下火种，以至于发生火灾，延烧甚广，这也是起火的一个大原因。①

与此同时，另一名来自南京的难民抵达汉口并接受了采访。他描述了日军在南京犯下的杀戮、强奸、焚烧和掠夺等暴行，采访记录由中央社分发，1938年5月30日，《新华日报》以《南京同胞惨遭敌蹂躏：受伤官兵尽遭屠杀；老幼妇女几全被奸》为题发表这篇采访记录②。在汉口出版的其他报纸，如《申报》和《扫荡报》，也同时刊登了这篇报道，只是标题略有不同。

随着时间的推移，越来越多的难民设法离开南京，报纸和杂志上出现了更多内容翔实、涉及面广的关于难民在南京经历的报道。其中一篇报道据说是记者林娜采访了一位名叫覃的难民。覃被困于南京，直到1938年5月22日才得以离开。这篇题为《血泪话金陵》的报道发表在1938年7月的《宇宙风》杂志上，它描述了日军在南京及其周边地区犯下的暴行。这些描述具有一定的戏剧性，但在某种程度上缺乏准确性。例如，文中谈到中国便衣队挖出以前隐藏的武器，对铁道部发动了攻击，但第二天就被消灭。这一次，共有500人被杀③。似乎不太可能在发生了涉及500多人的大规模袭击事件的情况下，没有任何其他文献或叙述加以记载。

---

① 《敌陷南京后之暴行：刘柔远脱险抵湘谈话》，载《中央日报》1938年4月3日，第4页。
② 《南京同胞惨遭敌蹂躏：受伤官兵尽遭屠杀；老幼妇女几全被奸》，载《新华日报》1938年5月30日，第2页。
③ 林娜：《血泪话金陵》，载《宇宙风》1938年7月号，第256页。

李克痕也描述了当时的情况，战前，他是南京一家文化机构的职员，和家人住在位于南京西南约 5 英里的一座小镇板桥。他于 2 月搬进城，1938 年 6 月 3 日离开。1938 年 7 月 18 日至 21 日，《大公报》分四次刊登了他的记述《沦京五月记》。由于他 2 月才进城，他所描述的 12 月和 1 月在城里发生的暴行，主要是依据他人提供的信息[①]。

郭岐（1905—1993）是黄埔军校第四期毕业生。1937 年，他在教导总队担任辎重营中校营长。参加南京保卫战后，他被困在城内，躲在安全区，直到 1938 年 3 月 11 日才得以离开。他记录的南京经历相当详细，涉及的面也很广，内容翔实。从 1938 年 8 月 1 日至 9 月 17 日，西安出版的报纸《西京平报》将其题为《陷京血泪录》的叙述分 35 次刊发。

他主要描述了自己作为一个幸存者的各种经历，以及他对南京城内的情况、事件和日军暴行的观察，同时，他也讲述了其他人的经历。他有一位名叫言心易的下属在试图渡过长江时在下关迷路。当日军到达那里时，他们用冲锋枪向江滩上的人疯狂扫射。这位士兵的后脑勺被子弹击中，但伤势并不致命。他当即倒下，即使一个日本兵用钢盔狠狠地敲打他，他也一动不动地装死。直到日本兵离开，他才爬起来。因此，两周后，他向郭岐讲述了他的经历[②]。

郭岐与一位在大屠杀中幸存的警察进行了交谈。他是被押到水西门外的 2000 人之一，在那里，日本兵将他们排列成行，用机枪扫射。这名警察在被子弹击中之前就倒在地上。之后，日本兵在尸体上浇上汽油，点火焚烧。这名警察处在尸体堆的底部。日本兵离开后，他才爬了出来[③]。这个经历与伍长德的十分相像。

1947 年，南京军事法庭审判谷寿夫时，郭岐被从他在新疆的驻防地传唤到南京，作为控方的证人出庭，他在 1938 年发表的叙述被用作控方起诉谷

---

① 李克痕：《沦京五月记》，载《大公报》1938 年 7 月 18 日至 21 日，第 2、3 页。
② 郭岐：《陷京血泪录》，载《西京平报》1938 年 8 月 3 日，第 2 页。
③ 郭岐：《陷京血泪录》，载《西京平报》1938 年 8 月 3 日，第 2 页。

寿夫的证据。

## 日文媒体的报道

据悉，有100多名日本记者跟随取得胜利的日军进入南京。然而，严格的审查制度，或称禁言令不允许记者报道日军的暴行，他们只能报道部队的胜利和勇敢，以及敌方的失败。但在报道这些内容的同时，记者的新闻报道也透露出一些暗示大规模屠杀的信息。

1937年12月14日，《东京日日新闻》刊登了一份12月13日发给同盟社的新闻稿，标题为《俘虏持续不断，敌尸堆积如山》。该报道称：

> 为了不被皇军发现，城外的残败兵躲藏在附近的山上。然而，他们还是被发现了，成了战俘，大约有2000人。此外，那些在城墙外最后一道防线上被击溃的中国中央军精锐部队，躲过了皇军，掩藏在紫金山深处。我军在周围放火，向残败兵发起火攻。大约500名中国士兵被浓烟逼出，而我军只有50名士兵在外面等候，将他们逐一俘虏。①

同一份报告还指出，约有3000名中国士兵在南京东郊麒麟门附近被杀，从而证实了其他来源关于几千名军人在那里被大规模处决的报告：

> 几天前，镇江陷落时，估计约有2万中国军队从镇江逃往南京。在寻找逃跑路线的过程中，他们的人数逐渐减少到3000人。13日拂晓前，他们出现在麒麟门附近，跟在大野、片桐、助川和野田部队的后方。我们的部队轻而易举地消灭了他们。在那个地区周围，残败兵的尸体堆积

---

① 『捕虜續出　敵の死體山を築く』（《俘虏持续不断,敌尸堆积如山》），载『東京日日新聞』1937年12月14日，第2页。

如山。①

大野部队、片桐部队、助川部队、野田部队是第十六师团的四个步兵联队，即大野宣明大佐指挥的第二十联队、片桐护郎大佐的第九联队、助川静二大佐的第三十八联队，以及野田谦吾大佐的第三十三联队。

上海派遣军参谋长饭沼守少将在1937年12月14日的日记中记录了大量的中国士兵在该地区被俘②。日本军邮站长佐佐木元胜也在其战时回忆录《野战邮局的旗帜》中记述，他在1937年12月16日目睹了4000名被解除武装的中国士兵被扣留在麒麟门附近，后来被屠杀③。不知道佐佐木看到的这群人就是《东京日日新闻》报道中描述的那群被俘的中国军人，还是另一群。不管是什么情况，大量被解除武装的中国军人要么投降，要么被俘，并在该地区被大规模处决。

12月13日，特约记者横田报告道，日本军队已经将中山门和太平门置于他们的控制之下：

> 因此，南京东部地区的战斗基本上结束了。与此同时，大野部队和野田部队也参与了"扫荡"顽敌的行动。他们占领了位于中山东路北侧的军事委员会、中央军校、励志社和其他抗日总部。……胁坂、伊佐、下枝部队从光华门、通济门进城"扫荡"，在明故宫机场、航校附近到立法院、监察院的中国街道完成了行动。……千叶、矢崎、山本、山田部队在中华门以东翻墙入城，正在南门大街以东地区进行"清剿"行动。④

---

① 『捕擄續出　敵の死體山を築く』(《俘虏持续不断，敌尸堆积如山》)，载『東京日日新聞』1937年12月14日，第2页。

② ［日］饭沼守(Mamoru Iinuma)：『飯沼守日記』，收录于『南京戦史資料集』，南京战史编辑委员会编纂，东京：偕行社1989年版。

③ ［日］佐佐木元胜(Motokatsu Sasaki)：『野戰郵便旗』(《野战邮局的旗帜》)，东京：日本讲演通信社1941年版。

④ 『南京掌握の總決算　将士入城に心彈を　世紀の凱歌大繪卷想見』(《完全占领南京；将士进城；想象世纪凯歌之画卷》)，载『東京日日新聞』第二朝刊1937年12月14日。

脇坂次郎大佐指挥第十八旅团第三十六联队、伊佐一男大佐指挥第六旅团第七联队，这两个联队均隶属第九师团。千叶小太郎大佐是第一二七旅团第一〇二联队的指挥官，矢ケ崎节三大佐指挥第一二八旅团第一一五联队，山本重悳中佐指挥第一二八旅团第一五〇联队，山田常太中佐指挥第一二七旅团的六十六联队，这些都是第一一四师团的联队。

根据许多中国幸存者和目击者的证词，虽然大量居民在日军进城前就搬到了安全区，但有些人还是选择留在自己的家中。很多家庭把家里的妇女和年轻的家庭成员送到安全区，但长辈们留下来照看房屋、财物和其他财产。这些留在安全区外住宅中的居民多被日军杀害。这些新闻报道中对"扫荡"行动的描述，与中国人所作他们的家人和长辈在日本占领后头几天被杀害的证词相呼应。在这些"扫荡"行动中，日本兵闯入住宅，挨家挨户地搜查，杀害平民，其中许多是老人。这种肆无忌惮的杀戮迫使更多的居民到安全区避难。然而，1937年12月15日《东京朝日新闻》上的一篇报道描绘了一幅美好但绝对虚假的画面：

[南京，14日，同盟社]由于南京是中国的首都，占领南京的皇军特别注意维护治安和保护建筑物，他们甚至在13日晚间在市内进行"清剿"行动时也是如此。从14日上午"清剿"行动结束后，除国民政府、行政院、立法院、财政部和各大银行外，在军事学院、航空学校等军事机构和各名胜古迹都设有哨兵，不让人进入这些地方。同时，宪兵队在市内各区巡逻，维持秩序和安全。很快，城市的秩序就恢复了。郊区农民像以前一样把中华路作为交易中心，因此从13日晚开始，居民逐渐返回，14日上午，返回的居民突然增多。沿着南京的街道，曾经用木板遮挡的大商店的门窗都打开了，人们准备开张营业了。①

---

① 『南京市内の秩序　早くも整然　避難民歸還　店を開く』（《南京的秩序井然 难民归家开店》），载『東京朝日新聞』夕刊1937年12月15日，第E1页。

紧接着上述报道之后，另一份刊登在同一天报纸上的新闻电讯提供了相对接近现实的信息。它载有松井石根于12月14日向南京居民发布的公告：

> 我军自出兵参战以来，战无不胜，消灭了各地的抗日武装。现在，战区后方的治安已逐步恢复。目前，日军作战的目标是清剿抗日部队，不仅保证普通平民不是我们作战的目标，而且要保障平民的安全，保护他们的生计。因此，请居民尽快回家，以祖宗故里为重，信赖我军，安居乐业。但是，若阻碍我军行动，危害我军，将受到军法的严惩。①

1937年12月15日，一份来自南京的特别电讯在第二天的《东京日日新闻》上刊载，它提供了南京真实情况的信息：

> 截至14日，经过城内的"清剿"行动，残败兵已被歼灭。在总攻发动之前，我军已经完全包围了南京，敌人没有任何退路。除了在总攻前逃跑的人，城内其余的敌人都被歼灭了。目前，仅城内敌军死亡人数就达六七万之多。加上城外战斗中被歼灭的敌军，以及被我海军和空中轰炸歼灭在江中的敌军，敌军的伤亡人数约为十几万。②

《东京朝日新闻》特约记者平松和藤本12月15日发的新闻报道指出：

> 15日在城内继续进行"清剿"敌兵的行动，并进展顺利。……敌军士兵一看到沿城墙的防线被攻破，就脱下军装，换上便衣，伪装成平民。在建筑物里和街道上，到处都是丢弃的军装、刺刀和武器。……据估计，有25000名残败兵换上便衣，隐藏在城内。因此，我军还将努力清剿。

---

① 『南京に安民布告』（《南京安民布告》），载『東京朝日新聞』夕刊1937年12月15日，第E1页。
② 『敵の屍六、七萬』（《敌尸六、七万》），载『東京日日新聞』夕刊1937年12月16日，第H2页。

一方面，他们将进行甄别、搜捕可疑的残败兵，但另一方面，将为老人、儿童和妇女提供保护。我们的部队为外国财产和权益提供特别保护，可以看出皇军军纪严明。①

新闻电讯稿显示，12月15日的"清剿"行动进展顺利，但从其他资料，包括美国、英国和德国的记录来看，为"老人、儿童和妇女提供保护"的部分并不真实，外国财产和权益也没有得到很好的保护。日军军纪的崩溃被新闻粉饰为"皇军军纪严明"。同时，另一份同样在12月15日发出的《东京朝日新闻》电讯揭示了恐怖的真相：

> 攻占南京城的皇军部队在城内外集结，每支部队派出一部，"扫荡"隐藏在城内的残败兵，同时对城内区域进行"清剿"。据估计，在南京战役中，我军俘获、歼灭敌军不下6万人。
> 
> ［上海，15日，同盟社发］我军攻占南京后，仅大野、野田、助川、片桐等部队从右翼以北发起进攻，在城内外俘获或歼灭的敌军就不少于1万人。据估计，总人数至少有6万至7万名，还缴获大量的战利品。②

《东京日日新闻》特派记者金子和引田12月16日在南京报道："据悉，截至16日，城内约有15万名难民，其中约1.5万名是伪装成难民的正规军。因此，从今天早晨开始，在已经变成难民中心的首都华侨招待所以及其他许多地方，一直在进行甄别居民与正规军的工作，工作量异乎寻常地大。"③这一报道证实了数千人在华侨招待所被抓走，押送到下关处决的指控。

---

① 『なほ潜伏二萬五千　敗残兵狩り續く　外國權益を特別保護』（《二万五千败兵仍隐藏，继续搜寻残余败兵；特别保护外国权益》），载『東京朝日新聞』1937年12月16日，第I2页。
② 『南京一帯掃蕩の戦果　敵六萬を捕虜・撃滅す　皇軍なほ清掃を續く』（《南京一带扫荡战果；俘虏、歼灭六万敌军，皇军继续清剿》），载『東京朝日新聞』1937年12月16日，第D1页。
③ 『けふ歴史的の南京入場式　盛典の本殿　國民政府を見る』（《具有历史意义的南京入城仪式：在国民政府大厦见证伟大的入城仪式》），载『東京日日新聞』1937年12月17日，第H2页。

《东京日日新闻》的特派记者佐藤于1937年12月17日发出电讯，称"山田、矢ケ崎、山本部队和千叶部队在进入南京后不久，就占领了南京市政府与其他地方，消灭了5000名残败兵"①。

根据日本上海派遣军1937年12月18日发布的公告，"在南京战役中，敌人遗留下8万至9万尸体，几千敌人被俘"②。

日本报纸也报道了在当地人称为草鞋峡的地方进行大规模处决的事件，尽管媒体的报道没有直接描述那里的屠杀事件本身。然而，将中国幸存者的证言、日军军人的日记和掩埋记录汇总起来进行分析，新闻报道中包含的信息有助于将谜团的各个部分拼接起来，还原真相。《东京朝日新闻》特派记者横田于1937年12月15日首次简要报道了这一事件，

> 两角部队从镇江沿长江进军，13日攻占乌龙山炮台，14日占领幕府山炮台。这时，遭遇第十八师、第三十四师、第八十八师、军官学校和教导总队的敌兵，共14777人，像雪片一样匆匆逃窜。敌人举着白旗，我军以少数兵力将上述敌军全部俘虏。③

第二天，横田在报道同一事件的电讯稿中提供了更多的细节：

> [南京，16日，特派记者横田发] 在乌龙山炮台和幕府山炮台附近的丘陵地带，两角部队俘虏了从南京逃出的14777名敌军。由于俘虏的数量空前巨大，俘虏他们的部队不知道如何处理。与俘虏的数量相比，我军的人数极少，情况难以处理。因此，首先要求他们丢弃刺刀，然后

---

① 『入城式参列部隊更に重任へ　溧水城に残敌襲撃』（《参加入城仪式的部队袭击溧水城残敌》），载『東京日日新聞』1937年12月18日，第H2页。
② 《敌の遺棄死体八九萬》（《敌遗尸八、九万》），载『東京日日新聞』夕刊1937年12月19日，第1页。
③ 『江岸で一萬五千捕虜　軍官学校教導總隊等』（《在江边俘虏一万五千；内有军官学校与教导总队的》），载『東京朝日新聞』1937年12月16日，第I2页。

再把他们押到附近的军营。因为有一个师以上的敌兵，22个大营房已被挤满，盛况空前。……

他们是蒋介石的嫡系部队，教导总队的士兵，穿着统一的军装。然而，吃饭是最难办的，因为我们的部队必须在当地寻找食物，而且还有这么多人要吃，这让人感到困惑。首先，不可能找到15000个碗，因此，第一个晚上没有给他们吃饭。

部队迅速将行李运送队的驮马集中起来，开始寻找食物。到目前为止，俘虏中已知有十名军官，其中官价最高的是教导总队的参谋沈博施。通过负责看守军营的田山部队指挥官的介绍，本报记者得以与在押的沈参谋会面。①

根据几位日本官兵的日记，这些俘虏在1937年12月16日至18日被第六十五步兵联队和第十九山炮联队大规模处决②。

1937年12月28日，《读卖新闻》刊登了一份发自上海的简短新闻电讯，内容涉及日军在南京战役中缴获的战利品，包括中国军队的伤亡数字。它报告说，敌人留下了53874具尸体③。1937年12月30日，《东京朝日新闻》刊登了上海日本军事当局发布的公告，详细介绍了南京保卫战中双方的伤亡情况：

[上海，29日发专电] 上海派遣军下午六时宣布：从进攻南京主要

---

① 『持余す捕虜大漁 廿二棟鮨詰め 食糧難が苦勞の種』（《大批俘虏挤满二十二栋房屋，粮食短缺困难重重》），载『東京朝日新聞』1937年12月17日，第H2页。

② [日]远藤高明(Takaharu Endo):『远藤高明陣中日記』，收录于『南京大虐殺を記錄した皇軍兵士たち：第十三師団山田支隊兵士の陣中日記』，小野贤二、藤原彰、本多胜一编辑，东京：大月书店1996年版，第219—220页；目黑福治(Fukuharu Meguro):『目黑福治陣中日記』，收录于『南京大虐殺を記錄した皇軍兵士たち：第十三師団山田支隊兵士の陣中日記』，小野贤二、藤原彰、本多胜一编辑，东京：大月书店1996年版，第373—374页。

③ 『敵の遺棄死體五萬三千八百』（《敌遗尸五万三千八百》），载『讀賣新聞』第二夕刊1937年12月28日，第1页。

防线之际到完全占领南京城为止，我军对敌人造成的伤亡，已部分公布。后来，根据详细的调查，敌人留下的尸体有 84000 具之多，而我军的伤亡总数约为 4800 人。敌我双方的伤亡情况大致如下：

1. 我方：800 人死亡，4000 人受伤。
2. 敌方：留下 84000 具尸体，10500 人被俘。[①]

由于不清楚日本军方进行了哪些调查来得出伤亡数据，因此很难核实这份报告的准确性。尽管在战斗期间或紧接着战斗之后发布的伤亡数据可能夸大了敌人的损失，同时缩小本国的伤亡情况，但我们有理由认为，这里报告的日本人的伤亡情况与现实相差不大，即阵亡的日军人数不超过 1000 人。在战斗中，双方的伤亡人数通常不会有巨大的差异，尽管战败方的伤亡往往比胜方多。在南京的战役中，日军的训练和装备比中国军队好，再加上中国军队在混乱中撤退，所以中国军队的伤亡自然会比日军大，但这仍然不能解释 100 倍的伤亡差距。因此，说中国人的死亡人数完全是战斗行动的结果，这是很难让人信服的。这份报告表明，大量的伤亡不仅仅是战斗的结果，还是对投降的中国士兵和被拘留的平民进行大规模处决的结果，关于日军大规模处决中国军民的大量证据可以证明这一点。虽然很难核实或区分死者是大规模处决和其他日军暴行的受害者，还是在战斗中阵亡的人，但那些双手被反绑的尸体肯定不是战死的军人。

1937 年 12 月 22 日，《大阪朝日新闻》刊登了通信员山本 12 月 21 日发回的报道。这是一篇关于日本军医在位于外交部大楼的医院里为中国伤兵提供医疗的报道：

在南京战线被我军枪弹击中的约五百名支那兵，拖着伤残的躯体，现住在城内的中心、外交部的临时医院。20 日起，我军很多军医细心治

---

① 『敵の死體八萬四千 我が戦死は八百名 南京攻略戦彼我の損害』（《敌方尸体八万四千，我方战死八百，南京战役敌我伤亡》），载『東京朝日新聞』1937 年 12 月 30 日，第 H2 页。

疗敌伤员。由于接连的战败，从前线送往后方的支那军伤病员越来越多，因此很多市内的大建筑都充当野战医院，作为抗日外交本部的外交部大楼也未能幸免，作为医院使用了。外交部的二、三、四层摆放着病床，当12日我军抵达城门时，敌军医放任这些伤兵员不管，多数自顾逃走了，只留下少数城市医生诊疗。

得知没有粮食的情况，我军的小宫山、冈田、神田、田边等军医于20日抵达该医院。四个月前还是成天有威风、聪慧的外交官进进出出的外交部，现在完全没有了过去的面目，到处散发着阴森的臭气，那么宣扬"依赖欧美""抗日外交"口号的各个房间里，尽是因药品缺乏、营养不良而伤口化脓，用肮脏的绷带包扎伤口，呻吟的伤员，用灰色的支那军用毛毯裹着身体的人算是不错的了，有的连毛毯都没有，光秃秃的用布料裹着，"冷啊、疼死了"的呻吟，我军医生像对待我军士兵那样亲切地逐一给予诊疗。直到给他们新药和新绷带之前，被所谓抗日迷蒙蛊惑的他们，现在开始接触到我军的温暖和情谊，只是一个劲地感谢。①

帮助建立外交部医院的美国传教士约翰·麦琪在1937年12月15日给妻子的信中提到，他12月14日上午把数车中国伤兵送到该医院：

> 第二天早上，我开着一辆满载伤员的救护车前往外交部。我们刚刚将那些能够行走的人扶上台阶时（有些人必须用担架抬走），来了一队日本兵，其中有些人就像野兽一样。我正在帮助一个行走非常痛苦的可怜家伙，但一个士兵从我手中将他拖过去，开始狠狠地抽打他受伤的手臂，并把他的手和另一个伤员的手绑在一起。幸运的是，我找到了那时走过来的一位日本军医，并指着这些人的血衣。他说德语，我用蹩脚的德语说这是一家伤兵医院，他让士兵们把他们放了。不久之前，一位日

---

① 『日本軍醫の情に目覺めた敵傷兵五百名へ投藥施療』(《被日本军医的情谊感动而觉醒的敌伤员——为五百人送药治疗》)，载『大阪朝日新聞』1937年12月22日，第H2页。

本报纸记者用很好的英语告诉我，有些日本兵坏极了。①

在 1938 年 1 月 11 日的另一封信中，麦琪再次提到了那家医院的情况，包括这份日本报纸的报道，或类似的关于医院的报道：

> 我从外交部国际红十字会伤兵医院的医生和护士那里听说，他们那些男女医护人员都得到了保护，尽管自从 12 月 14 日我把三卡车的伤兵送到那里后，不准我们这些外国人进入医院……我认为很可能是我们的努力挽救了大约数百名伤兵以及那里的许多医生和护士的生命。妇女们没有受到调戏，说明日本军队的人在想控制他们的人的时候可以控制。（后来确实有一个士兵试图进入妇女的房间，但施展个计策没让他进去。）在上海出版的那期日本报纸上说（我想是在 12 月 17 日，当然也可能是以后），那里的中国士兵非常感谢日本人的仁慈照顾，（后来我们了解到，一名中国士兵被杀了——用刺刀，最常用的方式——因为他的饭被打翻而发脾气。） 我认为善待这些伤员的一个典范示例是为了宣传目的而刻意策划，以抵消一般情况下难以言喻的残酷行为。那里的医生和护士还没有意识到外面发生了多么可怕的事情。日本人送来了一些大米，尽管其中大部分是由我们手中的资金购买的。我们这里有一个由不同国籍的约 10 人组成的国际红十字会委员会，我是该委员会的会长。除了使用我们手中的资金外，我们实际上没能做什么，但我认为，由于我们能够提供保护，我们的组织已经起了很大的作用。不管日本人保护这些伤兵和医生等的动机是什么，我很高兴这一点实际上已经做到了，感谢上帝。②

---

① John G. Magee, A letter to his wife Faith, December 15, 1937, Folder 2, Box 263, Record Group 8, Special Collection, Yale University Divinity School Library.

② John G. Magee, A letter to his wife Faith, January 11, 1938, Folder 2, Box 263, Record Group 8, Special Collection, Yale University Divinity School Library.

关于一名受伤的中国士兵在该医院被刺刀捅死的案件，麦琪于1938年1月20日向南京安全区国际委员会提交了一份报告，该报告将其记录为第199号案件：

> 199. 1月20日，麦琪先生报告说，外交部红十字会医院里的中国伤兵每天只吃三碗饭。有一个人向一个日本军官（或医生）抱怨。该军官打了他一巴掌，然后当这个人又反抗时，他被押出去用刺刀捅死。（麦琪）①

尽管有刺杀伤兵事件，但至少在1938年1月20日之前，由于美国传教士的干预，在外交部医院的大多数中国伤兵都活了下来。

此外，日本媒体还提供了关于"南京自治委员会"（一个由日本扶持的临时傀儡管理机构）成立的详细信息，及其成员和他们的背景资料。《读卖新闻》于1937年12月24日刊登了前一天从南京发来的新闻电讯稿，报道"南京自治委员会"于12月23日成立，当天上午11点召开会议，讨论组织问题，并决定"委员会"的成员。"委员会"由会长陶锡三，副会长王春生、程朗波，委员程调元、孙叔荣、胡启阀、罗逸民、赵威叔、赵公谨、马锡侯、黄月轩组成②。

显然，日本的杂志也发表了关于南京状况的报告和文章。由于周刊和月刊的出版周期，这些杂志文章直到1938年初才出版。然而，它们主要提供了关于战事进展的内容广泛的描述和更多深入的细节，尽管有些出版物可能包括一些对暴行的隐晦影射。著名的《文艺春秋》杂志在1938年2月发表了一篇题为《随军进入南京》的报道，作者是当时担任随军记者的著

---

① Hsü Shuhsi, *Documents of the Nanking Safety Zone*, Shanghai: Kelly and Walsh, Limited, 1939, pp. 94—95.

② 『南京に自治委員：明朗政權近く成立式』（《南京自治委员会；即将举行就职典礼的明朗政权》），载『讀賣新聞』1937年12月24日，第1页。

名日本画家中川纪元（Kigen Nakakawa，1892—1972），他以日记的形式记录了自己的经历，并附有素描插图。他在 1937 年 12 月 10 日写道。"麒麟门地区的民居都被烧毁了。……到处都是乱七八糟的东西，周围的作战行动紧急而迫切；到处都是人粪和动物的粪便，还有人的尸体和动物的残骸。"①

12 月 13 日下午，作者与先头部队一起进城，并决定住在被称为励志社的美丽建筑里……直到昨天这栋建筑还是接收中国伤兵的设施。从它的地下室和地窖里，有不少败残兵被俘。此外，还有不少看起来像孩子的士兵在押走之前被紧紧捆绑起来。

12 月 14 日，大部分败残兵都被押走了，城里到处都是日本兵。……到处都是火光，而荒废的商业街区正在燃烧，发出噼噼啪啪的声音。没能跑掉的妇女们浑身颤抖。

走到中央大道的南端，我看到秦淮河一带一片狼藉，餐馆和涂着斑斓色彩的游船变成了废墟。那里只有满脸胡须的日本兵，而那些涂着胭脂的美女和弦乐伴奏的歌曲却无处寻觅。②

与中川纪元同行的还有几位记者或作家，著名作家和社会评论家大宅壮一（Soichi Oya, 1900—1970）就是其中之一。最初，大宅是在香港报道新闻。1937 年 11 月 26 日，他离开香港前往上海，于三天后抵达。然后他随日军部队一起进入南京。他在 1938 年 2 月出版的《改造》月刊上以书信形式发表了一篇标题为《从香港到进入南京》的长篇报告。在报告的后半部分，他描述了他在日军到达南京东郊至南京城陷落不久后的经历和观察。大宅在

---

① ［日］中川纪元 (Kigen Nakakawa)：『南京從軍入城』(《随军进入南京》)，载『文藝春秋』1938 年 2 月号，第 204 页。

② ［日］中川纪元 (Kigen Nakakawa)：『南京從軍入城』(《随军进入南京》)，载『文藝春秋』1938 年 2 月号，第 206—207 页。

## 第九章
### 英文、中文与日文媒体的报道

1937年12月13日观察到的情况如下：

> 13日天亮前，我们爬上了刚刚被攻占的中山陵。我们看到，在孙中山雕像周围，散落着一些废弃的炊具，其中有一捆半成品的针织品。那是完成了大约70%的帽子。
>
> 然后，从中山陵下来，在去中山门的路上，我们在路边的树林里发现了一面被血浸透令人可怕的白色旗帜。这可能是用来包扎伤员的。捡起来后，我们看到旗子上印有"女子贵族学校"的字样。这面可怕的旗帜似乎最近被血浸透了，它给我留下了深刻的印象。我觉得应该把它作为一个宝贵的纪念品来保存，因此我把它带回了日本。
>
> 此外，虽然我没有亲眼看到，但据说在敌人留下的尸体中，有穿着正规军制服的妇女。虽然数量很少，但确实有一些。她们可能是以中国人所崇尚的英雄主义精神被送上战场的，但无论我们在哪里看到她们留下的物品，以及曾经笼罩着她们身体的空气，我们仍然被一种庄严而悲惨的感觉所感动。①

和中川纪元一样，大宅壮一也曾留宿在励志社，尽管他所描述的情况不尽相同：

> 大约4点钟，城门被攻破，坦克开进城内。那天晚上，我们住在城门附近的励志社的一个房间里。这是中国军队的俱乐部，有点类似于日本的偕行社②。黄昏时分，当我冒险进入地下室寻找床位时，三名敌方败残兵从地下室跑了出来，这可把我们吓坏了，但他们很快就被我们的

---

① ［日］大宅壮一（Soichi Oya）:『香港から南京入城』(《从香港到进入南京》)，载『改造』1938年2月号，第241页。

② 偕行社（Kaikosha）为日本退役军人协会，而励志社是中国现役军人的机构。

士兵抓住了。①

他还对难民和城里的安全区发表了看法："大多数南京居民都到其他地方去避难，只有那些没有地方可去的赤贫阶层的人挤在'难民区'里。不管是哪个城市，最可怜的都是下层的穷人。"②

《文艺春秋》杂志的记者小坂英一（Eiichi Kosaka）在1938年2月的《文艺春秋》杂志上发表了他的报告《南京大战役的个人记述》，其中包括在1937年12月5日至13日，他在南京及其周围观察到的事件和情况。在报告的最后一节《南京陷落》中，他写道：

12月13日，晴朗而温暖。

像往常一样，天亮前还是很冷，大家都起来围着火盆取暖。然后我要了个小聪明，收集了几条毯子，这些毯子是属于那些已经起来的人的，继续睡觉。

"残敌来了"，有人喊道，但我不知道是谁喊的。我一下子就被惊醒了。上午8点左右，房间里，火盆周围已经没有人。只有两三个人注视着后面的山头。附近的士兵们正向山上走去。据说，那边的山上出现了两三百名残敌。"到了这样的阶段，看来城市已经被占领了。"我喃喃自语。在我看来，如果有残余的敌人在附近游荡，那么南京一定是被我军攻占了。我们早点吃饭吧。"到我们能去的地方走走。"我邀请中川纪元一起去。③

---

① ［日］大宅壮一（Soichi Oya）：『香港から南京入城』（《从香港到进入南京》），载『改造』1938年2月号，第250页。

② ［日］大宅壮一（Soichi Oya）：『香港から南京入城』（《从香港到进入南京》），载『改造』1938年2月号，第251页。

③ ［日］小坂英一（Eiichi Kosaka）：『南京大攻略戦從軍私記』（《南京攻城战役个人记录》），载『文藝春秋』1938年2月号，第217页。

1937年12月23日至31日访问南京的《朝日新闻》记者杉山平助（Heisuke Shugiyama, 1895—1946）在1938年3月的《改造》杂志上发表了一篇长文《南京》，描述了他从上海到南京的旅途以及他在南京期间的观察。他在下午5点左右到达《朝日新闻》南京分社，那里挤满了十几位同僚，没有自来水和电。他表示："现在我无法详细写下我在这段时间里观察到的和听到的事情。我只能写下我的想法，以填补这方面的空白。"①

尽管出于显而易见的原因，他不愿意写下他在南京的所见所闻，但他还是忍不住透露了某些方面的南京状况：

> 外面一片漆黑。周围住着很多难民。此外，到处都散落着死尸。
>
> 我们一群人就战争和人性问题进行了激烈的争论。我也表达了我的观点。既然战争已经开始，为了赢得战争，确保胜利的结果，我们可以主张采取任何措施，在这个时间节点上，任何道德束缚都是毫无意义和无助的。严格来说，战斗人员和非战斗人员之间没有任何区别。……
>
> 弘法大师曾经打坐的清凉山，就在附近的郊区。
>
> 我试图一个人到外面走走。数以万计的中国难民来来往往。我发现自己被他们包围着，一个人走着，当我继续走时，我无法摆脱他们的包围，这真的让我感到害怕。我越是感到害怕，就越是在行走时弯下肩膀。也许这是来自一大群人的一种压力。正是这群软弱的人让我感到害怕。怎么会这样呢？
>
> 在那边，有不少中国人的尸体散落在周围。这群人看到这些尸体后会怎么想？我无法从他们的面部表情中看出端倪。这群人会死于饥饿或寒冷。我不知道他们在哪里能得到食物。……
>
> 受雇于日本人的中国人在难民中是令人羡慕的，因为无论如何，他们的食物是有保障的，此外，他们还有工资，生命的安全也有保障。分

---

① ［日］杉山平助(Heisuke Shugiyama)：『南京』，载『改造』1938年3月号，第317页。

社里负责做饭的阿妈就是这些人中的一个。然而，即使在这种情况下，中国人也不会忘记利用他们的职位来谋取私利。分社的工作人员怀疑她从厨房偷米卖，晚上除了方便偷钱，还擅自收留人住在储藏室或车库。

于是，具有少尉军衔的Y先生随身携带一把日本军刀，进行突击检查，我也跟着去看了看。

一走进车库，就听到一阵微弱的鼾声。听到"这儿有人"，我赶紧上前，拿出手电筒，看到一个四十多岁的中国人，看起来像个工人，睡得正香，怀里抱着一个五岁左右的男孩，躺在铺着破布的水泥地上。

"让他们睡吧。" 我一边触碰Y先生的胳膊，一边说了这句话。然后我们偷偷地溜了出来，生怕把他们吵醒。

啊，多么悲惨的痛苦。男孩的母亲怎么了？

我只是听别人说起一个中国老太太抱着她儿子的尸体，在大雨中连续哭了三天。据说，尸体散落在莫愁湖周围。①

---

① ［日］衫山平助(Heisuke Shugiyama)：『南京』，载『改造』1938年3月号，第321—323页。

# 第十章　美国、英国与德国外交文件中记载的南京大屠杀

**美国大使馆及其外交文献记录**

　　上海沦陷一周后，随着日本军队迅速向南京进军，中国政府于1937年11月20日宣布，国都将从南京迁往重庆。此举立即得到落实。一些政府机构直接迁往重庆；另一些机构，包括交通部、财政部和外交部，则先迁往华中的汉口。外国政府敦促其公民撤离南京，并建议其大使馆随中国政府一起行动。美国、英国、法国、德国、苏联和一些其他国家的大使馆跟随外交部到汉口。美国大使纳尔逊·特鲁斯勒·约翰逊（Nelson Trusler Johnson, 1887—1954）和大部分使馆工作人员于11月23日乘坐美舰"吕宋号"从南京出发。与此同时，美国、英国和德国分别在南京保留了一支骨干外交官队伍，尽可能地维持使馆事务。美国领事团队包括二等秘书乔治·爱契逊（George Atcheson, 1896—1947）、二等秘书约翰·霍尔·巴克斯顿（John Hall Paxton, 1899—1952）、助理武官弗兰克·尼德姆·罗伯茨（Frank Needham Roberts, 1897—1975）和密码员小埃米尔·彼得·加西（Emile Peter Gassie, Jr., 1901—1977）。

　　随着战事离南京越来越近，留下的外交官白天在使馆办公室工作，晚上在美国和英国的炮艇或商船上过夜。12月8日左右，日军兵临城下。在反复

敦促美国公民登上美国炮艇"巴纳号",并为那些坚守的美国人留下绳索以便他们改变主意时翻越城墙后,所有的美国外交官都登上了"巴纳号",将炮艇作为临时办公地点。

12月9日晚,由于日军对南京港区和浦口的空袭与轰炸,"巴纳号"向上游行驶到三汊河外的停泊地,其周围停泊着由"巴纳号"护送的美国美孚火油公司的"美平号""美安号"和"美夏号"油轮。12月11日下午2点45分左右,日军再次在"巴纳号"周围投掷炸弹。船长詹姆斯·约瑟夫·休斯(James Joseph Hughes,1898—1953)海军少校命令炮艇在下午5点左右向上游行驶到离南京约12英里的地方,以使该船和油轮脱离危险。12月12日上午8点15分左右,日军大炮开始炮击"巴纳号"右舷约400码的地方。船队立即向上游航行,直到上午11点到达南京上游约28英里处的安徽和县水域,船队在离岸1.5英里处的江中抛锚。下午1点30分左右,三架日本双引擎飞机飞越炮艇上空,投掷两枚炸弹袭击"巴纳号",第三枚炸弹袭击"美平号"。第一波攻击之后,六架单引擎飞机立即又向"巴纳号"投掷炸弹,共有20枚炸弹击中炮艇。在随后的几天里,"巴纳号"上有三人伤重而亡,数十人受伤,包括休斯海军少校。美国大使馆的巴克斯顿和加西受了重伤。下午3点54分,"巴纳号"沉入长江[①]。英舰"蜜蜂号"和美舰"瓦胡号"分别于12月13日和14日赶到"巴纳号"的沉没水域,搜寻并救援幸存者。1937年12月17日,"巴纳号"的幸存者在经历了许多磨难之后,被"瓦胡号"和"瓢虫号"救起并送到上海。

当"巴纳号"受到攻击时,日本军队向南京发起总攻。12月13日,该城市落入日军之手,日军暴行疯狂实施之际,美国在城内的财产和权益也受到了严重侵犯。留下的14名美国人在忙于救济工作的同时,尽其所能地保护美国的财产和权益。然而,事实证明,他们的努力在步枪和刺刀面前毫无作用。于是,这14名美国人集体签署了两份电报,呼吁美国外交官返回南京,

---

① Harlan J. Swanson, "The *Panay* Incident: Prelude to Pearl Harbor", *U. S. Naval Institute Proceedings*, December 1967, pp. 28-31.

但日本人拒绝转发这些电报。

南京沦陷两周后，美国国务院向南京派遣了一个由通晓日语的三等秘书约翰·摩尔·爱利生（John Moore Allison, 1905—1978）为首的、由三名外交官组成的领事小组，重开美国大使馆。"瓦胡号"和"绍斯号"救援船于1937年12月28日从上海出发，拟执行三项任务：送美国外交官到南京登岸；开展其姊妹舰艇"巴纳号"的打捞作业；向芜湖总医院运送医疗用品。"瓦胡号"于12月31日到达南京水域。爱利生在当天下午6点报告：

> 今天下午2时30分抵达南京，江边一带景象惨败，枪声入耳，还见到城内有多处小火在燃烧。
>
> 在"瓦胡"舰船长①的陪同下，我拜访了英国炮艇"蜜蜂号"的船长②。他在日本军舰上与日军当局人员进行首次会谈后刚刚回来。据英国军官说，仍不允许外国人在南京登岸，根据日军司令官代表的说法，1月5日之前不允许任何人上岸。所给的理由是，"扫荡"行动仍在进

---

① 当时美舰"瓦胡号"的船长为约翰·米歇尔·希汉（John Mitchell Sheehan, 1893—1956），他于1893年5月17日出生在美国波士顿。第一次世界大战时参加海军作战，此后，服役于"肖莫特号"（USS Shawmut）军舰，亚洲舰队飞行队，位于华盛顿的航空局，"怀俄明号"（USS Wyoming）军舰，"西雅图号"（USS Seattle）军舰。1937年2月调到亚洲舰队任长江巡逻炮艇"瓦胡号"船长直至1938年3月调往位于菲律宾的卡维特（Cavite）海军船厂。他曾发表多篇有关海军工程和在中国特别是在南京经历的文章。希汉于1947年退役，1956年4月11日在罗得岛州的新港（New Port）逝世，安葬于阿灵顿国家公墓。

② 当时英舰"蜜蜂号"的船长为哈罗德·汤姆斯·阿姆斯特朗（Harold Thomas Armstrong, 1904—1944），他1904年9月出生于英国汉普郡（Hampshire）的波茨茅斯（Portsmouth），1922年加入皇家海军，1925年入读皇家海军学院。他1934年晋升为海军少校，1937年为海军中校，1941年升为海军上校。1937年8月担任英舰"大甲虫号"（HMS Cockchafer）船长，1937年12月24日调任"蜜蜂号"船长。此后他曾任"蟋蟀号"（HMS Cricket）船长（1938—1939），"鹪鹩号"（HMS Wren）船长（1940），"毛利号"（HMS Maori）舰长（1940—1941），"莱弗瑞号"（HMS Laforey）舰长（1943—1944）。1944年3月30日，他任舰长的"莱弗瑞号"在意大利西西里岛巴勒莫（Palermo）港东北60海里的海面上被德国潜水艇击沉而殉职。

行中，还不安全。英国人不打算在 1 月 6 日前上岸。①

船队随后前往"巴纳号"沉没地点进行打捞。船上的外交官监督了从"巴纳号"的保险柜中打捞大使馆密码本和其他财物的行动。在从沉没的炮艇上打捞出所有能打捞的东西后，"瓦胡号"于 1938 年 1 月 5 日上午前往芜湖。在芜湖，外交官检视了美国的房产和城市被攻占时留在那里的美国公民的情况：

  我和工作人员一起上岸，L. R. 克莱格希尔教士② 陪同爱斯比和麦克法瑾③ 在其他地方视察美国房产之际，我和芜湖总医院的 R. E. 布朗医生④ 谈了谈。据布朗医生说，日军占领最初的一个星期里 "残酷对待

---

  ①  John M. Allison, Unnumbered Telegram, 6 p.m., December 31, 1937,（Department of State File No.793.94/11921）, Microfilm Set M976, Roll 48, RG 59, National Archives II.

  ②  劳德·鲁瑟福特·克莱格希尔（Lloyd Rutherford Craighill, 1886—1971），中文名葛兴仁，1886 年 9 月 3 日出生于美国弗吉尼亚州林奇伯格（Lynchburg），1912 年毕业于华盛顿-李大学（Washington & Lee University），1915 年从弗吉尼亚神学院毕业后，受圣公会差遣，同年 7 月前往中国，曾在南昌传教 19 年，1937 年 11 月到芜湖做救济难民的工作。1940 年至 1949 年担任圣公会皖赣（安庆）教区第二任主教，驻节芜湖。珍珠港事件之后，他被日军羁押，关进上海浦东集中营至 1943 年遣返美国。他战后回到中国，1949 年离开，1971 年 3 月 13 日在弗吉尼亚州莱克星顿（Lexington）去世。他的妻子玛丽安·加登纳·克莱格希尔（Marian Gardner Craighill, 1890—1982）1972 年出版了回忆录《葛家旅华回忆（The Craighills of China）》。

  ③  小阿契鲍德·亚历山大·麦克法瑾（Archibald Alexander McFadyen, Jr., 1911—2001），1911 年 8 月 20 日出生于江西牯岭，在中国长大、就学，其父长期在江苏徐州教会医院做医生，他 1935 年毕业于北卡罗来纳州的大卫逊（Davidson）学院后，回到上海，在中华全国饥馑救济会工作，1937 年 4 月进入外交界，在美国驻上海总领事馆任职员，1937 年底，随爱利生和爱斯比前往南京，于 1938 年 1 月 6 日上午抵达南京重开美国大使馆。他 1938 年 3 月 13 日离开南京回上海总领事馆工作直至珍珠港事件后被日军羁押六个月。此后在美国驻乌拉圭蒙的维地亚、中国重庆、昆明、上海、天津、爱尔兰都柏林和加拿大多伦多的使领馆任职。1956 年离开外交界，2001 年 3 月 1 日在纽约州克林顿（Clinton）逝世。

  ④  罗勃特·埃尔斯渥兹·布朗（Robert Ellsworth Brown, 1886—1948），中文名包让，1886 年 11 月 29 日出生于美国堪萨斯州的里昂斯（Lyons），1910 年毕业于伊利诺伊大学，1916 年与 1918 年从密歇根大学分别获公共卫生硕士和医学博士学位。随即于 1918 年 8 月前往中国，担任芜湖总医院院长直至 1939 年春天，他到中国的西部地区调查公共卫生的状况，并在成都的华西联合大学医院工作。1943 年至 1945 年，任中国旅行服务社的医疗顾问，在美国陆军任文职医官，以及中国政府的医疗事务顾问。布朗 1948 年 5 月 20 日在洛杉矶逝世。

并屠杀平民，肆无忌惮地掳掠破坏"城内的私人财产。外国人的人身能受到尊重，但无人看管的财产一般均遭偷盗。日本陆军、海军和领事官员分别拜访了他，对医院船上的美国国旗于12月13日被扯下一事致以歉意。①

最终，美国外交官获准在南京登岸。1938年1月6日上午11点，"瓦胡号"缓缓驶入南京港，并在国际进出口公司（当地人称之为和记洋行）——一家英国企业的码头设施旁停泊。美国官员爱利生、詹姆斯·爱斯比（James Espy, 1908—1976）和小阿契鲍德·亚历山大·麦克法瑾（Archibald Alexander McFadyen, Jr., 1911—2001）下船后，受到了日本海军、军方代表及日本驻南京大使馆领事官员的接待。

城内官阶最高的美国外交官、三等秘书约翰·M. 爱利生，1905年4月7日生于美国堪萨斯州霍尔顿，在内布拉斯加州林肯长大，毕业于内布拉斯加大学。1927年6月毕业后，他去了日本，在中学和一所海军学院教英语。1929年6月，他进入通用汽车上海分公司，担任销售员。1930年4月，爱利生开始了他的外交生涯，在美国驻上海总领事馆担任办事员。随后几年，他在神户、东京、大连和济南的美国外交机构工作。在东京时，作为隶属于美国驻东京大使馆的日语官员，他参加了一个为期两年的脱产学习项目，系统学习日本语言、文化和历史。正是通过这个项目，爱利生通晓了日语。1937年9月，他晋升为三等秘书，从济南调到南京，当时济南领事馆奉命关闭，但他在11月中旬又回济南处理事务。他在感恩节前抵达上海，但直到12月28日才得以启程前往南京。

爱利生于1938年8月10日离开南京，并于1938年底被调到美国驻日本大阪总领事馆。1941年12月7日，日军袭击珍珠港后，他与约瑟夫·克拉克·格鲁大使和其他同行一起，被日本人羁押六个月，

---

① John M. Allison, No. 4 Telegram, 4 p.m., January 5, 1938, 793.94/11974, Microfilm Set M976, Roll 48, RG 59, National Archives II.

然后被交换遣返。1942年至1945年，他在驻伦敦大使馆担任二等秘书，1945年晋升一等秘书。战后，他在国务院以不同身份负责远东事务，直到1950年被任命为驻新加坡总领事。他于1952年回到国务院，担任负责远东事务的助理国务卿。在与日本谈判和平条约时，他是国务卿约翰·福斯特·杜勒斯（John Foster Dulles，1888—1959）的助手。爱利生曾担任驻日本大使（1953—1957）、驻印度尼西亚大使（1957—1958）和驻捷克斯洛伐克大使（1958—1960）。他于1960年从外交界退休，到夏威夷大学任教。1978年10月28日，他在檀香山逝世。

抵达南京后，爱利生视察了城内的状况，会见了留在城内目睹了日军暴行的美国居民，并对美国财产和权益的损失和损害进行了初步调查。1月6日，即他们抵达当天的下午5点，他报告道：

> 上午11时抵达南京，受到非常合作的日本领事、海军，以及军方代表的迎接。以下是有关美国人的生命、财产情况初步而简短的报告。
>
> 城内美国人均安然无恙。虽然最近情况有所改善，但是日军对美国人的财产已进行了相当严重的劫掠。房屋只受到轻微的破坏，而屋内无人看管的东西一般均被洗劫而去。和我共进午餐的几位美国居民讲述了骇人听闻的肆意屠杀中国平民、强奸妇女的情况，有的就发生在美国人的房产上。美孚石油公司和德士古公司的设施被闯入，库存货物遭抢，只是被抢走的数量尚不得而知。
>
> 城里总的情况正慢慢恢复正常。大使馆里有水，但没有电。食品供应较为紧缺。日军部队仍没有很好地受到约束，但相信最糟糕的状况已经结束。
>
> 在两座大院里的使馆建筑和财产总的来看情况良好。日军已归还了两辆抢走的汽车，并主动要用新车赔偿六辆没有归还的车子。没有归还

的大使馆车辆是大使、奥德里吉①、简金斯②和拉封③的车子。使馆的雇员和仆役都平安，只有简金斯的仆人试图守卫位于使馆大院外简金斯的住所时遭杀害。该住宅被洗劫一空。④

当美国外交官到达时，谋杀案仍时有发生，焚烧是日常的现象，强奸仍很猖獗，抢劫和侵犯美国财产和权益的行为也接连不断。在他们抵达后的几周内，爱利生和他的工作人员积极开展工作，与美国和其他西方国家的人士进行了广泛的交谈，同时他开展了自己的调查，根据外国居民的报告和他们的调查，爱利生每天都向国务卿和美国在中国和日本的其他外交机构发送报告。有时他在一天内发出几份电报。他不仅报告了日军的暴行，而且还提出了许多抗议。在1月18日下午4点的电报中，爱利生指出："从1月15日中午到今天中午，已有15件涉及日军擅自闯入美国人房产的事件报告到大

---

① 克莱逊·韦勒·奥德里吉（Clayson Wheeler Aldridge，1899—1944），1899年10月19日出生于美国纽约州罗马（Rome），1922年从普林斯顿大学毕业后获奖学金前往丹麦哥本哈根大学学习一年，1925年进入外交界，曾长期在美国驻雅典大使馆任职，并于1934年2月升任二等秘书，1936年1月从雅典调往驻南京大使馆任二等秘书。日军攻占南京之前，他已撤离，以后在美国驻马尼拉、新加坡和悉尼使领馆工作，于1944年3月30日去世。

② 小詹姆斯·道格拉斯·简金斯（James Douglas Jenkins, Jr., 1910—1980），1910年1月17日出生于加拿大的圣彼尔与米科隆群岛（St. Pierre et Miquelon），其父为美国著名外交官，曾任驻玻利维亚大使。他幼年随父母在中国上学，毕业于北京的美国学校后回美国就读南卡罗来纳大学，再转学至弗吉尼亚大学，并于1930年毕业。他于1931年进入外交界，1932年4月在美国驻昆明领事馆任副领事，1933年3月调入南京大使馆，1935年9月升任三等秘书，日军攻占南京之前已撤往上海。1938年8月以后分别在驻华沙、斯德哥尔摩使馆工作，1941年在斯德哥尔摩升任二等秘书。此后在驻圭亚那马那瓜、澳大利亚堪培拉和日本的横滨、神户使领馆任职。1950年调往驻伦敦大使馆任一等秘书，1955年7月升任总领事，同年8月调任驻特立尼达的西班牙港总领事。他1961年从外交界退休后，居住在南卡罗来纳查尔斯顿，于1980年1月26日去世。

③ 悉尼·肯尼迪·拉封（Sidney Kennedy Lafoon，1904—1978），1904年7月12日出生于美国弗吉尼亚州丹尼尔顿（Danieltown），曾经在美国驻巴格达、新加坡使领馆任职员，1934年4月调往驻北平使馆，1935年8月调任驻南京大使馆，1936年3月升任副领事，分别在驻上海、汉口、重庆使领馆工作，1945年1月升任驻瑞士伯尔尼大使馆三等秘书，1947年晋升驻乌拉圭蒙德维的亚大使馆二等秘书，1951年在同一使馆升任一等秘书，1957年出任驻百慕大汉米尔顿总领事。拉封于1978年6月在佛罗里达逝世。

④ John M. Allison, No. 7 Telegram, 5 p.m., January 6, 1938, 393.1115/2447, Box 1795, RG59, National Archives II.

使馆来。擅自闯入的过程中除了抢劫美国公民及机构的财产外，还将居住在上述房屋里的10名中国妇女难民强行劫持走。"①

关于日本人的暴行，爱利生在1月22日进一步报告：

> 在1月6日下午5时的电报里，我报告了当地美国居民讲述的"骇人听闻的肆意屠杀中国平民、强奸妇女的情况，有的就发生在美国人的房产上"以及在我1月18日下午4时发的27号电报中，提供了从美国人房产上强行掳掠走中国妇女的进一步例证。用电报发送完整详细的暴行报告，我觉得不妥当，但是一份详细的报告正在准备之中，不久将以安全的方式送往上海。然而，可以说上面提及的东京电报中报告的事实在此经核实完全属实，本使馆存档了负责任的美国公民的书面陈述，证明占领南京后日军士兵极端野蛮的行径，而军官没有明显地加以制止。②

爱利生在这里提到的"详细报告"，即是由副领事詹姆斯·爱斯比起草编撰的《南京状况》。爱斯比工作勤奋努力，且效率极高，在对城内总体状况、日军暴行及美国财产和权益遭受损失与损害方面进行调查的基础上，他广泛搜集证据，撰写并提交了报告。

詹姆斯·爱斯比，1908年3月23日出生在美国俄亥俄州辛辛那提，1930年毕业于耶鲁大学。他于1935年在墨西哥城进入外交部门工作。1937年4月，他被调到美国驻上海总领事馆担任副领事。他在南京工作到1938年6月6日，其时他被三等秘书查尔斯·阿尔伯特·库珀（1908—1960）取代，并被调到驻广州总领事馆。1938年底，爱斯比晋升三等秘书，被调往驻东京大使馆，他担任此职直至珍珠港事件发生。与许多在日本的美国外交官一样，

---

① John M. Allison, No. 27 Telegram, 4 p.m., January 18, 1938, 393.115/125, Box 1820, RG59, National Archives II.

② John M. Allison, No. 32 Telegram, noon, January 22, 1938, 793.94/12176, Microfilm Set M976, Roll 49, RG59, National Archives II.

他被日本人羁押了 6 个月。在接下来的战争年代，爱斯比主要在中东地区的几个外交岗位上工作，包括伊斯坦布尔、亚历山大和开罗。1944 年，他在开罗晋升为二等秘书。战后，爱斯比在国务院工作，于 1947 年担任北部和西海岸事务司的助理司长。他曾担任美国驻玻利维亚拉巴斯和奥地利维也纳大使馆的一等秘书，后来又在世界各地担任过若干职务，包括在奥地利萨尔茨堡担任领事，在锡兰科伦坡大使馆担任参赞，在乌拉圭蒙得维的亚大使馆担任参赞。1959 年，他成为国务院的职业发展官员。他于 1963 年退休，并于 1976 年 1 月 27 日在华盛顿特区逝世。

《南京状况》是一份长达 135 页的详细报告，其中包括 30 个附件。爱斯比花了大约 10 天的时间来撰写和编纂。该报告提供了有关日军南京暴行的大量记录，其部分内容于 1946 年 8 月 29 日和 30 日在远东国际军事法庭上作为检方证据宣读。在报告中，爱斯比讲述了他通过与美国居民交谈而获得的信息：

> 留在南京的 14 名美国居民立即前来拜访我们。虽然他们遭遇到一些不愉快的事件，但是他们以及仍在这儿的另外 14 名外国人[①] 均没有受到伤害，都安然无恙。他们所有的思绪似乎都集中于南京发生的情况。他们向我们讲述了日军进城以来南京经历的一系列极度骇人听闻的恐怖与暴行。他们觉得最糟糕的情况已经结束，但是告诫说，仍持续发生着各种事件，城内的情况仍然很糟糕。
>
> 他们描述的南京是一幅日军占领之际降临并笼罩着全城的恐怖画面。他们以及德国居民讲述了这座犹如被捕获的猎物而落入日军手中的城市的情况，不仅仅是在有组织的战争过程中被占领，而且是被入侵的军队攫取的城市，这支军队的成员对战利品猛扑上去，毫无节制地掳掠，施以暴行。更为完整的数据和我们自己的观察并不能质疑他们所提供的

---

[①] 除了 14 名美国人之外，另有五名德国人、一位奥地利人和两个白俄在南京，共计有 22 名西方籍人士在南京城内。此外应该是"仍在这儿的另外 8 名外国人"。

信息。留在城内的中国平民犹如难民拥挤在所谓"安全区"的街道上，他们中很多人都赤贫如洗。屠杀男子、妇女、儿童，闯房入舍，掳掠财产，焚烧、摧毁房屋建筑实实在在的证据几乎无所不在。……

然而，日军刚进南京，非但没有恢复秩序，中止已经产生的混乱，而且笼罩全城的恐怖的的确确地开始了。12月13日夜晚与14日清晨，已开始出现残暴的行为。首先派遣一队队日本兵去搜捕与"清剿"留在城内的中国军人，在城内所有街道与建筑物里进行仔仔细细的搜索。曾经当过兵的，以及被怀疑当过兵的人都被有组织地枪杀。虽然没有获得确切的记录，估计以这种方式处决的人数远远超过两万人。似乎没有对当过兵的人和那些实际上从未在中国军队服役者加以区别。如果稍微怀疑一个人曾经当过兵，这个人肯定被押走枪毙。日本人要"歼灭"所有中国政府军队残余分子的决心显然是不可变更的。……

除了日军分遣部队搜捕、处决所有的中国军人外，两三个，或人数更多的小股日本兵在南京全城任意游荡。正是这些游荡的日本兵在南京犯下屠杀、强奸和掳掠等罪行，造成了南京城最恶劣的恐怖。到底是日军进城后放纵这些士兵任意胡作非为，还是日军完全失控，仍未给予充分的解释。我们被告知，日军最高指挥机构至少颁发了两道管束士兵的命令，进城前发布了严令，禁止焚烧房屋。

然而，数千日本兵蜂拥进城，犯下难以言说的掳掠与暴戾罪行。根据外籍目击者对我们的叙述，放纵的日本兵犹如一群野蛮之徒踩躏着全城。全城各处数不清的男子、妇女和儿童遭屠戮。还听说有些老百姓并没有什么明显的缘由便遭枪杀或被刺刀捅死。①

爱斯比简要地描述了他们刚到达城市时见到的情况：

---

① James Espy, "The Conditions at Nanking, January 1938", January 25, 1938, pp. 1-9, Department of State File No. 793.94/12674, Microfilm set M976, Roll 51, General Records of the Department of State, Record Group 59, the National Archives II.

我们抵达南京的那天，日本人告诉我们不得不在前一天清理掉很多尸体。然而，仍然可以在房屋内、池塘里和偏僻些的街道旁见到尸体。一位美国公民告诉我们，日本兵闯进城南一处住有14口中国人的房舍。他说见到11具尸体，其中妇女据说被先奸后杀。仅有两个小孩和另一个人幸存。前些日子，在使馆附近的小池塘里打捞尸体，捞上来二三十具身着平民服装的中国人的尸体。①

他报告说，绑架和攻击妇女的行为十分猖獗。据外国居民说："日本兵到处搜寻当地的妇女，无论在哪儿寻找到，便就地强奸她们。参阅本报告附件里对这些强奸案的描述。这里的外国人相信，日军占领的最初阶段，每晚有1000多桩强奸案发生，一个美国人统计，在一处美国房产上，一个晚上发生了30起强奸案。"②

1938年1月，情况有所改善。然而，在美国官员返回后，对妇女的侵犯仍在发生，正如爱利生所报告的那样："情况虽然有所好转，军纪并未完全恢复，我仍持续收到美国居民平均每天3次或4次在安全区内的强奸，或图谋强奸案件的报告。还有多少没有引起美国人注意的案件发生，那根本就不可能说得清。"③

爱斯比报告说，抢劫也很普遍。根据他的描述，在杀戮和强奸的同时，城市被掠夺成性的日本兵洗劫一空。几乎每栋房子和建筑物都被闯入，遭洗劫，日本兵掳掠想要的任何物品：

---

① James Espy, "The Conditions at Nanking, January 1938", January 25, 1938, p. 9, Department of State File No. 793.94/12674, Microfilm set M976, Roll 51, General Records of the Department of State, Record Group 59, the National Archives II.

② James Espy, "The Conditions at Nanking, January 1938", January 25, 1938, p. 9, Department of State File No. 793.94/12674, Microfilm set M976, Roll 51, General Records of the Department of State, Record Group 59, the National Archives II.

③ John M. Allison, No. 32 Telegram, noon, January 22, 1938.

根据国际委员会和美国居民个人提供的情况，以及本使馆工作人员的调查，可以相信在南京几乎没有一处房舍没有被日军闯入、掳掠。无论这座院落、房屋、商店或建筑物是外国教会的产业，还是外国人或中国人个人的房产，不加区别地悉数被闯入，并在不同程度上遭洗劫、掳掠。众所周知，美国、英国、德国和法国的大使馆被闯入，从中抢走物品。据报告，意大利大使馆的遭遇也一样。1月1日，俄国大使馆被大火神秘地焚毁。我们察看过的，或美国居民报告的美国房产无一例外地被日本兵一而再再而三地多次闯入。这样的情况甚至发生在现在仍有美国人居住的住宅。一直到撰写这份报告时为止，美国居民与国际委员会的其他成员仍持续不断地将闯入外国人房产，搜寻财物与妇女的日本兵驱赶出去。

日本兵能够拿走的各类物品似乎都是他们理所当然的掠夺品。特别就外国人的房屋而论，汽车、自行车、烈酒以及能装进口袋的小珍玩似乎是他们特意搜寻的目标。在所有的房屋里，不论是外国人的房产，还是中国人的屋宇，入侵者随心所欲地将他们中意的东西席卷而去。城里商业区残存的商家店铺显示，店内的货物被洗劫一空。在有些情况下，有证据显示，他们中意的东西太多，不能徒手搬走，于是开来卡车把货物运走。外国居民报告，他们有几次看见整卡车的货物从商店和仓库被运走。[1]

**然而，对南京造成最严重物质损失的是焚烧毁坏城内的建筑物：**

但是使南京的房产遭受最严重损失的是焚烧。撰写这份报告时仍可见到数处大火在城内燃烧。在"安全区"内没有焚烧。然而，除了安全区，

---

[1] James Espy, "The Conditions at Nanking, January 1938", pp. 9-11.

纵火或其他原因任意造成的焚烧遍及全城。在许多街道上，间隔在完好的房屋之间，有些房屋建筑被完全烧毁。一条街道上，一两栋，或更多的房屋只剩下烧焦的残壁站立着，而沿街的其他建筑却没有被大火触及。

城南遭受了大火最严重的蹂躏。巡视南京这片商业闹市区，显示成片街区的房屋建筑被烧毁。许多街区中仅剩下十来栋或更少的房屋挺立着。与整个城区几乎完全遭焚毁的上海闸北不同的是，可以看出这里通常是主要街道上临街的建筑被焚毁，而后面的房屋大都没有被烧到。①

为了驳斥日本当局关于"中国便衣士兵是焚烧城市的肇事者"这样的指控，爱斯比说：

> 这里的日本当局争辩说，南京城内的大部分焚烧是在城陷之后由撤退的中国军队或便衣军人干的。有些也许是中国人干的，然而，即使以种种理由相信那些说词，和日军占领南京、战斗结束后蓄意或由于玩忽大意造成的焚烧相比也是微乎其微的。建筑物要么在被闯入、掳掠之后蓄意放火焚烧，要么由于疏忽在屋内留下火种使房屋着火，要么由于附近燃烧的建筑而着火。没有听说采取措施扑灭着火房屋上的烈焰。②

在这份报告中，爱斯比还收集了报道起草之际能够获得的188个暴行案件。这些案件经南京安全区国际委员会核实并归档后，提交给日本大使馆，后来又呈交给美国大使馆。

然而，在南京，美国外交官们最关心的是对美国财产和权益的侵犯，因为南京有许多美国机构，如金陵大学、金陵女子文理学院、金陵神学院、金陵女子神学院、几所中学、许多教会组织和建筑，以及市内的企业和公司。爱利生和他的工作人员花费了大量的时间和精力来调查和报告日军对美国财

---

① James Espy, "The Conditions at Nanking, January 1938", pp. 12-13.

② James Espy, "The Conditions at Nanking, January 1938", p. 13.

产和权益造成的破坏。1938年2月28日，爱斯比撰写并汇编了另一份容量较大的文件《美国在南京的财产和权益的状况》，该文件长达165页，包括71个各类附件，详细叙述了日军对美国财产和权益的侵犯，描述了日军的暴行。在报告的开篇，爱斯比作了言简意赅的介绍：

> 在此呈交一份3个月来影响到美国权益、财产的情况，以及美国房产、物品所受遭遇的详细报告。该报告包括对美国产业所受遭遇的一个简要概述，以及根据留在这里的美国公民提供，或由本使馆的工作人员代表不在此地的房主进行调查而获得的美国个人财产、权益的情况。由美国或其他国家在南京的居民送交给本使馆的有关在美国产业上发生的事件以及侵犯美国财产的详细情况报告在此作为附件呈上。
> 
> 正如前一份报告阐述的，随着南京城的陷落，城内美国产业与这里所有的房产一样遭受了掳掠破坏。本使馆知悉的美国房屋，没有一座不在一定程度上受到侵犯，这包括大使馆馆舍。房产上可能曾飘扬着的美国国旗，院落的大门上或房门上张贴的大使馆布告并不能避免房屋被闯入，也未能避免通常所遭受的洗劫与盗窃。12月13日，5万多名日军进城，蜂拥闯入任何一座或所有的房屋，全然不顾房产的性质或国籍。日军占领城市后立即破门闯入美国人的房舍，这样的行为时常发生，甚至持续到2月23日。……
> 
> 房屋是空着还是有人居住，对于它们是否遭到日军士兵侵犯似乎并没有什么区别。城内有些美国人的住宅无人看管。其他的则由看管人在房主不在时尽其所能保护房屋与物品。留下来的14名美国公民住在不同的屋子里，经常每天造访这里其他人的房舍。然而，日本兵似乎破门而入所有的住宅与院落，甚至闯入当时有美国人居住的房屋。[①]

---

① James Espy, "Conditions of American Property and Interests in Nanking", pp. 1-3.

接着，爱斯比详细描述了金陵大学、金陵女子文理学院、美国长老会、基督教联合传教会、金陵神学院、卫理公会、美国圣公会、基督复临会、罗伯特·大来木材公司、菲尔科销售公司、胜家缝纫机公司、美孚火油公司、大华剧院、德士古火油公司和美国大使馆大院等所遭受的损失和侵犯。

日本兵闯入美国大使馆大院进行抢劫。抢劫的物品大到卡车，小到手电筒。爱利生报告说，在 1937 年 12 月的最后一周，日本兵经常闯入使馆的两个大院：

> 这些日本兵从使馆抢走由使馆工作人员和其他人员留在使馆大院内的 7 辆汽车、一辆卡车和属于使馆中国籍工作人员的自行车，还抢去住在使馆里的中国工作人员、仆役的大量现金和私人财物。他们逐个搜查使馆的办公室，并用刺刀轻微损坏了一楼的一扇门。除了被日本兵抢走的汽车，日本大使馆在和留在城内的美国传教士乔治·菲齐先生商量后"借走"了大使的车、贝克参赞[①] 的车和二等秘书爱契逊的车。使馆官员回到南京后，这 3 辆车，外加 160 加仑汽油，已经归还。[②]

爱利生报告的第 3 号附件附有一份分项清单，列出了在美国大使馆内遭受的所有损失和损害，以及要求日本政府赔偿的数额：

---

[①] 韦利斯·拉格斯·贝克（Willys Ruggles Peck, 1892—1952），1882 年 10 月 24 日出生于天津，1906 年毕业于加利福尼亚大学，同年进入外交界，在美国驻北京、青岛、汉口、上海使领馆任职。1931 年任驻南京总领事，1935 年任驻南京大使馆参赞。战争爆发后，在驻上海总领事馆与驻重庆大使馆工作。1941 年出任美国驻泰国公使，并在泰国被日军拘捕监禁。1942 年 6 月被释放后，他回到美国，在国务院文化交流部任助理主任直至 1945 年退休。贝克 1952 年 9 月 2 日因患癌症在旧金山去世。

[②] John M. Allison, "Claims Settlement for Damages and Losses Suffered on American Embassy Premises", March 21, 1938, Box 0815, RG59, National Archives II.

## 解决美国驻南京大使馆财产损失的赔偿要求[①]
### 1937年12月

| 使馆工作人员 | | |
|---|---|---|
| 美元 | | |
| 二等秘书克莱逊·W.奥德里吉（Clayson W.Aldridge） | 汽车 | US$550.00 |
| 三等秘书小道格拉斯·简金斯（Douglas Jenkins, Jr.） | 房屋、个人用品损失 | 3300.00 |
| | 汽车 | 896.00 |
| 使馆职员悉尼·K.拉封（Sidney K.Lafoon） | 汽车 | 350.00 |
| 其他人员 | | |
| J.M.翰森（丹麦臣民，南京德士古中国有限公司的经理） | 汽车 | 1700.00 |
| | | 共计美元 $6796.00 |
| 中国币 | | |
| 使馆工作人员 | | |
| 使馆雇员T.C.邓，中国公民 | 汽车 | CN$2000.00 |
| | 自行车 | 90.00 |
| 中文书记徐尧浦（Hsu Yao-pu） | 自行车 | 70.00 |
| 大使司机黄泰贤（Hwang Tai-chien） | 自行车 | 40.00 |
| 信使郭长发 | 自行车 | 35.00 |
| 信使甘元舟 | 自行车 | 30.00 |
| 警察梁方中（Liang Fang-chung） | 自行车 | 30.00 |
| 警察王义宙（Wang Yi-chow） | 自行车 | 25.00 |
| 其他人员 | | |
| C.叶兹·麦克丹尼尔（美国公民） | 汽车 | CN$3500.00 |
| 亚瑟·V.B.孟肯（美国公民） | 汽车 | 750.00 |
| 祥泰木行（英国公司） | G.M.C.卡车 | 3500.00 |
| 大使馆财产损失 | | |
| 维修办公室的门和参赞住宅卧室天花板 | | CN$30.00 |
| 4盏油灯每盏$2.00 | | 8.00 |
| 一只大手电 | | 10.00 |
| | | 共计中国币 $10118.00 |

---

[①] No.3 Enclosure to the report, "Claims Settlement for Damages and Losses Suffered on American Embassy Premises", March 21, 1938, Box815, RG59, National Archives II.

在南京的美国公民的私人住宅也被闯入遭抢劫，尽管住宅遭受损失的程度不尽相同，乔治·A. 菲齐、罗伯特·斯坦利·诺曼（Robert Stanley Norman，1873—1952）、查尔斯·H. 里格斯、马内·S. 贝茨、理查德·弗里曼·布莱迪（Richard Freeman Brady，1905—1995）、费勒比·凯瑟琳·布莱恩（Ferrebee Catherine Bryan，1886—1982）和詹姆斯·H. 麦考伦通过美国驻南京大使馆提出的财产损坏和损失索赔就是证明。这些有据可查的索赔要求保存在美国国家第二档案馆的国务院档案和驻南京大使馆档案中。除了上述美国人提出的正式索赔外，爱斯比在他2月份的报告中还记录了其他美国公民遭受的财产损失，即艾玛琳·阿盖罗（Emmeline Arguello，1890—1963）、朱利叶斯·奥古斯都·巴尔（Julius Augustus Barr，1905—1939）、汤姆斯·约瑟夫·布鲁德里克（Thomas Joseph Broderick，1883—1958）、布莱恩·雷蒙德·达雅（Bryan Raymond Dyer，1898—1964）、贝蒂·凌（Betty Ling）、海泽尔·M. 惠特尼·刘（Hazel M. Witney Liu）、查尔斯·Y. 麦克丹尼尔、约翰·威斯利·巴森斯（John Wesley Parsons，1893—1969）和弗兰克·海顿·瓦因斯（Frank Hayden Vines，1880—1976）。

根据美国外交档案文件，财产损失并不是美国公民在南京遭受的唯一痛苦。该市的许多美国居民，包括明妮·魏特琳、查尔斯·H. 里格斯、罗勃特·O. 威尔逊、马内·S. 贝茨、伊娃·M. 海因兹、胡勃特·L. 索尼和詹姆斯·H. 麦考伦等人受到日本士兵的人身攻击，如打耳光，或用刺刀和步枪威胁。其中，最明目张胆和臭名昭著的案件是"爱利生事件"。

1938年1月25日，马内·S. 贝茨向爱利生报告，一名中国妇女在前一天晚上从美国机构金陵大学的农具店被绑架到一座日军营房，在那里遭轮奸了两个小时才被释放。由于爱利生对日军的暴行和侵犯美国财产的行为多次提出抗议，日本外交官指责爱利生偏听偏信偏袒中国人的美国传教士的意见。爱利生决定与日本领事警察和宪兵一道，亲自调查这起强奸案。1938年1月27日，爱利生通过电报发出以下外交文件，告知国务卿有关他和查尔斯·H.

**里格斯在试图调查此案时被一名日本兵打了耳光的细节：**

25日我得到的报告称，前一天晚上约11点，全副武装的日本兵强行闯入美国机构金陵大学的农具店，搜查了屋内的一名中国人后，掳走一名妇女。两个小时之后她回来报告说被强奸了3次。25日下午，里格斯先生和美国教授贝茨博士与那位妇女谈了话，她能够指认被掳去的地方。那儿曾是天主教教士的住宅，现被日军占用。这个情况报告给日本大使馆。1月26日下午一名使馆警察和数名便衣宪兵来调查，里格斯先生和我陪同他们到妇女遭劫持的农具店。询问了那儿的人之后，日本人将妇女和两名中国人带到据称是强奸发生的房屋。这时，里格斯先生和我商量他与我是否应该陪同妇女进屋去指认强奸她的人。因为以往中国人指控日本人做坏事受到恐吓，里格斯先生不希望妇女单独进去。宪兵说我们最好不要进屋，但并没有肯定地说我们不能进去。一名宪兵强行带走妇女，穿过敞开的院门，后面跟着里格斯先生。我跟在后面，刚刚走进大门，我俩停下来商量。正商量间，一个日本兵愤怒地冲过来，用英语大声嚷嚷，"退出去，退出去"，与此同时，把我往后推向大门。我慢慢向后退，还没来得及出门，他就打了我的耳光。然后转身同样打了里格斯先生。和我在一起的宪兵只稍微做了制止日本兵的动作，其中一个宪兵用日语说，"这些是美国人"或者意思差不多的话。这时我们已到大门外的街上。一听说我们是美国人，那个日本兵气得脸色发青，重复"美国人"这个词，并企图袭击离他最近的里格斯先生。宪兵制止了他，但他已把里格斯的衬衫的衣领和纽扣撕扯下来。此时，这个部队的指挥官出现了，对我们无礼地大声叫喊。里格斯和我没有碰过日本兵，除了和跟我们在一起的宪兵说过话，我们没有和任何日本兵讲过一句话。一起来的中国人已趁吵闹之际逃走。这时我坚持要把妇女带到日本大使馆，并向福井先生做了全面的报告。福井先生的态度却是：即使当时我们在调查上述日军擅闯美国房产的事件，我们也不应该进入军人的营房；

日本兵要我们出去，因此看上去他有权打我的耳光。我告诉福井先生没有任何借口可以打耳光，并希望军方派人来向我解释此事。他答复将立即向军事当局报告。

离开日本大使馆时，在福井先生口头保证不会伤害妇女并保证讯问之后送她到靠近日本大使馆的贝茨先生的住所后，我们把她留下来接受讯问。妇女是在26日下午3时30分左右留下的，1月27日上午10时还没有送她回来。

今天上午11点，本乡少佐代表日军司令来到美国大使馆，对此事件表示遗憾并道歉。他说已对对此事负有责任的部队进行严格的调查，这个部队已计划于今天调出南京，但为了完成调查，要再留他们几天。我告诉本乡少佐很赞赏他来拜访之举，虽然以个人的名义接受他的道歉，但还说不准我国政府将如何看待此事，可能会提出进一步解决的要求。①

直至1938年6月15日，一个美国人在南京的街道上走动仍不完全安全。金陵大学化学教授詹姆斯·克劳德·汤姆森（James Claude Thomson，1889—1974）在大街上被日本哨兵拦住，搜查并打了耳光，尽管他没有试图以任何方式反抗哨兵。被打耳光后，汤姆森立即赶到美国大使馆报告这一事件。爱利生没有耽搁时间，迅速向日本大使馆提出强烈抗议，并在当天下午5点向华盛顿作了报告：

今天中午之前，美国公民，金陵大学教授 J.C. 汤姆森博士坐着人力车行进在南京的大街上，日本哨兵拦住去路，讯问、搜查了他，还打了他的耳光。虽然他并没有以任何方式反抗哨兵。汤姆森博士立即将这一事件报告给美国大使馆。之后我陪同他到日本总领事馆，提出强烈抗议。

---

① John M. Allison, No. 40 Telegram, 2 p.m., January 27, 1938, 123 Allison, John M./161, Box 355, RG59, National Archives II.

在副领事粕谷①和一名使馆警察的陪同下，我们回到事发地点，但是肇事的哨兵已由另一个士兵换了岗。然后，日本官员记下了地点，并承诺立即进行调查。我告诉粕谷希望在今天下午得到调查结果的报告，我将等到今晚再报告此事，这样可以把日方的报告包括进去。

今天下午粕谷报告说日本宪兵讯问了哨兵，他承认搜查了汤姆森博士，但断然否认打了他耳光。我告诉粕谷这一解释完全不能令人满意，因为汤姆森博士今天上午来大使馆时，由于那段经历仍很紧张，被打的脸上有一道淡淡的红印子。要求做进一步调查。

我向日本总领事提出下列要求：（1）日军代表应向汤姆森博士道歉，（2）负有罪责的士兵应受惩罚，要把惩罚的情况通报给美国大使馆，以及（3）日军当局应保证采取适当措施防止类似事件再度发生。告诉日本总领事如果上述要求迅速而满意地加以执行，我将建议考虑这次事件就此了结，并不加以公开宣扬，但我明确指出国务院将对此事作出最后的决定。因此，请求至少到明天晚上，即希望日本当局提供满意的报告的时间之前，不要公开这一事件的情况。②

## 英国大使馆及其外交电文

中日在上海交战的初期，英国驻华外交使团遭受了沉重的打击。1937年8月26日，英国驻华大使休·蒙哥马利·纳契布-赫格森爵士（Hughe Montgomery Knatchbull-Hugessen，1886—1971）乘车从南京前往上海，

---

① 粕谷孝夫（Yoshio Kasuya），1909年出生于东京，1934年毕业于东京商科大学，同年10月通过外务省外交官资格考试，1935年在日本驻英国使馆任副领事，1937年调任驻上海总领事馆，日军攻占南京后，即随部队进城任日本驻南京大使馆的副领事。1939年调回外务省供职。他战后曾任日本驻尼日利亚大使、驻乌拉圭公使，1964年至1967年任驻泰国大使，1967年至1970年任驻秘鲁大使，并曾担任外务省情报文化局参事官。

② John M. Allison, No. 117 Telegram, 5 p.m., June 15, 1938, 394.1123 Thomson, J. C./1, Box 1847, RG59, National Archives II.

在上海以西约 65 英里处，他的汽车被两架日本飞机的机枪扫射。大使在这次袭击中受了重伤。尽管日本人声称他们把他的汽车误认为是蒋介石的汽车，但英日之间的外交冲突却因此爆发。为了应对空袭事件和英国大使的意外缺席，英国外交部立即派遣前英国驻华大使馆参赞罗伯特·乔治·豪尔（Robert George Howe，1893—1871）前往南京任驻华代办。豪尔于 9 月初抵达南京，负责英国大使馆的事务，直到 1938 年 3 月阿契鲍德·克拉克·克尔爵士（Archibald Clark Kerr，1882—1951）出任大使一职。

中国政府于 11 月 20 日决定从南京撤离后，英国大使馆于 11 月 23 日离开，跟随外交部前往汉口。然而，豪尔指出，如果英国大使馆进入中国内地，当长江航道被设置的障碍封锁时，大使馆就会受困。英国在重庆和汉口都设有总领事馆，他们可以与中国政府保持联系，而大使馆应该易于与外部世界联络。因此，在豪尔看来，上海是设立英国大使馆的最佳地点。英国大使馆迁往汉口仅两周后，豪尔和他的工作人员于 1937 年 12 月 9 日抵达上海，开设英国驻华大使馆[①]。

与美国和德国大使馆相同，英国也任命了一个领事小组，在英国大使馆的主要工作人员撤离时留在南京。该领事小组由领事汉弗莱·英格拉姆·普利漼-布伦（Humphrey Ingelram Prideaux-Brune，1886—1979）为首，成员包括武官威廉·亚历山大·洛凡特-弗莱瑟中校（William Alexander Lovat-Fraser，1894—1978）[②]，以及工作人员巴森斯和沃特·亨利·威廉斯（Walter Henry Williams）[③]。

---

[①] "Japs Push into 2 More Cities in Nanking Area", *Chicago Daily Tribune*, December 10, 1937, p. 10.
[②] 威廉·亚利山大·洛凡特-弗莱瑟(William Alexander Lovat-Fraser，1894—1978)，1922 年 10 月为驻印度英军旁加比（Panjab）团的参谋，1933 年晋升为少校，1934 年 11 月至 1938 年 10 月担任英国驻华使馆武官。
[③] 沃特·亨利·威廉斯（Walter Henry Williams，1899—?），1899 年 2 月 11 日出生，1930 年 7 月来到中国，任职于英国驻北平使馆，1932 年 9 月调任驻上海总领事馆，1937 年 7 月调往驻南京大使馆。1937 年 12 月日军进攻南京之前撤往上海。1938 年 1 月 27 日与欧内斯特·威廉·捷夫雷一同前往南京，此后一段时间曾在南京上海两地任职。20 世纪 40 年代，他在英国驻芝加哥总领事馆任副领事。

汉弗莱·英格拉姆·普利焘-布伦，1886年11月16日出生在英国汉普郡的罗纳，在牛津大学接受教育，1911年在中国以实习翻译的身份开始其外交生涯。在北京、上海、宁波、天津、唐山、威海卫、青岛和济南等地任职后，他于1935年3月被任命为英国驻南京外交使团的中文秘书，级别为一等秘书。1938年1月9日，他率领英国领事小组回到南京，重开英国大使馆。1938年1月29日，他离开南京前往上海，并于10月被任命为驻上海代理中国事务参赞。1943年，他在重庆担任英国大使馆的代办，同年被任命为驻印度的中国事务联络官员。1945年，他从外交界退休。1979年12月12日，他在英国西萨塞克斯的林德菲尔德去世。

随着战争离南京越来越近，1937年12月8日晚，领事普利焘-布伦命令所有英国外交官和英国国民撤到停泊在南京港的英国炮艇和商船上。普利焘-布伦、洛凡特-弗莱瑟和巴森斯乘坐英舰"圣甲虫号"（HMS Scarab），威廉斯与德国外交官和其他欧洲人一起，登上了怡和洋行（Jardine Matheson & Co.）的旧船"庆和轮"（Chinwo）①。路透社的英国记者莱斯利·C.史密斯留在城内，报道了围城、沦陷和南京大屠杀的最初阶段，1937年12月15日，他乘英舰"瓢虫号"（HMS Ladybird）前往上海。

由于轰炸和炮击，在12月9日晚上，英国船队，包括英舰"圣甲虫号""蟋蟀号"（HMS Cricket）、亚细亚火油公司（Asiatic Petroleum Company）的汽轮"滇光号"（SS Tienkwang）、太古洋行（Butterfield & Swires Co.）的汽轮"万通号"（SS Wantung）、太古洋行的汽轮"黄浦号"（S.S. Whangpu）、旧船"庆和轮"和其他船只，从南京向上游航行了约4.5英里，到达三汊河附近的安全泊锚地。12月11日下午2点，日军的炮击迫使船队向上游行驶10英里，以确保安全。12月12日清晨，英舰"瓢虫号"在芜湖被日军炮火轰击受损，一名英国水兵死亡。英

---

① William Alexander Lovat-Fraser, "The Capture of Nanking", January 3, 1938, p. 11, File 1751, FO371/22043, Foreign Office, Political Departments, General Correspondence from 1906—1966, Public Record Office, London.

舰"蜜蜂号"同时在芜湖港遭到炮击。

12月12日下午1:30、2:30和4:00左右，在距离南京上游约12英里的地方，英国船队遭到了日本飞机的三次攻击和轰炸，但没有船只被直接击中。根据参加攻击行动的日本飞行员奥宫正武的回忆录，他发现船队上有英国米字国旗后，命令后面的飞机停止轰炸，将剩余的炸弹投向光华门后面的中国军阵地①。

在得知"巴纳号"被击沉后，"蜜蜂号"于12月13日从芜湖赶往"巴纳号"沉没水域，"瓦胡号"和"瓢虫号"于12月14日抵达。在"瓦胡号"和"瓢虫号"救出"巴纳号"的幸存者后，这两艘炮艇顺流而下，于12月17日抵达上海，武官洛瓦特-弗雷泽乘坐了"瓢虫号"。然而，领事普里多-布鲁内和德国领事乔治·罗森仍留在停泊在南京附近泊锚地的"蜜蜂号"上，他们希望一旦战争状况结束，将获准回城，重开各自的大使馆。然而，12月18日，一位日本领事官员通知"蜜蜂号"的参谋长，"现乘坐'蜜蜂号'的英国和德国领事官员都不会获准上岸，因为海军与陆军当局已作出决定，目前不允许外国人进入南京"②。根据罗森发的电报，从12月18日至20日，普里多-布鲁内和罗森留在了"蜜蜂号"上③，后来，二人安排乘坐"瑞和轮"（SS Suiwo）前往上海。

12月22日，"蜜蜂号"从南京出发，逆流而上，驶向马当，迎接来自英舰"大甲虫号"（HMS Cockchafer）的新船长哈罗德·汤姆斯·阿姆斯特朗（Harold Thomas Armstrong，1904—1944）。"蜜蜂号"于12月27日回到了南京水域，直到1938年1月29日才离开。在南京港驻扎期间，"蜜蜂号"的军官记录了他们观察到的情况。12月18日，参谋长报告说："气氛相当紧张，中国人从浦口那边偶尔进行炮击。应近藤海军少将的请求，我

---

① [日]奥宫正武（Masatake Okumiya）：『私の見た南京事件』（《我见证的南京事件》），东京：PHP研究所1997年版，第23页。

② Chief of staff, HMS *Bee*, A telegram to Vice Admiral, Yangtze, December 18, 1937, ADM116/3881, Yangtze Records, Public Record Office, London.

③ Georg Rosen, A report to Foreign Ministry, January 20, 1938, in *Good Man of Nanking*, p. 145.

已行驶至南京上游两英里半的位置，因为他说今晚有军事行动。"①12月27日抵达南京水域时，阿姆斯特朗表示"岸上的情况看来比较平静，但是江两岸都有几处大火在燃烧"。他在12月28日写道：

> 目前日军仍忙于在城内"清剿"中国武装人员。
> 南京与浦口都比较平静，但是，全城各处整天都可见到刚刚燃起的大火。看上去，日本人在肆意摧毁中国人的财产。②

1月6日，他报告了美国外交官已到来，但他要求登陆并与美国人一起进入南京的请求被拒绝：

> 美舰"瓦胡号"搭载着美国领事上午抵达。领事告诉我他受命来开启美国大使馆，并提议我应该作为英国领事的代表陪同他上岸。当我们到达日本旗舰"安宅号"之际，一名日本领事官员对我说，他接到命令安排美国领事进城，但是不能允许我进城。③

美国官员登陆三天后，英国外交官 H. I. 普利熬-布伦、W. A. 洛凡特-弗莱瑟、代理空军武官约翰·古斯塔夫·沃尔瑟空军中校（John Gustave Walser）④和三位德国外交官一道，于1月9日午后乘坐英舰"蟋蟀号"返回南京，不过他们的到来并非没有波折。由于上海的日军当局没有通知南京

---

① Chief of staff, HMS *Bee*, A telegram to Vice Admiral, Yangtze, December 18, 1937.
② H. T. Armstrong, Report of Proceedings, December 31, 1937, ADM1/9558, Naval Station, Yangtze General Letters：Proceedings, 1937-38, Public Record Office, London.
③ Senior Officer, Nanking, A message to Rear Admiral, Yangtze, January 6, 1938, ADM116/3882, Yangtze Records, Public Record Office, London.
④ 约翰·古斯塔夫·沃尔瑟（John Gustave Walser）曾在第一次世界大战中服役，1914年12月任陆军少尉，后转为空军。1917年从空军中尉晋升预备空军上尉，1923年升为空军上尉。1937年4月，从空军少校晋升为空军中校。1937年12月，被任命为英军驻华总司令部（General Officer Commanding，即G.O.C.）的联络官。1938年，调任皇家空军远东司令部。

方面沃尔瑟空军中校即将到来，因而南京的日军不允许他与领事和武官一起登陆进城。因此，他不得不待在"蜜蜂号"上，直到1938年1月12日才得以进入南京。

抵达南京后，英国外交官立即调查了城内的状况和日军的暴行。1月13日，普利熬-布伦向上海发电报，概述了他所了解的情况：

1. 这里的状况远比我们预期的要困难与反常。在占领城市后最初的两个星期所犯暴行的性质与规模几乎难以令人置信。就日军失控的状况而论，情况缓慢地有所改善，但是，孤立的谋杀案与其他野蛮残暴的行径仍持续着。最近三天来，德国人与美国人居住着并悬挂着各自国旗的住宅被日军强行闯入。在没有知会美国大使馆的情况下，日军从美国人的住宅中强行抓走一名中国人。

2. 城市完全在日军控制下。日军凶神恶煞，对我们极度敌视。对我的德国同事就其与我一道来南京时的古怪举止，他们私下进行了规劝。日本使馆的官员，只要环境许可，还是友善助人的。他们组建了"自治委员会"，在该"委员会"1月1日正式就职典礼后一段时间，军方只给予勉强的承认。就我所知，"委员会"仍处于蹒跚学步的阶段，也许还要有一段时间，才能开始有效地运作。

3. 绝大多数为贫困阶层的中国人集中在安全区内。估计有大约20万人。所有赞美的言辞都难以形容安全区委员会德国与美国成员所做的工作。毫无疑问，仅仅由于他们身在南京便保证了相对安全的区域，他们持续不断、勇敢的干预阻止了很多对难民的袭击。有一种要将他们清除掉的强烈动向。当然最终唯一的解决办法是，一旦能作出妥当的安排，由日本人来负责照管留下的老百姓与总的市政管理。

4. 日军坚决反对除了官员以外的任何外国人返回南京，显而易见，以上述情况而论，任何英国臣民回南京都是不明智，也是徒劳无益的。任何重启商业的活动必须有赖于在中国人之中采取缓和的措施，然而，无法预言那样的情况何时才能到来。①

洛凡特-弗莱瑟同意普利熹-布伦对该城市状况的评估。他在1月14日的电报中指出："南京是座死寂之城，近期进行贸易的可能性微乎其微。日军处于完全控制的地位，他们对外国人，尤其对英国人的态度绝对是敌视的。武官一直未能和军方取得联系。"②

洛凡特-弗莱瑟和沃尔瑟在城内四处巡查，并调查情况，包括日本人的暴行，这使普利熹-布伦"非常希望目前上岸在南京的武官与空军武官离开，因为他们使日本人恼怒不快"，除非"安排他们乘汽车或飞机走，打算让1月16日驶离芜湖的'蚜虫号'载上他们去上海"③。这两位武官在抵达南京仅一周后就离开了，普利熹-布伦是此后几周内南京城里唯一的英国外交官。

和他的美国同行爱利生一样，普利熹-布伦忙得不可开交，每天都发出电报。1月21日，他给英国扬子江海军少将发了一封电报，报告了到那时为止南京的情况：

> 上个星期，本地的状况没有明显的改善。除了作为军事行动的中心，整个城市死寂一片。不断有部队进进出出，部队的行动似乎并没有受限于城内总体的状况。美国大使馆上个星期一直忙于处理日本兵强行闯入美国房产劫持妇女、掳掠的案件。已在东京提出强烈抗议，我得知已下达指示，要更好地保护外国人的财产。

> 没有迹象证明有任何尝试来促进市政管理，或为中国人的生命与财产提供安全保障。毫无诚意地劝说安全区内的一些难民返回位于城市其

---

① Consul Nanking, No. 7 telegram to the British Embassy in Shanghai, 5 : 18 p.m. January 13, 1938, ADM116/3882, Yangtze Records, Public Record Office, London.

② Consul Nanking, A telegram to the British Embassy in Shanghai, January 15, 1938, ADM116/3882, Yangtze Records, Public Record Office, London.

③ Senior Naval Officer, Nanking, A telegram to Rear Admiral, Yangtze, January 14, 1938, ADM116/3882, Yangtze Records, Public Record Office, London.

他地区的家中。只有极少数人冒险尝试，但立即遭遇了灾难。

安全区内的粮食供应即将变得严峻。安全区委员会的外国成员善意配合，为解决这一问题所作的努力激怒了军方。军方宣称必须由"自治委员会"来处理，他们将协助提供粮食。但是到目前为止，没有采取有效的行动。他们似乎还没有开始意识到问题的严重性。

日军仍坚决反对除了外交官以外的外国人回南京。我觉得目前就此对他们施加压力毫无作用。英国臣民在目前状况下来南京也是不明智的。①

1月22日，在调查了英国的财产后，他向驻节上海的英国驻华代办豪尔报告了英国财产和权益受到的破坏与损失：

1. 和记洋行。没有什么损失，但是居住在那儿的人们惊恐异常，遭受虐待。一如其他城区，仍持续不断从洋行的大院中劫持走姑娘。日本领事保证尽力提供保护，日本海军将试图为他们提供粮食。

邻近的村庄受到日本海军当局的保护。中国红卍字会建立，容纳4000人的安全区也显然由海军当局大方地提供粮食。日本宪兵即将进驻这一地区。这一安排，加上海军的协助，应该能够改善本地区的状况。

2. 其他英国财产。损害令人吃惊的小，日本人张贴了他们自己的保护房产的布告。只有一桩掳掠、毁坏严重的案子。

3. 抢劫英国汽车。有几辆汽车失踪了。

日本当局提出以相应的车辆补偿被窃的汽车，但是车主宁愿要金钱赔偿，这很容易办到。②

普利袅-布伦于1938年1月29日乘坐英舰"蜜蜂号"前往上海。出发

---

① Consul at Nanking, A telegram to the British Embassy, January 21, 1938, ADM116/3882, Yangtze Records, Public Record Office, London.

② Robert George Howe, No. 128 telegram, January 22, 1938, FO 371/22085, Public Record Office.

的当天，他向豪尔报告：

> 由于缺乏任何集中统一的控制，日军目无法纪的状况仍持续着。主要为强奸。浪人（投靠军队的平民食客，冒险分子，亡命之徒）出现了，很可能是制造更多麻烦的根源。
>
> 25万中国平民难民的问题非常严重。日本人通知安全区委员会，必须在2月4日之前遣散难民。大多数难民无家可归，没有生存的手段。日本当局任何仓促草率的举动有可能引起骚乱、更多的暴行。
>
> 日本人仍然极度地憎恨外国人对他们行为的观察。对美国与德国大使馆持有敌意。负责日本使馆的福井先生的无能不称职使得这方面的情况更为困难。①

在普利熹-布伦离开之前，两位英国外交官欧内斯特·威廉·捷夫雷（Ernest William Jeffery, 1903—1989）领事和职员沃特·亨利·威廉斯于1938年1月27日乘坐英舰"蚜虫号"（HMS Aphis）抵达南京，接管使馆事务。

欧内斯特·威廉·捷夫雷于1903年11月20日出生在英国赫特福德郡沃特福德的阿尔登纳姆。他于1923年毕业于牛津大学埃克塞特学院，并于1926年在中国以实习翻译的身份开始其外交生涯。1928年他晋升副领事，在北平、广州、天津、上海和哈尔滨任职，1935年10月，他被提升为英国驻华领事。1938年2月至11月，捷夫雷接替普利熹-布伦，担任驻南京领事。1938年12月至1939年4月，他被调任为驻汉口领事。1939年4月至1940年2月，他在英国驻上海总领事馆工作。1943年，他被调往达卡（今孟加拉国首都）。他于1949年1月任英国驻汉口总领事，1950年担任驻天津总领事。1989年10月22日，捷夫雷在赫特福德郡的里-克曼斯沃思去世。

---

① R. G. Howe, No. 220 telegram to the Foreign Office, February 1, 1938, File 1371, FO 371/22146, Public Record Office.

在南京任职期间，捷夫雷定期向英国驻上海大使馆发送电报，报告城内的情况。2月6日，他报告了新到任的日本驻军司令天谷直次郎在所有外国外交官都受邀的茶会上的讲话。2月18日，他概述了城内的情况：

> 本地的军事当局仍以这是军事区域、航行危险为由，拒不允许商人现在来南京。没有进行贸易的可能性，也不可能早日复苏。留在南京的都是极度贫困的人们，与周围遭受蹂躏的乡村处于隔绝的状态。银行、商业用房、进口商，以及所有经商的机构均不复存在。日本当局声称眼下这里有充足的粮食，但是将需要源源不断地运进米、面与蔬菜来救济城市的人口。日本人表示，希望城市恢复正常，英国的船只可能有机会运输这些商品。少量的煤油、布匹、纸张和建筑材料也许能够销售。货物必须委托给南京自治委员会，并首先征得上海军事当局的同意。长江上其他港口的贸易仍然死寂一片。①

1938年5月3日，他呈送了一份长篇报告，全面介绍了南京的情况：

> 仍然没有迹象显示，中国富裕阶层的商人与生意人将回城。造成这一局面的主要原因似乎是日军控制着全城以及大批日军部队定期经过该城。日军最近加紧了，而不是松懈了控制。江边码头一带仍为军事禁区，仍严密把守着城门。任何经过城门的中国人都可能被拦下来，人身与行李遭到搜查。日本人认为周围的乡村远非安全。武装的土匪就在紧邻南京的地区，稍微远一些的乡野里有中国游击队。日军部队与战争物资最近经过南京，经由津浦线北上运往山东前线，还有一批批大型轰炸机几乎每天飞往那儿，数小时之后，显然未受损失地飞回来。在这战争气氛

---

① Ernest William Jeffery, No. 54 telegram, February 18, 1938 in R. G. Howe's No. 348 telegram, February 20, 1938, ADM 116/3941, Sino-Japanese Hostilities, Japanese Restrictions on Navigation on the Yangtze, 1937-39, Public Record Office.

弥漫的地方，甚至中国人也不大可能有更多的信心或许多机会来经商、做生意。正在筹划与开办的中日合资公司最有可能带来经济活动。日军禁止英国与其他国家的公民返回之际，考虑到两个月前城内荒凉的样子，日本平民以惊人的数量来到南京。3月底，日本总领事声称，有800多日本男女居民，从事各种各样的行业，如面粉厂、经纪人、铁路交通、建筑材料、百货商店、保险业、印刷业、电器设备、照相器材、纺织业、图书文具、钟表、医生、牙医、药房、杂货店、旅馆与饭店。然而，总体上肯定是小生意，他们与中国人做生意的营业额受限于人们总体上的贫苦。日本商人显然需要在开店之前，征得日军的同意。日本居民现在可能有上千人。他们组织了一个协会，并计划将城市中心一大片区域发展成日本商业区。一家日本银行的分支机构于4月27日开张，这是南京重新出现的第一家银行。除了日元之外，唯一流通的货币为中国银行、中央银行、交通银行与农民银行发行的钞票。[①]

除了报告城里的情况外，捷夫雷和威廉斯还处理了英国国民提交的财产损失和损害索赔。在英国外交部档案中发现了威廉·亨利·端纳（William Henry Donald, 1875—1946）、哈罗德·霍齐·莫兰德（Harold Hodge Molland, 1892—1964）、诺曼·哈利·普瑞斯（Norman Harry Price）、S.萨德胡·辛格（S. Sadhu Singh）、沃特·亨利·威廉斯和威廉·沃特·瑞齐（William Walter Ritchie, 1879—1969）提出的索赔。他们在索赔中附有宣誓书和损失或损坏的物品清单等证明文件，以及分项的英镑数额[②]。

此外，英国驻上海总领事赫伯特·菲利普斯（Herbert Phillips,

---

[①] E. W. Jeffery, "Report on Conditions at Nanking dated May 3rd, 1938", File 7116, FO371/22155, Public Record Office.

[②] William Walter Ritchie, Claim letter to E. W. Jeffery, March 18, 1938, in E. W. Jeffery's letter to British Ambassador Sir Archibald Clark Kerr, May 16, 1938, FO233/271, Public Record Office.

1878—1957）也处理了许多财产损失与南京领事区的其他英国国民和英国企业遭受的损失案件①。

## 德国大使馆及其外交文件

1937年10月底，上海地区的战斗即将告一段落之际，日本方面意识到，中国人虽然在战场上被打败，但不会像日本所希望的那样乞求和平。于是，他们表示愿意与中国进行和平谈判。日本向于11月初召开的布鲁塞尔九国会议释放和平的信号②，以期在不进行长期战争的情况下获得更多的领土和利益。同时，日本选择德国作为调停国。11月2日，日本外相广田弘毅（Koki Hirota，1878—1948）会见德国驻日大使赫伯特·冯·狄克森（Herbert von Dirksen，1882—1955）时，向他提交了一份"七点和平建议"。11月5日，该建议通过德国驻华大使奥斯卡·保罗·陶德曼（Oskar Paul Trautmann，1899—1950）递交给中国政府。这七个条件为：

1. 内蒙古自治。
2. 扩大华北非军事区；中央政府仍然对华北拥有行政权，但不得在华北任命任何反日官员或领导人。如果在谈判期间，华北地区建立新的政权，则应允许其保留，尽管迄今为止，日本无意建立这样的政权。
3. 上海的非军事区也应扩大，其行政权应与战前相同。
4. 禁止抗日活动应遵循川越大使与外交部长张群1936年讨论的原则。
5. 中国应采取有效措施防共。

---

① Herbert Phillips, "Claims Arising out of Sino-Japanese Hostilities: Cases in Nanking Consular district", Document No. 421, October 12, 1938, FO233/272, Foreign Office, Political Departments, General Correspondence from 1906—1966, Public Record Office.

② "Tokyo Peace Move Reported in Paris", *New York Times*, October 29, 1937, p. 2.

6. 中国应以有利的方式修改关税。
7. 中国应充分尊重外国在中国的权益。①

此时，中国政府希望九国会议能对日本施加一些压力，以制约日本，因此没有对这一提议作出回应。

1937年11月22日，以陶德曼大使为首的德国大使馆主要工作人员乘坐租来的英国轮船"吉和轮"（SS Kutwo），跟随中国外交部前往汉口。到11月下旬，九国会议显然未能产生任何阻止日本侵华的决议。当日军迅速向南京推进时，中国政府认为有必要讨论日本的提议，于是通报给陶德曼大使。驻东京的狄克森大使询问11月初的提案是否仍可以讨论，广田外相给了肯定的答复。在汉口，陶德曼于11月28日拜访了孔祥熙，并在第二天与外交部长王宠惠讨论了这个问题。12月2日，在外交部副部长徐谟的陪同下，陶德曼乘坐中国海关的"海星号"游艇回到南京，会见了仍在南京的蒋介石。蒋介石召集了白崇禧、顾祝同、唐生智和徐永昌等仍在南京的主要将领开会。徐谟在会上向他们介绍了情况，回答他们的疑问，所有人都倾向和谈。会后，蒋介石接见了陶德曼，他同意将这些条件作为谈判的基础，由德国作为调停人，但他表示华北的行政权必须由中国保留，日本不得将这些条件视为最后通牒②。

然而，当中国的决定于12月7日通过柏林转达给东京时，日军几乎兵临南京城下，广田的态度发生了巨大的变化。几天后，南京沦陷。12月22日，广田通知狄克森：

---

① James T. C. Liu(刘子健), "German mediation in the Sino-Japanese War, 1937—1938"(《1937—1938年抗日战争中的德国调停》), *Far Eastern Quarterly*(《远东季刊》)第8卷第2期(1949年2月), 第160—161页。

② James T. C. Liu(刘子健), "German mediation in the Sino-Japanese War, 1937—38"(《1937—38年抗日战争中的德国调停》), *Far Eastern Quarterly*(《远东季刊》)第8卷第2期(1949年2月), 第160—161页。

此时，情况发生了很大的变化，不再可能将中方同意的条件作为停战的基本条件。如果中方大致同意以下条款，我们将准备直接进行谈判。如果中方采取相反的行动，我们将不得不以新的角度来处理这一事件。

**条款**

一、中方将放弃亲共和反日的政策，与日本和"满洲国"共同制定反共政策。

二、在必要的地区建立非军事区，并在该地区设立专门机构（广泛的自由政府体系）。

三、应在日本、"满洲国"和中国这三个国家之间缔结亲密的经济条约。

四、中国应向日本作出必要的赔偿。

然后，我们要求在今年年底前作出答复，并派遣一个代表团到日本国内或上海去，根据上述条件进行停战谈判。

当然，我们感觉到答复可能会延长到1月10日左右。我国政府准备的上述基本条款的细节如下：

**细节。**

1. 中国应正式承认"满洲国"政府。

2. 中国将放弃其抗日和反满洲的政策。

3. 中国应在华北和内蒙古建立特殊地区。

……

4. 应当制定反共政策，中国应与日本和"满洲国"合作执行同一政策。

5. 在华中被占领土上建立非军事区。中日将在维护上海的和平与秩序和经济发展方面进行合作。

6. 日本、"满洲国"和中国应就与自然资源开发有关的关税、贸易、防空、运输和通讯达成必要的协议。

7. 中国应向日本赔偿。（我们内部有人反对）

8. 出于安全目的，中国应认可日军在华北、内蒙古和华中的指定地区在必要的条件下驻扎。

9. 在达成上述协议之前，不得谈判停战条约。[①]

中国政府没有接受这些条件。1月16日，日本政府发表声明，日本将结束与中国国民政府的谈判。被历史学家称为"陶德曼调停"的使命就此告一段落。

1937年11月22日，德国大使馆撤往汉口，一个德国领事小组继续留在南京。领事小组由乔治·弗里德里希·穆拉德·罗森（Georg Friedrich Murad Rosen, 1895—1961）、保罗·汉斯·赫尔曼·莎芬伯格（Paul Hans Hermann Scharffenberg, 1873—1938）和阿尔弗雷德·马瑟斯·彼得·霍特（Alfred Mathias Peter Hürter, 1904—1988）[②] 组成。他们在城内待到12月8日，随后登上英国怡和洋行的旧船"庆和轮"。12月12日，当日本飞机袭击船队时，许多炸弹落在离船几码远的江中，对船体造成了损伤。乘坐该船的所有外国乘客，包括三名德国外交官，都被转移到英舰"蟋蟀号"上。在接下来的几天里，他们先转乘英国太古洋行的客轮"黄埔号"，然后又换乘亚细亚火油公司的商船"滇光号"。12月18日至20日，他们登上了停泊在南京附近的英舰"蜜蜂号"，12月20日，他们乘坐英国怡和洋行的"瑞和号"客轮（Suiwo）前往上海，并于12月21日抵达。

乔治·罗森1895年9月14日出生在波斯（伊朗）德黑兰，他的父亲弗

---

[①] R. John Pritchard and Sonia Magbanua Zaide ed., The Tokyo War Crimes Trial, Vol. 2, Transcripts of the Tribunal, New York: Garland Publishing Inc., 1981, pp. 3619-3621.

[②] 阿尔弗雷德·马瑟斯·彼得·霍特（Alfred Mathias Peter Hürter, 1904—1988），1904年12月10日出生于德国波恩，1927年11月进入外交界，两年后被派往中国，1930年1月在北平的德国公使馆见习。除了母语德语，还懂英语、法语和中文。1930年6月调往南京，但于1933年2月回北平，此后于1933年4月晋升为领事秘书，并于1935年随德国使馆迁至南京。德国使馆主要工作人员迁往汉口时，被挑选为大使馆南京办事处的成员，留在城内处理使馆业务。罗森离开后，成为南京城里级别最高的德国外交官，在南京工作至1938年年底，1939年1月初奉调去上海，并于当年下半年晋升为参赞。在接下来的几年中，在上海、南京和重庆任职至1942年年初中国与德国断绝外交关系。后在汪伪政府首都所在地南京的德国大使馆工作至1945年战争结束。1988年12月20日逝世。

里德里希·罗森曾短期担任德国外交部长。1913 年至 1914 年，他作为罗德学者在牛津大学学习， 1914 年至 1916 年，在里斯本大学继续学习。在马德里的一家银行担任志愿者后，他于 1917 年入伍并参加了第一次世界大战，直至停战。他于 1921 年进入外交部门工作，在随后的十年中，他在德国驻哥本哈根、纽约和柏林的外交机构任职。1933 年 9 月，他开始了在中国的外交生涯，担任德国驻北平领事馆的秘书。从 1933 年到 1936 年，他在北平、天津和沈阳担任使馆秘书和领事。1936 年 11 月，他奉调到南京。当日军向南京推进时，作为德国驻南京领事，他协助组织安全区以保护平民。1938 年 1 月 9 日，他率领领事小组成员莎芬伯格和霍特，乘坐英舰"蟋蟀号"抵达南京，重新开设德国大使馆。他在南京工作至 1938 年 6 月，并于当年 6 月 26 日离开中国。回到德国后，由于他的犹太血统，他在 1938 年底被迫离开外交部门。1939 年，他移居英国。不久，第二次世界大战爆发，他被英国政府作为敌国公民驱逐。1940 年，他移民美国，1942 年至 1949 年在纽约州卡泽诺维亚的一所社区学院和科尔盖特大学任教。他于 1950 年回到联邦德国，在联邦德国驻伦敦大使馆工作，并于 1956 年至 1960 年担任驻乌拉圭蒙得维的亚大使。他于 1960 年从外交界退休，于 1961 年 7 月 22 日在联邦德国的哥金根逝世。

罗森到达上海后，立即起草了一份长篇报告，并于 12 月 24 日发往柏林，向外交部通报了德国外交官在 1937 年 12 月 8 日至 21 日期间经历的磨难：他们匆忙撤到一艘英国船上，日军对英国船队进行炮击、轰炸和空袭，由于日军的攻击，德国外交官不得不多次换船。最终，约在 12 月 15 日左右：

> 我们回到"蟋蟀号"上，并一直等到 18 日早晨旗舰"蜜蜂号"到来。"蜜蜂号"送我们去南京，先到南京港区。然而，发现江北岸山上一门陈旧的中国火炮偶尔向港口开炮，霍尔特海军少将将炮艇稍微往上游移动了一些，这样，我们便差不多位于英国船队原来的泊锚处。英国海军少将与日本近藤海军少将在这里互访，并试图提出几位和我们一起搭乘

"蜜蜂号"的英国官员以及我们自己返回南京。这一要求以中国残余军人仍在活动为借口,予以拒绝。然而,真正的原因是,日本人不想让我们看到毫无军纪的日本军队在南京平民中横行肆虐是多么可怕。因此,我们和英国同事决定于 20 日加入第二批船队,该船队由日本驱逐舰领航于 21 日顺利抵达上海。航行经过南京城外下关港区时,我们不仅观察到程度相当严重的摧毁破坏,还能够看见数堆尸体,身着便装的尸体。[①]

1月9日,德国领事小组与英国外交官一起乘坐英舰"蟋蟀号"返回南京,随后,德国官员在南京城内和周边地区进行了调查,了解了当时的情况及德国财产和权益遭受损失和损害的情况。由于他四处走访,罗森与日本人发生了严重的争执:

> 根据罗森的说法,1 月 13 日他和日本总领事[②]与参谋本乡少佐[③]激烈地争吵。他在城外中山陵附近开车时被日本人阻止,并命令他回城,理由是他没有遵守日军外国人不该出城,以及必须一直由宪兵陪同的指示。此后双方都有激烈火爆的言辞,双方也一再提及反共协定。日本人更是火上浇油地给当时怒气冲天的罗森大肆拍照,拍摄电影。以我的看法,罗森的一些争辩之词无疑是难以使人信服的。他以日本大使在柏林并未受到如此保护为由,要求完全的行动自由,不同意宪兵坐在他汽车内(城

---

[①] Georg Rosen, "Odyssee der Dienststelle in Nanking"(《南京办事处的艰难历程》),1937 年 12 月 24 日,p. 9,Auswärtige Amt(外交部)Doc No. 2722/8432/37,Bundesarchiv(联邦档案馆)Doc. No. BA-R9208/2208/ p. 257,Peking II,Politisches Archiv,Auswärtiges Amt(外交部政治档案馆),Berlin.

[②] 当时日本驻南京代理总领事为福井淳(Kiyoshi Fukui, 1898—1955),他于 1898 年 2 月 1 日出生于日本神奈川县,1923 年毕业于东京工商大学,同年进入外交界。曾任日本驻南京大使馆二等秘书。1937 年底至 1938 年 2 月担任日本驻南京代理总领事。以后出任日本驻缅甸仰光总领事。1944 年任日本海军司政长官,同年任外务省调查官。他于 1955 年 5 月 3 日去世。

[③] 本乡忠夫(Tadao Hongo, 1899—1943),1899 年 10 月 16 日出生于日本兵库县(Hyogo),1920 年毕业于陆军士官学校,1933 年毕业于陆军大学。作为上海派遣军司令部的陆军少佐参谋,本乡负责和当时在南京的西方外交官的联络工作。他于 1941 年晋升为大佐,1942 年任第五十一师团参谋长。1943 年 7 月 3 日在新几内亚战死。死后追赠少将军衔。

内情况根本不正常）。每天总有一名宪兵陪同，并认为这是明智之举。罗森声称他在事后见到冈崎①时，接受了冈崎有几分类似的道歉。②

与他的美国和英国同行一样，罗森根据对该市德国居民的访谈和自己的调查，发出电文，报告了南京的情况。1月15日，他向德国外交部报告了他们对该市的初步印象：

> 1月9日，在乘坐英国炮舰"蟋蟀号"旅行两天后，南京办事处平安返回我们的办公室，恢复中断了一个月的工作。
>
> 我在初步报告中表述的，日本人推迟让我们返城，由此不让官方人员见证他们犯下的暴行这样的假设已经得到证实。根据我的德国和美国提供信息者的说法，外国代表准备返回南京的消息一经公布，清理工作便立即在南京开展起来，把横陈在街头，有些地方"犹如沙丁鱼"的那些在毫无意义的大屠杀中遇难的平民、妇女和儿童的尸体清除掉。
>
> 在恐怖笼罩的几个星期中，日军使城市的商业区，亦即太平路周围与新街口以南的区域，在大肆掳掠洗劫一空之后，沦为一堆瓦砾，其中只有零星的几座外表损伤较小的建筑还站立着。日军纵火焚烧一直持续到占领城市一个多月后的今天，劫持强奸妇女和姑娘的行径也持续着。在这方面，日军在南京这儿建立了一座铭记自身耻辱的纪念碑。③

---

① 冈崎胜男（Katsuo Okazaki，1897—1965），1897年7月10日出生于日本神奈川县。1922年获东京帝国大学经济学学位后即进入外交界，从1923年至1937年先后在日本驻英国、中国上海、美国的使领馆任职。1937年调往驻上海总领事馆任总领事。他战后曾任外务省次官（1947年2月），1949年至1955年任下院议员，1952年短期任日本外务大臣，1963年任日本驻联合国大使。冈崎胜男于1965年10月10日去世。

② Consul Nanking, A telegram to the British Embassy in Shanghai, January 15, 1938, ADM116/3882, Yangtze Records, Public Record Office, London.

③ Georg Rosen, "Zustände in Nanking. Japanische Greuel"（《南京的状况，日军暴行》），January 15, 1938, pp. 1-2, Auswärtige Amt Doc No. 2722/1001/38, BA-R9208/2208/ pp. 220-221, Peking II, Politisches Archiv, Auswärtiges Amt, Berlin.

随后，罗森在1月15日的报告中用了较大的篇幅来记录强奸案，其中一些是前一天刚刚发生的：

> 仅在被拉贝的委员会保护而免遭破坏的所谓安全区内（另见初步报告），德国人、美国人以及一起工作的中国人，已无可辩驳地证实了数百起野蛮残酷的强奸案。委员会呈递给日本当局的一系列信件中包含了大量确实令人震惊的材料。在时间允许的情况下将尽快呈交这些信件的副本，并提示参阅本报告。然而，我想指出，外国人，特别是拉贝先生和克罗格先生，两者都是纳粹党干部，以及斯波林先生，不顾个人安危勇敢地当场捉拿正在强奸的日本军人，并将他们从受害人身上驱赶走。在许多情况下，试图抵抗恶魔的中国亲属被杀害或受伤。即使在德国大使馆的办公大楼里，办公室的服务人员赵某也受到步枪威胁，要他交出那儿的妇女。由于赵先生曾经在大连生活过，能够说些日语，他向日本兵解释这是德国大使馆，这里也没有妇女。即使在赵先生向他们说明这是德国大使馆之后，仍进行威胁。同样日本兵也闯入大使官邸，要求把那儿的妇女带走。不断有妇女被送进美国教会医院，迄今最近的一起强奸案中的妇女是昨天收治的，遭受野蛮强奸以及其后被刺刀刺伤或遭到其他伤害，对妇女的健康造成严重的损害。一个妇女的颈部被割开一半，就此，威尔逊医生本人对这个不幸的人还活着感到极为惊讶。一名孕妇腹部被刺数刀，胎儿被杀害。这座医院也收治了许多遭强奸尚在童年的女孩，其中一人被20个人轮奸。本月12日，我的英国同事，领事普利煮－布伦、英国武官洛凡特－弗莱瑟中校以及英国空军武官沃尔瑟空军中校造访英美烟草公司的巴森斯[①]寓所时，见到一个中国女子的尸

---

[①] 约翰·威斯利·巴森斯（John Wesley Parsons，1893—1969），1893年4月8日在美国北卡罗来纳州兰都曼（Randleman）出生，1918年1月到达中国，为英美烟草公司销售商，先后在北京、张家口、广州、上海、南京等地工作，1947年9月离开中国回美国，1969年6月9日在加利福尼亚州桑塔·克拉拉（Santa Clara）逝世。

体，一根高尔夫球棒从她的下体往上全部插入她的躯体。日本兵每个夜晚都闯入金陵女子文理学院的难民营，要么将受害者劫持走，要么当着众人（包括亲属）满足他们的邪恶欲望。有人见证，在一些强奸案中，同伙制服受害者的丈夫与父亲，并逼迫他们亲眼目睹对他们家庭荣誉的亵渎。在很多情况下，有军官参与其中，例如试图在德国顾问的家中保护一群中国基督徒的麦琪牧师可以证明。数周以来，大批日本军人罔顾军纪。①

在同一份报告中，罗森还简要地指出了对战俘的处决。谋杀是如此的猖獗和任意，以至于"迫不及待地谋杀解除武装的军人，或根据伍长一言九鼎的判断裁定为这样的人（有数千的案例），在日本皇军这是一种荣誉，根据这里的情况，这完全不言自明！"②

在1月20日给外交部的信中，罗森提供了关于大规模处决被解除武装的中国士兵的更多细节：

> 12月18日至20日，我们在位于南京近旁的英国炮艇"蜜蜂号"上，日本海军少将近藤告诉英国海军上将霍尔特，还有3万中国军人仍然在南京下游的长江中的巨大沙洲上，必须"清理"掉。日本人所称的"清理"或"扫荡"即是谋杀已失去防卫能力的敌手，这与人道战争的最高原则相违背。除了机枪扫射之外，还选用了其他更为针对个体的那类处死方法，例如在人身上浇上汽油之后点燃。
>
> 由于大批中国军人——其中一部分已经解除武装，无论如何没有防

---

① Georg Rosen, "Zustände in Nanking. Japanische Greuel"(《南京的状况，日军暴行》), January 15, 1938, pp. 2—3, Auswärtige Amt Doc No. 2722/1001/38, BA-R9208/2208/pp. 220-221, Peking II, Politisches Archiv, Auswärtiges Amt, Berlin.

② Georg Rosen, "Zustände in Nanking. Japanische Greuel"(《南京的状况，日军暴行》), January 15, 1938, p. 3, Auswärtige Amt Doc No. 2722/1001/38, BA-R9208/2208/pp.220-221, Peking II, Politisches Archiv, Auswärtiges Amt, Berlin.

卫能力——已经逃到安全区，而为数不多的警察无法阻止这样的情况，日本人因此在这里进行了大规模突击搜捕，所有被怀疑为军人的老百姓也一道被抓走。一般是注意查找一些军人的特征，如头上的圆形头盔的印记，肩膀上步枪留下的印痕，以及背包在背上的痕迹等。外国目击者证实，日本人以不会加害、还给工作这样的许诺，从安全区诱骗出很多中国军人，加以杀害。各处均没有发现任何形式的法律诉讼或类似的审讯程序，的确，即使进行了这种嘲弄任何战时惯例与人类文明法律的审讯判决，也完全不恰当。①

罗森还描述了日本当局强迫难民离开安全区时糟糕的情况。1938年2月1日，他写信给柏林外交部：

> 如果难民还不敢回到城市的其他地区，那是因为日本人仍然每天都在诉诸暴力。例如，一个妇女带着两个女儿回家。当她们抵抗强奸时，两个女儿都被日本人刺杀，所以母亲返回安全区。
> 一名逃到拉贝先生住所避难的24岁女子冒险回到她叔叔的家中取食物时，遭强奸。
> 上个星期日，今年1月30日，在去教堂的路上，中国人乞求拉贝先生帮助对付一个放荡的醉鬼，他将一个女人拖进司法部附近的一座除了有一具棺材外空空荡荡的房子里，强奸了她。拉贝先生赶走了日本兵。
> "自治委员会"重新开放了一家澡堂。日本士兵闯入，从雇员那里偷钱，并将其中一人枪杀，两人打伤。
> 拉贝先生从邻居那里领走了两个孩子，她们是一个13口之家的幸存者，并在她们亲眼目睹遭强奸被杀害的母亲的尸体旁忍受了14天，

---

① Georg Rosen, "Nanking Uebergang"(《过渡中的南京》), 1938年1月20日, pp. 2-3, Auswärtige Amt Doc No. 2722/1011/38, BA-R9208/2208/ pp. 204-205, Peking II, Politisches Archiv, Auswärtiges Amt, Berlin.

然后被邻居们收养。①

2月7日，罗森报告了新到任的驻军司令官天谷直次郎将军在举行的茶会上的讲话。天谷试图对日军的暴行作出解释：

> 将军首先指出，日本军队以其纪律严明而闻名于世。在日俄战争和满洲战役②中都没有发生违反纪律的行为。即使在中国目前这样的情况——在任何其他军队，情况会更糟！原因出在中国人一方。蒋介石不仅号召军队，而且全民都要进行抵抗，这激怒了日本军人，因为进军途中他们找不到任何能吃和可用的东西，所以他们把情绪发泄到老百姓身上。向南京进军的速度如此之快，食物不易得到补充。（与此形成鲜明对比的是，后来他谈到后勤供给部队的人空闲的时间太多，因此发生了众所周知的纪律废弛！）……
>
> 在随后举行的茶会上，我询问日本副总领事福井，是否终于能到距离城外约20公里的江南水泥厂拜访德国公民根特博士③了。福井先生回

---

① Georg Rosen, "Schwierigkeiten der autonomen Regierungskommission. Immer neue Gewalttaten der Japaner"（《自治政府委员会的困难 持续不断的日军暴力行为》），1938年2月1日，pp. 1-2, Auswärtige Amt Doc No. 2722/1076/38, BA-R9208/2208/ pp. 190-191, Peking II, Politisches Archiv, Auswärtiges Amt, Berlin.

② 1931年"九一八事件"被日本人称为"满洲事件"，西方人则称"奉天事件（Mukden Incident）"。1931年9月18日晚，日本关东军在沈阳东北郊柳条湖炸毁铁路路轨，却诡称是中国军队所为，并以此为借口，突然袭击柳条湖以北的东北军驻地北大营。由于东北军奉命不抵抗，9月19日，日军攻占沈阳，进而在此后的数月中侵占东北三省。

③ 卡尔·根特（Karl Günther, 1903—1987），1903年出生于中国唐山，父亲汉斯·弗里德里希·马丁·根特（Hans Friedrich Martin Günther, 1872—1936）曾在唐山启新洋灰公司担任总工程师。根特在唐山长大后回到德国求学，于1925年从汉堡汉莎高中（Hansa Gymnasium）毕业，并在柏林理工大学（Technische Universität Berlin）毕业后回到中国，在父亲的水泥厂工作。1937年12月4日，冒险南下到南京，担任南京东郊江南水泥厂的代理经理。日军兵临南京城下之际，和丹麦人伯恩哈德·阿尔普·辛德伯格在江南水泥厂厂区设立了难民营，收容来自附近村庄的万余名难民，并见证了南京大屠杀，保留了许多珍贵的照片和资料。1938年6月，南京的交通恢复常态，与日方交涉后，使工厂里的难民安全回家。他在辛德伯格离开水泥厂后留了下来。中华人民共和国成立后，担任江南水泥厂化学工程师。1950年12月，偕妻子埃蒂丝和儿子返回德国，1987年在汉堡去世。

答说，根据本乡少佐的说法，该地区有 3000 中国军人，所以太危险。我不禁要问这 3000 军人是死的还是活的。当然，这是另一个拙劣的借口，因为在同一天，与根特博士一起住在城市外面的丹麦人辛德伯格①如往常经常所做的那样安然无恙地来到这个城市！②

**他随后透露，从 1 月 28 日至 2 月 3 日，日本兵又犯下了 170 多起暴力罪案：**

如果考虑到从 1 月 28 日到 2 月 3 日发生了 170 多起日本人的暴力案件，即多数为强奸妇女以及抢劫甚至是手无寸铁的穷人的些许小钱，人们只能忧虑地面对未来。在我写这篇报告之际，拉贝先生告诉我，昨天一对老年夫妇和另外两名平民在没有任何正当理由的情况下被日本兵枪杀。

日本人的愤怒肯定是可以理解的，到目前为止，他们在这个国家的所作所为仍不为公众所知，而现在详细的细枝末节都已大白于天下，因此也粉碎了日本宣称的为混乱的中国带来光明和秩序，中国的老百姓情不自禁愉悦地欢迎它的论调。它与外国人的担忧恰恰相反的是，中国人每天在多次空袭的压力下，直到战事在城市本身发生，除了一些无关紧要的个别小事件，仍维持着堪称典范的秩序，并尊重外国的国旗。然而，南京早已安静之际，日本人却大肆屠杀、强奸，并将包括德国和其他国

---

① 伯恩哈德·阿尔普·辛德伯格（Bernhard Arp Sindberg, 1911—1983），1911 年 2 月 19 日出生于丹麦奥斯胡（Aarhus），1927 年离家去美国、南美洲远游，曾于 1932 年在海军服役一年，1934 年在一艘丹麦远洋商船上工作时，因与长官争吵而被捕，当商船停靠上海港时，他戴着手铐踏上上海码头。此后数年，在上海做各种杂活。1937 年 12 月 2 日，他受雇来到南京栖霞山附近的江南水泥厂，看管厂房、设备。日军攻占南京之际，他和德国人卡尔·根特在水泥厂开设难民营，收容附近难民一万多人。他于 1938 年 3 月离开南京，不久移民美国加利福尼亚州。曾加入海军作战，以后在远洋商船上工作。1983 年 3 月 25 日在加利福尼亚州洛杉矶逝世。

② Georg Rosen, "Empfang beim japanischen Garnison-kommandanten, Generalmajor Amaya. Erstaunliche Rede"（《日本驻军司令天谷少将举行招待会 令人震惊的演讲》），1938 年 2 月 7 日，pp. 1-2, Auswärtige Amt Doc No. 2722/1096/38, BA-R9208/2208/ pp. 166-167），Peking II, Politisches Archiv, Auswärtiges Amt, Berlin.

家的所有财物都洗劫而去。①

2月10日，罗森起草了一份转发美国传教士约翰·麦琪拍摄的有关日军暴行的影片的报告，他希望阿道夫·希特勒能看到这个影片：

> 日本人在南京的恐怖统治在很大程度上仍持续着。在此期间，在这里已经居住了约四分之一个世纪的美国圣公会牧师约翰·麦琪，拍摄了一部以雄辩的说服力见证日军所犯暴行的影片。
>
> 我要提出对麦琪先生的名字严格保密的请求，他一直在一座德国顾问的住宅里努力照顾中国难民。由于他已故的姐姐嫁给一位奥地利外交官，因此他比大多数同仁传教士更加了解德国的情况。无私的意图与纯洁的意志是他的特点，表现在他拍摄影片没有任何商业用途，并且主动向大使馆提供一部影片，所需费用是向上海柯达代表处支付复制费。该影片的拷贝将以安全的途径呈送给外交部。
>
> 附上描述各个图像场景的英文解说词。犹如影片本身，它构成了一部如此令人震惊的当代文献。请允许我请求是否可以将配上按字面直译的解说词的影片放映给元首和总理观看。②

在同一份报告中，罗森表示，他最近与拉贝一起查看了一个犯罪现场，1938年2月7日，有四个人被一名日本士兵无故杀害：

---

① Georg Rosen, "Empfang beim japanischen Garnison-kommandanten, Generalmajor Amaya. Erstaunliche Rede"（《日本驻军司令天谷少将举行招待会 令人震惊的演讲》），1938年2月7日，p 5. Auswärtige Amt Doc No. 2722/1096/38, BA-R9208/2208/ pp. 166-167, Peking II, Politisches Archiv, Auswärtiges Amt, Berlin.

② Georg Rosen, "Filmdokument zu der Greueltaten japanischer Truppen in Nanking"（《日军在南京暴行的电影文献》），1938年2月10日，pp. 1-2, Auswärtige Amt Doc No. 2722/1113/38, BA-R9208/2208/ pp. 138-139, Peking II, Politisches Archiv, Auswärtiges Amt, Berlin.

顺便提一下，我本人察看了犯罪现场以及上个星期天发生的最近一次日本兵英勇行为的4个受害者。这是拿着两把椅子的一位老汉，被日本兵不由分说地用枪打伤。日本兵来时，他的妹妹在附近躲藏，她找来两个熟人，带着用门板、竹竿和绳索捆扎成的担架，打算将重伤者抬走。日本兵见状将4个人全部枪杀：受伤的老汉、他的妹妹和两个抬担架的。当拉贝先生（纳粹党的干部）于星期一（1938年2月7日）到访现场时，受害者仍然在他们倒下的地方。那位老妇人的女儿抱怨说，她母亲的全部家当10块钱不在她通常藏东西的鞋子里了，于是拉贝先生给了她10块钱，并安慰她。当我星期二和拉贝先生一起去的时候，看到了一摊血泊和担架，而死者则用芦席草草包裹着，在附近的一座小山上等待安葬。

同样也在星期天，拉贝先生看到红卍字会的人从一个池塘中打捞上来120多具尸体，这些人首先被机关枪射杀，然后焚烧，当焚烧灭尸的速度不够快时被扔进水里。这些英雄岛民的受害者的双手都被捆绑在背后。[①]

直至1938年3月，仍有日军暴行案件的报告传来。在1938年3月4日的一份题为《南京的状况》的文件中，罗森报告说：

仍然有无辜平民无缘无故遭枪杀，通常在孩子和其他亲属在场的情况下强奸妇女，以及抢劫金钱等报告。日军用手无寸铁的活人练刺刀的受害者仍被送进美国教会医院，例如一个妇女被刺刀从后背刺入，刀尖从前面出来。她入院五分钟后死去。[②]

在同一份文件中，罗森提供了红卍字会埋葬大屠杀受害者尸体的细节：

---

[①] Georg Rosen, "Filmdokument zu der Greueltaten japanischer Truppen in Nanking"（《日军在南京暴行的电影文献》），1938年2月10日, p. 2, Auswärtige Amt Doc No. 2722/1113/38, BA-R9208/2208/ pp. 138-139, Peking II, Politisches Archiv, Auswärtiges Amt, Berlin.

[②] "Lage in Nanking"（《南京的状况》），1938年3月4日, p. 1, Auswärtige Amt Doc No. 2722/1896/38, BA-R9208/2208/ p. 107 ), Peking II, Politisches Archiv, Auswärtiges Amt, Berlin.

红卍字会正在掩埋众多的尸体，其中一些尸体往往必须从池塘，以及例如在大使官邸附近的主要街道上（早期防空袭）的防空洞中成堆成堆地打捞搬运出来。在极度恐怖时期被大批处决的 30000 具尸体仍然横陈在城郊下关港区，红卍字会每天在丛葬墓坑中掩埋其中 500 至 600 人。行走在乡间，人们偶尔会看到农田中与河流里的尸体，更不用说已经陈放数周（甚至临近使馆办公大楼的街角也有）的许多棺木。①

德国驻南京大使馆参赞保罗·汉斯·赫曼·莎芬伯格回到南京后起草并发送了大量的报告和备忘录。莎芬伯格于 1873 年 12 月 2 日出生在普鲁士波森附近（今波兰中西部）的科比尔尼克。1888 年，他进入安纳伯格的一所军士预备学校学习，随后的几年，他又在魏森费尔斯、纳瑙和威斯巴登的几所军士预备学校学习。1894 年，他在波茨坦的莱尔步兵教导营任中士。1900 年，他作为远征军的一名中士前往中国镇压义和团，并一直在占领军服役至 1903 年退役，在德国驻中国天津领事馆获得领事秘书的职位。1913 年，他晋升为参赞。1916 年 6 月，他与 1911 年来到中国的德国姑娘希尔德·韦德（Hilde Wedde）结婚，当时，韦德在德国家庭中担任家庭教师。1917 年 4 月，中国在第一次世界大战中加入同盟军，德国外交官被驱逐出中国。随后，莎芬伯格在驻瑞士伯尔尼使馆、柏林的外交部工作。1922 年，他回到天津。1924 年，他奉调到驻北京的德国公使馆。1935 年公使馆升格为大使馆并迁至南京，他也随使馆到南京工作。在日军逼近南京之前，他把妻子和孩子送回德国。除了撤到上海的几个星期，他一直在南京工作。1938 年 6 月 19 日晚，在日本总领事花轮义敬举行的告别晚宴后，他因食物中毒而逝世。他原计划 6 月底退休返回德国。得知他离世十天后，他病中的妻子也去

---

① "Lage in Nanking"（《南京的状况》），1938 年 3 月 4 日，pp. 1-2, Auswärtige Amt Doc No. 2722/1896/38, BA-R9208/2208/ p. 107），Peking II, Politisches Archiv, Auswärtiges Amt, Berlin.

世了①。

回到南京几天后，莎芬伯格于1月13日向德国驻汉口大使馆报告了该市的情况，包括日军的暴行：

> 城内各处则主要被日本人烧毁。已没有人住在那些区域。其余的人口——大约20万人——被安置在安全区内——也就是以往的住宅区——他们有的住在房屋中，有的露宿在院子里——有600人居住在芦席棚里。不允许他们离开安全区，安全区有警卫看守。
>
> 安全区外的街道空无一人，残垣断壁呈现出荒凉的景象，一切都处于停顿之中：没有旅店、电影院、药店、商店，或市场等。什么都没有！食物极度缺乏，在安全区已经开始吃马肉和狗肉。霍特昨天再次通过岗哨，设法从栖霞山水泥厂的根特博士那儿给我们弄来一头猪和几只鸡。（给了英国大使馆一些肉，以感谢他们让我们乘炮艇来）。除此而外，我们什么也买不到。……
>
> 被烧毁的规模较大的建筑物有交通部以及近旁有商贸市场（集市）的新电影院②，还有下列德国人的房屋：起士林点心铺、翰培尔的旅馆③、埃克特和冯·施梅林的住所。罗德公寓房被洗劫一空，掳掠严重的还有莎芬伯格的寓所（损失约在5000元以上），以及斯特雷希斯、布伦④、冯·博典、博夏特、尤斯特、森泽克、林德曼等人的寓所与孔士洋行。

---

① Renate Scharffenberg, "Mein Vater Paul Scharffenberg : Ein Leben im diplomatischen Dienst in China"(《我的父亲保罗·莎芬伯格：在中国任外交官的生涯》), *StuDeO-Info*, April, 2008, p.18.

② 这个电影院名为大华大戏院（State Theatre），位于中山南路67号，是南京建造最早的戏院之一，规模、设施均居民国南京之首。始建于1935年，由美籍华人、大华大戏院股份有限公司董事长司徒英铨筹资，为最大的股东，其他大股东还有铁道部部长和马头牌冰棒厂老板。大华大戏院由杨廷宝设计，上海建华建筑工程公司承建。1949年以后改名大华电影院。2002年列为江苏省文物保护单位。

③ 即当时位于中山东路178号由德国人理查德·翰培尔开办的河北饭店（Nord Hotel）。

④ 古斯塔夫·布伦（Gustav Blume）博士，退役少尉，1929年至1938年在中国担任德国军事顾问，是一位武器装备专家。他和妻子凯丝（Käthe）1937年住在南京四维新村14号。

所列清单尚不完整，特别是掳掠仍在持续之际。

其他德国人的房屋几乎都遭到掳掠，被抢劫的大都是中国仆人的财物，莎芬伯格的家中一名中国警卫被打死，在冯·博典家里一个中国苦力被杀害。到目前为止，已经发现14辆被征用的汽车尚未归还，其他车辆的一些部件也被拆卸而去。对各国的房产，无论悬挂什么国旗均遭抢劫。抢劫者几乎都是穿越后院篱笆进入，例如我家旁边法国大使馆后面的竹篱笆上有三个大洞。该使馆所受的损失不大。……

约翰·拉贝领导的包括美国人参与的委员会做了非凡的工作。外交部改建成医院。毫不夸张地说，他们挽救了数万人的生命。

水的问题也很严重，自来水管道不供水，无法洗衣，因为尸体扔进了所有的池塘，水塘都被污染了。……

对于日军抵达南京以来的行径，最好是默不作声，他们的行径极易使人想到成吉思汗：摧毁一切！参谋部的一位中佐告诉我，从上海向南京进军途中，后勤给养部门一直未能跟上部队，这就可以理解部队犹如北欧斯堪的纳维亚的狂暴斗士横冲直撞到这里，如果有间房屋空无一人，立即放火将之焚毁。而且我敢肯定，他们一定像1918年的黑人那样得到许诺：一旦冲杀到南京，每个人将在那儿得到一个漂亮的姑娘。因此，所有留在这儿的妇女的处境都极度恐怖，也难以和经历过这段恐怖的那些先生谈论这一话题，因为他们的脑际始终萦绕着对兽性的恐惧。[1]

莎芬伯格定期向德国大使馆发送报告，向大使提供有关南京情况的最新信息。1月20日，他写道：

---

[1] Paul Scharffenberg, "Lage in Nanking am 13. Januar 1938"(《1938年1月13日南京的状况》), enclosure to Trautmann's No. 67 report, "Lage in Nanking Mitte Januar 1938"(《1938年1月中旬南京的状况》), 7.Februar 1938, p. 2, Auswärtige Amt Doc No. 2722/1612/38, BA- R9208/2190/ pp. 84-86, Peking II, Politisches Archiv, Auswärtiges Amt, Berlin.

他们不再像兔子那样遭到射杀，但是相信情况并没有改善。仍然发生很多暴行：有一天，此前我曾提到的水泥厂的丹麦人辛德伯格，将一个小孩送到医院，日本兵到村庄里用手榴弹捕杀鸡时，炸伤了这个孩子。

城市新的管理机构还在被完全焚毁的夫子庙设立了妓院。目前，安全区内几乎没有蓄意造成的暴行，也很少有抢劫发生，安全区被严密地守卫着。

前几天，拉贝先生再次开车穿过这座城市，事后不得不承认——与他之前的陈述相反——城市的四分之三已经被烧毁。礼和洋行的克罗格先生希望日本人允许他乘火车离开南京。①

他在1月28日的报告中披露了两个案件，与此同时，他抱怨道：

姑娘们绝不能离开安全区。本月25日晚间，一个14岁的姑娘出去到斯坦尼斯住所旁的田地里摘菜，落入日本人手中，当她逃脱时，被日本人一枪击中头部身亡。在这里负责一座医院的老传教士麦考伦，本月26日因为要求两个从后门闯入医院的日本兵离开医院，被日本兵用刺刀划破了他的脖子。……

像往常一样，没有宪兵跟随，我们仍然不得外出一步，犹如政治犯！②

三天后，莎芬伯格报告了这些妇女在日本人强迫她们离开难民营时的困境："如果现在有一位传教士或是拉贝等来到一个难民营，年轻的妇女和姑

---

① Paul Scharffenberg, "Die Lage in Nanking am 20. Januar 1938"（《1938年1月20日南京的状况》），enclosure to Trautmann's No. 76 report, "Lage in Nanking im Januar 1938"（《1938年1月南京的状况》），7.Februar 1938, pp. 1-3, Auswärtige Amt Doc No. 2718/1715/38, R104842, Peking II, Politisches Archiv, Auswärtiges Amt, Berlin.

② Paul Scharffenberg, "Die Lage in Nanking am 28. Januar 1938"（《1938年1月28日南京的状况》），enclosure to Trautmann's No. 95 report, "Lage in Nanking Ende Januar 1938"（《1938年1月底南京的状况》），10.Februar 1938, p. 2, Auswärtige Amt Doc No. 2718/1811/38, R104842, Peking II, Politisches Archiv, Auswärtiges Amt, Berlin.

娘们便跪下磕头，恳求让她们留在难民营。委员会尝试这么做了，打算让年纪大的妇女先离开，但不知道最后结果如何。"①

他观察到，红卍字会开始埋葬受害者的尸体：

> 红卍字会获准掩埋仍横陈四处的尸体，例如几天前从施罗德博士住宅附近的池塘里拖拽出120多具尸体，这些尸体的双手仍被铁丝捆绑着。拉贝先生曾亲眼目睹。附带说一下，我自己曾多次目睹日本兵从这个池塘取水倒入炊具。好好享用！即将进入温暖的季节，恐怕还有更可怕的情况发生。②

1938年2月15日，德国外交官获准开车出城到中山陵，但他们"无法步行进入这个区域，因为四处仍横陈着许多已经发黑，被狗咬得残缺不全的尸体"。他自己也看到"首先由于水质，继而是垃圾，最后还有很多尸体都会导致流行病疫，因此在我看来前景极其黯淡。现在天气变化很大，今天天气很暖和，尸体的恶臭使人无法上街"③。3月4日，他获得了更多关于红卍字会的埋葬活动的信息：

> 还做了大量的工作将尸体清理出市中心。现在，红卍字会已获准在下关掩埋了3万具尸体。一天的工作量是掩埋600具。尸体用草席与石

---

① Paul Scharffenberg, "Lage in Nanking am 3. Februar 1938"（《1938年2月3日南京的状况》）, an enclosure to Trautmann's No. 132 report, "Lage in Nanking in der ersten Halfte Februar 1938"（《1938年2月上半月南京的状况》）, 23.Februar 1938, p. 2, Auswärtige Amt Doc No. 2718/2081/38, R104842, Peking II, Politisches Archiv, Auswärtiges Amt, Berlin.

② Paul Scharffenberg, "Die Lage in Nanking am 10. Februar 1938"（《1938年2月10日南京的状况》）, in Trautmann No. 132 report, "Lage in Nanking in der ersten Halfte Februar 1938"（《1938年2月上半月南京的状况》）, 23.Februar 1938, p. 3, Auswärtige Amt Doc No. 2718/2081/38, R104842.

③ Paul Scharffenberg, "Zur Lage in Nanking am 17. Februar 1938"（《1938年2月17日南京的状况》）, enclosure to Trautmann's No. 148 report, "Lage in Nanking Mitte Februar 1938"（《1938年2月中旬南京的状况》）, 28.Februar 1938, pp. 1-2, Auswärtige Amt Doc No. 2718/2174/38, R104842, Peking II, Politisches Archiv, Auswärtiges Amt, Berlin.

灰包裹，所以只有腿露出来，然后运走，埋在城内的万人坑中。同样也用石灰，还要掩埋大约10000具尸体。①

在中国的德国外交官向柏林转发了与南京大屠杀有关的电报、报告和文件。驻北平（北京）的德国外交官汉斯·奥古斯特·比德（Hans August Bidder, 1897—1963）于1937年12月30日向德国驻汉口大使馆转发了一份文件，其中包括两份附件：美国传教士M.S.贝茨12月15日写的目击报告与美国记者A.T.斯提尔写的新闻稿。斯提尔写道：

> 接着人群疯狂地潮涌般翻过高大的城墙。脱下衣服结成绳索。惊恐的军人将步枪、机枪摔过墙垛，再蜂拥爬下城去。然而却发现进入另一条死胡同。船只载着有幸捷足先登者，已驶离港口。
> 没有希望从陆路逃生，日军已从各个方向包围过来。长江是唯一的出路。据说数百人跳入长江淹死。头脑冷静些的，花时间扎了筏子，顺利渡过江去。还有人躲入沿江的房屋里，后来都被日军搜出杀害。②

1938年1月1日，从上海抵达汉口的路透社记者莱斯利·史密斯发表讲话，1月6日，德国大使奥斯卡·P.陶德曼向柏林转发了他的讲话摘要。史密斯描述了他在南京目睹的大规模处决事件：

> 12月15日，外国记者获得日本人的许可，乘坐日本军舰从南京去

---

① Paul Scharffenberg, "Zur Lage in Nanking am 4. März 1938"（《1938年3月4日南京的状况》）, enclosure to Trautmann's No. 216 report, "Lage in Nanking Anfang März 1938"（《1938年3月初南京的状况》）, 22.März 1938, p. 2, Auswärtige Amt Doc No. 2718/2608/38, R104842, Peking II, Politisches Archiv, Auswärtiges Amt, Berlin.

② "By Steele"（《斯提尔的报告》）, in Hans Bidder, "Blutbad unter der chinesischen Bevölkerung bei der Einnahme Nankings durch japanische Truppen, und in Nordchina"（《日军攻占南京之际以及在华北对中国人实施大屠杀》）, December 30,1937, pp. 2-5, Auswärtige Amt Doc No. 2722/4573/37, BA-R9208/2190/ pp. 212-215, Peking II, Politisches Archiv, Auswärtiges Amt, Berlin.

上海。然而，后来却有机会搭乘英国军舰旅行。要求我们在码头集合。当等待出发的时间超过预期时，我们花时间做了一点探索之旅。我们看到日本人在一片开阔的地方，将1000个中国人捆绑起来，排列成行，然后将他们分批押走枪毙。强迫他们跪下，枪击后脑勺。当一名日本高级军官意识到我们在那儿并要求我们立即离开时，我们观察到大约100次这样的处决。至于如何对待其余的中国人，我就不好说了。[①]

罗森于2月26日向德国驻汉口和东京大使馆以及驻上海总领事馆发送了一份题为《日本在南京周边地区的暴行》的报告，转发了农民和难民代表向德国人卡尔·根特（Karl Günther, 1903—1987）和丹麦人贝哈德·阿尔普·辛德伯格（Bernhard Arp Sindberg, 1911—1983）提交的两份请愿书。他们在江南水泥厂建立了一个难民营，收容万余名当地农民和难民。四位农民，75岁的王耀山、79岁的梅玉山、63岁的王永奎和54岁的夏明峰在他们的请愿书中说：

> 中日战事爆发已逾半载。江苏省已落入日本人手中。因此，江宁和句容县的百姓也坠落巨大的不幸之中。城镇乡村十室九空。茅舍径直被烧毁。在砖瓦房屋中，日本兵首先将箱子、包裹、家具、农具等物收集一处，然后付之一炬，将一切都焚毁。整个乡野尽遭破坏。如果日本人在村中见到一个年轻人，即刻将其当作中央军军人枪杀。由于不解日语，老人们也常常被杀。妇女和姑娘，无论年老年轻，悉数强奸，以供其满足肉欲。投水溺亡或自杀的妇女不计其数。日本兵在许巷村杀害了一名姓方的小女孩，因她只有10岁尚未成年，将其阴道切开致死。还要讲一

---

[①] "Auszug aus den Vortrag von Mr. Smith ( Reuters ) Über die kriegerischen Ereignisse in Nanking in der Zeit von 9. Bis 15. Dezember 1937" [《（路透社）史密斯先生关于南京1937年12月9日至15日战斗中发生情况所作演讲的摘录》], in Trautmann, "Einnahme von Nanking. Plünderung durch japanische Truppen"（《攻占南京，日军掳掠》）, January 6, 1938, pp. 5-6, Auswärtige Amt Doc No. 2722/1105/38, BA-R9208/2208/ pp. 182-183 ）, Peking II, Politisches Archiv, Auswärtiges Amt, Berlin.

个野蛮的故事：几个日本兵遇到了逃难的一家母子二人，用军刀威胁儿子，强迫他与母亲做不雅事。儿子不从，被军刀砍死。母亲被日本人强奸，之后自杀而亡。日本人持武器闯入村庄，遇到人，首先要花姑娘。一旦此人回答"没有"，立即被杀。在街上每个人都被搜身，几元、几角的票子都被搜走，但是日本人不要铜板。农民的牛和驴几乎被斩尽杀绝。猪、鸡和其他家畜已完全灭绝。①

江南水泥厂所在的摄山地区的难民代表也提交了一份类似的请愿书，以及一份暴行遇难者和被日本兵强奸的妇女的名单：

自1937年8月以来，从上海到南京的沿途地区逐渐被日军侵占。现在已逾半载。除了前线无数人被杀、被抢劫，遭到焚烧这一事实外，至此已两个月来，在远离前线战火的我们这儿的山村与集市，日本兵仍然在放火，杀人，抢劫，强奸妇女。中日之战应该是为了世界的正义，为了两国的利益，而不是为了抢劫、杀戮和焚烧。在当今世界，每个文明开化的国家都尊重人民。在远离前线的地区，人们应该受到保护和安抚。出乎意料的是，在战争开始两个月之后，日本人仍然在各地施以暴行。这不仅不人道，而且也有悖于世界正义。感谢你们的善举，我们一万个生灵在你们的保护下得以拯救。我们还能有别的要求么？但除了巨大的痛苦之外，难民难以在饥寒交迫中生存。我们请你们向大使馆通报上述情况，然后大使馆基于人道的正义，向国际联盟报告此事，以阻止日本

---

① "Eingabe der Bauern Wang Yao-shan, 75 jahre alt, Mei Yo-san, 79 Jahre alt, Wang Yün-kui, 63 Jahre alt und Hsia Ming-feng, 54 Jahre alt, an die in der Kiangnan Zementfabrik bei Nanking weilenden deutschen und dänischen Herren vom 26. Januar 1938" (1938年1月26日，农民王耀山75岁、梅玉山79岁、王永奎63岁、夏明峰54岁递交给南京附近江南水泥厂的德国和丹麦先生的请愿书), in Rosen, "Japanische Greueltaten in der Umgegend von Nanking"(《日军在南京周围地区的暴行》), 26.Februar 1938, pp. 1-2, Auswärtige Amt Doc No. 2722/1811/38, BA-R9208/2208/ pp. 114-115, Peking II, Politisches Archiv, Auswärtiges Amt, Berlin.

的恐怖行为并挽救苦难中的难民。如果我们能够在不久的将来回归家园，重新种地做生意，我们将非常感激。呈上被日本人杀害的人员名单以供审阅。

签名：毕德和

张益欣（Chang I-hsin）

高大彪（Kao Ta-piao）

时嘉熙（Shih Kia-hsi）

日军屠杀了2000多头牛。从龙潭到南京太平门，大约50里，所有的村庄，数千栋属于约2000户家庭的房屋被烧毁。

从东阳镇到南京中山门，大约60里，所有的村庄，大约10000个家庭的房屋被焚烧殆尽[①]。

---

① "Eigabe der Vertreter der Flüchtlinge in dem Bezierk Shieh Shan Kiang Ning, Provinz Kiangsu an den deutschen Herrn Kun, dänischen Herrn Hsin und Herrn Ma"（《江苏省江宁县摄山区难民代表向德国昆先生、丹麦辛先生和马先生递交的请愿书》）, in Rosen, "Japanische Greueltaten in der Umgegend von Nanking."（《日军在南京周围地区的暴行》）, 26.Februar 1938, Auswärtige Amt Doc No. 2722/1811/38, BA-R9208/2208/ pp. 116-120, Peking II, Politisches Archiv, Auswärtiges Amt, Berlin.

# 第十一章　遇难者尸体的处理

大规模的处决和肆无忌惮的杀戮遗留下大量的尸体，这些尸体散落在城内外各处：街道、池塘、河流旁、田野、建筑物周围和城墙角下。在长江沿岸和郊区的大规模处决地点，尸体更是堆积如山。出于不同的原因，各方面在不同时间和不同地点处理了尸体。日本军队、慈善组织、地方政府、个人团体、家庭成员、亲戚朋友、街坊邻居都参与了处理掩埋尸体的工作。

## 日军处理尸体

显然，日军急于在大屠杀后处理尸体以掩盖暴行。根据不同师团的日本军人留下的战地日记，他们不仅受命大规模处决投降的中国军人和平民，而且还要清理屠杀现场。焚烧、掩埋或将尸体扔进长江是日军处理尸体的主要方法。在长江边的大规模屠杀现场，日本兵给尸体浇上汽油焚烧，再将他们抛入江中，或者不焚烧，直接将尸体扔进长江，或者用小船把尸体拖运到江心。有时焚烧过的尸体残骸留在江边。如果只有少数人被杀，通常立即加以掩埋。在许多情况下，日本兵强迫受害者自己挖坑，处决后将他们的尸体拖入坑中掩埋。

日军第十三师团山田支队到达南京北郊后，在长江边围捕并大规模处决了大量投降的中国军人。大寺隆（Takashi Otera）是该支队第六十五联队第七中队的一等兵，1937年12月18日，他在日记中写道，截至前一天晚上，共有约2万名俘虏被处决。他得知，在长江边的两个地方，尸体已经堆积如小山。那天，他所在的部队接到命令去处决俘虏，他本人由于被指派去完成另一项任务，因此没有去。在他当晚7点多写这篇日记时，他的战友们还没有回来①。第二天，12月19日，他和其他人一起去处理尸体：

> 早晨7:30集合，去长江边清理尸体。到那儿一看，我大吃一惊。数百具尸体横七竖八地横陈在那儿，由于被浇上汽油焚烧过，尸体散发出恶臭。今天，全师团的勤杂兵都参加了清理尸体的工作，一直干到下午2点才完成。②

第十六师团的许多士兵也都受命在长江边处理下关地区的尸体。第十六师团第三十八联队第十一中队的士兵东武夫（Takeo Higashi）在他1938年1月4日的日记中指出，他们用汽艇把尸体运到江心扔掉。仅他们中队就处理了2000多具尸体③。第十六师团第二十联队第三中队的东史郎（Shiro Azuma）在1938年1月23日描述了他目睹的情况，当时工兵联队的士兵正在竭力将江边的尸体拖运到江心。江边布满了发黑发胀的尸体，"水上工兵过来吃力地在小船上用长杆铁钩像勾腐臭的萝卜一样地把这些尸体勾到船上再扔进江中被江流冲走。工兵们把钩子扎进已经浮肿的尸体，每个士兵拉

---

① ［日］大寺隆（Takashi Otera）:『大寺隆陣中日記』（《大寺隆战地日记》），收录于『南京大虐殺を記録した皇軍兵士たち：第十三師団山田支隊兵士の陣中日記』（《皇军士兵记录的南京大屠杀：第十三师团山田支队士兵的战地日记》），1996，第197页。

② ［日］大寺隆（Takashi Otera）:『大寺隆陣中日記』（《大寺隆战地日记》），收录于『南京大虐殺を記録した皇軍兵士たち：第十三師団山田支隊兵士の陣中日記』（《皇军士兵记录的南京大屠杀：第十三师团山田支队士兵的战地日记》），1996，第197页。

③ ［日］东武夫（Takeo Higashi）:《东武夫阵中日记》，2002私家版，转引自《南京大屠杀：32 日本军方文件与官兵日记》，王卫星编，南京：江苏人民出版社2007年版，第396页。

一个，一条船一次可以拉五个"①。

第十六师团第三十三联队第二大队的士兵上西义雄（Yoshio Kaminishi）讲述了他在长江边目睹的处理尸体的过程：

> 我目睹了处理尸体的情况。"清剿"后，用机枪扫射，大约要花费一周到十天的时间。我们每天都出动。至于处理尸体，我们中队先处决人，然后让中国人清理，第二天再处决一批人，再进行清理，天天如此。
>
> 处理尸体的地点在南京城外长江边的码头一带。我所说的处理尸体，就是把尸体扔进江里。负责扔尸体的人是中国人自己。他们的衣服上有蓝色、黄色的圆形徽记，其形状类似于菊花纹章，贴在胸前。戴着这个徽章的中国人只负责处理尸体。我们通常让普通百姓来做这项工作。
>
> 他们用手拖尸体，把他们扔进江里，人数大概是一个分队，12到13人，他们听从日本兵的指令处理尸体。②

上西义雄还描述了日本兵用汽油焚烧尸体，用船将尸体拖入江中的情况：

> 我们确实把汽油倒在尸体上焚烧。那是在南京城外的一条小河里烧的，我们让中国老百姓做这项工作。在尸体被烧毁之前，我们把汽油浇在躺在那里的尸体上。我们曾多次焚烧尸体，次数多得数不清。
>
> 12月20日前后，当我们进行"清剿"行动时，我每天都看到其他部队在焚烧尸体。大约有30艘船把尸体运到江里，大约两个星期的时间里，我每天都能看到。我们在岸上处理尸体。工兵队使用船只，他们用

---

① ［日］东史郎（Shiro Azuma）:『わが南京プラトーン：一召集兵の体験した南京大虐殺』（《我的南京小队：一个征召兵经历的南京大屠杀》），东京：青木书店1987年版，转引自《东史郎日记》，南京：江苏教育出版社1999年版，第219页。

② ［日］上西义雄（Yoshio Kaminishi）:『五十人の捕房を後ろ手に縛り河に沈めた』（《将50个俘房反绑起来沉入江中》），收录于『南京戦：閉ざされた記憶を尋ねて』（《南京战役：搜寻封闭的记忆》），松冈环（Tamaki Matsuoka）编辑，东京：社会评论社2002年版，第230页。

铁船和木船来拖尸体。我看到许多尸体用绳子捆扎起来拖走。

我们焚烧尸体是因为他们在大约一周后开始腐烂，腹部膨胀并散发出恶臭。我们没有戴口罩，就这样烧掉。尸体本身有脂肪，可以烧得很旺。我们以小队为单位干活。我们焚烧了数量很多的尸体。

我们先行"清剿"，把人搜出来，然后处决他们，最后再处理他们的尸体。我们让中国人把尸体扔进河里，或者浇上汽油焚烧尸体。中队长发布"处理尸体"的命令。各小队都出动了。①

另一名日本士兵冈本健三（Kenzou Okamoto）参与了在南京机场的大规模处决行动。20世纪70年代初，他讲述了当年在南京的经历。据他说，受害者被圈禁起来，用机枪射击。为了掩盖战俘被机枪扫射的事实，尸体被烧毁，烧焦的遗骸被掩埋，不留下任何可作证据的痕迹：

我认为日军焚烧了那些在南京机场被杀害的中国人的尸体。形迹可疑的中国人由各部队拘捕后押解到机场。在长满杂草的地面上，他们被用绳子紧紧捆住而无法逃脱。他们感到莫名其妙，开始大声喧哗，不停地说话。机库顶部的机枪开始向他们射击。我认为射击是在"开火"命令下达后开始的，他们下意识地扣动了扳机。因为还没有做好杀人的心理准备，所以我们面无表情。在战斗中，接到杀人的命令时，如果我们不杀死对手，就会有被对手杀死的危险。但在这种场合，有正常情感的人是不会开枪的。机枪班负责射击。我们的部队在周围站岗。

枪声响起时，一些人夺路奔逃。因为到处都是机枪，他们即使跑也肯定会被打死。当时估计有四五百人被杀。杀完人后，日本兵架起一块块铁轨，把尸体放在上面，下面放上木柴，浇上汽油，把尸体烧掉。虽

---

① ［日］上西义雄（Yoshio Kaminishi）:『五十人の捕虜を後ろ手に縛り河に沈めた』(《将50个俘虏反绑起来沉入江中》)，收录于『南京戦：閉ざされた記憶を尋ねて』(《南京战役：搜寻封闭的记忆》)，松冈环（Tamaki Matsuoka）编辑，东京：社会评论社2002年版，第230—231页。

然开始燃烧，但像内脏这种不容易燃烧的东西，总是会冒出浓烟。日本兵会用棍子搅动它们，尸体就会掉进下面的洞里。后来日本兵把铁轨挪开，把所有的灰烬都掩埋了。如果有人知道用机枪扫射战俘，那就不好了，可能是因为这个原因，尸体在焚烧之后被掩埋。大多数情况下，杀人是在晚上进行的。在黄昏时分完成杀戮后，处理尸体的工作一直持续到第二天早上。这项工作不是一天就能完成的。我也参与了焚烧尸体的工作，工作到很晚，直到第二天早上。受害者不仅仅是男性，还有妇女、儿童，甚至还有10岁以下的儿童。这绝对是一场大屠杀！①

1937年12月16日，日军军邮站站长佐佐木元胜在他的日记中写道，在南京东郊麒麟门附近集体处决了500名投降的中国军人后，有200人被日军埋葬："在与敌人残兵作战后，5名士兵在马群弹药库解除了500人的武装后将他们500人捆绑起来。下午1点左右，用刺刀将他们一个个捅死……黄昏时分，当我经过那个地方时，其中200人已经被埋葬，并竖起了墓牌。"②

梶谷健郎（Kenrou Kajitani）是第二碇泊司令部的一名中士，1937年12月25日，他接到命令，负责处理下关港区的尸体。他在1937年12月26日的日记中记述："尽管臭气熏天，下午，我指挥40名苦力清理了1000多具尸体。这的确是太可怕了，真的是人间地狱。"③

1981年，可能是根据自己的战时日记，梶谷发表了一篇回忆文章，详细叙述了他在中国的经历，特别是1937年12月他在南京的所见所闻与所作所为。在题为《处理尸体的小分队》一节中，他写道：

---

① ［日］冈本健三（Kenzou Okamoto）：『杭州湾敵前上陸に参加して』(《参加杭州湾敌前登陆》)，1971年8月，第39—40页。
② ［日］佐佐木元胜（Motokatsu Sasaki）：『佐々木元勝氏の野戦郵便長日記』(《军邮站长佐佐木元胜日记》)，载『偕行』1984年12月，第10页。
③ ［日］梶谷健郎（Kenrou Kajitani）：『梶谷健郎日記』，收录于『南京戦史資料集』第二卷，1993，第437页。

12月26日，经决定要清除堆积在港口的大量的行刑后的尸体，由于这之前在为设立司令部做各种准备，所以一直没着手清除工作。在前一天也就是25日，司令部下达了如下的命令：

"命梶谷军曹带领士兵10名、苦力40名进行港口尸体的清除工作。需要用的机动船和各种工具应与工务课联系，迅速筹备。有关细节由副官指示。"于是我从26日清早开始接收了所需人员，在左臂戴上"尸体清扫班长"的袖章，在五艘机动船（这种机动船是木制的，有大小之分，后部装有柴油发动机，发动的时候要用手用力向右旋转。我们俗称它为大蜻蜓）上各自安排了两名士兵和适当的苦力，让他们拿着赶制的在两米左右长的棍子上装上L型金属钩的"救火钩"，一边操纵机动船，一边不停地把尸体拉过来，然后让它漂到江面上去。虽然是冬天，但自行刑以来已经过了十天，所以那种尸体特有的恶臭很刺鼻，而且交通也不方便，所以进展很慢，好像直到第三天的正午时分才结束。①

《纽约时报》驻华记者弗兰克·提尔曼·杜丁一直在南京待到1937年12月15日，他在报道中描述，在小规模的集体处决之后，受害者的尸体被就地埋在防空洞中。"日军最喜欢用的屠杀方法是将十几个人赶到防空洞口，向他们射击，使这些人的躯体倒入洞内，再将土铲入掩埋尸体。"② 在1938年1月9日发表的另一个电讯稿中，他写道：

小股躲进防空洞的士兵被赶出来，在避弹掩体的入口被枪毙，或用刀捅死。尸体再扔回防空洞掩埋。坦克上的机枪时常用来射杀被捆绑的

---

① ［日］梶谷健郎（Kenrou Kajitani）:《参加南京攻略战》，载《骑兵第四联队史》，转引自《南京大屠杀：10 日军官兵与记者回忆》，王卫星编，南京：江苏人民出版社2005年版，第109—110页。

② F. Tillman Durdin, "Butchery Marked Captured of Nanking", *New York Times*, December 18, 1937, 第10页。

军人。更常见的处决方式是用手枪击毙。①

龚玉昆是三汊河地区长江面粉厂的一名看门人,他目睹了七人被处决的过程。在行刑前,日本人让受害者挖掘自己的坟墓:

> 农历十一月二十七日,我被日本兵赶到有恒面粉厂的楼上。在楼上我看到日本兵在三汊河抓到七个中国兵,叫他们各自挖一个坑,日本兵用枪打死六个,倒在坑里,叫第七个中国兵,把前六个人的坑填平后,日本兵叫他"开路"。这个人是七个人中的唯一幸存者。此人和我们在一起待了几天,名字叫王有道,是河南开封人,不久他就回老家去了。②

日本士兵经常参与埋葬尸体的工作。在第十六师团第三十三联队第一大队服役的秋山源治(Motoharu Akiyama)回忆说:

> 进城后,我们看到了许多被枪杀的中国人的尸体。当时我们没有在意,但后来护城河发臭了,我们就挖了坑把尸体掩埋。我们要中国俘虏在城门外面挖坑,尸体事先已经集中到那儿,堆积如山。坑有几处,坑口有双拉门那么大,而坑本身有两个房间那么大。坑中无法容纳的尸体堆积成山。③

根据一些驻扎在南京城内的日本士兵的回忆,他们一进入南京城,就参

---

① F. Tillman Durdin, "Japanese Atrocities Marked Fall of Nanking After Chinese Command Fled", *New York Times*, January 9, 1938, 第 38 页。
② 《龚玉昆证言》,李文奎、刘雯、冯中美调查记录,收录于《1937.12.13——侵华日军南京大屠杀史料》,第 431 页。
③ [日]秋山源治(Motoharu Akiyama):『死んだ者の替え玉といって捕虜を殺した』(《杀死俘虏代替死者》),收录于松冈环:『南京戦:閉ざされた記憶を尋ねて』(《南京战役:搜寻封闭的记忆》),第 105 页。

与了清理街道和清理散落的尸体的工作。第十六师团第三十八联队第三机枪中队的士兵松崎二郎（Jirou Matsusaki）描述道：

> 我们奉命清理，当然是中国人的尸体。为了把尸体清理干净，我们在城内打扫，日复一日地干这项工作。我们把死尸整理好，把街道清扫干净。有些尸体穿着中国军装，有些穿着普通的平民服装，还有一些是妇女。不仅步兵做清理工作，辎重兵也拉着车过来，徒手把尸体抬放在车上。南京刚陷落，我们就开始干这活。松井石根的入城仪式在17日举行，因此，甚至狭窄的小巷也要清理，不得不不断地收拾。尸体的数量多得惊人。入城仪式之前，步兵和工兵一直在干。但不知道这些尸体被送往何处。①

松崎不知道这些尸体被送往何处，但在第十六师团第三十三联队第二大队服役的德田一太郎却非常清楚，因为他的中队，包括他自己，经常做收集和运送尸体到下关的工作。德田和他的战友们奉命每天三班倒地在金陵女子文理学院的前门巡逻和守卫。由于附近地区有大量的尸体，他们不时接到命令去收集尸体，并把他们装在马车和军用卡车上运往下关：

> 我们中队的全体成员都干了处理的工作。在下关，尸体堆积成山。也许有运输尸体的车辆，但由于按中队为单位干活，我不知道其他中队是如何干活的。不过，我们中队用马和车把尸体运到下关。那里还有其他部队，但我不清楚是哪些部队，大约有20人在那里搬运尸体，往江里扔。尸体非常重。我们只把运来的尸体堆成小山。在那里见到大量的尸体漂浮在长江上。尸体不断被抛入江中，江水成了充满尸体的浊流。我们运送尸体的道路沿途，也横陈着大量的尸体，多到汽车都无法通行。这简

---

① ［日］松崎二郎(Jirou Matsusaki):『入城式までにすごい数の死体を片付けた』(《入城式之前，我们清理了数量惊人的尸体》)，收录于『南京戦：閉ざされた記憶を尋ねて』，第184页。

直是一条尸体的道路，车辆在上面行驶，使道路吱吱作响，高低不平。尸体的数量多得令人难以置信。每天，从金陵女子文理学院到下关，要运两个来回，而且是轮班运。今天干的人，第二天就可以休息。往返两次，从早到晚要花整整一天时间。①

显然，日本兵在很长一段时间都在参与处理尸体的工作。1月中旬，第十一师团第十旅团调防南京，接替第十六师团。第十旅团第十二联队中士田中政市（Masaichi Tanaka）在1938年2月5日和6日的日记中记录了他在挹江门地区处理尸体的情况。他提到，当时那里的中国人的尸体基本上都被掩埋了，他们主要让中国人做这项工作。清理工作到2月6日结束②。

在南京城陷落后的几天里，日本兵经常奉命在南京城内外处理遇难者的尸体。从有关士兵的各种描述来看，被处理的尸体数量很大，特别是被扔进长江的尸体数量。尽管日本兵参与处理尸体可以被视为有组织的活动，但由于其不系统的性质，这种没有集中的协调且广泛开展的工作是由不同的部门在不同的地点进行的。更重要的是，在许多情况下，处理尸体的目的是掩盖暴行，不留痕迹。因此，没有任何形式的书面记录记载日本人处理尸体的数量。许多被扔进江中的尸体后来被冲到附近的岸上，被慈善组织收殓埋葬。然而，大多数尸体被江水冲走，或者被冲到远离南京的下游江岸边。在这种情况下，对尸体的数量进行统计是一项几乎不可能完成的任务。

---

① ［日］德田一太郎（Kazutarou Tokuda）:『中国人に頭から油をかけて焼き、銃剣で止めをさした』（《在中国人头上浇油，火烧，然后用刺刀捅死》），收录于『南京戦：閉ざされた記憶を尋ねて』，第132—133页。

② ［日］田中政市（Masaichi Tanaka）:『恐るべき戦争——上海事変：田中政市陣中日誌』（《可怕的战争——上海事件：田中政市战地日记》），1999年私家版，转引自《南京大屠杀：32　日本军方文件与日军官兵日记》，第377页。

## 慈善组织掩埋尸体

南京的许多慈善组织都参与了收殓掩埋受害者尸体的工作，其中主要的三个为：红卍字会、崇善堂、红十字会。这些慈善组织在参与这项工作的同时，逐项记录了尸体的数量。各组织的掩埋工作从1937年12月底开始，到1938年夏天结束。

### 红卍字会

世界红卍字会是一个与道教密切相关的中国本土慈善组织，其功能在许多方面与红十字会相似。起初，它是1916年于山东济南创立的道教团体"道德会"的慈善机构。1922年，红卍字会在济南成立，1923年，该会将总部迁至北京西单附近的舍饭寺街17号。

红卍字会发展迅速，几年内就在中国各地建立了约300个分会。同时，其海外分支机构也相继成立。虽然该会于1953年停止了在中国大陆的运作，但目前它在中国香港、中国台湾、新加坡、东京、马来西亚槟城和加拿大多伦多都设有总会。多年来，每当发生饥荒、流行病或战乱时，该会都及时提供救济援助，为难民提供食物，为病人和伤员提供医药，同时掩埋死者。

世界红卍字会南京分会成立于1923年，其会址位于小火瓦巷24号。该会在下关也有分会，其办公地点在祥泰里55号。南京分会自成立以来，会长一直是陶保晋。1938年1月1日，陶保晋担任"南京自治委员会"会长后，陈冠麟继任。

淞沪会战爆发后，成千上万的人逃离战区，每天有1000多名难民抵达南京。红卍字会向下关派出了救济队，在火车站和码头设立了粥棚，为难民提供食物和临时住所，并为他们安排交通。在两个月内，该协会总共接收并送走了155690名难民。1937年8月15日起，日本飞机空袭南京，数百人死伤。空袭过后，该会积极作出反应，将伤员送到医院，同时掩埋死者尸体。他们送到医院的伤员有373人，在城市沦陷前埋葬的死者有747人，包括10名日本飞行员。后来，日本人将这些飞行员的尸体挖出并火化，将他们的骨灰带回日本①。

随着战事逐渐逼近南京，红卍字会于1937年12月10日在安全区内的宁海路2号开设了一个新的办公室。当日军兵临城下之际，大批难民蜂拥至安全区，红卍字会在金陵大学和五台山永庆寺设立了两个粥棚，开设了两个诊所，为难民提供食物和医药②。同时，该会还向需要救助的人分发药品、棉被、棉衣、鞋、碗和其他物资。

然而，红卍字会所做的最紧急和最重要的工作是掩埋被大规模处决和杀戮的遇难者尸体：

> 自二十六年十二月十三日南京沦陷以后，城内外被敌日残戮之军民，遗尸遍地，臭气熏天，既碍卫生，又违人道，得敌日之商许，及沪会援助，扩充掩埋组，增添员伕，达六百名，分配城郊各处，逐日从事掩埋。惟原有棺木千具已罄，改用芦席包裹，洒以石灰漂粉消毒，分区丛葬，共计义冢七十丘，掩埋尸体四万三千一百二十一具，历四阅月之久，工作完竣。斯为世界红卍字会有史以来掩埋工作之最大纪录。③

据世界红卍字会东南主会1939年5月的南京抗战救灾工作分项支出报告，该会购买了两块山地作为义冢，捐赠了1260具棺材，用了47259张芦席，其中11174张是别人捐赠的，36085张是该会购买的，消耗了2305石（1

---

① 《世界红卍字会南京分会民国26年至34年慈业工作报告书节录（1945）》，南京市档案馆，文件编号 No. 1024/1/34512，转引自《南京大屠杀：5 遇难者的尸体掩埋》，孙宅巍编，南京：江苏人民出版社2005年版，第74—75页。

② 《世界红卍字会南京分会民国26年至34年慈业工作报告书节录（1945）》，南京市档案馆，文件编号 No. 1024/1/34512，转引自《南京大屠杀：5 遇难者的尸体掩埋》，孙宅巍编，南京：江苏人民出版社2005年版，第75页。

③ 《世界红卍字会南京分会民国26年至34年慈业工作报告书节录（1945）》，南京市档案馆，文件编号 No. 1024/1/34512，转引自《南京大屠杀：5 遇难者的尸体掩埋》，孙宅巍编，南京：江苏人民出版社2005年版，第75页。

石=110.10 磅）石灰粉，其中 865 石是别人捐赠的，1440 石是该会购买的，使用了 62635 根草绳，用掉了 6670.5 听汽油，并向掩埋队工作人员支付了约 7942 元[①]。

在队长欧阳都麟的带领下，掩埋队有效地运作着。位于南京的中国第二历史档案馆里保存着一份日期为 1938 年 5 月 18 日的红卍字会掩埋队成员名单，它列出了在不同时期为该队服务的正式工作人员和工人，但没有列出临时工作人员[②]：

| 职别 | 姓名 | 别号 | 年龄 | 籍贯 | 住址 | 备考 |
| --- | --- | --- | --- | --- | --- | --- |
| 队长 | 欧阳都麟 |  | 45 | 河南 |  |  |
| 主任队员 | 崔济轩 |  | 46 | 南京 |  |  |
| 队员 | 戴世国 |  | 39 | 南京 |  |  |
|  | 杨冠频 |  | 38 | 南京 |  |  |
|  | 靳冠冈 |  | 38 | 南京 |  |  |
|  | 徐冠瑞 |  | 50 | 南京 |  |  |
|  | 王道君 |  | 45 | 南京 |  |  |
|  | 李植 |  |  |  |  |  |
|  | 吉荣生 |  | 19 | 常州 |  |  |
|  | 朱驻品 |  | 22 | 常州 |  |  |
|  | 谷驻群 |  | 22 | 常州 |  |  |
| 伕目 | 曾继宝 |  | 39 | 铜山 |  |  |
| 副伕目 | 董培君 |  | 40 | 徐州 |  |  |

---

① 《世界红卍字会东南主会关于办理南京兵灾赈济收支款项数目报告清册节录（1939 年 5 月）》，中国第二历史档案馆文件编号 No. 257/385，转引自《南京大屠杀史料集：5 遇难者的尸体掩埋》，第 66—68 页。

② 《世界红卍字会东南主会救济第三队第一中队队长员伕名册（1938 年 5 月 18 日）》，中国第二历史档案馆文件编号 No. 257/400，转引自《南京大屠杀史料集：5 遇难者的尸体掩埋》，第 50—51 页。

续表

| 职别 | 姓名 | 别号 | 年龄 | 籍贯 | 住址 | 备考 |
|---|---|---|---|---|---|---|
| 夫役 | 吴效庭 |  | 49 | 邳县 |  |  |
|  | 丁国威 |  | 40 | 河南 |  |  |
|  | 管开福 |  | 25 | 江苏 |  |  |
|  | 张学先 |  | 35 | 邳县 |  |  |
|  | 张树元 |  | 30 | 邳县 |  |  |
|  | 曹世民 |  | 36 | 邳县 |  |  |
|  | 常鸿才 |  | 34 | 宿迁 |  |  |
|  | 吴德山 |  | 44 | 山东 |  |  |
|  | 池彭年 |  | 34 | 南京 |  |  |
|  | 窦光富 |  | 34 | 泰县 |  |  |
|  | 韩德龙 |  | 32 | 南京 |  |  |
|  | 严登有 |  | 25 | 淮安 |  |  |
|  | 高瑞玉 |  | 391 | 山东 |  |  |
|  | 梁家普 |  | 28 | 南京 |  |  |
|  | 郭铁柱 |  | 17 | 河南 |  |  |

高瑞玉是上述名单中的掩埋队工作人员之一。他在战争爆发前便在红卍字会供职，主要做慈善工作。1984年，80岁的他讲述了在该会工作的经历：

日军进城后，满街尸首，都是被杀害的同胞。卍字会就组织收尸埋尸。当时有两个班，一个班负责收，一个班负责埋。我是埋尸班的班长，这个班共有九十九人。埋尸地点主要是在雨花台两侧、宪兵操场，汉中门外城墙根、中山门外城边都埋过。埋尸的人每人穿一件褂子或背心，有的因来不及做，也有的是袖章，作为符号。我是穿的褂子，褂子的前胸后背，都有卍字，有的帽子上也有卍字（当时我还拍过照片，后来找不到了）。卍字是白底红字，褂子颜色为深蓝色。埋尸的坟很大，一个坟就有千把人，上面覆盖芦席和泥土，我这个班经手埋的有几千人。当时埋的尸首，有全尸的，也有没头没腿的，我们就用钩子拉，扔在坑里，一天埋多少也不一定，有的时候埋得少，就先把坑扒好，埋尸工作我干了好几个月，直到第二年秋天。①

1984年，名单上的另一位工人管开福提供了关于他在掩埋队服务的证词，此时的他已70岁了：

> 我是在南京生的，一九三七年家住下关五所村。民国二十六年冬月南京沦陷前，我家躲入琅琊路小学难民区避难。当时我即在宁海路二号世界红卍字会里做清洁工，夫役。日军攻入南京后到处杀人，……当时在中山码关［头］、草鞋峡、汉中门外、太平门外，到处都是死人。我在红卍字会的工作就是掩埋被日本兵杀害的中国同胞的尸体。我们一卡车一卡车的拉，有的送到中华门外，有的送到南秀村（现在南京大学天文台院子里）掩埋。有一次，我们在大方巷的一个塘里，就收了一百二十多具尸体。"万人坑"里埋的有上千上万具尸体，男的埋在一个坑里，女的另外埋。有的是被日军用机枪扫死后，再用汽油烧的。在下关挹江门、轮渡码头，日军把中央军用铅丝捆起来活活地烧死，把妇女奸污后也烧死。真是惨不忍睹。②

施惠云1937年20岁，也曾在红卍字会埋尸队工作。他说，崔济轩主任招募他加入埋尸队，负责收尸的工作：

> 一九三七年底，日军侵占南京时，我们一家人跑到五台山难民营。

---

① 《高瑞玉证言》，周子廉、杨正元调查记录，收录于《1937年12月日军南京大屠杀史料》，第472页。
② 《管开福证言》，收录于《侵华日军南京大屠杀幸存者证言集》，第432页。

我在粥棚里煮粥，每天给我六十个铜板。有一天，红卍字会的崔主任来找我，他说："你带二十个人去抬死人，每天给你四毛钱。"我找齐二十个人以后，称为红卍字会的第一班，崔主任叫我当班长。我们从一九三八年三月份开始收尸，一直到八月份才结束。头一天，收内桥、南门桥到水西门一带的死尸。当时到处都是死尸，由于收尸的人手不够，又由二十个人逐步增加到一百六十人，分两个班收尸。每天管门东、门西、三牌楼地段，最多一天收过八百多具尸体。特别是到收尸的后期，由于有的人被杀的时间较长，天气又热，尸体已经腐烂了，我们就用铁钩子来抬。每天收到的尸体，用汽车送到望江矶、汉西门和下关一带埋起来。我们拖的尸体中，绝大多数都是年轻人和年轻的妇女。[①]

红卍字会掩埋队主要在中华门外、水西门、挹江门、城墙以北地区，偶尔也在太平门，收殓掩埋尸体。在城内，他们基本上覆盖了西部和北部地区。他们从1937年12月22日开始掩埋死者，一直持续到1938年10月。在城内，他们收埋了1793具尸体，其中有1759名男子、8名妇女和26名儿童；在城外，他们掩埋了41330具尸体，其中有41235名男子、75名妇女和20名儿童。掩埋队每天都进行统计，包括日期、尸体数量、收尸地点和掩埋地点等。从1938年6月到10月，由于掩埋的尸体数量比前几个月大幅减少，因此数据是在每个月末记录的。以下是他们掩埋活动的统计记录：

---

[①]《施惠云证言》，邵荷月、赵玉珂、高方简调查记录，收录于《1937年12月日军南京大屠杀史料》，第473页。

## 世界红卍字会南京分会救济队掩埋组掩埋尸体具数统计表[①]

| 区别 | 掩埋地点 | 男 | 女 | 小孩 | 合计 | 月日 | 备考 |
|---|---|---|---|---|---|---|---|
| 城内区 | 清凉山后山 | 129 | | | 129 | 12月22日 | 在收兵桥一带收敛 |
| | 金陵大学农场 | 124 | 1 | | 125 | 1月26日 | 在西桥塘内收敛 |
| | 五台山荒山 | 17 | 2 | | 19 | 2月2日 | 在汉中路一带收敛 |
| | 清凉山坟地 | 49 | | | 49 | 2月6日 | 在龙蟠里一带收敛 |
| | 韩家巷西仓山上 | 147 | | 2 | 149 | 2月7日 | 在西桥塘内收敛 |
| | 五台山荒山 | 16 | | 4 | 20 | 2月11日 | 在上海路一带收敛 |
| | 古林寺山上 | 107 | 2 | | 109 | 2月14日 | 在古林寺山上收敛 |
| | 阴阳营南秀村 | 650 | 2 | 20 | 672 | 2月19日 | 在城北各处收敛 |
| | 古林寺后山 | 154 | | | 154 | 2月20日 | 在龙池庵收敛 |
| | 古林寺后山 | 29 | 1 | | 30 | 2月22日 | 在城北各处收敛 |
| | 阴阳营南秀村 | 337 | | | 337 | 2月27日 | 在城北各处收敛 |
| | 总计 | 1759 | 8 | 26 | 1793 | | |
| 城外区 | 中华门外望江矶 | 100 | 9 | | 109 | 12月22日 | 在城内各处收敛 |
| | 中华门外高華柏村 | 250 | 11 | | 261 | 12月22日 | 在城内各处收敛 |

---

① 《世界红卍字会南京分会救济队掩埋组掩埋尸体具数统计表（1938年5月18日）》，中国第二历史档案馆文件编号 No. 593/36，转引自《南京大屠杀史料集 5 遇难者的尸体掩埋》，第76—81页。远东国际军事法庭也使用了类似图表的英文版。《南京红卍字会掩埋受害者图表》（"Chart Showing Victims of Burying by Red Swastika Society, Nanking"），文件号码1702，第324号证据，第5—8页，美国第二国家档案局第238档案组。缩微胶片组T918，第12卷，远东国际军事法庭的法庭文件、日志、证据和判决书（Court Papers, Journal, Exhibit, and Judgment of the International Military Tribunal for the Far East）。

续表

| 区别 | 掩埋地点 | 人数 男 | 人数 女 | 人数 小孩 | 合计 | 月日 | 备考 |
|---|---|---|---|---|---|---|---|
| 城外区 | 中华门外普德寺 | 280 | | | 280 | 同右 | 同右 |
| | | 6468 | | | 6468 | 12月28日 | |
| | 上新河黑桥 | 996 | 2 | | 996(8)[a] | 1月10日 | 在上新河一带收敛 |
| | 中华门外望江矶 | 407 | 21 | 3 | 431 | 1月25日 | 在城内各处收敛 |
| | 水西门外二道杆子 | 843 | | | 843 | 2月7日 | 在水门外的河边收敛 |
| | 上新河太阳官 | 457 | | | 457 | 2月8日 | 在太阳官河下收敛 |
| | 水西门外南伞巷 | 124 | 1 | | 125 | 2月9日 | 在水西门外各处收敛 |
| | 上新河二埂 | 850 | | | 850 | 2月9日 | 因尸已烂就地收敛 |
| | 上新河江东桥 | 1850 | | | 1850 | 2月9日 | 在江东桥一带收敛 |
| | 上新河棉花堤 | 1860 | | | 1860 | 2月9日 | 因尸已烂就地收敛 |
| | 汉西门外广东公墓 | 271 | 1 | | 272 | 2月11日 | 在汉西门外一带收敛 |
| | 水西门外大王朝 | 34 | | | 34 | 2月11日 | 在水西门外塘中收敛 |
| | 下关渡固里 | 1191 | | | 1191 | 2月12日 | 因尸已烂就地收敛 |
| | 中央体育场公墓地 | 82 | | | 82 | 2月14日 | 在体育场附近收敛 |
| | 上新河中央监狱 | 328 | | | 328 | 2月14日 | 在中央监狱内收敛 |
| | 上新河观音庵空场 | 81 | | | 81 | 2月15日 | 在该处火场内收敛 |
| | 上新河凤凰街空场 | 244 | | | 244 | 2月16日 | 在该处西街收敛 |
| | 汉中门外二道杆子 | 1123 | | | 1123 | 2月18日 | 在该处河边收敛 |
| | 上新河北河口空场 | 380 | | | 380 | 2月18日 | 在北河口一带收敛 |
| | 下关九家圩 | 480 | | | 480 | 2月18日 | 在下关沿江边收敛 |
| | 下关鱼雷军营旁 | 524 | | | 524 | 2月19日 | 因尸已烂就地收敛 |
| | 下关草鞋闸空场 | 197 | | | 197 | 2月20日 | 在鱼雷营码头收敛 |
| | 同右 | 226 | | | 226 | 2月21日 | 在鱼雷营码头收敛 |
| | 下关鱼雷军营码头 | 5000 | | | 5000 | 2月21日 | 因尸已烂就地收敛 |
| | 下关石榴园 | 147 | | | 147 | 2月21日 | 在幕府山旁收敛 |
| | 幕府山下 | 115 | | | 115 | 2月21日 | 在草鞋闸后收敛 |

---

① 应为998。

续表

| 区别 | 掩埋地点 | 人数 男 | 人数 女 | 人数 小孩 | 合计 | 月日 | 备考 |
|---|---|---|---|---|---|---|---|
| 城外区 | 上新河五福村 | 217 | | | 217 | 2月21日 | 在五福村电台等处收敛 |
| | 下关草鞋闸空场 | 151 | | | 151 | 2月22日 | 在鱼雷营码头收敛 |
| | 下关鱼雷军营码头 | 300 | | | 300 | 2月22日 | 因尸已烂就地收敛 |
| | 中华门外普德寺义地 | 106 | | | 106 | 2月23日 | 在城内各处收敛 |
| | 下关姜家园 | 85 | | | 85 | 2月25日 | 在下关各处收敛 |
| | 下关石榴园 | 1902 | | | 1902 | 2月26日 | 在幕府山旁收敛 |
| | 下关东炮台 | 194 | | | 194 | 2月26日 | 在煤炭港马头收敛 |
| | 下关上元门外 | 591 | | | 591 | 2月27日 | 在上元门内一带收敛 |
| | 中华门外望江矶 | 87 | | | 87 | 2月28日 | 在城北各处收敛 |
| | 下关石榴园 | 1346 | | | 1346 | 3月1日 | 在幕府山旁收敛 |
| | 三汊河西南空场 | 998 | | | 998 | 3月1日 | 在三汊河一带收敛 |
| | 和平门外永清寺旁 | 1409 | | | 1409 | 3月2日 | 在该处大涡子收敛 |
| | 下关石榴园 | 786 | | | 786 | 3月3日 | 在幕府山旁收敛 |
| | 下关煤炭港江边 | 1772 | | | 1772 | 3月6日 | 因尸已烂就地收敛 |
| | 下关海军医院后堤边 | 87 | | | 87 | 3月14日 | 在该处及怡和码头收敛 |
| | 三汊河后边 | 29 | | | 29 | 3月15日 | 在该处一带收敛 |
| | 上新河甘露寺空场 | 83 | | | 83 | 3月15日 | 在该处一带收敛 |
| | 中华门外华严寺山顶 | 100 | | | 100 | 3月19日 | 在安德门一带收敛 |
| | 中华门外普德寺西安里堂 | 799 | | | 799 | 3月25日 | 在城内各处收敛 |
| | 太平门外城墙根 | 500 | | | 500 | 3月27日 | 因尸已烂就地收敛 |
| | 上新河甘露寺空场 | 354 | | | 354 | 3月23日 | 在该处一带收敛 |

续表

| 区别 | 掩埋地点 | 人数 男 | 女 | 小孩 | 合计 | 月日 | 备考 |
|---|---|---|---|---|---|---|---|
| | 中华门外安德里西山上 | 133 | | | 133 | 3月24日 | 在上新河附近收敛 |
| | 中华门外普德寺义地 | 1177 | | | 1,177 | 4月14日 | 在城南北各处收敛 |
| | 上新河贾家桑园空地 | 700 | | | 700 | 4月16日 | 在上新河各处收敛 |
| | 三汊河空地 | 282 | | | 282 | 4月19日 | 在三汊河口一带收敛 |
| | 下关煤炭港空地 | 385 | | | 385 | 4月27日 | 在江边水上收敛 |
| | 下关兵站处江边 | 102 | | | 102 | 4月29日 | 在下关沿江边收敛 |
| | 中华门外普德寺 | 486 | | | 486 | 4月30日 | 在兵工厂及城内收敛 |
| | 下关石榴园 | 518 | | | 518 | 5月1日 | 在兵站处江边收敛 |
| | 老江口埂边 | 94 | | | 94 | 5月15日 | 在兵站处江边收敛 |
| | 下关江滩边 | 65 | | | 65 | 5月18日 | 在江边水上收敛 |
| | 上新河黑桥 | 57 | | | 57 | 5月20日 | 在上新河江边收敛 |
| | 中华门外普德寺山上 | 216 | | | 216 | 5月26日 | 在城内各处收敛 |
| | 下关煤炭港 | 74 | | | 74 | 5月31日 | 在该处江边收敛 |
| | 中华门外普德寺山上 | 26 | | | 26 | 7月30日 | 在城内各处收敛 |
| | 同右 | 29 | 5 | 1 | 35 | 7月31日 | 在城内各处收敛 |
| | 同右 | 14 | 4 | | 18 | 8月31日 | 在城内各处收敛 |
| | 中华门外普德寺 | 31 | 8 | 9 | 48 | 9月30日 | 在城内各处收敛 |
| | 同右 | 42 | 13 | 7 | 62 | 10月30日 | 在城内各处收敛 |
| | 总计 | 411833[①] | 75 | 20 | 412784[②] | | |
| 附记 | 总共 430715[③] | | | | | | |

---

[①] 此处有计算误差。这里所有的数字相加，总数应为41235。
[②] 此处有计算误差。这里所有的数字相加，总数应为41330。
[③] 此处有计算误差。将各行的数字相加，总数应为43123。

红卍字会的数据的真实性和准确性可以从当时人们留下的记录中得到证实。明妮·魏特琳在 1938 年 4 月 15 日的日记中指出，她在当天访问了红卍字会总部，并了解到从"大约 1 月中旬到 4 月 14 日，他们已经掩埋了 1793 具在城里发现的尸体，其中大约 80% 是平民；在这段时间里，他们在城外埋葬了 39589 名男子、妇女和儿童，其中大约 2.5% 是平民"[①]。1938 年 2 月 28 日至 3 月 15 日，红卍字会上海总部派遣了一支安葬队，带着医疗用品，前往南京协助掩埋工作。李世原于 1938 年 3 月 18 日撰写的《赴京办理掩埋工作报告》，现存于上海市档案馆，这一报告描述的他们的掩埋活动，与南京的数据基本一致[②]。

**崇善堂**

崇善堂是一个民间慈善组织，1797 年由地方政府官员金襄设立，名为恤嫠局。该组织在太平天国时期被摧毁，但在 1865 年得到恢复，并采用了崇善堂这个名称。它的主要慈善活动包括照顾寡妇和婴儿，提供医药，分发食物和衣服，等等。1929 年 5 月，该会在南京市政府社会服务局注册，1937 年，其总部设在城南的金沙井街 32 号，由周一渔担任会长。与红卍字会不同的是，红卍字会的运作主要依靠捐款，而该会的收入则来自租用该会农田的人缴纳的租金。该会拥有 417 亩（15 亩 =1 公顷）农田、4453 亩土地和 19 处城市里的房产。1937 年 12 月，随着日军的逼近，城南的战况使该会无法留在原址并发挥作用。因此，它搬到了安全区，并于 1937 年 12 月 11 日开始分发食品，1938 年 1 月 6 日开始提供医疗援助[③]。

---

① Minnie Vautrin, April 15, 1938 diary, Minnie Vautrin Papers, Disciples of Christ Historical Society Library.

② 李世原:《赴京办理掩埋工作报告（1938 年 3 月 18 日）》，上海市档案馆，The report is given the title《世界红卍字会上海分会关于赴京办理掩埋工作的报告》，转引自《南京大屠杀：5　遇难者的尸体掩埋》，第 32—34 页。

③ 《崇善堂埋尸等活动状况（1938 年 9 月）》，南京市档案馆，文件编号 No. 1002/2/1009，转引自《南京大屠杀：5　遇难者的尸体掩埋》，第 145 页；《伪南京市社会局调查崇善堂组织、慈业概况登记表（1940 年 6 月 15 日）》，南京市档案馆，文件编号 No. 1002/2/1027，转引自《南京大屠杀 5：　遇难者的尸体掩埋》，第 141—142 页。

由于日军进城后的暴行，越来越多的人被杀害，崇善堂组织了崇字掩埋队与红卍字会合作，掩埋遇难者的尸体。红卍字会负责城西地区，崇善堂则负责城东地区。周一渔担任掩埋队队长，该掩埋队下设四个队。每队设有一名主任、一名队员和10名工人。作为报酬，每个队员每天有8合（10合=1升）米，每个工人每天有6合[①]。南京市档案馆保存了一份崇字掩埋队的工作人员名单：

**南京市崇善堂难民区内工作人员一览表**[②]

| 职务 | 姓名 |
| --- | --- |
| 南京市崇善堂堂长兼崇字掩埋队队长 | 周一通（渔） |
| 崇字掩埋队第一队主任 | 孟蓝田 |
| 第一队队员 | 王光德 |
| 第一队夫役 | 施大牛、程小秋、伍士福、金双林、朱得贵、马迪先、陈老五、伍士禄、王大保、吕世和 |
| 崇字掩埋队第二队主任 | 阮月秋 |
| 第二队队员 | 马德财 |
| 第二队夫役 | 王老四、韩心汗、石小龙、何亦贵、张金保、马得福、马得喜、金六发、熊长庚、蔡贵 |
| 崇字掩埋队第三队主任 | 郭全涛 |
| 第三队队员 | 张宝善 |
| 第三队夫役 | 伍大保、王小六、金有财、朱贵、陈在喜、张天生、马小五、余福、孙来福、丁保贵 |
| 崇字掩埋队第四队主任 | 程哲人 |
| 第四队队员 | 萧生 |
| 第四队夫役 | 余世禄、金士福、王安子、田大发、雷逢春、李有禄、张功义、伍贵、马士贤、金思汗 |

除了上述名单中的人员之外，崇善堂的掩埋队也雇用了临时人员。崔金贵，1937年时22岁，未被列为工人，但他称曾在崇善堂掩埋队短暂工作。战前，

---

[①]《南京市崇善堂掩埋工作一览表附件一》，南京市档案馆，文件编号 No. 1024/35/34512，转引自《南京大屠杀：5 遇难者的尸体掩埋》，第156页。

[②]《南京市崇善堂难民区内工作人员一览表》，南京市档案馆，文件编号 No. 1024/35/34512，转引自《南京大屠杀：5 遇难者的尸体掩埋》，第151页。

崔金贵是赶马车的，但随着战事的到来，他没有任何生意，由于崇善堂的总部就在他家附近，他便到那里寻找了一份差事。他在 1984 年提供的证词中指出，崇善堂自清朝以来一直是一个慈善组织，冬天送棉衣和米粥，夏天送茶。日军来了之后，该堂开始招募人员去掩埋死者。昔日的抬棺人和像崔金贵这样没有工作的人都来加入其掩埋队，以赚取一些收入：

> 我去的时候天已较暖，大约三四月光景。头一天是到水西门外二道埂子金华酱油厂，在这个厂酱油缸打捞尸首，都是日本兵把中国人扔进去的，还有别处收来的尸首。因为天暖了，尸首气味已不能闻，干了一天，我就不想干了。同我一同去的还有一个我过去赶马车的助手王小洋，但他不同在一个队里。第二天就没去，想做小生意做不成，过了几天后又去埋尸了。前后干了个把星期。埋尸时，每人发一个背心，前后都有字，白底黑字，写的崇善堂，记得还有个关防，走在前面的还有个旗子。因为那时候还比较乱，不然日本兵会乱抓乱杀的。埋尸就在附近挖坑埋，或拉到原来的壕沟扔下去，填些土；埋的尸首，都没有多少整体，工具就是铁钩子。那个酱油厂，就是现在第二制药厂的前身。埋尸的时候，埋的人不计数，是按天算钱，但崇善堂有人跟着专门计数的。同我一起参加埋尸的王小洋，五年前不在世了。干了个把星期后我就不干了，这时别人还在干。①

崔金贵在证词中表示，第一天是在水西门外掩埋腐烂的尸体，当时天气暖和，大约是 3、4 月份。他的描述与崇善堂的掩埋记录吻合，即从 1938 年 4 月 9 日至 23 日，崇善堂掩埋队第二队在水西门外至上新河一带收埋尸体（见下文南京崇善堂掩埋队工作一览表）。

1938 年 2 月 6 日，周一渔致函"南京市自治委员会"，他指出："查敝

---

① 《崔金贵证言》，战国利、杨正元调查记录，收录于《1937 年 12 月日军南京大屠杀史料》，第 473—474 页。

堂自掩埋队成立迄今，将近弥月，工作分配甚繁，惟车辆异常缺乏，且现属春季，气温上升，所遗尸体若不迅速掩埋，恐尸体暴露地面，关系公共卫生，良非浅鲜。"他请求"委员会"协助修理该会用于运送尸体的机动车辆，并购买零件①。两天后，"自治委员会"回复，将周一渔介绍给丁三汽车修理部，由汽车修理部帮忙②。

从1937年12月26日到1938年4月上旬，崇善堂掩埋队主要在城墙内的西区收尸，他们收埋了7549具尸体，其中男性尸体6742具，女性522具，儿童285具；从1938年4月初到5月初，他们在南郊、东南郊和东郊收埋了104718具尸体，其中男性尸体102621具，女性尸体1569具，儿童尸体528具。他们的掩埋统计表格收藏在中国第二历史档案馆和南京市档案馆。后者比前者更详细。

**南京市崇善堂掩埋队工作一览表**③

| 区别 | 时间 |  | 队别 | 收尸处所 | 掩埋地点 | 尸数 |  |  |  | 备注 |
|---|---|---|---|---|---|---|---|---|---|---|
|  | 年 | 月 |  |  |  | 男 | 女 | 孩 | 合计 |  |
| 城区 | 1937 | 12月 | 崇字掩埋队第一队 | 沐府西门至估衣廊 | 五台山 | 96 | 22 | 6 | 124 | 12月26日开始工作至28日共收埋如上数 |
|  |  |  | 第二队 | 挹江门以东 | 城根 | 342 | 38 | 12 | 392 |  |
|  |  |  | 第三队 | 新街口以南 | 五台山 | 83 | 7 | 1 | 91 |  |
|  |  |  | 第四队 | 中华门以东 | 城根 | 352 | 34 | 18 | 404 |  |

---

① 《崇善堂掩埋队队长周一渔致伪南京市自治会函（1938年2月6日）》，南京市档案馆，文件编号No.1002/19/44，转引自《南京大屠杀：5 遇难者的尸体掩埋》，第143页。

② 《伪南京市自治会复崇善堂掩埋队长周一渔函（1938年2月8日）》，南京市档案馆，文件编号No.1002/19/44，转引自《南京大屠杀：5 遇难者的尸体掩埋》，第143页。

③ 《南京市崇善堂掩埋队工作一览表》，南京市档案馆，文件编号No.1024/35/34512，转引自《南京大屠杀：5 遇难者的尸体掩埋》，第154—155页。远东国际军事法庭使用了类似表格的英文版：《南京崇善堂掩埋受害者表格》，文件编号1702，第324号证据，第2—3页，美国第二国家档案局第238档案组。缩微胶片组T918，12卷，远东国际军事法庭的法庭文件、日志、证据和判决书。

续表

| 区别 | 时间 年 | 时间 月 | 队别 | 收尸处所 | 掩埋地点 | 尸数 男 | 尸数 女 | 尸数 孩 | 尸数 合计 | 备注 |
|---|---|---|---|---|---|---|---|---|---|---|
| 城区 | 1938 | 1月 | 第一队 | 北门桥至唱经楼 | 红土桥及北极阁 | 273 | 29 | 9 | 311 | 1月3日至2月4日 |
| | | | 第二队 | 兴中门至小东门 | 城根 | 350 | 51 | 22 | 423 | |
| | | | 第三队 | 老王府至芦政牌楼 | 观音庵后竺桥东首 | 284 | 46 | 4 | 334 | |
| | | | 第四队 | 小膺府至莲子营 | 城根 | 432 | 31 | 25 | 488 | |
| | | 2月 | 第一队 | 鼓楼至大石桥 | 鼓楼及倒钟场浮桥等处 | 354 | 13 | 8 | 375 | 2月5日至3月6日 |
| | | | 第二队 | 御史廊至高桥门 | 土城根及南城 | 587 | 28 | 7 | 622 | |
| | | | 第三队 | 花牌楼至洪武门 | 三条巷大中桥城根等处 | 529 | 24 | 15 | 568 | |
| | | | 第四队 | 长乐路至半山园 | 城根 | 878 | 36 | 28 | 942 | |
| | | 3月 | 第一队 | 太平门至富贵山 | 城根及山脚 | 610 | 22 | 16 | 548 | 3月7日至4月8日 |
| | | | 第二队 | 大树根至蓝家庄 | 城根 | 472 | 39 | 17 | 528 | |
| | | | 第三队 | 石板桥至尚书街 | 公园东边 | 715 | 48 | 62 | 825 | |
| | | | 第四队 | 清查城内东半边 | 及浮桥 | 385 | 54 | 35 | 474 | 3月7日至4月6日 |
| | | | | 共计 | | 6742 | 522 | 285 | 7549 | 见附件一 |

续表

| 区别 | 时间 年 | 时间 月 | 队别 | 收尸处所 | 掩埋地点 | 尸数 男 | 尸数 女 | 尸数 孩 | 尸数 合计 | 备注 |
|---|---|---|---|---|---|---|---|---|---|---|
| 乡区 | 1938 | 4月 | 第一队 | 中华门外兵工厂雨花台至花神庙 | 荒地菜园 | 25752 | 567 | 293 | 26612 | 4月9日至18日 |
| | | | 第二队 | 水西门外至上新河 | 荒地菜园 | 18429 | 336 | 23 | 18788 | 4月9日至23日 |
| | | | 第三队 | 中山门外至马群 | 荒地菜园 | 33601 | 191 | 36 | 33828 | 4月9日至5月1日 |
| | | | 第四队 | 通济门外至方山 | 荒地菜园 | 24839 | 475 | 176 | 25490 | 4月7日至20日 |
| | | | 共计 | | | 102621 | 1569 | 528 | 104718 | 见附件二 |
| | | | 总计 | | | 109363 | 2091 | 813 | 112267 | |

然而，崇善堂的掩埋记录不是像红卍字会那样的每日记录，而是一系列的月度报告。其准确性和可靠性，特别是涉及1938年4月在郊区的掩埋活动和收埋尸体数量的部分，一再受到质疑，有人怀疑这是战后重新整理的材料，而不是1937—1938年记录的原始数据。

**红十字会**

中国红十字会于1904年在上海成立，主要为当时辽东半岛受日俄战争蹂躏的难民提供救济。然而，中国红十字会直到1912年才被红十字国际委员会正式承认接纳，1919年加入红十字国际联合会。

红十字会南京分会于1912年在下关成立。1937年，它设在绥远路的乐善堂内。日军逼近时，该会在主任郭子章和秘书陆伯衡的领导下，在安全区的宁海路25号开设了办事处，在金陵女子文理学院设立粥棚，在下关开设诊所。大屠杀发生后，大量解除武装的中国军人和平民在下关被屠杀，该会与当地居民协作，于1937年12月24日开始掩埋尸体。直到1938年1月4日日军当局发放许可后，该会才正式独立开展掩埋工作。红十字会的掩埋队主要负责下关地区。在1938年7月14日的一份关于难民救济工作的文件中，红十字会南京分会报告说：

    1. 粥厂

    本分会粥厂系设立于金陵女子大学内，每日施粥两次，上午自八时起至十时止，下午自三时起至五时止。此厂之设系专供给居住该校内之妇孺难民吃食，每日领粥人数，最多时曾至八千余人。在此六阅月内，领粥人数共计八十六万四千零二十口，米煤用费约二万元，员工开支及一切设备共计二千一百元，现仍在办理中。

    2. 掩埋

    本分会掩埋队自二十六年十二月间起，即在下关沿江及和平门外附近一带从事掩埋工作，综计在此六阅月内，共掩埋军民尸体二万二千三百七十一具。此项尸体多数系掘土掩埋，用棺木者只有数百具，现仍在下关沿江岸一带捞取上游飘〔漂〕来浮尸，随时加以掩埋。此项掩埋伕役系由本分会所收容难民充任，仅供食宿，不付工金，故本分会在此六阅月内，仅付出伙食、杂支费数百元而已。①

根据红十字会掩埋队的每日收埋尸体统计表，1937年12月24日至1938年1月5日期间，在当地村民的协助下，第一掩埋队在和平门外地区收埋了5704具尸体，第二掩埋队在下关地区收埋了3245具尸体。1月4日，日本人允许处理尸体，从那时起，他们开始每天记录收埋尸体的数量，其中说明了收尸的地点，但没有提供相关掩埋地点的信息。从1月6日至5月31日，第一队掩埋了6999具尸体，第二队掩埋了6735具尸体。虽然两个队都集中在下关地区，但他们不时向东扩展到迈皋桥，向西扩展到水西门，向南扩展到鼓楼和新街口地区。两支队伍共收埋了22683具尸体。南京市档案馆保存着两支掩埋队日常活动的10张统计表格：

---

    ① 《中国红十字会南京分会关于难民救济工作概况节录（1938年7月14日）》，南京市档案馆，文件编号No.1002/19/44，转引自《南京大屠杀：5 遇难者的尸体掩埋》，第177页。

## 中国红十字会南京分会掩埋队第一队工作按月统计表 ①

| 月份 | 掩埋人数 | 其他 |
|---|---|---|
| 1月 | 21316[b] | |
| 2月 | 1728 | |
| 3月 | 2344 | 畜类 7 匹 |
| 4月 | 484 | 马 26 匹 ③ |
| 5月 | 300 | |
| 总计 | 69878[d] | 畜类及马 33 匹 [e] |

附注：在民国 27 年 1 月 6 日以前，本队已在和平门外一带联合乡人共埋军民尸体 5704 具，因非本队单独工作，故未列入统计。

## 中国红十字会南京分会掩埋队第一队 1 月份报告表
### （中华民国 27 年 1 月 31 日）

| 日期 | 发现地点 | 掩埋人数 | 统计数 | 备注 |
|---|---|---|---|---|
| 6 | 宝善街 | 47 | 47 | |
| 7 | 火神庙 | 38 | 85 | |
| 8 | 美孚街 | 53 | 138 | |
| 9 | 宝善街冰厂 | 48 | 186 | |
| 10 | 中山桥 | 103 | 209[f] | |
| 11 | 二板桥 | 97 | 306 | |
| 12 | 扬子江大堤埂 | 65 | 371 | |
| 13 | 热河路 | 94 | 465 | |
| 14 | 挹江门附近 | 129 | 594 | |
| 15 | 兴中门附近 | 78 | 672 | |
| 16 | 永宁街 | 83 | 785 | |
| 17 | 下关大马路 | 86 | 871 | |
| 18 | 天光里一带 | 57 | 928 | |
| 19 | 天保路附近 | 66 | 994 | |
| 20 | 石鼓路 | 57 | 1051 | |

---

① 《中国红十字会南京分会掩埋队埋尸统计表》的 10 张表格藏南京市档案馆，文件编号 No. 1002/2/1024，转引自《南京大屠杀：5 遇难者的尸体掩埋》，第 162—173 页。

② 这个数字应为 2151。

③ 应为 25 匹马。

④ 此总数应为 7007。

⑤ 畜类及马应为 32 匹。

⑥ 这里有计算误差，这个数字应为 289，该数字以下的所有数字均不准确。

续表

| 日期 | 发现地点 | 掩埋人数 | 统计数 | 备注 |
|---|---|---|---|---|
| 21 | 下关大世界附近 | 114 | 1165 | |
| 22 | 挹江门城根附近 | 151 | 1316 | |
| 23 | 邓府巷 | 73 | 1389 | |
| 24 | 兴中门附近 | 42 | 1431 | |
| 25 | 铁路桥 | 173 | 1604 | |
| 26 | 龙江桥 | 94 | 1698 | |
| 27 | 惠民桥 | 79 | 1777 | |
| 28 | 大王庙一带 | 47 | 1854 | |
| 29 | 京沪火车站旁 | 35 | 1889 | |
| 30 | 三汊河附近 | 163 | 2052 | |
| 31 | 热河路附近 | 79 | 2131 | |
| 总计 | | 2131[a] | 2131 | |

说明：本队于民国26年12月24日即开始工作，后因于27年元月4日始得日军之许可，遂于5日开始正式工作列表统计。

## 中国红十字会南京分会掩埋队第一队2月份报告表
### （中华民国27年2月28日）

| 日期 | 发现地点 | 掩埋人数 | 统计数 | 备注 |
|---|---|---|---|---|
| 1 | 龙江桥 | 38 | 2169 | |
| 2 | 护城河附近 | 210 | 2379 | |
| 3 | 和平门 | 161 | 2540 | |
| 4 | 三水桥 | 165 | 2705 | |
| 5 | 四所村 | 145 | 2850 | |
| 6 | 煤炭港 | 91 | 2941 | |
| 7 | 三汊河 | 43 | 2984 | |
| 8 | 和平门车站 | 105 | 3089 | |
| 9 | 扬子江边 | 68 | 3157 | |
| 10 | 热河路 | 39 | 3196 | |
| 11 | 三汊河桥旁 | 33 | 3229 | |
| 12 | 龙江桥 | 69 | 3298 | 又马3匹 |
| 13 | 电灯厂 | 31 | 3329 | |
| 14 | 大同面厂旁 | 59 | 3388 | |
| 15 | 护城河 | 37 | 3425 | 又狗2匹 |
| 16 | 铁路桥 | 54 | 3472 | |
| 17 | 扬子江边 | 31 | 3510 | |
| 18 | 天保路附近 | 29 | 3539 | 又马1匹 |
| 19 | 和平门 | 45 | 3584 | 又骡1匹 |

① 这个数字和统计数字都应为2151。

续表

| 日期 | 发现地点 | 掩埋人数 | 统计数 | 备注 |
|---|---|---|---|---|
| 20 | 汉西门 | 64 | 3648 | |
| 21 | 下关和记 | 32 | 3680 | |
| 22 | 扬子江边 | 21 | 3701 | |
| 23 | 龙江桥 | 27 | 3728 | |
| 24 | 惠民桥旁 | 7 | 3735 | |
| 25 | 新民门附近 | 22 | 3757 | |
| 26 | 龙江桥等处 | 36 | 3793 | |
| 27 | 龙江桥等处 | 27 | 3820 | |
| 28 | 大同面厂旁 | 39 | 3859 | |
| 总计 | | 1728 | 3859[a] | 又马4匹狗2匹骡1匹 |

## 中国红十字会南京分会掩埋队第一队3月份报告表
（中华民国27年3月31日）

| 日期 | 发现地点 | 掩埋人数 | 统计数 | 备注 |
|---|---|---|---|---|
| 1 | 京沪车站附近 | 40 | 3899 | |
| 2 | 三汊河附近 | 45 | 3944 | 又马17匹 |
| 3 | 惠民桥等处 | 35 | 3979 | 又马1匹 |
| 4 | 浏家湾等处 | 59 | 4038 | |
| 5 | 永宁街附近 | 57 | 4095 | |
| 6 | 石鼓路 | 54 | 4149 | |
| 7 | 下关江边 | 56 | 4205 | |
| 8 | 龙江桥等处 | 39 | 4244 | |
| 9 | 三汊河北河口 | 67 | 4311 | |
| 10 | 三汊河北河口 | 72 | 4383 | |
| 11 | 江边一带 | 87 | 4470 | |
| 12 | 四所村新民门一带 | 93 | 4563 | |
| 13 | 四所村新民门一带 | 107 | 4670 | |
| 14 | 狮子山脚下 | 75 | 4745 | |
| 15 | 护城河一带 | 80 | 4825 | |
| 16 | 挹江门第观庙等处 | 115 | 4940 | 又马1匹 |
| 17 | 宝塔桥 | 61 | 5001 | |
| 18 | 鱼雷营一带 | 133 | 5134 | |
| 19 | 鱼雷营一带 | 98 | 5232 | |
| 20 | 鱼雷营一带 | 89 | 5321 | |
| 21 | 上元门等处 | 70 | 5391 | 又马3匹 |

---

① 这个数字应为3879。

续表

| 日期 | 发现地点 | 掩埋人数 | 统计数 | 备注 |
|---|---|---|---|---|
| 22 | 上元门等处 | 104 | 5495 | |
| 23 | 燕子矶旁 | 57 | 5552 | |
| 24 | 观音门 | 73 | 5625 | |
| 25 | 笆斗山等处 | 94 | 5719 | |
| 26 | 观音门内 | 39 | 5758 | |
| 27 | 湖北路 | 52 | 5810 | |
| 28 | 商埠街 | 50 | 5860 | 又马2匹 |
| 29 | 浙江兴业银行附近 | 25 | 5885 | 又马1匹 |
| 30 | 挹江门城门洞内 | 167 | 6052 | 内有残骸 |
| 31 | 挹江门城门洞内 | 151 | 6203 | 不全者 |
| 总计 | | 2344 | 6203[a] | 又马26匹[b] |

## 中国红十字会南京分会掩埋队第一队4月份报告表
### （中华民国27年4月30日）

| 日期 | 发现地点 | 掩埋人数 | 统计数 | 备注 |
|---|---|---|---|---|
| 1 | 朝月楼一带 | 10 | 6213 | |
| 2 | 城墙根护城河一带 | 21 | 6234 | |
| 3 | 姜家园一带荒草内 | 18 | 6252 | |
| 4 | | | | |
| 5 | | | | |
| 6 | | | | |
| 7 | 宝塔桥和记江边一带浮尸 | 83 | 6335 | |
| 8 | | | | |
| 9 | | | | |
| 10 | 挹江门内加土 | 102 | 6437 | |
| 11 | 高楼门 | 4 | 6441 | |
| 12 | 大山菜园 | 5 | 6446 | |
| 13 | 天保路一带 | 5 | 6451 | |
| 14 | | | | |
| 15 | 天雨停工 | 84 | 6535 | |
| 16 | 江岸芦洲内 | 20 | 6555 | |
| 17 | 东炮台 | 11 | 6566 | |
| 18 | 智德里 | | 6570 | |

---

① 这个数字应为6223。
② 应为25匹马。

续表

| 日期 | 发现地点 | 掩埋人数 | 统计数 | 备注 |
|---|---|---|---|---|
| 19 | 祖师庵一带 | 4 | | |
| 20 | 天雨停工 | | 6572 | |
| 21 | 鼓楼附近 | 2 | 6586 | |
| 22 | 铁路桥下 | 14 | | |
| 23 | | | | |
| 24 | | 54 | 6640 | |
| 25 | 江边一带 | | | |
| 26 | | | | |
| 27 | 煤炭港 | 15 | 6655 | |
| 28 | 东炮台轮渡 | 9 | 6664 | |
| 29 | 龙江桥 | 3 | 6667 | |
| 30 | 兴中门内沿山 | 20 | 6687 | |
| 总计 | | 484 | 6687[a] | |

  1938年6月1日,《中国红十字会月刊》在上海出版了第35期《中国红十字会南京分会第一小队四月统计报告》。4月份统计记录表与南京市档案馆保存的记录表完全相同,只是在"地点"和"备注"栏目中的信息略有出入:"现在工作不多故只有本队工作而所掩埋以浮尸为多数第二队现从事清洁工作"[②]。档案馆的副本中没有这句话。尽管有微小的差异,这份统计记录表在很大程度上不仅验证了红十字会南京分会掩埋队记录的真实性和准确性,也证实了他们的确开展了掩埋尸体的工作。

---

① 这个数字应为6707。
②《中国红十字会月刊》,1938年6月,第35期,第47页。

## 中國紅十字會南京分會掩埋第一隊報告

### 中華民國二十七年四月份工作表

| 日期 | 發現地點 | 掩埋人數 | 備註 |
|---|---|---|---|
| 1日 | 朝月樓一帶 | 10 | 現今工作不多，故只有本隊工作，而所掩埋以浮屍為多數。第二隊現從事清潔工作 |
| 2日 | 城牆根一帶 | 21 | |
| 3日 | 姜家園一帶荒草內 | 18 | |
| 4日 | 和記江岸 | 83 | |
| 5日 | 寶塔橋 | | |
| 6日 | 一帶 | | |
| 7日 | | | |
| 8日 | | | |
| 9日 | | | |
| 10日 | 挹江門內加土 | 102 | |
| 11日 | 高樓門 | 4 | |
| 12日 | 大山菜園 | 5 | |
| 13日 | 天保路後一帶 | 5 | |
| 14日 | 兩天停工 | | |
| 15日 | 江岸蘆洲內 | 84 | |
| 16日 | 東炮台 | 20 | |
| 17日 | 荀德里 | 11 | |
| 18日 | 祖師巷一帶 | 4 | |
| 19日 | 兩天停工 | | |
| 20日 | 鼓樓附近 | 2 | |
| 21日 | 鐵路橋下 | 14 | |
| 22日 | 江邊一帶 | 54 | |
| 23日 | 江邊一帶 | | |
| 24日 | | | |
| 25日 | | | |
| 26日 | 江邊一帶 | | |
| 27日 | 煤炭港 | 15 | |
| 28日 | 東炮台輪渡 | 9 | |
| 29日 | 龍江橋 | 3 | |
| 30日 | 中興門內沿山 | 20 | |
| 總計 | | 484 | |

中國紅十字會月刊

四七

### 中国红十字会南京分会掩埋队第一队 5 月份报告表
（中华民国 27 年 5 月 31 日）

| 日期 | 发现 | 掩埋人数 | 统计数 | 备注 |
| --- | --- | --- | --- | --- |
| 1 | 江边上游淌来浮尸 | 17 | 6704 | |
| 2 | 同上 | 12 | 6716 | |
| 4 | 同上 | 20 | 6736 | |
| 7 | 同上 | 12 | 6748 | |
| 10 | 同上 | 18 | 6766 | |
| 11 | 同上 | 15 | 6781 | |
| 13 | 同上 | 17 | 6798 | |
| 15 | 同上 | 28 | 6826 | |
| 18 | 同上 | 35 | 6861 | |
| 20 | 同上 | 12 | 6873 | |
| 21 | 同上 | 25 | 6898 | |
| 24 | 同上 | 18 | 6916 | |
| 25 | 同上 | 12 | 6928 | |
| 27 | 同上 | 30 | 6958 | |
| 29 | 同上 | 5 | 6963 | |
| 30 | 同上 | 11 | 6974 | |
| 31 | 同上 | 13 | 6987 | |
| 总计 | | 300 | 6987[a] | |

### 中国红十字会南京分会掩埋队第二队工作按月统计表

| 月份 | 掩埋人数 | 其他 |
| --- | --- | --- |
| 1 月 | 2175 | 畜类 10 匹 |
| 2 月 | 2924 | 畜类 11 匹 |
| 3 月 | 1636 | 畜类 3 匹 |
| 总计 | 6 357 | 畜类 24 匹 |

附注：本队在民国 27 年 1 月 6 日以前已在下关一带掩埋军民尸体 3245 具，因该时尚未得日军正式许可，故未列入统计。

---

① 这个数字应为 7007。

## 中国红十字会南京分会掩埋队第二队 1 月份报告表
### （中华民国 27 年 1 月 31 日）

| 日期 | 发现地点 | 掩埋人数 | 统计数 | 备注 |
|---|---|---|---|---|
| 6 | 海军部 | 132 | 132 | |
| 7 | 热河路 | 51 | 183 | |
| 8 | 龙头房 | 78 | 261 | |
| 9 | 栅栏门 | 36 | 297 | |
| 10 | 轮渡码头 | 188 | 485 | |
| 11 | 轮渡码头 | 113 | 598 | |
| 12 | 轮渡码头 | 172 | 770 | |
| 13 | 轮渡码头 | 125 | 895 | 又马 4 匹 |
| 14 | 轮渡码头 | 76 | 971 | |
| 15 | 轮渡码头 | 84 | 1055 | |
| 16 | 轮渡码头 | 109 | 1164 | |
| 17 | 老江口 | 112 | 1276 | 又马 2 匹骡 1 匹 |
| 18 | 三所桥 | 54 | 1330 | |
| 19 | 东岳庙至铁路边 | 64 | 1394 | |
| 20 | 关帝庙 | 62 | 1456 | |
| 21 | 毛家园 | 39 | 1495 | 又马 2 匹 |
| 22 | 孙家凹 | 29 | 1524 | |
| 23 | 张家凹 | 35 | 1559 | |
| 24 | 赵家桥 | 31 | 1590 | |
| 25 | 宋家冈 | 46 | 1636 | |
| 26 | 新民门 | 57 | 1693 | 又马 1 匹 |
| 27 | 轮渡江岸 | 154 | 1847 | |
| 28 | 轮渡江岸 | 47 | 1894 | |
| 29 | 煤炭港 | 198 | 2092 | |
| 30 | 利源里一带 | 46 | 2138 | |
| 31 | 小火车站旁 | 37 | 2175 | |
| 总计 | | 2175 | 2175 | 又马 9 匹骡 1 匹 |

说明：本队于民国 26 年 12 月 24 日与第一队人员开始工作，因后于 27 年元月 4 日得日军许可，遂开始正式工作列表统计。

## 中国红十字会南京分会掩埋队第二队 2 月份报告表
### （中华民国 27 年 2 月 28 日）

| 日期 | 发现地点 | 掩埋人数 | 统计数 | 备注 |
|---|---|---|---|---|
| 1 | 中山码头 | 204 | 2379 | |
| 2 | 南京花园一带 | 186 | 2565 | 又驴 1 匹 |
| 3 | 电灯厂一带 | 91 | 2656 | |
| 4 | 电灯厂一带 | 144 | 2800 | |
| 5 | 海军码头 | 118 | 2918 | |

续表

| 日期 | 发现地点 | 掩埋人数 | 统计数 | 备注 |
|---|---|---|---|---|
| 6 | 海军码头 | 120 | 3038 | 又马5匹 |
| 7 | 海军码头 | 73 | 3111 | |
| 8 | 海军码头 | 82 | 3193 | |
| 9 | 招商局门前 | 94 | 3287 | |
| 10 | 招商局门前 | 57 | 3344 | |
| 11 | 招商局门前 | 103 | 3447 | |
| 12 | 招商局门前 | 129 | 3576 | |
| 13 | 华昌里一带 | 161 | 3737 | 又马1匹 |
| 14 | 华昌里一带 | 68 | 3805 | |
| 15 | 华昌里一带 | 83 | 3888 | |
| 16 | 东炮台 | 176 | 4064 | 又骡1匹 |
| 17 | 东炮台 | 97 | 4161 | |
| 18 | 东炮台 | 102 | 4263 | |
| 19 | 石墙里 | 126 | 4389 | |
| 20 | 石墙里 | 74 | 4463 | |
| 21 | 老摆渡 | 88 | 4551 | |
| 22 | 篆塘村 | 68 | 4619 | |
| 23 | 和记等处 | 73 | 4692 | 又狗2匹 |
| 24 | 五百村 | 47 | 4739 | |
| 25 | 草鞋峡 | 105 | 4844 | 又马1匹 |
| 26 | 草鞋峡 | 86 | 4930 | |
| 27 | 幕府山下 | 65 | 4995 | |
| 28 | 幕府山下 | 104 | 5099 | |
| 总计 | | 2924 | 5099 | 又马7匹、骡1匹、驴1匹、狗2匹 |

## 中国红十字会南京分会掩埋队第二队3月份报告表
### （中华民国27年3月31日）

| 日期 | 发现地点 | 掩埋人数 | 统计数 | 备注 |
|---|---|---|---|---|
| 1 | 幕府山 | 38 | 5137 | |
| 2 | 仁丹山 | 54 | 5191 | |
| 3 | 水关桥 | 47 | 5238 | 又马1匹 |
| 4 | 金川门一带 | 61 | 5299 | |
| 5 | 姜家园 | 33 | 5332 | |
| 6 | 挹江门护城河 | 42 | 5374 | |
| 7 | 复兴街附近 | 45 | 5419 | |
| 8 | 二板桥等处 | 50 | 5469 | |
| 9 | 鬼脸城 | 86 | 5555 | |
| 10 | 宴公庙 | 84 | 5639 | |

续表

| 日期 | 发现地点 | 掩埋人数 | 统计数 | 备注 |
|---|---|---|---|---|
| 11 | 汉西门 | 103 | 5742 | |
| 12 | 汉西门一带 | 74 | 5816 | |
| 13 | 水西门附近 | 52 | 5868 | |
| 14 | 水西门附近 | 118 | 5986 | |
| 15 | 怡和堆栈 | 79 | 6064[a] | |
| 16 | 澄平码头 | 48 | 6113 | |
| 17 | 澄平码头 | 73 | 6186 | |
| 18 | 海军体育场 | 125 | 5311 | 又马2匹 |
| 19 | 扬家花园等处 | 29 | 6340 | |
| 20 | 小东门 | 58 | 6398 | |
| 21 | 太古山一带 | 31 | 6429 | |
| 22 | 校门口附近 | 22 | 6451 | |
| 23 | 萨家湾等处 | 42 | 6493 | |
| 24 | 三牌楼一带 | 16 | 6509 | |
| 25 | 高楼门一带 | 27 | 6536 | |
| 26 | 古林庵附近 | 23 | 6559 | |
| 27 | 迈皋桥 | 41 | 6600 | |
| 28 | 迈皋桥 | 17 | 6617 | |
| 29 | 七里洲沿岸 | 35 | 6652 | |
| 30 | 七里洲沿岸 | 29 | 6681 | |
| 31 | 八卦洲等处 | 54 | 6735 | |
| 总计 | | 1638 | 6735 | 又马3匹 |

**其他慈善组织**

同善堂是丝绸商人于绍章等人于1875年成立的民间慈善组织，总部设在中华门外的雨花路。1937年，该组织的堂长是黄月轩，其主要慈善活动包括掩埋死婴和提供药品。南京沦陷后，该堂组织了一支由刘德才担任队长的掩埋队，在城南地区收埋死者。

1947年1月25日，在南京审判日本战犯军事法庭发起的调查中，刘德才就同善堂掩埋队进行的掩埋工作做了陈述，并出示了他的掩埋队臂章。臂章上印有"南京雨花台同善堂图记"的红色十字标志，加盖了"南京雨花台

---

① 这个数字应为6065。

同善堂"的印章，并写有"南京市同善堂掩埋组刘德才组长"字样[1]。然而，同善堂并没有为他们的掩埋工作保留一份详细的记录表。

根据南京市档案馆保存的档案记录，其他几个慈善团体在一定程度上也参与了1938年初掩埋遇难者尸体的工作。位于保泰街十庙口的代葬局有自己的殡葬队，大量参与了埋葬遇难者的工作。1946年，南京最高法院就其埋葬活动询问了几个掩埋队成员[2]。

顺安善堂是位于南京东北郊燕子矶镇的一个慈善组织。在1940年12月17日的调查表中，这个慈善团体表示它已经存在了70多年，"迨至南京事变后，对于掩埋沿江野岸遗尸露骨，人工费用，约去陆佰元"[3]。

明德慈善堂最初于1862年在湖南长沙创立，1926年在南京设立了分支机构。1940年12月26日填写调查表时，该堂位于洪武路洪武新村。在表格中堂长陈家伟提到，他从难民区回来后，雇用了十几个工人来掩埋尸体。他还修建房屋，建立了一所小学、一个诊所、一个工厂和一个图书馆。在1938年春天，他们掩埋了700多具尸体[4]。

然而，上述三个慈善团体都没有以任何形式留下关于其掩埋活动的信息或分项统计。

## 地方政府组织掩埋尸体

1938年1月1日，作为日本控制下的伪临时市政府——"南京自治委员

---

[1] 《国防部审判战犯军事法庭关于同善堂掩埋尸体的调查笔录节录（1947年1月25日）》，中国第二历史档案馆，文件编号 No. 593/870，转引自《南京大屠杀：5 遇难者的尸体掩埋》，第187页。

[2] 《首都高等法院讯问代葬局掩埋队伕役殷昌和、董广福笔录（1946年10月19日）》，南京市档案馆，文件编号 No. 1027/1/825，转引自《南京大屠杀：5 遇难者的尸体掩埋》，第190—191页。

[3] 《顺安善堂关于掩埋尸骨等项事务调查表节录（1940年12月17日）》，南京市档案馆，文件编号 No. 1002/2/1027，转引自《南京大屠杀：5 遇难者的尸体掩埋》，第197页。

[4] 《明德慈善堂堂长陈家伟关于掩埋尸骨等项事务报告节录（1940年12月26日）》，以及明德慈善堂关于掩埋七百余具尸体的报表，1940，两者均藏南京市档案馆，文件编号 No. 1002/2/1027，转引自《南京大屠杀：5 遇难者的尸体掩埋》，第198页。

会"正式成立。城墙内的城区被划分为四个区：第一区包括中华路以东、白下路以南，沿铁路至中山北路向中山门方向的区域，以何缉之为首。第二区在中华路以西、汉中路以南，以邓邦寀为"区长"。第三区为国府路以北、中山路和中山北路以东至挹江门的城市北部地区，由胡雨荪任"区长"。第四区是汉中路以北、中山路以东、中山北路东南的地区，由方灏任"区长"。不久之后，下关区成立，刘连祥任"区长"。3月下旬，在郊区又成立了三个区：上新河区、燕子矶区和孝陵卫区，分别由陈良知、高梓推和陈公衡担任"区长"。

一些"区政府"在不同程度上参与了掩埋死者的工作。在1938年2月的一份报告中，第一区"派员率带伕役掩埋路途尸体，以期减少疫疠（本月份掩埋尸体计一千二百三十三具）"[①]。1938年1月28日，第二区在报告中指出，他们"函请崇善堂掩埋本区境内遗尸九具"[②]。3月5日，这个区报告说，他们向崇善堂提出了另一个要求，"先后查得评事街等处，尚有遗尸十八具，暴露未埋，即经随时备函通知崇善堂掩埋，以维人道，而重卫生"[③]。

南京市档案馆收藏的一份1938年1—2月第三区的日常工作记录表表明，他们非常关注处理该区内尚未掩埋的尸体，并且积极参与掩埋工作：

〔1月30日〕调查难民住宅有无尸体。

〔2月1日〕检查良民住宅内有无遗尸。

〔2月11日〕请崇善堂掩埋湖南路一二五号尸体。

〔1月12日〕请崇善堂掩埋大石桥小学对面沟池内尸体。

〔2月14日〕请崇善堂掩埋珠江路珍园浴室内尸体。

〔2月18日〕呈请警察厅饬伕掩埋百子亭等处死尸三具、太平桥河

---

① 《伪第一区公所关于埋尸的报告节录（1938年2月）》，南京市档案馆，文件编号No. 1002/19/11，转引自《南京大屠杀：5　遇难者的尸体掩埋》，第304页。

② 《伪第二区公所工作报告节录（1938年1月28日）》，南京市档案馆，文件编号No. 1002/19/12，转引自《南京大屠杀：5　遇难者的尸体掩埋》，第304—305页。

③ 《伪第二区公所1938年2月工作报告节录（1938年3月5日）》，南京市档案馆，文件编号No. 1002/19/12，转引自《南京大屠杀：5　遇难者的尸体掩埋》，第305页。

内浮尸二具。

〔2月20日〕呈请警察厅饬夫掩埋南仓巷等处尸体。

〔2月24日〕呈警察厅请埋杨将军巷等处尸体。

〔2月26日〕呈请警察厅掩埋杨将军巷等收容所防空壕内尸体。

〔2月28日〕一、呈警察厅请埋上乘庵尸体。

二、呈警察厅请埋塘〔糖〕坊桥尸体。①

1938年1月30日，下关区伪区长刘连祥向"自治委员会"提交了一份报告，称早在1937年12月15日，当地居民和难民就开始在三汊河和下关地区掩埋尸体。从12月中旬到1月，他们共掩埋了3240具尸体：

溯于民国二十六年十二月十三日晚，日军抵达三汊河，即开始战争，枪声至十四〔日〕晚十二时许方止。迨十五日清晨，郑宝和由放生院避难室出至木桥及街头河边等处，则见尸体横陈，约有七百余具，而街上行人绝迹，十室无声，而零星战毙之尸，亦约有二三百具之多。为此正在设法掩埋之际，忽见沈桂森立在门前，当即共同设法取得木门一块，郑宝抬头，沈桂森抬尸脚，搬到门上，逐一送到空地掩埋，约二时之久，心净和尚亦来相助。至下午三时，即来日军十余名，内有一位身穿便衣者，自称下关司令委来查察情形，业经查看，下关一带并不见土人一个，不料到此，竟有你等热心公益，慈善可嘉。临行时并云，明日再来，请你们到下关工作。伊自称姓阴。次日（即十六〔日〕）上午九时，彼果同日军十余名嘱雇工人同到下关清扫工作。如此即返放生院，同心净和尚及王科弟率领难民八十四名，而阴先生谕着即到下关工作。当时沈桂森及心净和尚因管理难民，未及同行。迨抵下关，即蒙阴先生指定郑宝和、王科弟二人为代表。又至中途遇见毕正清加入为代表，惟未即时

---

① 《伪第三区公所1、2月份工作日报表中有关收埋尸体内容节录（1938年1月、2月）》，南京市档案馆，文件编号 No. 1002/19/13，转引自《南京大屠杀：5 遇难者的尸体掩埋》，第305—306页。

到工耳。于此即行编队,而阴先生带到碇泊场司令部会见南出先生。蒙司令准发给良民符号八十四张,即开始分班工作。计由中山码头沿江边清扫,及将尸体掩埋。是日约埋三四十具,至下午五时,蒙南出先生发给米、盐、油、菜等,即令分别返回住所。次日(十七[日]),毕正清同来,而工作如前,至二十五日止。二十六日因搬运三汊河内及各空屋内之尸体尚有四百余具,须要掩埋清楚,故是日未到下关。二十七日,仍率领难民百余名,复蒙南出先生补发符号二十张,如此每天均到下关,认真努力清扫工作。……此乃工作之前后经过情形,合将经手掩埋尸体约三千二百四十具,呈请察核,实为公便等情。查各组长所称一月份工作之前后经过情形,并将经办掩埋尸体数目,理合具文呈报。仰祈鉴核备案,实为公便。①

1938年3月28日,"中华民国维新政府"在南京成立,决定于1938年4月24日成立"督办南京市政公署",以取代"自治委员会",行使伪市政府职能。第一任督办,即"市长",为任援道。此职位1938年9月由高冠吾接任。

在新组建的伪卫生局的领导下,一支由16人组成的殡葬队在1938年和1939年连续工作,埋葬当时尚未掩埋的尸体,修补以前由慈善团体匆忙建造的丛葬坑,并重新埋葬这些坟墓中的一些尸体。根据1939年4月的工资单,以下16名工人参加了掩埋队:殷昌和、董广福、殷茂宏、吴志章、杨凤友、王家魁、刘德荣、陈浩启、王顺廷、郭振清、王康福、张玉标、张茂福、李国柱、陈福苓、阎子兰②。

1938年10月2日,伪卫生局提交了该年5月至9月的工作报告。有关

---

① 《伪下关区公所区长刘连祥关于组织收埋尸体的呈文(1938年1月30日)》,南京市档案馆,文件编号 No. 1002/19/15,转引自《南京大屠杀:5 遇难者的尸体掩埋》,第308—309页。
② 《伪南京特别市政府卫生局掩埋队1939年4月支出计数附属工饷表(1939年4月)》,南京市档案馆,文件编号 No. 1002/6/17,转引自《南京大屠杀:5 遇难者的尸体掩埋》,第332—333页。

掩埋队活动的部分引述如下：

> 七、掩埋队：事变之后，城厢内外，尸骸遍地。经红卍字会暨前"自治委员会"救济课竭力掩埋，然偏僻荒地，以及防空壕等处仍不免遗留多具。自本处成立后，就原有掩埋队十六人，由雇员萧财源率带，积极工作，将遗尸及墙隅道旁棺柩，概行埋葬。至六月间掩埋罄尽。惟前掩埋尸体，既无薄棺，更无芦席，一经风雨剥蚀，倒塌随之。加以夏令骄阳蒸发，不免妨害卫生。特饬调查股科员夏元芝，将城内义冢地及应修坟墓数目，详细调查。据报地点有二十一处，坟墓计二万六千四百余个。次第着手修理，其余各私人停柩，一律限期深埋。其无主者，则代运至南门外安旅堂埋葬。五、六月份修补之墓，加洒石灰，计有一千四百七十余个。迨后城区凡有发现无名无主各尸体，均由本处向孝善堂商取薄棺，运往城外埋葬。①

1939年春天，掩埋队在城市东郊进行了掩埋工作，历时40天，搜寻、收集和埋葬了3000多具尚未埋葬的尸体。此外，在长江边上，他们重新埋葬了1938年建造的万人坑中裸露的尸体：

**修建灵谷寺无主孤魂墓**

据村民来告：中山门外灵谷寺、马群、陵园、茅山一带有遗骨三千余具，由掩埋队前往掩埋，计工作四十日，始收埋竣事。全部用费计九百○九元。是项尸骨经选定灵谷寺东首空地为瘗骨之所，并用青砖扁砌圆形坟墓壹大座，外粉水泥，非常坚固壮丽。曾由高市长亲撰无主孤魂碑记石碑一方，竖立坟前，以资纪念。复于五月二十八日前往致祭。

---

① 《伪督办南京市政公署卫生处1938年5-9月事业报告书节录（1938年10月2日）》，南京市档案馆，文件编号 No.1002/6/130，转引自《南京大屠杀：5 遇难者的尸体掩埋》，第323—324页。

筹备掩埋草鞋峡大窝子一带露骨：又据市民呈报，自宝塔桥起，至草鞋峡止，沿江一带，坟堆无数，纯系事变后由红卍字会所掩埋之尸体。一年来，经江水冲刷及莠民刨掘，完全暴露。曾派员前往调查，计有三千余具，现正计划仿照灵谷寺瘗埋办法，搜集聚拢一处，挖一深坑，作一总堆，竖一石碑，正办理间。又据报大窝子地方，复有六千余具之尸体、尸骨，尚须掩埋，已派员实地调查计划中。①

1939年6月，掩埋队重新埋葬了88口裸露的棺材和23具裸露的尸体，埋葬了九具成人尸体和54具儿童尸体，捐赠了九口大棺材和两口小棺材，修补了81座坟墓②。从6月13日至7月7日，萧财源带领四名殡葬队工人和20名临时雇工，在草鞋峡的江边生活、工作了24天，转移和重新安葬了3757具尸体。他们选择了一个离江边有一定距离、地势较高的位置，建了一个巨大的坟墓，在坟墓前竖立了一块石碑以示纪念。此外，他们还埋葬了12具成年男女尸体和37具儿童尸体③。

## 团体、个人、家属与亲戚掩埋尸体

穆斯林社区的人被入侵的日军杀害后，穆斯林居民组织了一支自己的安葬队，目的是按照穆斯林的仪式和习俗安葬。1937年，沈锡恩29岁，来自一个穆斯林家庭。他和父亲都是阿訇，他们一家人住在鸡鹅巷的清真寺里。1938年2月，许多穆斯林受害者的亲属来找沈锡恩和其他阿訇，包括他的父亲沈德成，帮助他们埋葬死者。为此，他们制作了臂章，组织了一支穆斯林

---

① 《日伪南京特别市政府卫生局1939年5月份事业报告书节录（1939年6月）》，南京市档案馆，文件编号 No. 1002/6/130，转引自《南京大屠杀：5 遇难者的尸体掩埋》，第333—334页。
② 《日伪南京特别市政府卫生局1939年6月份事业报告书节录（1939年7月）》，南京市档案馆，文件编号 No. 1002/6/130，转引自《南京大屠杀：5 遇难者的尸体掩埋》，第334页。
③ 《日伪南京特别市政府卫生局1939年7月份事业报告书节录（1939年8月）》，南京市档案馆，文件编号 No. 1002/6/130，转引自《南京大屠杀：5 遇难者的尸体掩埋》，第334页。

安葬队。沈锡恩在1984年回忆起这段经历：

> 一九三八年农历正月，许多回民受害者的亲属一起来请求我和马长发、王寿仁、戈长发、麻子和、张子惠，还有我父亲沈德成等几个回民阿訇出来收埋尸体。我去找当时维持会的负责人孙淑荣（回族）帮忙，并自己作了臂章作为身份证明，组成了回民掩埋队，开始收埋回民尸体。
>
> 我们收埋的第一具尸体是看管鸡鹅巷清真寺的张爸，他六十多岁，死时趴在地上，因为曝尸时间太长，尸体都开始腐烂了。按照宗教习惯，要先清洗尸体，再举行土葬。清洗尸体，首先得脱掉衣服，很多尸体衣服已没法脱下，只好用剪刀剪开；土葬也没有平时埋得那么仔细。当时，由胆大有力气的人收尸，我和几个身体较弱的人举行仪式。
>
> 埋尸的地点，主要在红土桥（今广州路）、冬瓜市（今南京师范大学）、五台山三处，红土桥、冬瓜市埋得最多。还有九华山等地，都是离死尸较近的地方。
>
> 我们一直工作了三个多月，天天都有人来找我们去收尸，少时一天二三具，多时七八具，一般都是四五具，有时照应不过来，就分成两个组。最初是埋一具登记一次，以后无法再逐个登记，收埋的总数不下四百具，而且都是鸡鹅巷清真寺周围被杀的回族人。收埋的尸体中，男女老幼都有，有母子二人被害后倒在地上，小男孩才七八岁，头朝着他妈妈，死得很惨。当时南京城里，到处都可以看到横七竖八的尸体。乌龙潭里漂满了尸体，偌大一个塘，几乎看不到水面，水也成了红的。九华山下也堆满了来不及收埋的尸体。现在一想到那时的情景、提到那些地方，就心惊肉跳。①

---

① 《沈锡恩证言》，井升安、刘兴林调查记录，收录于《1937年12月日军南京大屠杀史料》，第475页。

一个由盛世徵和昌开运两位木材商发起并资助的私人团体在上新河地区收埋尸体。1946年1月9日，盛世徵和昌开运向南京市抗战损失调查委员会提交了一份结文，称约有28730名投降的中国军人和平民在江东门一带、汉西门、凤凰街、广播站、水厂、皇木厂、上新河口、拖板桥、菩提阁、菜市口、荷花池、螺丝桥、河滩、双闸和东岳庙等处被杀害。看到这么多人被杀，尸体遍布各处，这两个木材商决定雇佣工人在这些地区收埋尸体，每埋一具尸体，他们就支付中国币四角。他们声称总共花了1万多元[①]，但他们没有提供进一步的证据，如书面记录或分项统计记录表等实物。

1945年12月8日，居民芮芳缘、张鸿儒和杨广才提交了一份宣誓书，称他们曾与红卍字会联系，获取卍字标志和旗帜后，组织当地居民在中华门外收埋尸体：

> 民二十六年古历十一月十三日，日寇中岛部队入城后，民等由沙洲圩避难回归，眼见沿途尸横遍野，惨不忍睹，乃于初四日由芮芳缘至中国红卍字会接洽，拟办理掩埋工作。当由红卍字会负责人介绍至第一区公所救济组领得红卍字旗帜及符号等件，后即集合避难归来之热心人士三十余人，组织义务掩埋队，于初六开始掩埋工作。由南门外附廓至花神庙一带，经四十余日之积极工作，计掩埋难民尸体约五千余具，又在兵工厂内宿舍二楼、三楼上经掩埋国军兵士尸体约二千余具，分别埋葬雨花台山下及望江矶、花神庙等处，现有骨堆可证。所有难民尸体均系在各街巷及防空壕等处而来，姓名固无从获悉。因此系日寇入城时屠杀事件，爰为陈述核办。[②]

---

① 《市民盛世徵等关于助款雇工掩埋尸体致南京市抗战损失调查委员会的呈文（1946年1月9日）》，南京市档案馆，文件编号No. 1024/1/35126，转引自《南京大屠杀：5 遇难者的尸体掩埋》，第201—202页。

② 芮芳缘、张鸿儒、杨广才：《芮芳缘、张鸿儒、杨广才陈述日军在中华门、花神庙一带集体屠杀市民的结文（1945年12月8日）》，收录于《1937.12.13——侵华日军南京大屠杀档案》，第125页。

在得知自己的家人被杀后，居民们尽力寻找自己亲人的尸体并将之安葬。1946年，60岁的居民陈学礼居住在莫愁路112-6号，他于4月11日提交了一份宣誓书，说明他自己找到并埋葬了1937年12月14日在汉中门外被日本兵用刺刀捅死的18岁的儿子：

> 民次子陈文江于二十六年十二月十四日匿居上海路美国大使馆后面同乡张绪友草棚内。是日清晨被日寇中岛部队士兵挨户搜查，被害人当被搜出带往汉中门外，被日寇集团屠杀。民次子陈文江当被日寇用刺刀戳毙。被带去时有同乡张绪友亲见所睹。事后民亲往汉中门外收尸掩埋。①

杨和年的家住在库上街5号。1937年12月15日，他的父母和哥哥都被日军杀害，1938年1月初，他冒险回家埋葬了他们的尸体。1945年12月28日，他向南京市政府递交了一份请愿书：

> 为呈报南京沦陷时家中父母及胞兄均被日寇枪杀而死，连同衣履、什物、箱笼等又被掳掠一空，仰祈转限赔偿并惩凶抚恤，以慰先人于泉下事：祸缘民国二十六年夏历十一月十三日，日寇沦陷南京，日军由武定门，即雨花门而入，民家居库上，紧接该城门咫尺。民父母及胞兄均因顾念家庭一旦〔切〕用具不易创置，未肯避入难民区。不料日寇入城，不论老弱均大肆屠杀，民父母及兄均被敌寇枪杀而死。届时，民居住南京难民区避难尚未知悉，但对于家中双亲无日不在怀念之中。民于民国二十七年一月初旬冒极大危险返家看视，不料双亲和胞兄均僵卧于门外，血迹模糊，惨不忍视，悲痛万状。据附近残留老弱邻人均云被日寇惨杀

---

① 陈学礼：《市民陈学礼关于自行收埋亲属尸体的结文（1946年4月11日）》，中国第二历史档案馆，文件编号No. 593/30，转引自《南京大屠杀：5 遇难者的尸体掩埋》，第225页。

而死，当即草草殡殓。①

1946 年 4 月 2 日，赵李氏提交了一份宣誓书，称在得知其丈夫于 1937 年 12 月 14 日被杀并找到其尸体后，她用芦席包裹尸体安葬："氏夫赵殿高二十六年冬月十二日，被日寇中岛部队在氏家中华门外窑湾，敌人拉之外出杀毙，身死五贵桥。廿七年正月，由万字会收敛时始悉，由氏以芦席裹故夫尸埋之。"②

在许多情况下，街坊邻居也帮助掩埋遇难者。1945 年 10 月 26 日，刘从泰提交了一份结文，称他的邻居周代福于 1937 年 12 月被枪杀在自家院子里，1938 年 1 月，刘从泰从安全区回家后，帮忙埋葬了周代福：

> 呈为日寇枪杀周代福，京地无主声报，代为具呈，恳求令〔今〕日抚恤伊之家属事。
>
> 窃民民国二十六年十二月间，家境处在炮火笼照〔罩〕之下，即携子女逃避难民区。该周代福恋家难舍。俟民至二十七年一月间方敢归家，已睹周代福之房被焚，近前又睹周代福裸衣尸体，被枪杀死，横卧院中。数日后，民即草率掩埋其房基地内。③

1945 年 11 月 25 日，居民业鉴成提交了一份关于他的邻居的宣誓书，这些邻居被日本军队拘留并杀害，他们的尸体是被他发现的：

> 为具证明书人业鉴成，情因里邻三号周在贵在廿六年十二月十二日

---

① 杨和年：《杨和年为其父母兄均遭日军杀害致南京市政府呈文（1945 年 12 月 28 日）》，收录于《1937.12.13——侵华日军南京大屠杀档案》，第 250 页。

② 赵李氏：《市民赵李氏关于自行收埋亲属尸体的结文节录（1946 年 4 月 2 日）》，收录于中国第二历史档案馆，文件编号 No. 593/26，转引自《南京大屠杀：5 遇难者的尸体掩埋》，第 225 页。

③ 刘从泰：《市民刘从泰关于自行收埋邻人尸体的呈文节录（1945 年 10 月 26 日）》，收录于南京市档案馆，文件编号 No. 1003/17/16，转引自《南京大屠杀：5 遇难者的尸体掩埋》，第 218 页。

午后,敌军(中岛部队一小部队驻在殷高巷十二号刘宅)强拉,又在贵之父周少侯前去跪求放子回家,未允放回,反将周少侯留押。五日后民在中华门外五贵桥地方发现该周氏父子二人之尸体。其家老少孀妇同次子周在富等,前去埋尸于城墙脚。此证是为实情。①

---

① 业鉴成:《市民业鉴成关于周少侯父子尸体由亲属自行收埋的结文(1945年11月25日)》,收录于中国第二历史档案馆,文件编号 No. 593/30,转引自《南京大屠杀:5 遇难者的尸体掩埋》,第218—219页。

# 第十二章　战后军事法庭审判

战后，盟军在亚洲建立了一系列军事法庭，以起诉和控告日本战犯。美国在上海、马尼拉和关岛审判日本战犯；澳大利亚在摩罗泰（Morotai）、韦瓦克（Wewak）、纳闽（Labuan）、拉包尔（Rabaul）、达尔文（Darwin）、新加坡、中国香港和马努斯岛（Maunus Is-land）进行审判；英国在新加坡、马来亚、北婆罗洲（North Borneo）、缅甸和香港审判；中国在北平、沈阳、南京、上海、济南、广州、汉口、太原、徐州和台北设立审判日本战犯的军事法庭；荷兰在巴达维亚（雅加达）审判日本战犯；法国在西贡设立军事法庭；苏联在哈巴罗夫斯克进行审判。然而，所有军事法庭中最为重要、地位最为显著的无疑是位于东京的远东国际军事法庭，所有 A 级战犯都在此被起诉审判。其他法庭都只审判 B 级和 C 级战犯。在所有的法庭中，只有东京法庭和南京法庭起诉并审判了与南京大屠杀相关的日本战犯。

## 南京军事审判法庭

早在战争结束之前，中国国民政府于 1943 年 6 月就决定成立调查敌方罪行委员会。该委员会于 1944 年 2 月成立，尽管大部分工作直到战争结束后才完成。政府迁回南京后，南京调查敌人罪行委员会和南京市抗战损失调查委员会分别于 1945 年 11 月和 12 月成立，负责调查、收集资料与证据。

1945年12月21日,蒋介石发表公开声明,表示如果没有为被敌人屠杀的受害者和幸存者伸张正义,他便没有履行其职责。他呼吁南京居民举报敌人的罪行。"凡我同胞,其有身经当日大屠杀惨祸暨在敌伪暴力压迫之下,受有各种枉曲者,余均愿详知其事实及屠杀压迫者之主谋,其目击事实基于正义感,而作负责之检举者,余尤乐于接受。"① 到1946年1月,蒋介石收到了1036份请愿报告②。

1946年2月15日,国防部审判战犯军事法庭在南京成立,负责引渡、起诉和审判日本战犯。然而,当远东国际军事法庭于1946年5月初在东京成立时,人们得知在东京的审判需要更为翔实的证据。那时收到的许多证据报告和请愿信不够具体,因此不适合法庭用作证据。于是,蒋介石下令成立南京大屠杀案敌人罪行调查委员会。该委员会于1946年6月23日召开第一次会议,负责调查和收集适合东京审判及南京审判的翔实证据。到1946年10月,除了核实以前收到的案件外,委员会还调查了留在南京沦陷区的居民的个人案件,共收集了2784起,这些居民遭受或目睹了日军的罪行。根据这些案件,委员会编制了大屠杀受害者名单,逐项列出了日本的战争罪行,以及可以作为控方证人出庭的大屠杀幸存者的地址和姓名③。

南京军事法庭成立后不久,就制定了一份可能与南京大屠杀相关的日本战犯名单,以便将其从日本引渡到中国。该名单包括华中派遣军司令松井石根(Iwane Matsui, 1878—1948)、上海派遣军司令朝香宫鸠彦王(Prince Yasuhiko Asaka, 1887—1981)、第六师团长谷寿夫(Hisao Tani, 1882—1947)、第十六师团长中岛今朝吾(Kesago Nakajima,

---

① 《国民政府主席行辕秘书处接受南京市民陈述大屠杀冤愤公告(1945年12月21日)》,转引自《南京大屠杀史料集:23 南京大屠杀案市民呈文》,张建宁编,南京:江苏人民出版社2006年版,第2页。

② 《首都人民陈述函件加紧分类整理中》,载《申报》1946年1月6日,第1页。

③ 《南京市临时参议会检送南京大屠杀案敌人罪行种类统计表等公函(1946年10月5日)》,转引自《南京大屠杀史料集:21 日军罪行调查委员会调查统计》,郭必强、姜良芹编,南京:江苏人民出版社2006年版,第1707—1717页。

1881—1945)、第九师团长吉住良辅（Ryousuke Yoshizumi, 1884—1963）、第三师团长藤田进（Susumu Fujita, 1884—1959）、第十一师团长山室宗武（Munetake Yamamuro, 1880—1963）、第十三师团长荻洲立兵（Rippei Ogisu, 1884—1949）、第十八师团长牛岛贞雄（Sadao Ushijima, 1876—1960）、第十旅团长天谷直次郎（Shojikiro Amaya, 1888—1966），以及一些旅团长和联队长①。但它没有包括第十军军长柳川平助（Heisuke Yanagawa, 1879—1945）、第一一四师团长末松茂治（Shigeharu Suematsu, 1882—1960）、第一〇三旅团长山田栴二（Senji Yamada, 1887—1977），以及第六十五联队长两角业作（Gyosaku Morozumi, 1888—1963）。尽管这份名单包括了参与进攻南京的日军部队的大部分指挥官，但可以推断，到那时为止，中国方面还不完全清楚哪些日军部队在南京大屠杀期间犯下了暴行。不知道中国方面是否将这份未经修改的名单提交给了东京的盟军，但他们确实一再要求引渡松井石根。在等待引渡期间，南京军事法庭审判了在中国抓获的日本战犯，这些战犯并没有参与南京大屠杀。

南京军事法庭于 1946 年 5 月 27 日开庭，第一个受审的日本人是酒井隆（Sakai Takashi, 1887—1946），他于 5 月 30 日出庭。酒井隆被指控在 1928 年担任日本驻济南领事馆武官期间，策划了济南惨案，并谋杀了战地政务委员兼外交处主任特派山东交涉员蔡公时（1881—1928）等人。1934 年，他担任日本"中国驻屯军"司令梅津美治郎（Yoshijiro Umezu, 1882—1949）的参谋长。酒井隆负责起草《何应钦—梅津美治郎协定》，该协定旨在将中国军队赶出华北。1941 年，他是第二十三军的中将指挥官，轰炸珍珠港后，他立即率领一个师团攻打香港的英国军队。占领香港后，他在那里担任了三个月的总督，直到矶谷廉介（Rensuke Isogai, 1886—1967）接替他。1945 年 12 月，他于北平被国民政府逮捕。

---

① 《司法行政部关于南京大屠杀案战犯名单（1946）》，转引自《南京大屠杀史料集：24 南京审判》，胡菊蓉编，南京：江苏人民出版社 2006 年版，第 54—56 页。

8月20日，对酒井隆的审判再次开庭，8月27日，他被判处死刑。1946年9月30日，他在南京被处决。

**审判谷寿夫**

经过几个月的等待，由于各种原因，1946年8月，中方仅从日本引渡了两名B级战犯，谷寿夫和矶谷廉介，而后者不涉及南京大屠杀案。当时，由于中岛今朝吾和柳川平助已死，朝香亲王获得皇室豁免权，松井石根作为A级战犯将在东京受审，而其他师团长不知所踪，谷寿夫遂成为南京军事法庭唯一可以起诉的与南京大屠杀案件相关的B级战犯。

谷寿夫于1882年12月22日出生在日本冈山县，1903年毕业于士官学校，1911年毕业于陆军大学。他曾作为一名少尉在日俄战争中服役，从1915年至1918年，他被派往伦敦担任大使馆武官助理。1925年，谷寿夫晋升为大佐。1928年8月，他作为第三师团的参谋长参加了入侵山东的行动。1930年，他被提升为少将，并作为日本陆海空三军驻国际联盟的代表再次被派往国外。1933年8月，他担任近卫师团第二旅团长，1934年8月晋升中将。1935年6月，他任第九守备师团长，同年12月指挥第六师团。1937年8月，他指挥第六师团入侵华北。他的师团于11月初被调往南方，在上海南部的金山卫登陆，向南京方向作战。第六师团从南部和西南部进攻南京，于1937年12月13日攻入水西门和中华门，在城南郊外、上新河沿岸、三汊河、下关等地进行了大规模屠杀，在城墙内的南部和西部地区进行了"清剿"杀戮。1937年12月22日，第六师团被调往安徽芜湖及周边地区。1938年1月，谷寿夫奉调回日本，担任中部防卫军总司令。1939年，他退出现役，进入预备役。战后，他于1946年2月被盟军作为B级战犯关押在巢鸭监狱，直至被引渡来华，于1946年8月1日抵达上海，但直到10月2日才被移交到南京。

1946年12月31日，谷寿夫因在南京大屠杀期间犯下的暴行而被南京军事法庭正式起诉。1947年2月6日开庭审判，第一次开庭持续了三天，至2月8日。

2月6日下午2点，在南京军事法庭庭长石美瑜（1908—1992）的主持下，审判开始，检察官陈光虞（1903—？）宣读了起诉书，该起诉书以南京参议院调查的2784件证据为依据，并由翻译用日语复述。谷寿夫被指控犯有反人类罪和破坏和平罪。整个过程花了40多分钟，之后，庭长石美瑜阐述他的意见，并询问了谷寿夫战争期间在中国的经历[①]。

在传唤检方证人之前，红卍字会的成员向法庭展示了六名受害者的骸骨。这些骷髅是在掩埋大量暴行受害者的南门地区挖掘出土的。根据检方的声明，其中一个头骨表明受害者死于刀伤或枪伤[②]。

许传音、路易斯·C. S. 史迈斯、M. S. 贝茨、姚加隆、陈二姑娘作为检方的证人作证。许传音首先走上证人席。他曾在美国留学，1917年在伊利诺伊大学获得经济学博士学位。1937年至1938年，他担任红卍字会的副会长。相较于他1946年7月26日在东京远东国际军事法庭上的陈述，他在南京法庭上提供的证言较为简略：

> 余于十二月十五日乘车自宁海路红卍字会会址出发，经新街口中华门建康路等地，沿途尸体无数，皆陈尸道旁，或仰或俯或跪等等情状，至为凄惨。十二月二十二日，掩埋队始完成第一批尸体掩埋。统计表上所列数字，全不确实，实际被害者，远超此数目。[③]

史迈斯和贝茨都是金陵大学的美籍教授。史迈斯提交了他的书面证词及三部英文出版物，即徐淑希的《南京安全区档案》（*Documents of Nanking Safety Zone*）、哈罗德·约翰·田伯烈的《日人在中国之恐怖》（*Japanese Terror in China*）和他本人撰写的《南京地区战时损害》（*War Damage in the Nanking Area*）作为证据。他在证词中表示：

---

① 《谷寿夫在京受审》，载《申报》1947年2月7日，第2页。
② "Tani Denies 1937 Nanking Massacres", *North-China Daily News*, February 7, 1947, p. 1.
③ 《战犯法庭公审刽子手谷寿夫》，载《中央日报》1947年2月7日，第2页。

本人证明本人自一九三七年春至一九三八年七月二十日曾在南京，南京安全区成立时（一九三七年十一月底），本人即为该区委员会之秘书。

日兵进城后，安全区之人民曾受非常之虐待，本人不得不向日本大使馆每日抗议，日人曾要求以事实证明，乃开始作报告，并将每件事实附诸抗议书中。

其后此等抗议书即分送至南京之英国、德国及美国大使馆，上海全国基督教会并有一全份留存于其图书馆内。一九三八年春田伯烈氏曾将此等报告编入其所著之《日人在中国之恐怖》（即《外人目睹之日军暴行》）一书内，徐淑希教授亦曾编纂一《南京安全区档案》。

当时之安全区委员会主席德人锐比先生（西门子洋行经理）与本人日常向日本当局抗议，因得有见日本当局之机会。一九三八年一月美国大使馆开馆办公，曾索此文件，以便明了当时情况，向日本当局抗议，而德国与英国两大使馆亦曾索阅，以便寄回本国政府。

一九三八年南京国际救济委员会（安全区委员会已改今名），决定作建设性之救济计划，因欲约知南京区及其附近各县之实际状况，嘱余做调查，其结果本人曾编就《南京区战时损害》（即《南京战祸写真》）一书（一九三七年十二月至一九三八年三月止）。今谨将该书呈交贵庭作证。本人并为人道而望得伸正义云。①

**根据《纽约时报》的报道，贝茨提供了起诉谷寿夫最有力的证词：**

金陵大学目击者贝茨博士提供了今天对谷寿夫最具破坏力的证词。在大屠杀期间从事救济工作的贝茨博士称，日本军官没有做出任何努力来遏制他们部队的过激残暴的行为。他估计，在日军进入南京后的最初

---

① 《南京金陵大学社会学教授史密斯博士声明书（1947年2月6日）》，中国第二历史档案馆，文件编号 No. 593/?，转引自《南京大屠杀史料集：24　南京审判》，第 368 页。

几周内，有 12000 名平民和 35000 名手无寸铁的士兵被杀害。①

贝茨作证说，他目睹日本兵强奸"躲在他隔壁邻居家地下室的妇女，他进行了干预。这是持续 10 天发生暴行中一个普通的例子"。他还表示，"他尝试了三个小时来阻止日军将 300 名中国军人押出去处决，但他的请求没有成功"②。与史迈斯一样，贝茨也提供了他的书面证词：

> 本人为美国沃海俄州人，生于一八九七年五月二十八日，为美国公民，现住南京汉口路二十一号，自一九二〇年即任南京金陵大学历史学教授。一九三七年至一九四一年，该校迁至华西后，即任该校紧急事件处理委员会主席。
>
> 当日军进城时及其后，本人虽任南京国际安全委员会委员并于一九三七年十二月实际参加工作。本人与该会秘书史密斯同住，因能得悉并可证实该会送交日本当局之报告及案件所述各种屠杀、奸淫及抢劫确为实情，其副件今尚存于南京之美国大使馆档案之内。其后徐淑希教授并曾编纂成册，名之为《南京安全区档案》，于一九三九年香港之克列瓦西公司出版，其中大部分并曾由田伯烈先生在英国与美国出版，名为《日人在中国之恐怖》，其另一书名则为《战争之意义为何》。关于安全区报告内之各部凡提及本人或曾用本人之签字者，本人特别声明本人确能证实，如其中第七十七报告，即为一例。凡关于日人危害安全区内难民三万人及毁坏金大产业之每日暴行，本人在田伯烈先生所著之书中曾有三篇文字记载。一九四六年七月二十九日本人在东京之远东国际法庭作证之报告，并未发生问题或被提出辩护。
>
> 自一九三七年十二月十三日日兵进入南京城后，在广大范围内放火与抢劫，杀死、刺伤与强奸平民，并枪杀彼等认为曾充中国军人之非武

---

① "General Denies Role in Nanking Massacre", *New York Times*, February 7, 1947, p 9.
② "Tani Denies 1937 Nanking Massacres", *North-China Daily News*, February 7, 1947, p 1.

装人民，情势万分严重，达三星期至七星期之久。前三星期内，尤其前七天至十天内，对损害生命所犯之罪恶无可指数，本人曾亲见日兵枪毙中国平民。满城各街尽是死尸，有着军衣者，有为平民者。余曾见被日兵杀伤之平民，余并曾亲眼看见日兵强奸多数妇女。余对日兵任意枪杀及损害平民一再抗议——包括强奸、刺死与枪毙。十二月十五日日兵由司法院趋［驱］逐平民四百人前往斩杀，余虽交涉三小时之久，希望能救活此等无辜之性命，但终归无效。

日兵进城后余未闻亦未见任何抵抗，日本官亦未曾声述有任何抵抗，惟一所强调者，十日后下关曾有一海军兵士被伤。日军官非但不作实际控制其兵士之措置，且其本身亦同样犯罪。

检查安全区报告及红卍字会埋葬死尸之报告，男女小孩死数甚不完全，且较实数为少，盖平民死伤绝不止一万二千人，无武器之军人被杀者亦绝不止三万五千人。以上所述为确实之情形，其不知者，定较此数为大，亦无法计算矣。①

在贝茨之后出庭的是中国证人姚加隆，他作证说日本兵放火将他的房屋烧毁，并用刺刀捅死了他的妻子、儿子和女儿。陈二姑娘在法庭上表示，她曾被两个日本兵轮奸。谷寿夫的证人小笠原青（Shou Ogasawara）是最后一个出庭作证的人。下午6点，法庭休庭。6点后播放了一部有关日军在南京所犯暴行的纪录片②。

审判于2月7日下午2点继续进行，更多证人出庭作证。"30名证人今天提供了相关'南京暴行'的第一手资料。他们描述了受害者是如何被日军强奸、枪杀和在火堆上被'熏死'的。"③ 刘诚中、谢立三、胡扣之、卢殷发、

---

① M.S.贝茨：《南京金陵大学历史学教授贝德士博士声明书（1947年2月6日）》，中国第二历史档案馆文件编号 No. 593/?，转引自《南京大屠杀史料集：24 南京审判》，第369—370页。英文原文藏耶鲁大学神学院图书馆特藏部第10档案组第126档案盒第1132文件夹。

② 《谷寿夫在京受审》，载《申报》1947年2月7日，第2页。

③ "30 Chinese Testify on Nanking Massacre", *New York Times*, February 8, 1947, p. 6.

张孙氏、李陈氏、顾严氏等人走上证人席。然而，最引人注目的是幸存者赵荣生①的证词。他擅长武术，曾赤手空拳与全副武装的日本兵搏斗。尽管他在攻击中幸存下来，但他多次被枪击和刺刀刺伤。他在法庭上展示了自己布满伤疤的身体，他的头部有11处刺刀伤痕，颈部有两处，左手手腕被子弹打伤，左手的一根手指被砍断。郁毕文作证说，他和其他五人被日本兵包围，日本兵用刺刀捅他们。其他五人被刺刀刺死，他自己也被刺刀捅了好几下，失去了知觉。他苏醒过来时，一个日本兵用枪托打他，他再次晕倒，但他活了下来。他展示了自己被刺刀捅了七处和被两颗步枪子弹打伤的伤疤。刘毛遂作证说，他的母亲和30多个邻居躲进一个土洞，被日本人闷死在里面。陈文龙的哥哥被刺刀捅了11处。孔韩氏的叔叔、奶奶、妹妹被枪杀。朱郭氏目睹了她的父亲和两个兄弟在她面前被刺刀捅死，日本兵把她父亲的尸体扔进房屋，再将房屋烧毁。鼓楼医院社会服务部主任程洁作证说，医院收治了许多暴行受害者②。

据《纽约时报》的记者说，"法庭的其他成员仓促而简短地讯问证人，偶尔会根据他们面前的书面陈述来提示并催促证人"③。证人作证之后，谷寿夫获得发言的机会。他声称：1）所有的暴行都发生在他的部队驻扎的地区之外；2）战时几乎所有的平民都逃离了该地区；3）上述作证的暴行不可能发生，也不会发生；4）他不能接受那些捏造的证词；5）在战斗中，平民可能受到伤害，虽然他很同情，但不能由他负责④。

2月8日下午2点，庭审继续，谷寿夫针对前一天的证词继续辩论。论证的主要内容与2月7日的相似：第一，大部分作证的案件发生在12月12日和13日的中华门外，当时正在进行激烈的战斗，居民应该已逃到安全区了。

---

① 根据《中央日报》1947年2月8日第4版题为《昨续审谷寿夫》的报道,这位71岁的幸存者的姓名为赵永顺。
② 《南京大屠杀真相：各证人愤慨陈词》，载《申报》1947年2月8日，第2页。
③ "30 Chinese Testify on Nanking Massacre", *New York Times*, February 8, 1947, p. 6.
④ 《南京大屠杀真相：各证人愤慨陈词》，载《申报》1947年2月8日，第2页；"30 Chinese Testify on Nanking Massacre", *The New York Times*, February 8, 1947, 第6页。

第二，12月12日一整天都在进行激烈的战斗，他的部队忙于作战，没有杀害平民。因此，暴行不可能发生，也不允许发生，同时也不可能不为人所知。第三，上诉的大部分案件并不是发生在他的部队驻扎的地区内，而是发生在第一一四师团驻扎的地区①。

随后，石美瑜庭长对几起大规模处决进行了总结，声称有57000名解除武装的中国士兵在草鞋峡被机枪扫射，大屠杀的幸存者可以作证；另有9000人在鱼雷营被屠杀，有8到9人在这次大规模处决中幸存；5000多名难民被从华侨招待所押到江边的中山码头，在那里被枪杀。梁廷芳和白增荣是这批人中的两名幸存者，他们在法庭上作证。曾于1946年在东京出庭作证的陈福宝也站在证人席上提供证词。之后，萧卫氏、陆高氏、连腾芳、向振荣、刘振汉和尼姑惠定出庭作证②。

休庭20分钟后，庭审继续，辩方进行辩论。此后，检察官陈光虞总结了此前检方的案件，并通过叙述展现了日军进入南京后大规模杀戮、强奸和掠夺的场面。

    他说，15岁到60岁的妇女均遭强奸。
    谷寿夫一再否认这是他在南京时发生的，也否认这是在他的驻扎区内发生的。
    然而，在整个审判过程中，谷寿夫已成为整个南京恐怖事件的象征。当检察官说，"即使我们处死一百个像谷寿夫这样的人，也不足以弥补中国人民的痛苦"，连续三天挤满法庭的听众鼓起了掌声。③

与此同时，谷寿夫抗议道他没有得到公正的审判：

---

  ① 《谷寿夫三度受审》，载《申报》1947年2月9日，第2页。
  ② 《谷寿夫三度受审》，载《申报》1947年2月9日，第2页；《审讯战犯谷寿夫　昨日开辩论庭》，载《中央日报》1947年2月9日，第4页。
  ③ "Japanese General Asserts Trial is Unfair; Denies Active Role during Rape of Nanking", *The New York Times*, February 9, 1947, p. 32.

"这个调查是不健全的，不完整，也不准确，"师团长在犯人的被告席上指控道。"所有的证人都是中国人。没有传唤日本人。"

他声称对他不利的中国证人含糊其词，并坚持认为他们报告的暴行一定是由"其他部队在其他地方和其他时间犯下的"。[1]

2月25日和3月3日上午9时，审判再次开庭，双方继续在法庭上进行辩论，不过主要的论点基本上没有变化。2月25日，检方拒绝了谷寿夫引渡更多日本证人的请求，理由是他提出的人选也是罪犯，因此不是合适的证人。法庭随后传唤了郭岐作为检方证人，他详细描述了南京沦陷后，他被困在南京时目睹或了解的暴行案件。1938年，他在《陷都血泪录》中发表了他在南京的个人经历，该文于1938年8月1日至9月17日在西安的《西京平报》上分期刊载。在辩护中，谷寿夫基本重复了他前几天的论点[2]。

1947年3月10日，对谷寿夫的审判结束，法庭宣布判处其死刑。同时，法庭还公布了有关日军的主要屠杀和其他暴行的摘要陈述："计于中华门外花神庙、宝塔桥、石观音、下关草鞋峡等处，我被俘军民被日军用机枪集体射杀并焚尸灭迹者，有单耀亭等十九万余人。此外，零星屠杀，其尸体经慈善机构收埋者十五万余具。被害总数达三十万人以上。尸横遍地，惨绝人寰，其残酷之情状，尤非笔楮所忍形容。"[3] 30万受害者人数被首次提及，并在1947年被国民政府接受为南京大屠杀受害者人数的官方正式论断，1949年后被中华人民共和国政府继承。该声明认定谷寿夫犯有战争罪，违反了对待战俘的国际法，并对暴行负有责任。因此，判处其死刑[4]。1947年4月26日，谷寿夫在中华门外的雨花台被处决。

---

[1] "Japanese General Asserts Trial is Unfair; Denies Active Role during Rape of Nanking", *The New York Times*, February 9, 1947, p.32.

[2] 《谷寿夫二度受审》，载《申报》1947年2月26日，第2页。

[3] 《谷寿夫判处死刑》，载《中央日报》1947年3月11日，第3页。

[4] 《谷寿夫判处死刑》，载《中央日报》1947年3月11日，第4页。

### 审判田中军吉、向井敏明、野田毅

田中军吉（Gunkichi Tanaka，1905—1948）于 1905 年 3 月 15 日出生在日本东京。从日本士官学校毕业后，他在第六师团服役。1937 年，他的军衔是大尉，负责指挥第六师团第四十五联队的一个中队。他参加了 1937 年 8 月入侵华北的行动和 11 月初在上海以南的金山卫的登陆作战，然后从西南方向攻击南京城。1940 年，日本军官和作家山中峰太郎（Minetaro Yamanaka）出版了《皇兵》一本①。在书中，作者描述了中队长田中军吉手持助广军刀，从中华门到水西门和汉中门一带砍杀民众。除了田中 1937 年在南京的照片外，书中还附了一张刀的照片，上面写着："这是中队长的助广军刀，用它砍死了 300 多人。"

战后，韩国人朴在文（Park Jaemun）向中国驻日本代表团透露，田中参与了 1937 年在南京举行的杀人比赛。朴在文提交了两张照片，照片中田中军吉拿着刀砍下一个跪着的中国人的头，同时他还提交了《皇兵》一书②。田中作为 C 级战犯在东京被捕后，于 1947 年 5 月 18 日被引渡到上海，9 月 20 日被起诉。

向井敏明（Toshiaki Mukai， 1912—1948）1912 年 6 月 3 日出生在日本山口县，1932 年毕业于日本商业学校。1937 年，他是第十六师团下辖的第十九旅团第九联队第三大队的少尉步兵炮小队小队长。野田毅（Tsuyoshi Noda，1912—1948）1912 年出生于日本鹿儿岛县，1937 年 6 月毕业于日本士官学校，之后担任第十六师团第九联队第三大队的少尉副官。向井和野田都参加了 1937 年 9 月入侵华北和 11 月在上海以西长江口附近的白茆口登陆的行动，并向南京方向进攻作战。

根据日本媒体的报道，向井和野田在无锡和常州之间进军时，决定进行一场杀人竞赛，谁先杀死 100 个中国人，谁就赢得竞赛。从 1937 年 11 月

---

① ［日］山中峰太郎（Minetaro Yamanaka）：『皇兵』，东京：同盟出版社 1940 年版。
② 《中国驻日代表团关于战犯田中军吉逮捕经过致国防部二厅代电（1947 年 6 月 9 日）》，转引自《南京大屠杀史料集：24 南京审判》，第 485—486 页。

30日至12月13日，《东京日日新闻》连续发表了四篇报道，报道了他们从常州到南京东郊紫金山的比赛进程。到紫金山后，他们比较双方的杀人记录，得知向井杀了106人，野田杀了105人，只是他们无法确定谁先达到100。于是，他们决定延长竞赛至斩杀150人。

战后，由于百人斩竞赛的新闻报道，向井和野田在1946年被拘留。撰写新闻报道的日本记者浅海一男（Kazuo Asami）和铃木二郎（Jiro Suzuki）于1946年7月1日被远东国际军事法庭传唤询问：

> 检察官传唤无非是为了确定这个"竞争"为"屠杀"的各种要素，比如，事实的有无，采访的经过，然后刨根问底地追查两个军官"竞赛"的真正含义。但没有一个记者亲眼目睹这两军官实际斩杀的场面，只是这两个军官把自己的"竞争"计划及神奇传记披露给我们两个随军记者，但是否是暴行就不得而知了。至于听到两军官说的"两个人都没有砍杀逃跑的人"，说这话时没有事先与浅海统一口径（我们分别作证），我们强调说了"绝不砍杀逃跑的人，只斩杀向自己进攻的敌人，这是基于日本武士道精神的行为，不伤害平民。并不是屠杀"。①

由于记者认为杀人竞赛是英勇的战斗行动，而不是残暴的屠杀，这两名少尉很快被释放。

第三篇和第四篇杀人竞赛新闻报道立即被在东京出版的英文报纸《日本广告报》（*The Japan Advertiser*）翻译成英文，并于1937年12月7日和14日发表。英文版的报道后来被收入H. J. 田伯烈的《战争意味着什么：日本在中国的恐怖》一书②，该书的英文版和中文版在1938年7月出版。此外，

---

① ［日］铃木二郎:『私はあの「南京の悲劇」を目撃した』（《我目睹了"南京惨案"》），载《丸》第24卷第1期（1971年11月），第96—97页。

② Appendix F, "Murder Race", in Harold John Timperley's *What War Means: Japanese Terror in China*, London: V. Gollancz, p. 284.

美国人在上海出版的英文杂志《密勒氏评论报》(The China Weekly Review)在 1938 年 1 月 1 日刊登了第四篇报道的英文摘要[①]，该版本被进一步翻译成中文，并于 1938 年 2 月 25 日在汉口出版的《申报》和《新华日报》上发表[②]。尽管简略的中文版本于 1938 年在中国流传，但完整的日文报道基本上不为中国人所知，直到战后，东京国际军事法庭检察官的中国法律助理高文彬在 1947 年浏览战犯相关资料时才发现了这些新闻报道[③]。1947 年 5 月 8 日，中国方面向盟国最高统帅部提出了逮捕和引渡向井和野田的请求。二人在东京被作为 C 级战犯逮捕，并于 1947 年 11 月 3 日引渡到上海[④]，其后被押送到南京，12 月 4 日，二人被正式起诉。

　　1947 年 12 月 18 日，田中军吉、向井敏明和野田毅被审判。审判于上午 10 点开庭，三名被告出庭。检察官李璿宣读起诉书后，向井和野田被押出法庭。田中军吉是第一个受审的人，审判以调查询问开始。田中承认参加了谷寿夫部队攻打南京及在南京西郊的战斗行动。然后，法庭向他出示了一张助广军刀的照片，并问他是否携带这把军刀参战。当田中给予肯定的答复时，法庭又向他展示了《皇兵》一书，以及他用这把军刀斩杀平民的照片。当被问及他是否如书中所述在城内或城外用军刀砍杀 300 多人时，他犹豫了一会儿，然后声称这本书是宣传品，杀死 300 多人只是作者的想象。他还试图淡化斩首照片，说他在照片中穿着衬衫，这表明不是在冬天，因此，照片中的情景与南京无关。他声称，他是奉命在湖北通城处决一名罪犯。检察官否认了他的解释，并命令将他押离法庭[⑤]。

---

　　[①] "How Lieutenants Mukai and Noda Exceeded Murder Quotas", China Weekly Review 83, no. 5 (January 1, 1938): 115.

　　[②]《紫金山下杀人竞赛》，载《申报》1938 年 1 月 25 日，第 2 页；《南京紫金山杀人竞赛》，载《新华日报》1938 年 1 月 25 日，第 2 页。

　　[③] 张慎思：《高文彬忆"百人斩"证据发现经过》BBC 中文新闻(2005 年 9 月 2 日)，( http ://news.bbc.co.uk/chinese/simp/hi/newsid_4200000/ newsid_4209900/4209976.stm )；李宗远：《"杀人比赛"灭绝人性 "刀劈百人"犯下罪行》，载《环球时报》2000 年 8 月 22 日，第 2 页。

　　[④]《和顺轮荣归祖国五机关派员接收》，载《申报》1947 年 11 月 5 日，第 4 页。

　　[⑤]《军事法庭审日战犯　三杀人元凶处死刑》，载《中央日报》1947 年 12 月 19 日，第 5 页。

接下来受审的是向井敏明，他否认参加了杀人竞赛，或斩杀 106 人。他声称，他没有去过南京或句容，他只去过无锡，他在丹阳的战斗中受伤。在无锡，他与记者见面，记者跟他开玩笑说，要使他成为英雄，协助他找到女子结婚。他声称《东京日日新闻》中描述的内容是虚构的，不是事实。检察官宣读了田伯烈《日本在中国的恐怖》的节选，驳斥他的说法[①]。

随后，野田毅被传唤到庭。他也否认去过南京或句容，并声称他和向井在丹阳分手，向井向西，他自己往东去，此后他们没有见过面。报纸上所写的内容并不真实。然而，检察官李璿并不相信他们的说辞。与之相反，他要求以屠杀无辜平民的罪名判处三名被告死刑。随后进行了辩论，在辩论中，被告律师要求传唤记者作证[②]。

休庭 10 分钟后，下午 2 点 10 分继续开庭，石美瑜庭长宣布了判决："被告田中军吉、向井敏明、野田毅，在作战期间，连续屠杀俘虏及非战斗人员，各处死刑。"至于他们声称报纸上的故事是虚构的，宣传会在战后为他们找到更好的妻子，法庭的判决驳斥了这种说法，"然查在作战期间，日军当局对于军事新闻之统制检查，本极注意。而《东京日日新闻》系日本重要刊物，如果该被告等并无此项杀人竞赛之事实，绝无故为虚构以巨大篇幅，专为该被告等宣传之理。况该项新闻之登载，既经本庭引用上开各项确切证据予以证实，即非通常传闻者可比，自得据为判决之基础"[③]。对上述三人作出死刑判决时，判决书作如下陈述：

> 按被告等连续屠杀俘虏及非战斗人员，系违反海牙陆战规例及战时俘虏待遇公约，应构成战争罪及违反人道罪。其以屠戮平民，认为武功，并以杀人作竞赛娱乐，可谓穷凶极恶，蛮悍无与伦比，实为人类蟊贼，

---

[①]《军事法庭审日战犯　三杀人元凶处死刑》，载《中央日报》1947 年 12 月 19 日，第 5 页。
[②]《军事法庭审日战犯　三杀人元凶处死刑》，载《中央日报》1947 年 12 月 19 日，第 5 页。
[③]《军事法庭关于战犯向井敏明等判决书（1947 年 12 月 18 日）》，转引自《南京大屠杀史料集：24　南京审判》，第 496—497 页。

文明公敌，非予尽法严惩，将何以肃纪纲而维正义。爰各科处极刑，以昭炯戒①。

1948年1月28日，三名被告在中华门外的雨花台被行刑队处决。

## 远东国际军事法庭

1945年7月26日，美国总统哈里·杜鲁门（Harry S. Truman）、中国国民政府主席蒋介石和英国首相温斯顿·丘吉尔（Winston Churchill）共同发表了《波茨坦宣言》（Potsdam Declaration），三人在宣言中宣布："我们不打算把日本人作为一个种族来奴役，或作为一个国家来消灭，但对所有战犯，包括那些对我们的战俘施以残酷手段的人，应给予严厉的司法制裁。"②1946年1月19日，日本投降几个月后，盟军最高统帅道格拉斯·麦克阿瑟将军发布了建立远东国际军事法庭的特别公告，同时宣布即将成立的法庭的章程和法庭宪章：

> 鉴于美国及与之结盟的国家在抗击轴心国的非法侵略战争时，时常发表声明，表示他们打算将战争罪犯绳之以法。
> 
> 鉴于与日本交战的盟国政府于1945年7月26日在波茨坦宣布，作为投降的条件之一，所有战犯，包括那些对我们的战俘施以暴行的人，都将受到严厉的制裁。

---

① 《军事法庭关于战犯向井敏明等判决书（1947年12月18日）》，转引自《南京大屠杀史料集：24 南京审判》，第497页。

② Harry S. Truman, Chiang Kai-shek and Winston Churchill, "Potsdam Declaration," July 26, 1945, *Foreign Relations of the United States*: *The Conference of Berlin*, Vol. II, Washington, D.C.: Government Printing Office, 1960, pp. 1376-1377.《波茨坦宣言》中文版原文为"吾人无意奴役日本民族或消灭其国家，但对于战罪人犯（包括虐待吾人俘虏者在内）将处以法律之裁判"。引自《中国外交史》，傅启学编，台北：台湾商务印书馆1973年版，第647页。

鉴于通过1945年9月2日在日本东京湾签署生效的日本投降书，日本签署者根据天皇和日本政府的命令并代表他们，接受了在波茨坦声明中提出的条件；……

因此，我，道格拉斯·麦克阿瑟，作为盟军的最高统帅，根据赋予我的权力，为了执行要求对战犯进行严厉审判的投降条款，命令并规定如下：

第一条，应设立远东国际军事法庭，以审判被控犯有包括危害和平罪在内的个人或组织成员，或以两种身份被控的人。

第二条，我今天批准的《远东国际军事法庭宪章》规定了本法庭的章程、管辖权与职能。

第三条，本命令不妨碍在日本或与日本交战的联合国国家的任何领土上设立或将要设立的任何其他国际、国家或占领区法院、委员会或其他法庭对审判战犯的管辖权。[1]

同时，麦克阿瑟于1946年2月25日任命了11位法官：澳大利亚的威廉·弗拉德·韦伯（William Flood Webb, 1887—1972）、加拿大的爱德华·斯图尔特·麦克杜格尔（Edward Stuart McDougall, 1886—1957）、中国的梅汝璈（Mei Ju-ao, 1904—1973）、法国的亨利·贝尔纳（Henri Bernard, 1899—1986）、印度的拉达宾诺德·R. 巴尔（Radhabinod R. Pal, 1886—1967）、荷兰的伯纳德·维克多·阿洛伊修斯·勒林（Bernard Victor Aloysius Röling, 1906—1985）、新西兰的艾瑞玛·哈维·诺斯克罗夫特（Erima Harvey Northcroft, 1884—1953）、菲律宾的德尔芬·耶布西翁·哈那尼拉（Delfin Jebucion Jaranilla, 1883—1980）、苏联的伊万·米歇耶维奇·柴扬诺夫（Ivan Michyevich Zaryanov, Иван Михеевич Зарянов, 1894—1975）、英国的威廉·唐纳·派屈克

---

[1] Douglas MacArthur, "Special Proclamation", January 19, 1946, *The Department of State Bulletin*, Vol. XIV, No. 349, March 10, 1946, p. 361.

（William Donald Patrick，1889—1967）和美国的约翰·帕特里克·希金斯（John Patrick Higgins，1893—1955），其中，以威廉·韦伯为法庭庭长。1946年7月，约翰·帕特里克·希金斯被密朗·凯迪·克拉默（Myron Cady Cramer，1881—1966）取代。法庭于1946年4月29日开庭，28名A级日本战犯接受审判。在这28人中，华中派遣军总司令松井石根、1937年任外相的广田弘毅（Koki Hirota，1878—1948）和松井的副参谋长武藤章（Akira Muto，1892—1948）以不同身份涉及南京大屠杀案。

松井石根于1878年7月27日出生于日本名古屋，1897年毕业于士官学校，1906年毕业于陆军参谋学院。1904年至1905年，他在日俄战争期间参战。1915年至1918年间，担任驻上海武官，1919年至1921年，指挥第二十九联队。他曾短暂地隶属于海参崴派遣军的参谋部，在俄国的远东地区与红军作战，之后他于1922年再次在中国服役，担任哈尔滨情报单位的负责人，并于1923年晋升少将。1924年，他担任第三十五步兵旅团的指挥官，1927年，晋升中将。在担任台湾军军长时，他于1933年晋升为大将，并在1935年退出现役。1937年8月，他应召回现役，担任上海派遣军总司令。从1937年11月起，他成为重组的华中派遣军总司令。正是在松井的指挥下，日军攻占了南京，并在该市及其周边地区犯下暴行。1938年2月，他被解除了总司令的职务，并奉召回日本，担任内阁的军事顾问。日本投降后，他于1946年3月被捕，并于1946年5月3日与其他27名A级战犯一起被正式起诉。法庭根据第1、27、29、31、32、35、36、54和55项罪名指控松井。

**起诉方证人证词**

南京大屠杀案检方的第一位证人是罗勃特·O.威尔逊。威尔逊在南京出生长大，并在美国普林斯顿大学和哈佛大学医学院接受教育。在纽约接受住院医师培训后，他于1936年1月回到南京，在鼓楼医院担任外科医生。在大屠杀期间，他是留在南京的唯一外科医生，他抢救治疗日军暴行受害者，因而能够从外科医生的视角对日军暴行提供独特而详细的信息。

**威尔逊于 1946 年 7 月 25 日和 26 日出庭作证。检察官要求他提供暴行受害者受伤害，并在医院接受治疗的具体实例，威尔逊提供了一个又一个：**

> 我可以说说在南京沦陷后不久我所治疗的几个病人的例子，但除了两个在这里作证人的，我没法说出他们的姓名。
>
> 我想到的一个案例是一位 40 岁的妇女，她被送到医院时，脖子后面有一个裂口，切断了脖子上的所有肌肉，使头部非常不平衡。……
>
> 直接询问这个妇女，以及从送她来的人们的讲述中，我们毫不怀疑，这是一名日本兵干的。……
>
> 他是一大群人中的一个——唯一的幸存者，他们被押解到长江岸边，并被逐一枪杀。尸体被推入江中，因此，实际人数无法确定。但他佯装死亡，在黑暗中悄悄离开，来到医院。这个人姓梁。
>
> 另一个是一名中国警察，被送到医院时，他的背部中间有一道很深的伤口。他是被押到城墙外的一大群人中唯一的幸存者，他们也是先被机枪扫射，然后用刺刀刺穿，以确定他们已经死亡。这个人的名字叫伍长德。
>
> 一天中午，我正在家里吃午饭，几个邻居冲进来，在饭桌上告诉我们，几个日本兵正在强奸他们家里的妇女。……
>
> 我们急忙跑出去，陪着那些人回到他们自己的屋子，院子里的人指着门房紧闭着的门。三个日本兵拿着刺刀在院子里站着。我们推开门，发现两个日本兵正在强奸两名中国妇女。我们把这些妇女送到金陵大学难民营——校园中有大批由安全区国际委员会管理的难民。
>
> 一名男子来到医院，下巴被子弹打穿，几乎不能说话。他的身体大约有三分之二被严重烧伤。他的经历，就我们所知，是他被日本兵抓住，遭枪击，身上浇了汽油，然后被点燃了。他两天后死了。
>
> 另一名男子入院时，整个头部和肩部都被严重烧伤。在他还能说话时，他告诉我们，他是一大群人中唯一的幸存者，他们被绑在一起，身

上浇了汽油，然后被点燃。

到目前为止已经提到的这些具体案例我们都有照片。一位60岁的老人被送进医院，他的胸部被刺刀捅伤。他的情况是，他从难民区回到城市的另一个地方去找一个亲戚。遇到一个日本兵，日本兵用刺刀捅他的胸部，并把他扔在水沟里等死。六个小时后，他恢复了知觉，来到医院。

1937年12月13日城市沦陷后的六七个星期内，类似这样的受害者接二连三被送进来。医院的容量通常是180张床位，整个时期内都是满满的。……

我提到了那个8岁的男孩。我还想到了另外两个案例。

一个是七八岁的小女孩，她的肘部有一个非常严重的伤口，肘部关节外露。她对我说，日本兵在她眼前杀死了她的父亲和母亲，并给她留下这个伤口。

一个15岁的女孩被约翰·麦琪牧师送进医院，说她被强奸了。经过医院检查，证实了这一点。大约两个月后，这个女孩再次来到医院，出现了梅毒的继发性皮疹。……[①]

许传音在威尔逊之后走上证人席。当检察官问他日军进入城市后对平民的所作所为时，许传音提供了大量的证词：

第三天，我有机会得到日本军官的许可，在城内——城各处巡察。有一个日本人和我一起坐车去。此行的目的是估算横陈在街上以及所有房屋内尸体的数量。我看到到处都躺着尸体，有些尸体就像他们被枪杀时那样躺在那里，有的跪着，有的弯着腰，有的侧着身子，有的只是张着腿和胳膊。这表明这些都是日本人干的，我看到有几个日本人在那一刻还在杀人。

---

① R. John Pritchard and Sonia Magbanua Zaide, *The Tokyo War Crimes Trial*, Vol.2, Transcripts of the Tribunal, pp. 2，534-2，539.

在一条主要街道上，我甚至开始尝试数街道两边躺着的尸体的数量，我自己开始数了 500 多具。我说，数也没用，我数不过来。

当时和我同一辆车上的还有一个中国人。他曾在日本留学，会说日语。他——我们一起去了他家，发现他的哥哥在那所房屋里也被枪杀了，在台阶上——在门口，还没有把他运走。

在城南、城北、城东和城西都发现了相同的情况，许许多多人被杀害，仍然躺在那里，没有日本人——没有日本兵对任何人表现出任何礼貌。我很幸运，因为我的车上有一个日本人——一个会说日语的中国人，很多次我被打断，他们试图把我从车上拖出去，我——车上的日本人帮了我的忙，因为我们得到他们的许诺。

所有这些尸体，我没有发现一个穿军装的——没有一个军人；他们都是平民，有老有少，也有妇女儿童。所有的军人——我们在整个城市里都没有见到中国军人。[①]

**在回答日本兵是否搜查了安全区并押走大量平民的询问时，许传音表示：**

有一天，我和其他成员一起，在一栋楼里向那些难民分发馒头和糕饼。当我们快发完时，突然来了日本兵。他们中的两个人守在门口。几个士兵走进去，用绳子把难民——平民——全是平民——手牵着手绑在一起，有的几十人，有的 15 个人，然后把他们押走。我站在那儿，大吃一惊，这到底想干什么？在那个院子里，在那座建筑里，大约有 1500 名平民——难民——他们以这种方式抓走。他们甚至试图抓走我们红卍字会的一些成员，但经过解释，他们放我们走了。当时，我让人立即向国际委员会报告——向拉贝先生报告。拉贝先生和菲齐先生应我的要求前来，但这些人——这些平民——已经被日本兵抓走了。当拉贝先生、

---

① R. John Pritchard and Sonia Magbanua Zaide, *The Tokyo War Crimes Trial*, *Vol.2*, *Transcripts of the Tribunal*, pp. 2563-2564.

菲齐先生和我，以及另一个会说日语的中国人，经过一番商谈后，我们都立即去了特务总部——日本特务机关总部。拉贝先生提出了抗议。他首先质问他们为什么进入安全区，把平民——难民——抓走；其次，他们把他们抓去干什么，他们现在在哪里，并要求立即释放。我们得到的答复是他们不知道——日本总部，特——特务机关的负责人说他们不知道。所以我们在那里等，在那里等了一个小时，等他们——让他们能够查出这些人的去向，以及谁抓走了他们。我们无法从他们那里得到任何消息。他们没有给我们任何满意的答复，他们甚至答应在早上之前给一个明确的答复，但他们没有。

第二天，大约七八点钟，我们听到机枪声。现在，在那个地方——在国际委员会的总部和红卍字会的周围，我们立即派人四处查访，我们知道那些——我们当时，当时我们看到那些人被机枪扫射，他们的尸体被扔进池塘。后来，我们把那些尸体弄上来了，也认出其中的一些人。①

关于日军在南京如何对待妇女的问题，许传音列举了数起实例，包括：

在其中一个难民营，日本兵在一天之内开来三辆卡车，想把那个难民营的所有姑娘抓走，抓到一个可以强奸她们的地方。我去——试图阻止他们，但没有成功。此时这些姑娘，这些妇女，从13岁到40岁不等，我亲眼看到日本兵在浴室里强奸一个女人，他的衣服在外面，后来我们找到浴室的门，发现一个女人赤身露体，在哭泣，极度沮丧。有一次我和福田先生一起去。当时他是日本大使馆的副领事，现在是东京新内阁的秘书。这时我们去了难民营，试图抓住——抓住两个据说住在那里的日本人。当我们到达那里时，我们看到一个日本人仍然坐在那里，有一个女人在角落里哭泣。我告诉福田，"这就是那个强奸的人"，那个人

---

① R. John Pritchard and Sonia Magbanua Zaide, *The Tokyo War Crimes Trial*, Vol.2, *Transcripts of the Tribunal*, pp. 2566-2568.

低头坐在那里，福田开始发问，"你为什么这么做——你在这里有什么事？"①

**在他的证词中，许传音讲述了红卍字会所从事的掩埋工作：**

> 红卍字会把掩埋那些实在无法收埋的死者作为一项慈善工作。这时，街上有那么多的死尸，没有人料理。日本人，日本兵，日本军人也来请我们帮忙，说，"唉，你们一直在做这项工作，为什么不能为我们做呢？"在我们得到他们掩埋的许可后，他们给了我们一个许可证和护照，以及一些在城里通行的便利，于是我们开始掩埋尸体。
>
> 我们有大约两百名正式的员工在做这项工作。我们掩埋了43000多人，这个数字实在是太小了。原因是不允许我们提供我们所埋葬的真实数字。起初，我们不敢给数字，不敢保留任何记录，后来我们只是私下做了记录。这个数字只代表我们所埋葬的。这些都是平民，不是军人。我们的工作和军人没有任何关联。
>
> 问：在南京是否还有其他组织参与埋葬平民死者的工作？
>
> 答：是的，有其他组织，主要是慈善组织。红卍字会只是其中之一。
>
> 问：这些被红卍字会埋葬的尸体是在哪里发现的？
>
> 答：这些尸体要么是我们自己发现的，要么是由周围的人报告的，或者是一些——很多时候日本人会来，日军兵会来；如果某个地方有太多的尸体，他们会报告给我们。原因是他们非常害怕流行病，所以他们希望把这些尸体运走，特别是在二月、一月和三月。这些尸体首先要从那些地方运走，如果在池塘里，就把他们从水里弄出来；如果在房屋里，也要运出去。这时，尸体被弄出来时，我们发现他们，大多数人，几乎所有的人都被绑着，手被绑着。这样，他们有时用绳子，有时用铁

---

① R. John Pritchard and Sonia Magbanua Zaide, *The Tokyo War Crimes Trial*, Vol.2, *Transcripts of the Tribunal*, pp. 2569-2570.

丝。如果尸体被捆绑着，我们敬畏的神灵的做法是将其全部松开。我们想松开所有的东西，把他们一个一个地埋起来。但是有了这些铁丝，现在几乎不可能这样做了。在很多情况下，这些尸体已经腐烂，所以我们无法一个一个地埋葬他们。我们能做的就是简单地把他们分成几堆埋掉。①

在许传音之后，大规模处决的三名幸存者尚德义、伍长德和陈福宝出庭作证。在简单询问了他们的身份和书面证词的真实性后，控方律师大卫·萨顿（David N. Sutton）宣读了他们的书面证词的英文译文。

尚德义，1946年时32岁，是一名零售商，在下关长江边1000多名平民被机枪扫射的大屠杀中幸存：

> 1937年，我住在上海路华新巷1号（在难民区）。同年12月16日上午11点左右，我被日本兵（估计是中岛部队）逮捕，同时被捕的还有我的哥哥德仁（原嘉善机场站的秘书），我的堂弟德金（原从事丝绸贸易），以及另外五个不知名姓的邻居。用绳子将我们两人一组绑在一起，然后被押到下关江边。那里有1000多名男性平民，命令他们坐下来，在我们面前约40或50码处有10多挺机枪。我们在那里坐了一个多小时。大约下午4点钟，一位日军军官坐汽车来，他命令日本兵用机枪开始向我们扫射。命令我们站起来后，开枪扫射。就在开枪之前，我瘫倒在地上，马上就被尸体覆盖，晕了过去。
>
> 大约晚上9点以后，我从尸体堆里爬出来，设法逃了出来，回到了自己家。②

---

① R. John Pritchard and Sonia Magbanua Zaide, *The Tokyo War Crimes Trial*, Vol.2, *Transcripts of the Tribunal*, pp. 2574-2575.

② R. John Pritchard and Sonia Magbanua Zaide, *The Tokyo War Crimes Trial*, Vol.2, *Transcripts of the Tribunal*, pp. 2600-2601.

1946年时,伍长德38岁,是出售食品的商贩,他在1937年及之前的几年做过警察。1937年12月15日,日军在南京西城门之一的汉中门外处决了2000多人,他是其中之一,但他幸存了下来。在法庭上,他详细描述了这次大规模处决:

> 南京城陷落后,我和其他约300名警察在司法院。我们没有武器,因为我们所有的武器都交给了南京安全区国际委员会。司法院是一个难民营,除了警察之外,还有许多平民在那里。1937年12月15日,日本兵来到司法院,命令那里所有的人跟他们走。国际委员会的两名成员告诉日本人,我们以前没有当过兵,但他们命令这两个人走开,并强迫我们向城市主要的西城门走去。
>
> 当我们到达那里时,我们被命令在城门内坐下来。日本兵在门外和门的两边架起了机关枪。城门外是一条运河,有一个陡峭的斜坡通向运河。有一座桥横跨运河之上,但桥不在城门的正对面。
>
> 他们用刺刀每次逼迫100多人穿过城门。当他们走出城门时,便被机枪射杀,他们的尸体沿着斜坡坠入运河。那些没有被机枪射杀的人被日本兵用刺刀捅死。大约有16群人,每群有100多人,在我前面被迫通过城门,这些人都被杀害了。
>
> 当我这群100多人的队伍被逼迫通过城门时,我拼命地跑,在机枪开火前向前扑倒,没有被机枪子弹击中,一个日本兵过来用刺刀刺进了我的背部。我躺在地上一动不动,好像死了一样。日本人在尸体上泼了汽油,点燃后离开。天开始黑了。尸体沿着河岸散落着,没有人向我泼洒汽油。当我看到日本兵离开后,我从尸体中爬出来,进入一间空置的房屋,在那里待了10天。附近有人每天给我送来一碗粥。然后我进了城,去了鼓楼医院。威尔逊医生为我治疗。我在医院住了50多天,出院后我回到了我在苏北的老家。在我描述的那次事件中,大约有两千人被杀害,

其中包括警察和平民。①

陈福宝作证说，1937年12月14日，有37人被机枪扫射，日军逼迫他和另一个人把尸体扔进一个池塘：

> 在日军进入南京的第二天，即12月14日，他们从难民区抓走39个人，都是平民男子，对他们进行了检查。那些额头上有帽印或手上有使用枪支而产生的老茧的人，被押到一个小池塘的另一边去。我和另一个人在这一边，日本人用轻机枪杀了其余的人。37个人就这样被杀，我看到了这一幕。大多数人都是平民。我是南京的居民，知道这些人中有不少是南京的平民。尤其认识其中一人，他是南京的一个警察。当时我18岁，住在南京。四个月后，他们被红卍字会埋葬，其时，尸体一直在被扔进的池塘里。在日本人的命令下，我帮着把尸体扔进池塘。这件事发生在大白天的上午，在美国大使馆附近②。

1946年7月29日，自1920年起在金陵大学任教的美籍教授M. S. 贝茨作为检方证人出庭作证。他向法庭讲述了他亲自观察到的日军对平民犯下的暴行。他提供了大量的证词，现将部分引述如下：

> 问：日军控制南京城后，日本兵对平民的行为是怎样的？
> 答：这个问题太大，我不知道从何说起。我只能说，我自己观察到的一系列在没有任何挑衅的情况下或没有明显的理由枪杀平民；一个中国人从我自己的屋子里被抓走杀害。从我隔壁邻居家抓走两个人，他们

---

① R. John Pritchard and Sonia Magbanua Zaide, *The Tokyo War Crimes Trial*, Vol.2, *Transcripts of the Tribunal*, pp. 2604-2606.

② R. John Pritchard and Sonia Magbanua Zaide, *The Tokyo War Crimes Trial*, Vol.2, *Transcripts of the Tribunal*, p. 2609.

在日本兵强奸他们的妻子时焦虑地站了起来，他们被抓走，在我家旁边的池塘边被枪杀，并被扔进池塘。在日本人进城后的许多天里，平民的尸体一直横陈在我家附近的街道和小巷里。这场杀戮的总体范围如此之广，以至于没有人能够完整地加以描述。我们只能说，在仔细检查安全区和邻近地区时，我们尽了最大努力去了解情况。

史迈斯教授和我根据我们的调查、观察和核查掩埋记录得出结论，在我们确信的范围内，有12000名平民，包括男人、妇女和儿童，在城内被杀害。在我们所知道的范围之外，还有许多人在城内被杀，其人数我们无法核实，而且还有大量的平民在城外被杀害。这是屠杀数以万计的中国军人或曾经是中国军人之外的杀戮。

问：这些曾经当过兵的或被指控为军人的人是在什么情况下被杀害的？

答：大批中国军人在城外放下武器，投降，并在72小时内被机枪扫射，大部分在长江岸边。

我们国际委员会雇了工人，掩埋了3万多这样的军人。这是由我们督导的一项救济工作。我们无法计算被江流卷走的尸体以及以其他方式埋葬的尸体的数量。

在安全区内，有个非常严重的问题，因为日本军官指望在城内找到大批中国军人。当他们没有找到这些军人时，便坚持认为他们藏在安全区内，是我们将他们藏起来了。根据这一理论，派日本军官和军曹到安全区的难民中，日复一日地试图找出和抓捕当过兵的人，历时约三周。他们的惯常做法是，要求安全区某一区域或某一难民营的所有健壮男子排队接受检查，如果他们手上有老茧或额头皮肤上有戴帽子的痕迹，就会被抓起来。

在这些检查中，有几次我都在场，并观察了整个过程。毫无疑问，这些难民中确实有一些军人——当过兵的，他们扔掉了武器和军装，穿上了便服。同样明显的是，大多数被指控或被扣押的人都是普通的搬运工和工人，他们有很多理由让自己的手上长满老茧。被指控为军人的人被抓走，在大多数情况下，立即在城市边缘被大批枪杀。

在某些情况下，他们采取特殊的欺诈手段，劝人们承认曾经是当兵的。日本军官利用日军占领南京之前由松井将军发布并通过飞机到处散发的公告，该公告宣称日本军队对和平的中国公民只有善意，不会伤害那些不抵抗皇军的人。日本军官试图说服许多中国人站出来，自愿成为军事劳工团的工人。在某些情况下，这些日本兵催促中国人站出来，说："如果你们以前是中国军人，或者曾经在中国军队中做过挑夫或劳工，现在如果你愿意加入这个劳工团，这一切都会被忘记和宽恕。"就这样，在一个下午的时间里，从金陵大学的校舍里抓走两百人，并在当天晚上与从安全区别的地方抓到的其他人员一起被迅速押走处决。

问：日本兵对南京城内的妇女的行为是怎样的？

答：那是整个事件中最粗野、最悲惨的一幕。同样，在我三个近邻家里，妇女被强奸了，包括大学教师的妻子。在五个不同的场合，如果你愿意，我可以为你详细说明，我本人遇到了正在强奸的士兵，并把他们从妇女身上拉走。

我们之前提到的安全区案例报告，以及我自己所记录的在金陵大学各种场地和房屋里3万名难民之中发生的情况，总共有数百起强奸案，当时向日本当局提供了这些案件的确切细节。占领一个月后，国际委员会会长拉贝先生向德国当局报告说，他和他的同事们认为已经发生了不少于两万起强奸案。此前不久，我曾非常谨慎地估计，仅根据安全区的报告，就有大约8000起案件。

每天和每个晚上都有许多各种各样的成群结伙的日本兵，通常是15或20人一伙，在城里游荡，主要是在安全区，因为几乎所有的人都在那儿，他们闯房入舍寻找妇女。有两个案例，我记得非常清楚，因为在这两个案例中我都差点送了命，军官们参与了这种在金陵大学校产上劫持、强奸妇女的劣行。强奸在白天和夜晚都很频繁，而且在很多情况下还在路边发生。

在金陵神学院的校园里，在我一个朋友的眼皮底下，一个中国妇女被17个日本兵快速地轮奸。我不想重复那些与强奸有关的虐待狂和不正常行为的偶发案例，但我确实想提一下，仅在金陵大学的房产上，就有一个9岁的小女孩和一个76岁的祖母被强奸了。①

另一位大屠杀幸存者梁廷芳于7月30日出庭作证。检方律师汤姆斯·亨利·莫罗（Thomas Henry Morrow, 1885—1950）宣读了他的书面证词。梁廷芳曾在医疗队照料在南京的中国伤兵，日本人占领南京后，他换上了便装，到安全区寻求庇护。然而，1937年12月16日，与其他许多人一起，梁被日军抓捕：

16日，日本人强迫我们到南京下关的长江岸边。我估计有5000多人，四路纵队行进，队伍有3/4英里长。到达那里时，要我们在江边排成一行，队伍的两边有机枪和日本兵，机枪对准队伍。有两辆卡车装载着绳子，把人五个一组绑在一起，手腕绑在身后，我见到了第一批这样五人一组的人被步枪射杀，然后被日本人扔进了江里。大约有800日本人在场，包括军官，其中有些坐在轿车里。我们在江边一字排开，在我们的手腕被绑住之前，我的朋友认为，与其这样死去，不如跳进江里淹死算了。我们大约在傍晚5点从难民营出发，大约7点到达江边，捆绑俘虏、枪杀一直持续到凌晨两点。当时月亮很亮，我看到了正在发生的情况，我的手表也在手腕上。我和我的朋友在枪声持续了4个小时后决定逃跑，大约11点我和我的朋友向江边冲去，跳进江里。机关枪向我们开火，但没有击中我们。②

---

① R. John Pritchard and Sonia Magbanua Zaide, *The Tokyo War Crimes Trial*, *Vol.2*, *Transcripts of the Tribunal*, pp. 2629-2634.

② R. John Pritchard and Sonia Magbanua Zaide, *The Tokyo War Crimes Trial*, *Vol.2*, *Transcripts of the Tribunal*, pp. 3370-3371.

8月8日，莫罗向法庭宣读了1946年3月8日在巢鸭监狱进行的"审讯松井石根记录"的摘录，并被法庭接受为检方证据。松井承认，1937年12月，他一进入南京就从城里的日本外交官那里了解到日军的暴行，日军部队中也有不法分子，他们对中国民众的行为普遍很差：

问：占领南京的部队也被指控纪律非常差。

答：我认为纪律很好，但行为和举止却不好。

问：士兵的行为举止？

答：是的。

问：这是在南京？

答：是的。我认为军队里有一些不法分子。

问：我知道你是在区分士兵在军事行动过程中的服从命令与士兵在休闲时的行为，以及在这个情况里，城市被攻占后的行为？

答：是的。

问：当然，在南京指挥部队的军官确实有责任在士兵休闲和执行任务时监督他们的行为？

答：是的。

问：为什么你说你认为士兵们的行为很糟糕？你这样说的依据是什么？

答：根据他们对中国人的行为和他们的一般行为。……

问：有人声称，朝香亲王对南京发生的事情负有很大的责任，但由于他与皇室的关系，人们对此很少或根本没有提及。这是否正确？

答：我不这么认为。朝香亲王是在军队进入南京前十天才加入派遣军的，鉴于他与这支军队联系的时间很短，我认为他不应该承担责任。我认为，师团长才是责任人。……

问：你说你17日进入南京。你有没有见到任何死去的平民、妇女或儿童的尸体？任何类似的情况？

答：这时都已搬运走了。我在西城门附近看到一些中国士兵的尸体。

问：中国战争罪行委员会声称，有几十万平民被杀，而且在13日攻占南京后发生了焚烧和掳掠城市的事件。除了你所说的，还有没有其他证据表明城市被攻占过程中处理得很糟糕？

答：这绝对不是事实。没有，绝对没有，这样的指控是没有根据的。我可以以我的名誉声明这一点。……

问：你是否有任何文件、信件或日记，表明你在1936年或1937年在南京和上海的活动？

答：我日记中唯一的记录涉及军事法庭审判一名军官和大概三名士兵在南京强奸中国人。

问：在那一天，法庭的判决是什么？

答：我想军官被处决，士兵被监禁。这是由于我主张严惩罪犯的结果。我在上海的时候收悉这个消息，并记在了我在那儿写的日记里。

问：我想你能给我们一份日记吗？为我们找一找？

答：我所有的记录，包括我的日记，都被烧毁了，但我有一些通过记忆写的笔记，我想如果我被审判的话，这些笔记会很有用。我的房屋在一次空袭轰炸中被毁。[①]

美国圣公会传教士约翰·G. 麦琪于8月15日作为控方证人出庭作证。麦琪在耶鲁大学接受教育，1912年作为圣公会的牧师前往南京，并一直在南京担任牧师直至1940年。麦琪用了两天的时间，提供了范围极广、内容详细的证词。他作证说，日本人进入南京后，杀戮立即开始：

那是令人难以置信的可怕。杀戮立即以几种方式开始，往往是由个别日本士兵或多达30名士兵四处游荡，每个人似乎都有生杀大权；然后，

---

① R. John Pritchard and Sonia Magbanua Zaide, *The Tokyo War Crimes Trial*, *Vol.2*, *Transcripts of the Tribunal*, pp. 3457-3465.

很快就有组织地大批杀人。不久，到处都横陈着尸体，一列列被押出去杀害的人在我身边经过。这些人主要是被步枪和机枪打死的。另外，我们得知有几百人的几批人被刺刀捅死。一位妇女告诉我，她丈夫在她面前被捆绑双手，被扔进池塘，她一直在那儿，他们不让她救他。他就在她眼前淹死了。……

12月14日，我们学校厨师的孩子与其他100个人一起被抓到在城墙外的铁路附近。他告诉我，他们被分成两组，每组大约50人，手被绑在前面，他们开始在前面杀人。他在后面——他是一个15岁的男孩，他拼命地咬着手腕上的绳子，最后把绳子松开，溜进了铁路下的一个涵洞，或是防空洞，或者是个排水沟。大约38个小时或更长时间后，他逃了回来，向我们讲述了这个经历。那是我们掌握的第一个证据，证明那些最初被抓走的人到底发生了什么情况。

在当天晚上或第二天晚上，我不知道是哪天，两列队伍很长的中国人，排着四路纵队，在我身旁经过，他们的双手被捆绑在身前。我应该说，这两列队伍中至少有1000人，也可能有近2000人。我不记得在这群人中看到一个中国军人。至少，他们都穿着便衣。伤员们开始陆续回城到教会医院。人们经常会被枪击或被刺刀捅，晕倒——会佯装死亡，然后回到我们这儿，我们便得知这些早期不断被押解出去的一列列的人到底发生了什么情况的真实信息。

12月16日，他们来到一个我非常熟悉的难民营，因为那里是我的一个基督教区，并从教区抓走14个人，包括中国牧师的15岁男孩。四天后，那14个人中的一个人，一个苦力，回来告诉我们其他人的命运。他们与大约1000人被押在一起，走到长江岸边，并在那里被两端的机关枪交叉扫射杀害。这个人在子弹打到他之前的一瞬间，扑倒，没有被击中。他周围的人的尸体压在他身上，他躺在那儿直至天黑，在黑夜的掩护下，才得以逃脱。

在14个人被抓走的同一天，我的司机来找我，说他们刚刚抓走了他的两个兄弟。他不敢上街，但他的妻子和我一起去了这些人被关押的地方。我见到那片空地上有大约500名中国人坐在地上。我们站在人群的边缘，直到这个女人在人群中找到了她的两个叔子，然后走到那个似乎是负责的日本军曹面前。他是——我和这个女人一起走到军曹面前，他非常生气，把我们赶走，我就说："没希望了。"我们只好走了。

第二天，我带着——我看到——我和其他三个外国人——两个俄国人和我的同事福斯特，一个美国人。我们站在房屋的阳台上，看到一个人被杀。一个穿丝绸长袍的中国人在房屋前的街道上走着；两个日本兵叫住了他，他非常害怕；他试图逃跑。他加快脚步，正要绕过竹篱笆的拐角，希望篱笆有个缺口，但没有。日本兵走到他前面，站在他前面不超过五码的地方，两个人都朝他的脸开枪——杀了他。他们两个人有说有笑，仿佛什么都没发生过；一直都没有停止过抽烟或说话，而且没有——他们杀了他，没有任何感觉，就像一个人向一只野鸭子开了枪，然后继续走路。

12月18日，日本大使馆的田中副领事让我和他一起去城北的下关，指认外国房产，因为他想贴告示保护它们。除非我坐他的车，否则我不可能出城门。我们拐进一条小巷，想抄近路，但很快就遇到了很多尸体，车不得不退到巷子外面，因为不从这么多尸体上开过去，我们不可能通过。

然后我们来到江边，在太古洋行附近，他——在他和日本警察进去贴告示的时候，我下了车，走到江边，在那里我可以看到下面的情况，在那里我看到了三堆中国人的尸体。我不知道那里有多少尸体，但我估计在300到500之间。这数目可能太小了。这些尸体上的衣服被烧掉了，其中许多人被烧焦了。很明显，他们被焚烧过。[1]

---

[1] R. John Pritchard and Sonia Magbanua Zaide, *The Tokyo War Crimes Trial*, *Vol.2*, *Transcripts of the Tribunal*, pp. 3，894-3，902.

麦琪向法庭讲述了一桩又一桩南京的女性，无论老幼，在日本兵那里遭受的可怕、血腥的经历：

这又是同样的经历，令人难以置信的可怕。强奸日复一日持续地发生着。许多妇女被杀害，甚至还有儿童。如果一个女人反抗或拒绝，她要么被杀死，要么被刺刀捅。我拍了电影，拍许多妇女的伤口——妇女的脖子被割开，身上到处都是刺刀伤。

如果妇女的丈夫试图以任何方式帮助她，他就会被杀死。一天晚上，我被叫到一所房屋里，一个日本兵在下午四点半的时候来这儿。他试图强奸这个男人的妻子，而这个主人，也就是这个丈夫，帮助她从这个日本兵不知道的房屋后门逃了出去。这个日本兵第一次来时没有带武器。他走后，又带着武器回来，杀死了那个女人的丈夫。那位妇女把我带到了房子后面，她丈夫的尸体就在那里。

我个人遇到的第一起强奸案是在最初那几天的一个晚上。一个女人在街上拦住我和我的同事福斯特，求我们救她的命。那是在黑暗中。这个女人讲述了她的经历。那天下午六点，将她从丈夫身边劫持走，被带上一辆汽车，走了三四英里，三个日本兵强奸了她。他们把她送回离她家大约一英里的地方，她在离我们要去的地方很近的地方下了车；就在那个日本兵叫她的时候，她要么看到了我们，要么听到了我们，冲到我们面前，要求我们救她。我们照办解救了她。

12月18日，我和我们委员会的一位德国成员斯波林先生一起去了城市的住宅区。我们觉得每一栋房屋里都有日本兵在找女人。我们走进一栋房子。在一楼，一个女人在哭泣，那里的中国人告诉我们她被强奸了。他们说在三楼的房子里还有一个日本人。我上去，试图进入所指的那个房间。房门锁着。我拍打着门，大声喊叫，斯波林很快就过来和我一起。大约10分钟后，一名日本兵出来了，女人在里面。12月20日，我被叫到一栋房屋，他们告诉我一个10岁或11岁的小女孩被强奸了。

我把她送到医院去，但我及时赶到了那所房子，阻止了另外三个日本兵进去。我从医院回来时，我被叫到另一所房屋，从二楼妇女住的屋子里赶走了三个日本人；然后那里的中国人指着一个房间。我冲进房间，撞开门，发现一个士兵——一个日本兵——正在强奸。我把他赶出了房间，赶出了房屋，赶出房子所在的巷子。

还有很多这样的案件。我们最大的一个问题——我们所有外国人的问题。我们无法阻止他们抓走男人，但我们可以阻止他们强奸这些妇女。

我的同事福斯特和我在城市被占领几天后了解到，我们永远不能同时离开基督教难民一起居住的房屋。他和我与我们的中国基督徒住在一起，并试图保护他们，但是——不和其他外国人在一起，我们离他们有一段距离。但那儿其他的美国人邀请我们在1月1日参加新年晚宴。我们的习惯是整天站在街上，一个人或另一个人守着三间房屋；只要日本兵在其中一间屋子前停下来，我们就向他冲过去，他就会走开。元旦的时候，一个美国人开着车来，邀请我们去。我不想离开，但他说一个小时内不会出什么事。他将在一个小时内送我们回来。于是我们就去了。那是我们收留大多数年轻女孩的特殊地方。我们饭还没吃完，我们的两个中国人跑来说，日本兵在那里追逐女孩。我们没能及时解救两名女孩免遭强奸。一位我认识了近30年的妇女，也是我们的一位基督徒，她告诉我，她和一个女孩在一个房间里，当日本兵进来时，她跪在他面前，求他放过这个女孩。他用刺刀背打她的头，并强奸了那个女孩。……

这个寡妇，日本兵第一次进来时，曾多次被强奸。然后她们决定逃到我们的安全区。在路上，当她们在黑暗中沿着街道前行时，这位妇女与她的老母亲走散了。母亲告诉我们，她在路上被劫持进一座房屋，被强奸了两次。77岁了！这位寡妇在从安全的金陵女子文理学院回到家后，告诉我们她被强奸了很多次。我想她说她总共被强奸了17到18次。

一位圣经妇女，也就是一位基督教女布道者，告诉我她和一位老妇人住在一起，一位80岁的中国人——这意味着她已经78岁或79岁了。

一个日本兵来到她家，把老妇人叫到门口，然后做动作让她敞开衣服。老妇人说："我太老了。"日本兵一枪把她打死了。①

麦琪曾到场查看城南一个住宅院的犯罪现场，那里有 11 人被杀，包括两名被日本兵强奸的少女。他在证词中详细地叙述了恐怖的暴行：

> 我走进新开路 6 号②，由许多遇难孩子的老外婆带我查看。在那所房屋里的 13 个人中，只有两个孩子幸免。一个大约 8 岁或可能 9 岁的小女孩告诉我这段经历，她经历了整个事件，背部被刺了两刀。我拍下了她背上的伤口，当时伤口已经愈合。这件事发生在日本兵最初进城之际。大约 30 名士兵来到门前敲门。房子的主人，我想是个穆斯林，开了门；他们当场杀了他。接着他们杀死了跪在他身后的中国人。然后是屋主的妻子。之后他们穿过一个小天井，来到一个厢房，那里有——他们走进天井边上的这个房间，在那里抓住并开始剥去分别是 14 岁和 16 岁的两个少女的衣服。这两个孩子的祖母搂着一个姑娘来保护她，他们杀死了这位祖母。她已经 74 岁了。她的丈夫，76 岁，冲向他的妻子，用手臂抱住她，他们把他也杀了。然后他们强奸了这些女孩，我不知道有多少次，并杀死了她们。带我查看的老外婆为我拿来一根竹棍，她说这根竹棍是被人——我想是她自己，因为她是第一个回来的——从其中一个女孩的阴道里拿出来的。那个小女孩也在同一个房间里，她的弟弟或妹妹大约四岁——孩子穿着男孩的衣服，但这并不能证明——是个女孩——我说这个女孩被捅了两刀。
>
> 在同一个院子的另一个房间里，母亲和她一岁的孩子躲在床下。他们强奸了这个女人，然后杀了她，也杀了那个一岁的孩子，当尸体被发

---

① R. John Pritchard and Sonia Magbanua Zaide, *The Tokyo War Crimes Trial*, Vol.2, *Transcripts of the Tribunal*, pp. 3904-3910.
② 应为"新路口 5 号"，见麦琪在本书第四章第四个录像中为案例 9 所加字幕。

现时，有一个瓶子被塞入女人的阴道。

小女孩告诉我被杀害的另一个孩子，我不知道孩子的年龄，被用军刀从脑袋往下劈开。

我到那儿的时候可能是六周之后，已经将尸体抬出房屋，但到处都是血迹，如果我的电影摄影机——如果我有彩色胶片，就会显示血迹溅在其中一个女孩被强奸的桌子上和另一个人被杀害的地板上。

老妇人把我带到房屋附近的一块空地上，从14岁的女孩、16岁的女孩和那个母亲，也就是这个老妇人的女儿，以及一岁婴儿的尸体上揭开了一张席子——那是一张竹席子。[①]

8月29日，检方提交了一系列有关日军在南京暴行的证据。检察官萨顿宣读了路易斯·S. C. 史迈斯、乔治·A. 菲齐、程瑞芳、詹姆斯·H. 麦考伦等人的书面宣誓书，麦考伦1937年12月至1938年1月的日记摘要，暴行幸存者孙远震（Sun Yuen-cheng）、李涤生（Lee Tih-sung）、陆沈氏（Loh Sung Sze）、吴经才（Woo King Zai）、朱勇翁（Chu Yong Ung）、张继祥（Chang Chi Hsiang）、哈笃信（Hu Tu Sin）、王陈氏（Wong Chen Sze）、吴君清（Wu Zah Tsing）、袁王氏（Yien Wang Sze）、王潘氏（Wong Pan Sze）、吴张氏（Woo Chang Sze）和陈贾氏（Chen Kia Sze）等人的书面证词。

这些幸存者和目击者的证词描述了南京居民遭受的日军暴行，以及他们在日军暴行中失去家人的痛苦。在证词中，李涤生讲述了他在1937年12月的个人经历：

大约在1937年12月15日，早上8点左右，我从北祖师庵46号的一家杂货店出来，我看到两个日本兵向我走来。日本人正在征召中国平

---

[①] R. John Pritchard and Sonia Magbanua Zaide, *The Tokyo War Crimes Trial*, *Vol.2*, *Transcripts of the Tribunal*, pp. 3894-3923.

民加入劳工队，我看到他们已经召集了一帮约30名中国平民。日本鬼子命令我停下来，当时我手里拿着饭碗，我弯腰把碗放在木板上——日本鬼子不喜欢我没有立即停下来，他们打了我的耳光，让我加入劳工队。我们走到下关的兴中门，命令我们把打仗时国军堆在城门前阻挡日本鬼子的沙袋搬走。第一天平安无事。第二天我又去干活，在那里看到三个在劳工队里干活的平民被日本人枪杀了，因为他们不懂日本鬼子要他们做什么。然后我下决心，这天的工作做完后就逃走……

大约在12月23日，我住在北平路的一座房屋里，大约早上9点钟，两个鬼子军官和其他几个鬼子兵带着一个中国人来到我们的街道，让这个中国人替他们说话。鬼子命令街道住宅中的人都要出来，然后让这个中国人告诉他们必须从鬼子那儿领取良民证。还告诉他们，以前为中国军队工作过的人和那些适合服兵役的人以及那些被征入中国劳工队的人应该站出来，并告诉他们，鬼子会关照这些人。他们可以为日本人干活，还会得到报酬、住所，并允许他们随时都可以离开鬼子的工作回家。随后，约有50至60人站在队伍中。这些人中的大多数都是无家可归和没有工作的人，他们认为鬼子会履行承诺。然后我回到家里，从楼上的窗户张望。看到鬼子把这五六十个人赶到街道的另一端，这条街道的名称为——在这个译本中被略去。所有这五六十个人都在一个水塘边的空地上排成一排。他们被机枪扫射杀害。我看到有一个人还活着，还在挣扎，然后日本人向他们所有人浇上汽油，把他们全部烧死。[①]

哈笃信因为手上没有老茧而幸免于难，但一个做面条的人因为右手有老茧而被枪杀：

12月14日，我看到一个日本人枪杀了一个平民，因为他的右手上

---

[①] R. John Pritchard and Sonia Magbanua Zaide, *The Tokyo War Crimes Trial*, *Vol.2*, *Transcripts of the Tribunal*, pp. 4485-4487.

有老茧。他们声称，这表明他是一名士兵，老茧来自操作步枪。然而，这个人是一个做面条的平民。我也因为同样的原因接受了检查，但我的手上没有老茧。枪击事件发生在我当时住房的院子里。

我看到一个中国妇女被两个日本兵拖进一间房屋。当时她在哭，并试图反抗。大约两周后，我还看到一个日本人把一个年约 13 岁的女孩拖进一间房子，事后有人告诉我，这个女孩在那里被强奸了。①

**王陈氏作证说，她的丈夫在试图保护她免遭强奸时被杀害：**

1937 年 12 月 26 日，我的丈夫被日本人杀害，下午四点左右，四个日本兵来到我家（洋珠巷 1 号）。他们要强奸我，其中三个人强行脱掉我上半身的衣服，这时我丈夫来保护我，他立刻被踢死了。我的孩子们也在同一个房间里，他们都在哭。我的孩子当时只有两个月和四岁。他们在杀死我丈夫后没有强奸我，而是离开了屋子。②

**在日军进城的第一天，陈贾氏就在日军的暴行中失去了几个亲人：**

日本人进入南京的第一天，就放火烧毁了我们的家，我们在前往难民营的路上。一行人中有我的婆婆，我的叔子③和他的妻子，我的两个孩子，以及我叔子的两个孩子，年龄分别为 5 岁和 1 岁。

当我们行进到南京城一个叫老王府的地方时，遇到 12 个日军，其中包括两名佩军刀的军官。其中一个佩军刀的，我认为是个军官，抓住我的妯娌，强奸了她，然后当着她丈夫和孩子的面将她杀害，她的丈夫

---

① R. John Pritchard and Sonia Magbanua Zaide, *The Tokyo War Crimes Trial*, *Vol.2*, *Transcripts of the Tribunal*, p. 4496.

② R. John Pritchard and Sonia Magbanua Zaide, *The Tokyo War Crimes Trial*, *Vol.2*, *Transcripts of the Tribunal*, p. 4498.

③ 此处原文为 my brother，应该为 my brother-in-law。

和孩子也同时被杀。丈夫因试图保护妻子被杀害，两个孩子因为在母亲被强奸时哭而被杀害。5岁女孩的嘴里被塞进她自己的衣服窒息而亡，男孩则被刺刀捅死。他们的父母都被刺刀捅死。我的婆婆也被刺刀刺伤，12天后死亡。我跌倒在地上，后来带着我的两个孩子逃了出来。这一切都发生在上午10点左右，而且是光天化日之下在南京的大街上。我是这一切的目击者。我在去难民营的路上看到许多妇女和平民男子的尸体。妇女的衣服被拉上去，看起来是被强奸了。我看到了大约20具，大部分是妇女。①

第1741号文件是王江氏的证词，被法庭采纳为第315号控方证据。该证词没有在法庭上宣读，因此没有包括在法庭笔录中：

> 66岁的王江氏女士的声明
> 
> 我是南京的居民，日本人当初占领南京时，我也是居民。我的儿子和女婿与我在一起，当时女婿被枪杀，我的儿子被抓走，从那时起就再也没有回来。我的女婿是个会计，我的儿子是法院的一名书记员。我的女婿是在安全区被日本人枪杀的，他和我的儿子都不是军人，也没有为军队做过工作。我跪下来乞求放过我的女婿，但没有用。人群中有五六个日本军人，有一两个人拿着军刀。他们没有任何理由就开枪杀人。女婿当时46岁，我儿子当时41岁。我是一个66岁的寡妇。当时我在南京看到了成堆的尸体，尽管我没有看到有其他人在我面前被杀。②

接着，检察官萨顿继续展示南京安全区的一些文件，然后他提交了《南

---

① R. John Pritchard and Sonia Magbanua Zaide, *The Tokyo War Crimes Trial*, Vol.2, *Transcripts of the Tribunal*, pp. 4, 506-4, 507.

② Wong Kiang Sze, Statement of Mrs. Wong Kiang Sze, June 6, 1946, Document No. 1741, Exhibit No. 315, Microfilm Set T918, Roll 12, Court Papers, Journal, Exhibits, and Judgments of the International Military Tribunal for the Far East, Record Group 238, National Archives Ⅱ.

京地方法院首席检察官的报告》,其中统计了日军南京暴行受害者的人数,以及崇善堂掩埋队和红卍字会埋葬尸体的统计表格。此外,萨顿还宣读了《鲁甦向南京地方法院检察院所作的陈述》:

> 倭寇入城后,将退却国军及难民男女老幼计五万七千四百十八人圈禁于幕府山下之四五所村,断绝饮食,冻饿死者甚多。16日夜间,用铅丝两人一扎,排成四路驱至下关草鞋峡,用机枪悉予扫射后,复用刺刀乱戳,最后浇以煤油纵火焚烧,残余骸骨悉投于江中。在此大屠杀中,有教导总队冯班长及保安队警员某,将绑绳挣脱,拖尸盖身,因而得免。唯冯班长左膀上刺刀戳伤,郭某脊背烧焦。逃至上元门大茅洞,由具结人觅便衣更换,偷渡至八卦洲始脱险。(当时具结人服务首都警察厅,与敌巷战被敌炮弹炸伤腿部,匿于上元门大茅洞内,相距咫尺,目睹惨况。)①

检方接下来提交了南京地方法院检察官编写的《关于日本在南京犯下的战争罪行的调查总结报告》,萨顿检察官宣读了该文件的摘录。该文件指出,"到目前为止所调查的材料显示有30多万人被杀害"②。

> 自从敌寇进入城市的那天起,有20多万人被杀害,那些没有撤退的人在遭遇敌人之处被杀害。设法躲藏的人被抓获后被军刀砍杀。此外,为了把俘虏集中起来充劳役,用卡车将他们强行运往不明之处,约八年来,没有他们的任何消息。他们可能是以何种方式被杀害,至今仍不得

---

① R. John Pritchard and Sonia Magbanua Zaide, *The Tokyo War Crimes Trial*, Vol.2, *Transcripts of the Tribunal*, New York: Garland Publishing Inc., 1981, pp. 4538-4539. 采用中文原文,转引自《1937.12.13——侵华日军南京大屠杀档案》,第87页。

② R. John Pritchard and Sonia Magbanua Zaide, *The Tokyo War Crimes Trial*, Vol.2, *Transcripts of the Tribunal*, New York: Garland Publishing Inc., 1981, p. 4546.

而知。①

除了谋杀和杀戮之外，该文件还指出了其他暴行：

C. 关于强奸的详情。

强奸的受害者从年轻女孩到60至70岁的老妇都有。性侵强暴的形式如下：

一名妇女经常被多名士兵强暴。一名妇女因拒绝性交而被杀害。为了取乐，一位父亲被迫奸污他的女儿。在另一个案例中，一个男孩被强迫奸淫他的妹妹。一位老人被迫奸污他的儿媳妇。乳房被割掉，妇女的胸部被捅刺。下巴被打碎，牙齿被打掉。这样骇人听闻的场面惨不忍睹。

D. 关于掳掠的详情。

为了搜寻衣服、器皿、珍宝，商店和住宅均遭到洗劫。寻获的物品悉数席卷而去。

E. 有关破坏损毁的详情。

在进城的过程中，敌寇不仅摧毁了飞机和武器，而且还到处纵火焚烧房屋。造成巨大的损失，市民遭受的损失数不胜数。②

8月29日和30日，萨顿还宣读了美国和德国外交文件的摘录，这些文件对日军在南京犯下的暴行提供了详细的介绍与描述。

### 被告方证人证词

在漫长的审判过程中，辩方证人也先后出庭作证。在南京大屠杀案中，

---

① R. John Pritchard and Sonia Magbanua Zaide, *The Tokyo War Crimes Trial*, *Vol.2*, *Transcripts of the Tribunal*, New York: Garland Publishing Inc., 1981, pp. 4542-4543.

② R. John Pritchard and Sonia Magbanua Zaide, *The Tokyo War Crimes Trial*, *Vol.2*, *Transcripts of the Tribunal*, New York: Garland Publishing Inc., 1981, pp. 4544-4545.

出庭作证、提供书面证词或宣读其审讯或询问记录的包括日本华中派遣军总司令松井石根、华中派遣军副参谋长武藤章、上海派遣军参谋长饭沼守、第十六师团参谋长中泽三夫（Mitsuo Nakasawa，1891—1980）、华中派遣军参谋中山宁人（Yasuto Nakayama，1900—1980）、上海派遣军参谋榊原主计（Kazue Sakakibara）、上海派遣军司法处处长塚元广次（Koji [Hirotsugu] Tsukamoto）、第十军军法处处长梶川硕次郎（Sekijiro Ogawa）、第九师团第三十六联队联队长胁坂次郎（Jiro Wakizaka，1886—1964）、第九师团下辖的第十九步兵联队第一大队大队长西岛刚（Takashi Nishijima）、第九师团下辖的第九山地炮联队第七大队代理大队长樱内义秀（Yoshihide Ouchi）、第三师团第三炮兵联队第一大队观察科科长小杉宏（Hiroshi Osugi）、外务省东亚事务局局长石射猪太郎（Itaro Ishii，1887—1954）、驻上海总领事日高信六郎（Shinrokuro Hidaka，1893—1976）、驻华无任所公使伊藤信文（Nobubumi Ito，1885—1960），以及松井石根毕生的朋友与亲密知己冈田尚（Takashi Okada）。

1947年11月24日，松井石根走上证人席。辩护律师弗洛伊德·朱利叶斯·马蒂斯（Floyd Julius. Mattice，1882—1970）宣读了松井的书面宣誓书。在题为《攻占南京时采取的措施以及在南京发生的所谓掠夺和暴行案件》的第5节中，他陈述道：

> 尽管我在攻占南京时非常谨慎，但在当时繁忙和不稳定的情况下，可能有一些兴奋的年轻官兵犯下了令人不快的暴行，事后我听到了关于这种不当行为的传闻，这让我非常遗憾和难过。攻占南京时，我正在约140英里外的苏州卧病在床，我不知道有任何违反我的命令的暴行，也没有收到相关报告。12月17日进入南京后，我第一次从宪兵队指挥官那里听说了这件事，我立即命令每个部队彻底调查并惩罚罪犯……19日，我在15到16名官兵的陪同下视察了整个城市，但大火已经扑灭，街道很平静，许多难民都回到了自己的家中。我们看到只有大约20名中国军

人的尸体躺在街上，城市内的秩序总体上正在恢复。……

总之，在南京沦陷后至1938年2月我在上海逗留期间，我唯一听到的是1937年12月底的一个传言，大意是南京有一些非法行为，但我没有收到关于这一事实的正式报告。我在此明确声明，美军战后在东京广播的本法庭检方所宣称的大规模屠杀和暴行，是我第一次听说此事。听到广播后，我试图调查我军在攻占南京后的行动，然而，当时的责任人已经死亡或被拘留并在海外受到惩罚，而有关文件则被烧毁。要回溯十年，详细调查和研究真实情况已不可能。

在南京战役中，炸弹、炮弹和步枪子弹有可能造成大量中国军人和平民伤亡，但我确实认为，检方指控在南京战役中存在有计划的屠杀事件，没有丝毫道理。诽谤日军参谋人员命令或容忍上述行为，是最不符合事实的。

鉴于当时的情况，不用说，我作为华中派遣军司令，已经在我的权限之内尽了一切努力，采取措施防止这种不幸事件的发生，对犯罪者予以严惩，对损失进行赔偿。

然而，令我非常遗憾的是，由于战时的繁忙状况，结果并不完美。①

**检察官亨利·格拉坦·诺兰（Henry Grattan Nolan，1893—1957）准将随后对松井进行了盘问，现将部分内容引述如下：**

问：在你的宣誓书第9页，大约中间部分，你说一些兴奋的年轻军官和士兵可能在南京犯下了令人不快的暴行。对此有答复吗？

答：是的，我是这么说的。我没有亲眼看到，但我从报告中得知。

问：那么，这些令人不快的暴行是什么？

答：强奸、抢劫、强行掠夺物资。

---

① R. John Pritchard and Sonia Magbanua Zaide, *The Tokyo War Crimes Trial*, *Vol.14*, *Transcripts of the Tribunal*, pp. 33821-33825.

问：还有谋杀？

答：也有。

问：你是从什么人那里得到这些报告的？

答：从宪兵队。

问：现在，你向我们解释说，在攻占南京时，你在140英里外的苏州卧病在床，对所犯的暴行并不知情。你是如何得知南京陷落的。

答：从报告中。

问：从什么人？

答：从军队司令官。

问：那么，他是谁？

答：从上海派遣军司令，也就是当时的朝香亲王将军，以及第10军司令柳川中将的报告中。

问：事实上，这两位军级司令官一直与你密切联系，了解行动的进展情况，不是吗？

答：是的。

问：而且，你告诉我们，你在12月17日进入南京后，从宪兵队指挥官那里听说了这些暴行。在你进入南京后，你是否收到过其他人员的报告？

答：当我去日本领事馆的时候，我从领事那里听到了报告——类似性质的情况。……

问：你听到了什么？

答：我从南京的日本领事那里听说，进入南京的日本军队的军官和士兵之中，有一些人犯了暴行。……

问：松井将军，这些暴行在南京持续了多长时间？你知道吗？

答：我不知道。我认为大多数暴行是在我们刚刚进入南京后犯下的。

问：你在笔录第3922页听到了证人麦琪的证词，在第2644页听到了证人贝茨的证词，他们说在南京城陷落后暴行持续了大约6个星期。你知道这件事吗？

答：我听过他们在本法庭的证词，但我不相信。①

武藤章于1946年4月19日和22日接受了审讯，4月22日的审讯涉及南京大屠杀。1947年1月24日，检察官佩德罗·T.洛佩斯（Pedro T. Lopez，1906—1957）宣读了4月22日审讯记录的摘要：

问：你是否将马尼拉暴行发生时你是山下将军的副参谋长这一事实归于巧合？

答：在南京的情况下，应为两个大队进城。然而，所有的军队都进城了，从而导致了南京暴行。至于马尼拉的情况……

问：在中国和菲律宾，有这么多妇女和儿童被杀害或被强奸，这是否让你的良心感到不安？

答：在南京和马尼拉的暴行发生后，作为这两起事件的参谋部成员，我觉得日本的军事教育中缺少了一些东西。

问：你认为军事教育中缺乏什么？

答：在南京和马尼拉犯下暴行的部队是被匆忙征召来的人，他们没有受到适当的军事教育训练。

问：你是什么时候看到美国人写的那本关于南京暴行的书的？

答：我没有见过那本书，我只是听说在美国印有这样一本书……

问：作为职业军人，这样的情况出现在一本反对你们军队的书中，你不感到羞耻吗？

答：我觉得这是对日本军队的一种羞辱。……

问：当你在1938年听说书中提到南京暴行时，你没有与其他高级军官非正式地讨论此事吗？

答：没有讨论过。

---

① R. John Pritchard and Sonia Magbanua Zaide, *The Tokyo War Crimes Trial*, Vol.14, *Transcripts of the Tribunal*, pp. 33849-33859.

问：你提到过关于在中国发生的暴行的非正式讨论。这些讨论包括哪些内容？

答：没有就已出版的书中涉及的南京暴行进行讨论。但是，由于日本军队行为不端，有非正式的讨论。[1]

1947年11月6日，饭沼守作为辩方证人出庭作证，在检察官亨利·格拉坦·诺兰准将对饭沼守进行盘问之前，辩方律师弗洛伊德·马蒂斯宣读了他的书面宣誓书。在宣誓书中，饭沼守陈述：

10. 1937年12月16日、20日和31日，我每天都进行了三次巡视，但在街上没有发现尸体。在下关附近，我看到了几十具阵亡士兵的尸体，但至于所谓的数万具被屠杀的尸体，我甚至在梦中都没有看到。我承认有小规模的火灾，但我从未见过故意燃烧的情况，也没有收到相关报告。在城内，有一些被烧毁的房屋，但几乎所有的房屋都保持原样。我总是指示日本军队仔细注意火灾，警告他们对火灾负有重大责任。

11. 进入南京后，有几起抢劫和暴行事件被报告给松井将军。尽管他一再指示，这些非法行为还是发生，对此他表示遗憾。他指示军官们尽最大努力防止不法行为的发生，并坚持对不法行为进行严厉惩罚。……一些士兵私自搬走家具，一些士兵搬走了属于外国人的家具，但问题的解决方式是将有关物品归还给主人或赔偿损失，违法者受到了惩罚。……

问：如果你看一下第10段，你会发现你提到了下关附近，在那里你看到了几十具阵亡士兵的尸体。

答：是的。

问：饭沼将军，下关在哪里？

答：它在南京城墙外，向西，在长江岸边。……

---

[1] R. John Pritchard and Sonia Magbanua Zaide, *The Tokyo War Crimes Trial*, Vol.7, *Transcripts of the Tribunal*, pp. 16130-16134.

问：你是否知道外国居民有怨言？

答：我不知道外国居民是否提出过抗议，但我在事件发生后听说了诸如偷窃钢琴或汽车的事件，并采取了适当的措施。……

问：你是否听说过谋杀或强奸案？

答：听说了。但不是谋杀。

问：强奸案。你什么时候听说的？

答：我不记得日期了。总之，那是在我们的司令部迁入南京之后。

问：那是在南京城陷落后多久的事？

答：那是在12月25日或26日之后。

问：那么，根据你的宣誓书，松井将军比你更早知道这些，这是否是事实？

答：我相信这是有可能的。①

1947年11月6日，中泽三夫走上证人席，弗洛伊德·马蒂斯宣读了他的书面宣誓书，他在其中作证道：

4. 第十六师团在1937年12月13日黎明抵达南京城的中山门，派出大约两个大队的兵力进入城内，让他们"清剿"先前指定的地区，即包括太平山、上元门、下关和中山路在内的地区。

第二天也继续进行"清剿"。12月15日，第十六师团部和一支小分队入城，但没有居民从该师团负责的地区撤离。12月23日，部队的部署发生了变化。第十六师团的一部被赋予了守卫城市内外的新任务，取代了之前入城市的另一支部队，并在南京停留到次年1月20日左右。

5. 在12月23日的部署改变后，难民区被纳入第十六师团的守备区域。该地区在进城时便明确标出，同时入口被严格看守，除非有特别许可，

---

① R. John Pritchard and Sonia Magbanua Zaide, *The Tokyo War Crimes Trial*, *Vol.13*, *Transcripts of the Tribunal*, pp. 32650-32657.

甚至军官也不允许进出该地区。……而当我们在南京城内进行"扫荡"时，除了难民区，没有看到任何中国人。因此，由于无法相信难民区的所有居民都是和平的公民，因此必须对该地区的居民进行调查。

……

8. 因此，12月25日组织了一个中日联合委员会来调查这些居民。调查的方法是在日本人和中国人都在场的情况下逐一审问或检查中国人，通过日本军人和中国人的委员会的协商来判断他是否是散兵游勇；对于一般人来说，需要提供居住证明。那些被确定为散兵游勇的人被移交给上海派遣军司令部。因此，他们被屠杀的说法确实不成立。……

我从未听说过任何有组织的或大规模的掳掠行为。不用说，司令部命令、纵容或允许这种非法行为是绝对没有事实根据的。……诚然，日本军队不能一下子就确定外国国旗的存在就是外国权益的代名词，有时他们会忍不住去突袭那些给他们留下危险印象的地方。令人遗憾的是，这些突击行动引起了各种复杂的问题。

……

12. 没有这样的事实，即日本士兵实施了有组织的强奸行为。在我的记忆中，有一些零星的涉及纪律的违法行为，但我得知他们都是按照法律规定进行处罚的。

13. 根据检方提供的证据，据说发现埋葬尸体的地方是中国军队建立阵地和他们防守的地方，如中山门和马群之间的地方，或者是有设施从阵地上接收死伤者的地方，如太平门富贵山和附近的地方。事实上，双方的许多士兵都在这些地方被杀。但在这些地方从未发生过大规模的屠杀。……当时日本军队的非法和暴力行径让居民感到恐惧，这绝对不是事实。[1]

---

[1] R. John Pritchard and Sonia Magbanua Zaide, *The Tokyo War Crimes Trial*, *Vol.13*, *Transcripts of the Tribunal*, pp. 32623-32630.

随后，检察官亨利·诺兰准将对中泽三夫的宣誓书提出了质询：

问：在你的宣誓书第13段中，在谈到掩埋尸体的地方时，你提到了检方提供的证据。你指的是什么证据？

答：我已经忘记了文件的编号，但这是一份由慈善组织——源自南京的慈善组织——发布的文件。

问：那么，你是否暗示，被掩埋的尸体是在南京城内战斗中阵亡军人的尸体？

答：是的。不仅仅是在城内，而且大量的尸体是在紧靠城墙外的防御区域发现的。

问：这些尸体中是否有妇女和儿童？

答：你这话是什么意思？

问：根据检方的证据，在收殓的死者中，有妇女和儿童。这些人是在城外被杀的吗？

答：因为我没有作证说我亲眼看到这些尸体，所以我不知道。

……

问：进入南京后组织的委员会中，谁是中国成员？

答：我不记得了。

问：那些被转送到上海派遣军司令部的中国散兵游勇的情况如何？

答：他们被当作战俘对待。

问：他们是否因任何罪行受到审判？

答：那是上级司令部的事。我不知道后来发生了什么。[①]

作为辩方证人，中山宁人于1947年5月5日和12日被传唤作证。辩护律师伊藤清（Ito Kiyoshi, 1890—1981）宣读了他的书面宣誓书。与南京大

---

[①] R. John Pritchard and Sonia Magbanua Zaide, *The Tokyo War Crimes Trial*, *Vol.13*, *Transcripts of the Tribunal*, pp. 32641-32644.

屠杀相关的部分如下：

> 后来，我们听说该委员会对日本兵在这些居住区内犯下的暴行提出了抗议。然而，他们的抗议并没有到达华中派遣军司令部。即使承认那里有这样的非法行为，也必须向日本领事馆和上海派遣军司令部提出抗议，前者要与特务机关建立联系，后者则直接负责守卫南京。尽管如此，上海派遣军并没有向华中派遣军提供任何信息，因此松井司令和参谋部都不知道有上述抗议。
>
> 日本兵的非法行为，如果有的话，必须进行调查和军法审判，而且只将结果报告给华中派遣军司令部。……
>
> 19. 在南京入城仪式举行之前和之后，我都去了南京，在城内视察。在那些场合，我没有看到中国平民的死尸或被屠杀的尸体，只在下关附近有大约100具尸体，在亚洲公园附近有大约30具尸体，看起来像是中国军人。
>
> 我听说在南京有大约5000名战俘。但他们从未被屠杀，但根据从两个军得到的消息，他们在长江的另一边已逐步被释放。[1]

**检察官大卫·N.萨顿于1947年5月12日和13日盘问了中山宁人：**

> 问：南京沦陷后，城内的所有武装抵抗都停止了，这难道不是事实吗？
>
> 答：是的，我认为武装抵抗在13日上午停止了。……
>
> 问：在南京城内，你在多少地方看到过尸体？
>
> 答：两个地方。……
>
> 问：你是否得知在长江岸边有成千上万的平民尸体，他们是被日本

---

[1] R. John Pritchard and Sonia Magbanua Zaide, *The Tokyo War Crimes Trial*, Vol.9, *Transcripts of the Tribunal*, pp. 21904-21908.

兵枪杀的？

答：绝对没有。

问：你是否看到日本兵将中国平民捆绑在一起，沿着南京的街道行进？

答：没有。

问：你是否了解到有1000多平民被押解出安全区，被押送到长江岸边，被日本兵用机枪扫射？

答：我从未见过或听说过这样的事情，我也不相信这是事实。……

问：南京安全区国际委员会每天都向领事机构报告，有时在同一天数次向领事机构报告日军在南京的暴行，这难道不是事实吗？

答：是的，我是很晚才知道的。

问：除了这些报告之外，贝茨博士是否代表金陵大学，以及约翰·H.D.拉贝先生和约翰·G.麦琪等人向领事当局报告了日本兵在南京的暴行？

答：我是后来通过别人了解到这些事实的。……

问：你说过，如果没有特别许可，士兵是不允许进入这些居住区的。难道士兵们没有多次在白天和晚上进入安全区，把妇女和女孩劫持走强奸吗？

答：我不认为那是真的。……

问：华中派遣军的政策难道不是搜寻解除武装的中国军人，并在发现后将其枪杀？

答：华中派遣军从未采取过这种政策。①

1947年5月6日，塚元广次作为辩方证人出庭，他从上海派遣军军法处处长的角度提供证词：

---

① R. John Pritchard and Sonia Magbanua Zaide, *The Tokyo War Crimes Trial*, *Vol.9*, *Transcripts of the Tribunal*, pp. 21918-21940.

进入南京后，日军的不法行为时有发生，我记得松井司令把所有军官召集起来，告诉他们此类案件的发生，并下达了严格的命令，以最严厉的态度维护军纪。

上述案件中有四五名军官参与其中，其余的大多是二等兵犯下的琐事。据我所知，犯罪种类主要是掳掠、强奸等，而盗窃和伤害的案件很少，由这些案件造成的死亡也很少。我记得有几起谋杀案，但不记得曾惩处过放火焚烧者或处理过大规模屠杀的罪犯。上述罪行发生在不同的地方，但我认为有相当多的案件发生在南京的难民区。①

与之前的辩方证人相比，石射猪太郎的证词最为坦诚。他于1947年10月3日作为辩方证人出庭作证。在他的书面宣誓书中，他陈述：

我们的部队在12月13日左右凯旋进入南京。此后，我们在南京的代理总领事（福井淳）从上海回到了他的岗位。他从南京给外务省的第一份报告是关于我们的军队在那里的暴行。这份电报被毫不拖延地转给了陆军部军事事务局局长。当时，外相对此事感到震惊和担忧，敦促我迅速采取某种措施来制止这种不光彩的行为。我在答复中告诉他，电报的副本已经转给了陆军部，我打算在即将举行的陆军部、海军部和外务省的联席会议上警告军事当局制止这种行为。……在那次会议上，我提出了暴行问题，提醒陆军部军事事务局外事科科长注意"圣战"的崇高理想和"皇军"的光荣称号，并要求采取严厉措施立即制止这些暴行。军方代表与我有同感，同意了我的要求。此后不久，驻南京代理总领事的书面报告到达外务省。这是一份用英文打字、关于我军暴行的详细报告，是由在南京的第三国居民代表组成的国际安全委员会起草的。我们在南京的总领事得到了一份报告的副本，并把它送到了外务省。我仔细

---

① R. John Pritchard and Sonia Magbanua Zaide, *The Tokyo War Crimes Trial*, Vol.9, *Transcripts of the Tribunal*, p. 21563.

阅读了该报告，并向外相报告了事情的概要。在接下来的联席会议上，我向陆军部军事事务局第一科科长出示了有关报告，并按照外相的意愿重复了我的要求。这位军方代表在回答中告诉我，已经向南京占领军发出了严厉警告。从那时起，暴行的案件越来越少。……

据我所知，广田外相要求杉山元陆军大臣对南京暴行案件迅速采取严厉措施；广田外相当时告诉了我这一事实。同时我也向陆军部的主管部门提出了同样的要求。[1]

石射猪太郎接受了检察官亚瑟·科明斯·卡尔（Arthur Comyns Carr, 1882—1965）的盘问：

问：好，在同一段的最后一句话中，你说从那时起，也就是在军方代表告诉你他已经发出了警告之后，暴行的案例越来越少。你难道不知道，事实上，从这些报告来看，直到1938年2月的第一个周末，暴行仍然一如既往的严重？

答：是的，我确实记得。但我在我的书面证词中指出，这种情况越来越少——与占领和进城时的大规模行为相比，这种情况要少得多。

问：你是否收到过一份日期为1938年2月2日的报告，报告称在1月28日、29日、30日和31日这四天里，南京发生了不少于70起强奸、谋杀、纵火和抢劫案件？

答：我不记得收到过这样日期的一份报告，也不记得报告中提到的与这些行为有关的时间段。但是，我记得我收到了一份文件，报告了70多起此类案件。……

庭长：你是否认为，鉴于代理总领事的报告的性质，需要立即关注并立即采取行动？

---

[1] R. John Pritchard and Sonia Magbanua Zaide, *The Tokyo War Crimes Trial*, *Vol.12*, *Transcripts of the Tribunal*, pp. 29970-29973.

证人：是的。

庭长：是否立即给予关注并立即采取了行动？

证人：是的。在收到南京的报告后，立即转交给了军方。之后不久——我说的不久，是指大约两三天后——在我的办公室我主持召开了军事事务局各科科长之间的联席会议，并转告了此事，提请他们注意这一严重问题。

庭长：考虑到报告的性质，你是否可以说立即发出了警告？

证人：这只是我的推测，但我认为军方立即处理了这件事。……

问：当你收到这些后来的报告时，你不是很明显地感觉到，据说军方发出的警告没有产生任何效果吗？

答：是的，我的印象是，中央军事当局发出的警告没有完全生效。……

问：此时，广田是否把这件事提交给内阁？

答：我没有听说此事被提交给了内阁。但是，广田外相将这个问题提交给了陆军大臣。我当时是直接从外相那里听到这个消息的。

我想进一步澄清一下。广田外相要求陆军大臣处理这个问题。纠正一下，外相向陆军大臣提出了这个问题——这是外相当时告诉我的。

问：但你已经告诉我，南京方面的报告继续传来，在那之后暴行仍在继续？

答：是的。

问：当你向广田报告时，他是否采取了任何进一步的措施？

答：我认为广田外相并没有经常或多次向陆军大臣提出这个问题。我想只有一两次。……

问：你不知道对待战俘的责任在政府，而不是在战场上的指挥官？

答：我不太明白这个问题的意思。

问：现在，根据你的信息，是否有任何责任人因这些暴行而受到惩罚？

答：我没有听说过。

问：广田是否采取过任何措施来确保对责任人的惩罚？

答：我认为广田外相与陆军大臣讨论过这个问题。

问：他是否在内阁中提出过这个问题？

答：我没有听说这件事被提交给内阁。……

问：石射先生，当你收到来自南京的这些报告时，你和外务省是否认为报告的陈述是可信的？

答：我们认为其中大部分是事实。然而，是的，一般来说，我们认为报告是可信的，尽管从外国来源收到的报告之间有许多重复之处，其中也包括来自中国的报告，而且我们认为，在来自外国来源和中国来源的报告中可能有，或者可能有重复之处。但我们一般都按面值看待这些报告。①

另一位日本外交官日高信六郎于1947年5月5日作为辩方证人出庭。他驻节上海，但在大屠杀期间，他时常前往南京。他在书面证词中表述了他的观察与观点：

外国居民向总领事馆提交了关于日本兵所犯错误的报告。然而，这些报告大多是基于道听途说，由于总领事馆没有足够的时间来调查每一份报告，这些报告被送往东京的外务省（我在上海读过一些副本）和南京的军方。似乎东京的外务省将这些报告通知了陆军部。

（3）在那段时间里，我去了南京几次，每次去都能听到南京总领事馆的报告。我看到了当时的情况，并与外国居民交谈。我向外务省提交了有关这些事宜的书面报告，并在1938年1月底回国接受指示时，向广田外相和其他外务省工作人员作了同样的口头报告。后来我听说，每当官员们在现场提交报告时，东京当局都会要求军方注意这些报告。

---

① R. John Pritchard and Sonia Magbanua Zaide, *The Tokyo War Crimes Trial*, Vol.12, *Transcripts of the Tribunal*, pp. 29977-29995.

正如我之前所说，正是由于这一事实，最高军事统帅部有时会向前方的军官发出有关指示。此外，我知道在2月初，参谋本部的课长本间少将去了南京。他告诉我，虽然他此行的目的主要是解决对外关系问题，但也有其他与中国人民相关的问题。……

正是由于中国军队和当局的宣传，反日情绪普遍强烈。甚至少数留在占领区的老人、妇女和儿童也充当间谍，进行破坏，或在暗中袭击日本兵。由于这些行为，日军的活动受到了极大的阻碍。日本兵起初试图善待平民，把他们当作与军人截然不同的人。然而，事实上，面对居民的这种态度，日本士兵中出现了一种敌意和可疑的警惕态度。①

在辩护律师弗洛伊德·马蒂斯宣读了他的长篇宣誓书后，检察官弗兰克·斯泰西·塔文纳（Frank Stacy Tavenner, Jr., 1895—1964）发表了一项声明："如果法庭愿意的话，除了某些对检方有价值的供认外，宣誓书中的陈述与我们关于南京暴行的大量口头证词和文件证据完全不同，我们认为对其进行盘问或让法庭查阅全部证据是浪费时间。"②

冈田尚的父亲是松井石根的好朋友，因此，他从小就与松井相识。他曾在上海东亚同文书院学习中文和中国现代史。毕业后，他在上海政法学院担任讲师，并一直与松井保持联系。1947年11月7日，在法庭上宣读的宣誓书中，他透露了1938年2月松井被解除指挥职务时与他的一次谈话：

2月中旬，作为军队改组的一部分，松井将军被解除职务后奉命回国。他当时叹息着对我们说：

"我非常遗憾在我执行任务中途奉召回国，这个任务对我们来说比

---

① R. John Pritchard and Sonia Magbanua Zaide, *The Tokyo War Crimes Trial*, *Vol.9*, *Transcripts of the Tribunal*, pp. 21453-21456.

② R. John Pritchard and Sonia Magbanua Zaide, *The Tokyo War Crimes Trial*, *Vol.9*, *Transcripts of the Tribunal*, p. 21456.

担任陆军司令官更为光荣——这个任务包括在南京陷落时停止武装敌对行动，集中精力与中国政府和解，而不要把战线延伸到南京的上游，但是既然我被解除这个职务是天皇的命令，我就必须像一个臣民那样服从。"①

显然，这与松井在1946年3月8日的审讯中所表述的内容相矛盾。他被解除指挥职务是因为南京的暴行，而不是像他在法庭上所说的那样，因为"我认为我在南京的工作已经结束，希望脱下我的军装，从事和平的追求"②。冈田的说法更接近事实，尽管真正的原因也不是"军队改组的一部分"。

**检方的辩论总结**

在检方与辩方的证人出庭作证并接受盘问后，检方提交了总结意见，并于1948年2月18日宣读有关南京大屠杀的部分：

### 南京暴行

1937年12月13日南京沦陷，中国军队在城内的所有抵抗都停止了。攻进城的日本兵不分青红皂白地在街上射杀平民。一旦日军控制了全城，充斥着强奸、谋杀、酷刑折磨和掳掠的狂暴便爆发了，并持续了六个星期之久。在最初的几天里，20000多人被日军当场处决。据估计，六周内在南京及其周边地区被杀害的人数从26万到30万不等，所有这些人都是未经审判而被残忍地杀害。红卍字会和崇善堂的记录显示，这两个组织共掩埋了15.5万多具尸体，这说明了这些估计的准确性。在这六个星期的时间内，至少有20000名妇女和女孩遭日本兵强奸。

辩方并不否认在南京发生暴行这一事实，但表示一些暴行是由撤退

---

① R. John Pritchard and Sonia Magbanua Zaide, *The Tokyo War Crimes Trial*, Vol.13, *Transcripts of the Tribunal*, pp. 32751-32752.

② "Interrogation of Iwane Matsui", March 8, 1946, p. 2, Document No. 10, 104, Exhibit No. 257, Microfilm Set T918, Roll 12, Court Papers, Journal, Exhibits, and Judgments of the International Military Tribunal for the Far East, Record Group 238, National Archives Ⅱ.

的中国士兵犯下的。还提到了军事法庭对犯有战争罪的人的惩罚。这些人的数量肯定很少，因为华中派遣军的军法处长塚元广次说他只处理了10个案件。

有充分的证据显示，当时指挥华中派遣军的被告人松井知道在南京发生了的暴行。驻中国的日本外交官员收到了许多关于暴行的报告，这些报告被他们转交给了外务省。外务省将这些报告转交给陆军部，并在联席会议上与陆军部的代表讨论了所犯暴行的事实。一系列的报告，其中一份包含了70多起强奸案的报告，被送到了外务省，被告南次郎①当时是朝鲜总督，他在报纸上看到了关于南京暴行的报道。毫无疑问，南京发生的暴行在日本官员的圈子里是熟知的。1938年2月16日，外国报纸关于南京和上海暴行的报道也在贵族院的预算委员会中被提及。被告人木户幸一出席了会议。②

在试图披露日本军队在南京的残暴行为背后的可能原因时，报告总结指出："证据所披露的屠杀行为分为三类。第一类是在军事行动过程中或完成后立即进行的屠杀。它们背后的双重政策似乎是为了解除军队看守战俘的尴尬，并恐吓他们的对手。"③

该总结还在《战俘总结——附录A》部分提供了关于屠杀情况的说明：

（1）谋杀和大屠杀

4.成千上万的中国人被日本军队屠杀，其中有时包括当过兵的，有时只有平民。平民被日军抓走，借口是他们以前是军人，或者因为他们

---

① 此处英文原文为，HIROTA Minami，应该为 Minami Jirō（南次郎，1874—1955），1936至1942年任朝鲜总督。

② R. John Pritchard and Sonia Magbanua Zaide, *The Tokyo War Crimes Trial*, Vol.16, *Proceedings of the Tribunal*, pp. 40027-40029.

③ R. John Pritchard and Sonia Magbanua Zaide, *The Tokyo War Crimes Trial*, Vol.16, *Proceedings of the Tribunal*, p. 40085.

没有满意地回答一些问题，或者没有明显的理由，经常被捆绑在一起，被押出城，排成一行，被机枪扫射杀害，尸体被扔进池塘或长江，或者浇上汽油点燃焚烧。不计其数的平民被日军杀害。在南京沦陷后的六个多星期里，屠杀男人、妇女、儿童似乎是南京的日本军人日常的工作。平民的任何言行，无论出于何种原因，只要个别士兵不喜欢，就足以成为杀这个人的理由，而平民经常被杀害，除了日本兵在杀害他们时享受的乐趣之外，没有任何明显的理由。任何人被怀疑曾经在中国军队服役也同样被杀害。[1]

该总结接着引用了罗勃特·威尔逊、M.S.贝茨、约翰·麦琪、詹姆斯·麦考伦、乔治·菲齐、尚德义、伍长德、陈福宝、梁廷芳、孙远征、鲁鲑、詹姆斯·爱斯比等证人的证词，然后重点讨论"酷刑"和"强奸"：

（2）酷刑

32. 日本士兵对中国平民实施了各种性质的侮辱，尽管中国平民顺从的态度最为卑微而可怜。他们被踢，被打，被强迫在寒风中脱衣站立，被人从鼻子里灌水，身体被刺伤和烧伤，遭受各种形式的人身酷刑。一旦发现中国人有家庭关系，就会要求儿子与母亲性交，父亲与女儿性交，兄弟与姐妹性交，这一切都在日本士兵面前进行，给他们带来乐趣。[南京地方法院检察官的报告（R4543-44）]

（3）强奸

33. 在1937年12月13日至1938年2月6日期间，在南京成千上万的中国姑娘和妇女，年龄从9岁到77岁不等，惨遭日本兵强奸，在许多情况下被强奸多次。南京安全区国际委员会会长约翰·拉贝在1938年1月14日给德国外交部的一份报告中指出，在南京沦陷后的一个月内，

---

[1] R. John Pritchard and Sonia Magbanua Zaide, *The Tokyo War Crimes Trial*, *Vol.16*, *Proceedings of the Tribunal*, pp. 40116-40117.

不少于2万名妇女和女孩被日本兵强奸（R4594）。这些妇女中有数千人死于日本人的虐待，还有数千人在多次被强奸后被日本兵屠杀。日本兵经常亵渎被强奸和杀害的受害者的尸体，将棍子或瓶子或其他异物插入女性器官，让尸体暴露在公众面前。这些暴力罪行在白天和夜晚几乎同样地频繁发生。如果家庭成员，甚至是受害者的孩子干扰了士兵的淫乱行为，他们就会遭到可怕的殴打或当场杀害。①

**关于抢劫和焚烧，总结中给出下列陈述：**

（4）抢劫、掳掠和肆意破坏财产

46. 城市沦陷后，日本兵便开始掳掠、破坏私人财产。当城市完全在日军控制之下，日本兵闯入私人住宅、学校、医院、公共建筑，偷窃并劫走各种个人财产。占领数日后，日本兵开始有组织的抢劫和焚烧，并持续了约六个星期之久。日本兵看守的卡车停在商店前，商店里的所有货物被日本兵或在他们的指挥下洗劫一空，然后放火将建筑物烧毁。这样的洗劫与焚烧在一个街区一个街区地重复，日复一日，持续达四五个星期之久。基督教青年会的建筑、许多教堂的房屋、学校的房舍、公共建筑物和私人住宅，包括俄国大使馆，都被日本兵烧毁。②

**关于在南京及其周边地区被日军杀害的遇难者总人数，该总结陈述道：**

（5）攻占南京后在该城被杀害的总人数

50. 要确定在南京沦陷后被日本兵杀害的南京市民的总人数是不可

---

① R. John Pritchard and Sonia Magbanua Zaide, *The Tokyo War Crimes Trial*, Vol.16, *Proceedings of the Tribunal*, pp. 40131-40133.

② R. John Pritchard and Sonia Magbanua Zaide, *The Tokyo War Crimes Trial*, Vol.16, *Proceedings of the Tribunal*, p. 40141.

能的。被日本士兵杀害的平民的尸体在街道上堆积了数周之久，遍及城市各处，尸体横陈在门口、院子、花园、公共建筑和私人住宅中。许多池塘旁和江边巨大的烧焦遗骸堆表明那是大屠杀发生的地方。两个慈善组织，即红卍字会和崇善堂，数月来一直在南京城内和周边地区掩埋死者，仅掩埋那些死者的家人或朋友没有埋葬的尸体。

51. 许博士担任副会长的红卍字会的记录显示，在南京沦陷后的几个月内，该会在南京及其周边地区掩埋了43071具平民的尸体——其中有男人，也有妇女、儿童（R 4537-40）。

52. 崇善堂的记录显示，从1937年12月26日至1938年4月20日，该组织在周围地区掩埋的遇难者总数为112266人（R 4537-39）。

53. 南京地方法院首席检察官1946年1月20日的报告，介绍了他对南京沦陷后的情况所作的调查，将南京沦陷后被日军在南京及其周边地区屠杀的人数归纳为约26万人（R 4536-37）。

54. 1946年2月，南京地方法院检察官编写的关于日军在南京犯下的战争罪行的调查总结报告确定，至少有30万人在南京被日军集体屠杀或单独杀害（R 4542-47）。[①]

**被告方的辩论总结**

1948年4月9日，辩方提出了关于日军在南京所犯暴行的总结：

3. 所谓的南京暴行

首席检察官在开场陈述中说，日军占领南京的鲜明特点是在超越军事行动需要的情况下，现代战争中史无前例地对数以万计的中国妇女和儿童进行系统而残酷的侵犯与折磨，并对房屋和财产进行大规模破坏。

---

[①] R. John Pritchard and Sonia Magbanua Zaide, *The Tokyo War Crimes Trial*, *Vol.16*, *Proceedings of the Tribunal*, pp. 40147-40148.

毫无疑问，确实有一些暴行。在激烈的军事行动中总会有这样的情况。①

关于谋杀和屠杀，辩方总结中回避了大规模处决被俘或投降的中国士兵的问题，同时指出：

> 在中日两军发生武装冲突后，南京的局势激荡而混乱，导致日军对中国平民中的中国便衣士兵产生怀疑和不安，从而导致日本兵可能将一些无辜的中国平民误认为便衣士兵而枪杀。
> 
> 发生这种不幸的事情是有可能的。然而，将这些事件视为有计划的残酷行为的一部分，是毫无根据的断言。②

关于对妇女的侵犯，辩方陈述：

> 关于对强奸的指控，我们承认当时在中国的日军部队中有一些轻率的年轻人，他们在当时的兴奋之余犯下了这种可耻的罪行。然而，在这些报告的案件中，有些是中国女孩接近日本士兵的结果。一旦被发现时，她们就指责日本人强迫她们。
> 
> 日军对侵犯妇女的人予以严厉的惩罚，尽管可能有一些人极端轻率，但说他们中的很多人有计划地强奸，这是不可想象的。③

辩方指责中国人放火烧毁了城市中的建筑物："然而，中国人被极端的反日情绪所感染，采取了焚烧一切的焦土政策。甚至还有一些女孩在南京沦

---

① R. John Pritchard and Sonia Magbanua Zaide, *The Tokyo War Crimes Trial*, Vol.19, *Proceedings of the Tribunal*, pp. 47225-47226.

② R. John Pritchard and Sonia Magbanua Zaide, *The Tokyo War Crimes Trial*, Vol.19, *Proceedings of the Tribunal*, pp. 47229-47230.

③ R. John Pritchard and Sonia Magbanua Zaide, *The Tokyo War Crimes Trial*, Vol.19, *Proceedings of the Tribunal*, p. 47233.

陷后放火烧毁城里的住宅。"①

关于掳掠，辩方声称：

由于从后方运送物资不够迅速，他们［日本军队］被迫使用私人房屋作为他们的住所，并征用了许多民众私人的家居用品。……在我们看来，有人看到了日本兵是唯一犯法者的场景，我们发现他们讲的话被用作为证据。然而，他们并没有看到上述情况的全貌。日本军队采取的征用行动是一种公正的、不可避免的行为，而不是大规模的掳掠。②

在总结的《关于所谓南京暴行的附录》中，辩方对检方提出的掩埋记录和遇难者人数提出质疑，并声称许多尸体是作战行动的结果：

上述证据据说是基于1946年，即日军占领南京十年后收集的资料，不清楚这些表格是根据什么基本数据制作的。特别是关于尸体的数量，不可能在事发十年后确定，所以我们必须得出结论，这些数字都是基于假设或猜测。

当然，我们不难想象，中国军队竭尽全力保卫南京，因为这是他们最重要的阵地。

日军在攻占南京时进行了殊死的搏斗，双方的死亡人数远远超过了其他战役。因此，当时城墙内外应该有很多尸体，但如果认为这些尸体是被日军屠杀的中国人的尸体，那就错了。

上述宣誓书中提到的尸体地点有：主要几座城门周围、雨花台、花

---

① R. John Pritchard and Sonia Magbanua Zaide, *The Tokyo War Crimes Trial*, Vol.19, *Proceedings of the Tribunal*, p. 47234.

② R. John Pritchard and Sonia Magbanua Zaide, *The Tokyo War Crimes Trial*, Vol.19, *Proceedings of the Tribunal*, pp. 47232-47234.

神庙、水西门外——上新河、中山门——马群、通济门——方山或上新河与下关，这些地方都是关键地点，双方都有大量的伤亡。在上述各地点中，位于南京城内的各地点是上述阵地后方的死伤者收集点，这些尸体被埋葬在城市的各处。这些尸体并不是被日本军队屠杀的士兵的尸体。此外，在草鞋峡、汉中门和灵谷寺等据说发生过大规模屠杀的狭窄通道，追击和退却的战斗自然格外惨烈。所以我们可以理解为什么在那里会发现大量的尸体。①

辩方也对检方的证人和书面证据提出质疑："在这一点上，检方提供的一些证人和许多书面证据。然而，在这些证据中发现了许多虚构和毫无根据的故事，对事实的夸大陈述，或者绝对是耸人听闻的宣传用语。"②

辩方还指责检方提交的宣誓书中含有夸大的数据，特别是关于遇难者人数与南京城内人口的关系：

> 第327号证据说，日军占领后被屠杀的人数据说超过了20万人。但在日军进城时，根据检方的证据，城内的人口实际上是20万左右，并没有说整个人口都被屠杀了。相反，证据显示，大多数居民仍然活着。可以很容易地推测，这些宣誓书中的每一份都含有为宣传目的而过分夸大的内容。③

此外，总结还试图质疑和诋毁检方证人的证词。它声称M. S. 贝茨的"证据是一个模糊的、不可靠的陈述，很可能是他把别人讲的故事加以整理再将

---

① R. John Pritchard and Sonia Magbanua Zaide, *The Tokyo War Crimes Trial*, Vol.19, *Proceedings of the Tribunal*, pp. 47269-47270.
② R. John Pritchard and Sonia Magbanua Zaide, *The Tokyo War Crimes Trial*, Vol.19, *Proceedings of the Tribunal*, p. 47227.
③ R. John Pritchard and Sonia Magbanua Zaide, *The Tokyo War Crimes Trial*, Vol.19, *Proceedings of the Tribunal*, p. 47271.

它们复述出来"①。至于约翰·麦琪提供的证词，辩方在总结中表示：

> 他的证据中提到的事情，除了上述五个案例外，所依据的不过是他看到许多中国人为了某些目的而聚集在一起，或者是道听途说。他的数字是不准确的，也没有提到地点和名字。因此，这些数字是不可靠的。
> 
> 他还说，街道上布满了尸体，交通被阻断。但根据辩方证人的陈述，他们都没有见过这么多尸体。日军在正式进城后立即对战场进行了所谓的清理，12月17日松井将军到达时几乎没有看到一具尸体。②

然而，1938年1月6日，南京城陷落后三个多星期，美国副领事詹姆斯·爱斯比进入南京，他报告道：

> 我们抵达南京的那天，日本人告诉我们不得不在前一天清理掉很多尸体。然而，仍然可以在房屋内、池塘里和偏僻些的街道旁见到尸体。一位美国公民告诉我们，日本兵闯进城南一处住有14口中国人的房舍。他说见到11具尸体，其中妇女据说被先奸后杀。仅有两个小孩和另一个人幸存。前些日子，在使馆附近的小池塘里打捞尸体，捞上来二三十具身着平民服装的中国人的尸体。③

乔治·菲齐和詹姆斯·麦考伦都代表检方提供了书面宣誓证词。辩方称，麦考伦的"陈述都是道听途说，是基于从其他人那里获得的所谓信息，或者

---

① R. John Pritchard and Sonia Magbanua Zaide, *The Tokyo War Crimes Trial*, *Vol.19*, *Proceedings of the Tribunal*, p. 47263.

② R. John Pritchard and Sonia Magbanua Zaide, *The Tokyo War Crimes Trial*, *Vol.19*, *Proceedings of the Tribunal*, p. 47264.

③ James Espy, "The Conditions at Nanking, January 1938", p. 9.

他的想象，很明显，他没有目睹日本士兵犯下任何提及的事情"①。菲齐的宣誓书被认为是"非常抽象和耸人听闻的"，他"只是沉浸在他看到的那些人被押走的结论中。他并没有说他们被枪杀了。毫无疑问，他看到了尸体，但没有证据表明是什么导致了死亡"②。

辩方也试图质疑大屠杀幸存者的证词。虽然辩方总结没有反驳尚德义在大屠杀中幸存的事实，但却质疑是谁拘留了他并将他押送到下关处决的：

> 他说，1937年12月16日，他在难民区被中岛部队抓住，被押到下关。但当时该地区是由其他部队而不是上述部队守卫的。因此，这些不法行为不可能是中岛部队的人所为。其他部队的士兵不可能把他带到下关，因为下关在他们的管辖范围之外。③

中岛部队指的是日本第十六师团，而第九师团正是在下关及安全区进行"扫荡"的。尚德义是一个受教育程度有限且不懂日语的人，因此，他混淆没有佩戴明显识别标志的日军，是可以理解的。

对于孙远震的宣誓证词，辩方在总结中说：

> 这位证人作证说，有一万名中国人在那里被日军杀害。但他没有明确说明这些罪行是何时何地犯下的。他表示这些罪行是在江边发生的，但不清楚是在什么地方，在什么江岸上发生的。这个场景一定非常混乱，他不可能数出一万这么大的数字。④

---

① R. John Pritchard and Sonia Magbanua Zaide, *The Tokyo War Crimes Trial*, Vol.19, *Proceedings of the Tribunal*, p. 47266.
② R. John Pritchard and Sonia Magbanua Zaide, *The Tokyo War Crimes Trial*, Vol.19, *Proceedings of the Tribunal*, p. 47264.
③ R. John Pritchard and Sonia Magbanua Zaide, *The Tokyo War Crimes Trial*, Vol.19, *Proceedings of the Tribunal*, p. 47262.
④ R. John Pritchard and Sonia Magbanua Zaide, *The Tokyo War Crimes Trial*, Vol.19, *Proceedings of the Tribunal*, pp. 47262-47267.

辩方没有对李涤生的宣誓书提出质疑，而是对他能够在城墙内外活动提出质疑：

> 他指出了几起他所看到的日本兵的不法行为。这位证人当时是一个18岁的男孩。他从12月15日到12月20日左右在下关，12月23日在北平路，27日左右在上海路。如果像检方希望我们相信的那样，当时的状况如此恐慌，我们无法想象一个18岁的男孩会在这样危险的区域从一个地方游荡到另一个地方。①

对于吴经才提供的宣誓书，辩方质疑其中所使用的"抢劫"一词是否准确：

> 在他的陈述中，吴经才讲述了日本士兵的抢劫行为，但他没有提供有关被抢走的东西或抢走物品的方式或情况。辩方的证据表明，当时有许多物品被日军征用。很明显，吴经才是在误解的情况下，不明白日本士兵在征用这些财产。②

总结表明，辩方竭力推卸日军犯下的暴行责任，并企图把责任推给中国人。尽管如此，在大量的证据面前，辩方的否认是苍白的。这份总结的意义还在于，多年来日本一些右翼人士反复挑战、分析、批判，不同程度否认南京大屠杀遇难者人数、掩埋数据、南京人口等问题，几乎都能在1948年4月9日辩方在东京的远东国际军事法庭提交的总结中找到根源。

---

① R. John Pritchard and Sonia Magbanua Zaide, *The Tokyo War Crimes Trial*, Vol.19, *Proceedings of the Tribunal*, p. 47267.

② R. John Pritchard and Sonia Magbanua Zaide, *The Tokyo War Crimes Trial*, Vol.19, *Proceedings of the Tribunal*, pp. 47267-47268.

## 法庭判决

1948年11月，经过七个月的审议，来自十个国家的法官，达成远东国际军事法庭的正式判决。众法官达成的判决否定了辩方总结中所提出的关于屠杀、强奸、掳掠、纵火破坏、死亡人数和掩埋尸体数据的质疑和否认。尽管来自印度的法官拉达宾诺德·R.巴尔对检方的一些证据持有疑义，但他说："无论如何，正如我已经观察到的，即使考虑到所有可以反驳的证据，毫无疑问，日本士兵在南京的行为是残暴的，而且极其严重的暴行持续了近三个星期，正如贝茨博士作证所言，严重的暴行总共持续达六个星期之久。直至2月6日或7日之后，情况才有了明显的改善。"①

从1948年11月4日至12日，远东国际军事法庭庭长威廉·弗拉德·韦伯宣读了长篇判决书，11月11日宣读的标题为《南京暴行》这一部分指出：

> 日本兵蜂拥进城，犯下各种各样的暴行。据一位目击者说，他们被放纵得犹如一群野蛮之徒踩踏着全城。目击者说，这座犹如被捕获的猎物而落入日军手中的城市，不仅仅是有组织的战争过程中被占领，而且得胜的日本军队的成员对战利品猛扑上去，毫无节制地掳掠，施以暴行。个别的士兵和两三个人的小股日军在城市里游荡，谋杀、强奸、掳掠和焚烧。没有任何纪律可言。许多士兵喝得酩酊大醉。日本兵在没有遇到明显的挑衅或没有任何借口的情况下，在街上不分青红皂白地杀害中国男人、妇女和儿童，直至有些地方的街道和小巷遍布着受害者的尸体。据另一位目击者说，中国人就像兔子一样被猎杀，一旦见到有人走动便将其枪杀。在日本占领城市最初的两三天内，至少有12000名非战斗人员的中国男子、妇女和儿童在这些不分青红皂白的杀戮中丧生。②

---

① Radhabinod R. Pal, "The dissenting opinion of the member for India" in *The Tokyo War Crimes Trial*, Vol. 21, *Separate Opinions*, edited by R. John Pritchard and Sonia Magbanua Zaide, New York: Garland Publishing Inc., 1981, p.1099.

② R. John Pritchard and Sonia Magbanua Zaide, *The Tokyo War Crimes Trial*, Vol.20, *Judgment and Annexes*, pp. 49604-49605.

居住在城外的人所受的遭遇并不比城内的居民好。判决书显示:

  城外的人比城内的人情况好不了多少。在南京200里（约66英里）范围内的所有村庄聚落,几乎都存在着相同的情况。人们纷纷逃到乡村,试图躲避日本兵。在一些地方,他们聚集在一起形成逃难者的营地。日本人占领了其中的许多营地,这些逃难者遭受了类似南京居民所受的苦难。①

判决书对大规模处决和遇难者人数作了简要说明:

  大批中国军人在南京城外缴械投降;在他们投降后的72小时内,他们在长江岸边被机枪集体枪杀。超过3万名这样的战俘就这样被屠杀。对于这些被屠杀的战俘,甚至都没有进行装模作样的审判。
  后来的估计显示,在日本人占领后最初的六周内,南京及其周边地区被杀害的平民与战俘的总数超过20万。殡葬团体和其他组织统计他们掩埋了155000多具尸体这一事实证实这些估计并未夸大。他们还报告说,大多数尸体的双手被绑在身后。这些数字并不包括那些被日本人焚毁,或扔进长江,或以其他方式销毁的尸体。②

涉及强奸、掳掠和焚烧等暴行,判决书指出:

  有许多强奸案件。处死是稍有不从的受害者或者试图对其保护的家人经常遭受的惩罚。全城各处甚至稚嫩女孩与老年妇女也被大批强奸,

---

  ① R. John Pritchard and Sonia Magbanua Zaide, *The Tokyo War Crimes Trial*, *Vol.20*, *Judgment and Annexes*, p. 49607.

  ② R. John Pritchard and Sonia Magbanua Zaide, *The Tokyo War Crimes Trial*, *Vol.20*, *Judgment and Annexes*, pp. 49607.-49608.

很多强奸案中还伴随着变态的施虐行为。很多女性在遭受凌辱之后被杀害,肢体受损。日军占领之后最初的一个月内在城内大约发生了20000多起强奸案。

日本兵从人们手中抢夺他们想要的一切。据观察,日本兵在路上拦住手无寸铁的平民,进行搜查,发现没有任何有价值的东西,便将他们枪杀。许多住宅和商业房产被闯入并洗劫一空。掳掠的库存物品被装在卡车上运走。在洗劫了商店和仓库后,日本兵经常将之放火焚烧。最重要的商业街道太平路,以及城市商业区一个街区接着一个街区被纵火焚毁。日本兵毫无缘由地烧毁百姓的房屋。几天后,这种焚烧似乎遵循了规定的模式,并持续了六个星期。大约三分之一的城市就这样被摧毁了。[①]

判决书指出,"日本军队的野蛮行为不能被宽宥为军人在顽强防守的阵地最终投降缴械之际暂时失控的行为——强奸、纵火和屠杀在城市被占领后至少持续了六个星期之久,在松井石根和武藤章进城之后至少持续了四个星期"[②]。

松井石根以第55项罪名被判有罪,但在第1、27、29、31、32、35、36和54项罪名下无罪。他被判处绞刑:

1935年,松井先生被列入退役名单,但在1937年他被重新征召为现役军人,指挥上海派遣军。随后他被任命为华中派遣军总司令,其中包括上海派遣军和第十军。他指挥这些部队于1937年12月13日占领了南京城。

在南京陷落之前,中国军队已撤离,占领的是一座没有防御能力的城市。随后,日本军队对无助的市民实施了一系列极为恐怖的暴行。日

---

① R. John Pritchard and Sonia Magbanua Zaide, *The Tokyo War Crimes Trial*, *Vol.20*, *Judgment and Annexes*, pp. 49605-49606.

② R. John Pritchard and Sonia Magbanua Zaide, *The Tokyo War Crimes Trial*, *Vol.20*, *Judgment and Annexes*, p. 49612.

本兵进行了大规模的集体屠杀、零星的杀戮、强奸、掳掠和纵火。尽管日本证人否认了暴行的严重程度，但不同国籍的中立证人与之相反的及其无可置疑的责任方的证据绝对是无可辩驳的。这场狂暴罪行始于城市被攻占的 1937 年 12 月 13 日，直至 1938 年 2 月初方才停息。在六七个星期的时间里，成千上万的妇女被强奸，超过 10 万人被杀害，数不清的财产被偷盗烧毁。在这些可怕事件的高峰期，12 月 17 日，松井石根"凯旋"进城，并在那里停留了五到七天。从他自己的观察和他的工作人员的报告来看，他肯定知道正在发生的情况。他承认，宪兵和领事官员向他报告了军队在某种程度上的不当行为。这些暴行每天都报告给日本驻南京的外交代表，而这些代表又将之报告给了东京。法庭确信，松井先生知道正在发生着什么。他没有采取任何行动，或没有采取任何有效措施来缓解这些恐怖状况。在攻占南京城之前，他确实发布了命令，要求他的部队举止适当，后来他又发布了同样的命令。这些命令没有任何效果，目前这已是众所周知，他也一定知道。有人为他辩解说，此时他正病着。他的疾病没有严重到阻止他指挥部署军事行动，也不妨碍他在这些暴行发生的几天里访问该城。他是对这些事件负有罪责的军队的指挥官。他知道这些情况。他有权力，也有责任控制他的部队，保护不幸的南京市民。他必须为他未能履行这一职责承担刑事责任。①

**广田弘毅以第 1、27 和 55 项罪名被定罪。他被判处绞刑：**

至于第 55 项罪名，涉及他的唯一证据是 1937 年 12 月至 1938 年 1 月和 2 月在南京发生的暴行。作为外相，他在日本军队进入南京后立即收到了相关这些暴行的报告。根据辩方的证据，这些报告得到证实，此事已交给陆军部处理，并得到陆军部将制止这些暴行的保证。在得到保

---

① R. John Pritchard and Sonia Magbanua Zaide, *The Tokyo War Crimes Trial*, *Vol.20*, *Judgment and Annexes*, pp. 49814-49816.

证后，至少在一个月的时间内，相关暴行的报告不断传来。法庭认为，广田没有在内阁面前坚持立即采取行动制止暴行，没有采取任何别的他可以采取的行动来达到同样的结果，这是他的失职。他满足于依赖那些他知道没有得到履行的保证，而每天都有数以百计的谋杀、侵犯妇女和其他暴行发生。他的不作为等同于玩忽职守罪。①

**然而，武藤章在南京大屠杀事件中被认定无罪：**

1937年11月至1938年7月，武藤是松井的一名参谋军官。正是在这一时期，松井的军队在南京及其周边地区犯下了令人震惊的暴行。我们毫不怀疑，武藤和松井都知道，在很多星期之内一直在施暴。他的上司没有采取足够的措施来阻止这些行为。在我们看来，武藤在他的下属位置上，无法采取任何措施来阻止它们。武藤对这个可怕的事件没有责任。②

虽然武藤章对南京的暴行不承担责任，但他因在马尼拉、菲利普松岛的暴行而被定罪。法庭认定他在第1、27、29、31、32、54和55项罪名上有罪。因此，他被判处绞刑。

1948年12月23日，松井石根、广田弘毅、武藤章，以及其他几名A级战犯在东京被处以绞刑。

---

① R. John Pritchard and Sonia Magbanua Zaide, *The Tokyo War Crimes Trial*, Vol.20, *Judgment and Annexes*, p. 49791.

② R. John Pritchard and Sonia Magbanua Zaide, *The Tokyo War Crimes Trial*, Vol.20, *Judgment and Annexes*, p. 49820.

# 第十三章 对南京大屠杀的争论

## 美国方面改弦更张

远东国际军事法庭的判决之后,南京大屠杀案似乎已经结案,这页历史仿佛已经翻篇,当时日本方面几乎没有显而易见的抱怨。然而,随着西柏林危机出现,与苏联冲突的激化,以及1949年中华人民共和国的成立,地缘政治发生了巨大的变化,因此美国改弦更张,准备将大批日本战犯释放。1950年3月7日颁布的第5号通令,亦称第5号指令,宣布道格拉斯·麦克阿瑟"在东京设立了一个三人假释委员会,授权为关押在日本的日本战犯减刑"[①]。关于假释的资格,该文件规定:

6. a. 战犯如果忠实地遵守他现在或曾经被关押的地方的所有规则和条例,服完按规定应执行所判刑期的以下部分后,有资格被委员会考虑假释:

(1) 如果是单一刑期,三分之一。

(2) 如果是连续服数刑,则为总刑期的三分之一。

(3) 如果是同时服数刑,则为更长刑期的三分之一。

---

① "Russians Protest Japanese Paroles", *New York Times*, May 13, 1950, p. 8.

（4） 15年，如果一项判决或连续判决超过45年。

（5） 如果是无期徒刑，则为15年。

b. 在确定假释资格时，将适用第2款中授权的监禁积分[①]。

7. 假释的申请。假释申请应限于战犯向委员会提交的申请，但委员会可自行审议任何案犯。

8. 考虑的事项。 a.除核实战犯的假释资格外，委员会应考虑以下事项：

（1） 审判记录（如果有的话），以及与他被定罪的案件有关的所有事实。

（2） 有关人员对该囚犯在监禁期间的行为和态度以及工作记录的报告。

（3） 他的年龄以及身体和精神状况。

（4） 其家庭的经济状况和其他条件。

c. 委员会可考虑其认为相关的事项，并可传唤证人并作证。[②]

苏联和中国对麦克阿瑟发布的假释制度进行了谴责并提出抗议[③]。苏联驻美国大使馆于1950年5月11日提出了抗议：

今年3月7日，驻日盟军总司令麦克阿瑟将军发布了第5号通令，

---

[①] The document's second paragraph goes as follows : "2. Confinement credit. All time spent in confinement, either as a war criminal suspect or war criminal, will be credited to the sentence as ordered executed, excepting pre-trial confinement previously ordered remitted. Detention as a prisoner-of-war will not be credited."

[②] General Headquarters, Supreme Commander for the Allied Powers, "Clemency for War Criminals, SCAP Circular No. 5, 7 March 1950", the enclosure to Far Eastern Commission's "Note by the Secretary General", March 30, 1950, FEC-314/18, Folder 5（Parole Board : SCAP Parole System）, Box 5（Records relating to Japanese War Crimes, 1943-1960）, Records of the Legal Adviser relating to War Crimes（Lot File No. 61 D33）, RG59, National Archives Ⅱ.

[③] "Russians Protest Japanese Paroles", *The New York Times*, May 13, 1950, p. 8. and "M'Arthur Scored on Parole Policy", *New York Times*, May 16, 1950, p. 4.

其中规定，所有目前在日本监狱中服刑的战犯，根据判决，可以在刑期结束前释放。……

总司令的通令代表着试图通过单方面的命令使日本主要战犯免于服完他们的刑罚，而这一刑罚是由国际法庭的判决决定并具有法律效力的，美国、苏联、英国、法国、中国、荷兰、加拿大、澳大利亚、新西兰、印度和菲律宾的代表参加了这一判决。总司令的这种行为旨在改变或完全推翻根据美国、英国、苏联和中国之间的协议建立的国际法庭，并授权该法庭决定对犯有最严重危害人类罪的日本主要战犯的惩罚程度的决定，这严重违反了国际法的基本准则和原则。

根据国际军事法庭宪章第 17 条，以及 1946 年 4 月 3 日远东委员会关于"远东战犯的逮捕、审判和惩罚"的决定第 5 段 "B"（2）条，总司令只有在考虑批准该判决的问题时才有权减少或以其他方式改变国际法庭的判决。国际法庭的宪章和上述远东委员会都没有任何条款赋予总司令在判决被批准并生效后减少或以其他方式改变判决的权利。……苏联政府敦促美国政府立即采取措施，撤销上述今年 3 月 7 日涉及被远东国际军事法庭判刑的日本主要战犯之非法的第 5 号通令[①]。

作为回应，美国国务院在 1950 年 6 月 8 日的照会中提出了反驳，其部分内容引述如下：

> 盟军最高统帅是盟国在日本的唯一行政当局，因此有责任执行他所任命的任何国际法庭的判决。对此远东国际军事法庭宪章第 17 条和远东委员会 1946 年 4 月 3 日政策决定第 5(b)(1)段特别予以承认。
> 
> 根据远东国际军事法庭宪章第 17 条，盟军最高统帅可以"随时"减少或以其他方式改变法庭的判决，但加刑不在此列；1946 年 4 月 3 日

---

① "Soviet Note of May 11, 1950", *Department of State Bulletin*, Vol. 23, July 10, 1950, pp. 60-61.

远东委员会政策决定第5（b）（2）段确认，他"有权批准、减少或以其他方式改变他任命的任何国际法庭的判决"。①

该照会还指出，"最高统帅没有对远东国际军事法庭的判决进行减刑或改判，他也没有考虑这样做"。然后，该照会继续玩弄文字游戏，"假释在任何意义上都不是改变判决，而是有关当局允许被定罪的罪犯在某些条件和控制下在监狱外服部分刑期，如果违反假释条件，将被送回监狱服剩余的刑期"②。因此，美国方面继续推行麦克阿瑟的假释制度。截至1950年11月6日，已有127名日本战犯获释，尽管其中大多数是级别相对较低的B级和C级战犯③。1950年，从巢鸭监狱假释的最著名的囚犯是A级战犯重光葵（Shigemitsu Mamoru, 1887—1957），他被国际军事法庭判处了7年监禁。重光葵获释后，于1952年当选为日本国会议员，并于1954年被任命为鸠山一郎（Ichiro Hatoyama）内阁的外相和副首相。作为内阁成员，他不遗余力地为更多的日本战犯早日获释进行谈判。

1950年6月，朝鲜战争爆发后，华盛顿更需要日本作为重要的后勤和军事基地来支撑其在朝鲜半岛的军事行动。昔日的敌人变成了盟友，美国对日本也愈加宽容。1951年9月8日，以美国为首的同盟国与日本签署了《旧金山和平条约》。该条约于1952年4月28日生效，将主权交还给日本。该条约第11条规定：

> 日本接受远东国际军事法庭以及在日本境内外其他盟国审判战争罪行法庭的判决，并对关押在日本的日本国民执行判决。对此类囚犯不得行使宽恕、减刑和假释的权力，除非经在各自的情况下判处刑罚的一个政府或数个政府根据日本的建议作出决定。对于被远东国际军事法庭判

---

① "U.S. Note of June 8, 1950", *Department of State Bulletin*, Vol. 23, July 10, 1950, p. 60.
② "U.S. Note of June 8, 1950", *Department of State Bulletin*, Vol. 23, July 10, 1950, p. 60.
③ "Nine More Japanese Paroled", *New York Times*, November 7, 1950, p. 6.

刑的人，除非经在法庭中有代表的绝大多数政府的决定和日本的建议，否则不得行使这一权力。①

尽管有第11条的规定，美国人仍单方面加快了释放日本战犯的速度，自从第5号通令颁布至1952年1月12日，共有575人获释②。然而，这似乎还不够迅速。杜鲁门总统于1952年9月4日颁布了10393号行政命令，成立了战犯宽恕和假释委员会，以批准对日本战犯的减刑和假释。"对于美国政府或远东国际法庭设立的法庭对日本战犯的判决需要美国政府根据日本政府的建议作出宽大处理、减刑或假释的决定的案件，委员会应进行必要的调查，并向总统提出建议。在进行调查时，委员会可在其认为必要或可取的范围内询问证人并获取证词。"③

最终，麦克阿瑟关于"被判无期徒刑的囚犯在15年后假释"的限制被废除。远东国际军事法庭被判处终身监禁的A级战犯中，平沼骐一郎（Kiichiro Hiranuma）于1952年获得假释。桥本欣五郎（Kingoro Hashimoto）、畑俊六（Shunroku Hata）、南次郎（Jiro Minami）和冈敬纯（Takazumi Oka）于1954年获假释。荒木贞夫（Sadao Araki）、星野直树（Naoki Hoshino）、贺屋兴宣（Okinori Kaya）、木户幸一（Koichi Kido）、大岛浩（Hiroshi Oshima）、嶋田繁太郎（Shigetaro Shimada）和铃木贞一（Teiichi Suzuki）于1955年获假释。佐藤贤一（Kenryo Sato）于

---

① "Treaty of Peace with Japan", September 8, 1951, San Francisco, *United Nations Treaty Series*, 1952, Vol. 136, (No. 1832), p. 56.

② "20 More Japanese Paroled", *The New York Times*, January 13, 1952, p. 19. According to another news report of August 17, 1952, in *New York Times* (page 7) under the title "U.S. to Review Cases of Japan War Criminals", "Prior to the Peace Treaty the American-controlled Allied Occupation of Japan had paroled 892 war criminals sentenced by them." The Peace Treaty was signed on September 8, 1951. Apparently, the figure 575 refers to the number of Japanese war criminals who had been released on parole since the circular of March 7, 1950, issued.

③ Harry S. Truman, "Executive Order 10393, September 4, 1952", *Federal Register*, Vol. 17, No, 175, September 6, 1952, p. 8, 083.

1956 年被释放。到 1958 年底，所有日本战犯，包括 B 级和 C 级战犯，都被释放。

然而，一些战犯不仅被释放，而且死后还被供奉在靖国神社中。共有 1068 名被战后军事法庭判定为战犯的人被供奉在该神社。到 1978 年 10 月，在被供奉的人中，有 14 人是 A 级战犯：东条英机（Hideki Tojo）、土肥原贤二（Kenji Doihara）、松井石根、木村兵太郎（Heitaro Kimura）、广田弘毅、板垣征四郎（Seishiro Itagaki）和武藤章，他们都被远东国际军事法庭判处死刑，并于 1948 年 12 月 23 日被绞死。小矶国昭（Kuniaki Koiso）、白鸟敏夫（Toshio Shiratori）和梅津美治郎（Yoshijiro Umezu），他们被判处无期徒刑，死于狱中。松冈洋右（Yosuke Matsuoka）和永野修身（Osami Nagano）在受审前死亡。东乡茂德（Shigenori Togo）被判 20 年，死在狱中；平沼骐一郎（Kiichiro Hiranuma）被判无期徒刑，但在被假释后不久，于 1952 年初死去。

美国对日本的宽容态度和政策在冷战及以后都没有改变，这无疑为日本右翼分子敞开了大门，他们不仅质疑远东国际军事法庭的判决，竭力为战犯平反，而且还企图否认南京大屠杀。

## 50 年代至 70 年代初中国与日本出版的关于南京大屠杀的材料

1949 年中华人民共和国成立后，中美双方在朝鲜兵戎相见持续三年，相互敌视。在《旧金山和平条约》的谈判阶段，中国媒体批评了美国的对日政策。为了谴责美国重新武装日本和鼓励日本军国主义的企图，南京出版的《新华日报》从 1951 年 2 月 22 日至 3 月 3 日刊登了一系列大屠杀幸存者和目击者的回忆报道。2 月 26 日发表的第五篇是暴行幸存者李起全的经历，标题为《没齿难忘仇和恨》。在展示了他胸口和腹部的伤疤后，李起全讲述了他在南京西南部双塘的长老会教堂内寻求庇护时发生的情况：

就在我们进礼拜堂的当天,日本鬼子也来到礼拜堂,说要伕子扛东西。本来避难在这儿的人,几乎全部都是老人、小孩和女人,可是,美国人却一口答应日本鬼,就把我们十二个老百姓送给日本鬼子做伕子。我当时已是四十左右的人了,身体又坏。才走到施家巷口,日本鬼就叫我们站成一排,把我们当枪靶打,一共打死十四个。因为鬼子子弹打完了,我和另一个人就被鬼子用刺刀挑刺,我肩上、胸旁、大肚旁遭刺了七八刀,有四刀伤得最重,大肠都流出来了。①

李起全晕倒了,但在午夜时分恢复了知觉。他设法爬到油坊店的地洞,在那里躲了三到四天才回到教堂大院②。

第七篇《一个不屈的姑娘》发表于3月1日,在这篇报道中,下关老居民朱振宇讲述了他女儿朱二姑娘的情况。1937年,朱振宇是下关一家瓷器店的老板。他的商店被大火烧毁后,朱振宇和他的女儿跟随难民逃离南京,到南郊的二板桥村避难。由于担心被日本兵强奸,年轻妇女试图通过剪短头发、用灰尘涂黑脸部来装扮成年轻男子。朱的女儿也是如此,她把自己装扮成一个小伙子。他们抵达村庄不久,日本兵就来搜查他们居住的房屋。一个全副武装的日本兵指控朱的女儿是中国士兵,并试图将她拖出房屋,但她不愿意屈服。当几个士兵来强迫她走时,她抓住了一把日本刺刀,但在她能够使用该武器之前,她的腹部被刺刀捅了三刀③。

1951年2月26日,《新华日报》还以《追记日寇南京大屠戮的巨大血债》为通栏标题,刊登了一篇整版文章。文章指出,南京大屠杀虽发生在13年前,"但是南京人民丝毫也没有忘怀十三年前那个父母妻儿被杀害的惨痛日子"。除了对大屠杀的总结性描述外,它还对个别案例重点介绍。钱守谟是电信局

---

① 绍伊:《没齿难忘仇和恨》,载《新华日报》1951年2月26日,第2页。
② 绍伊:《没齿难忘仇和恨》,载《新华日报》1951年2月26日,第2页。
③ 锦辉:《一个不屈的姑娘》,载《新华日报》1951年3月1日,第2页。

的一名员工,是大规模屠杀的幸存者。南京沦陷后,他随父母去了难民区,住在大方巷 16-1 号①。

> 十六日早晨我被拉去了。四个人一捆,被鬼子从"难民区"押到挹江门。幸好绳子的接头在我这边,被我解开了,用手握着,跟到江边,大约前面杀了二百多人以后,就轮到我,我看这是生死关头到了,就不顾一切地往江中一滚来逃命。当时江中漂浮着数不尽的被屠杀后丢下来的尸体。我用死尸遮着,摸到了江边,好容易又躲过鬼子向江面扫射的机枪,才算保住这条命。②

孙有发是被日军抓捕的下关电厂员工中的一员。电厂有 45 名员工被处决,而孙有发因被日本人要求为他们做饭,而得以幸存。孙有发作证:

> 鬼子一进城,见人就杀,我们电厂工人就被集体屠杀了四十五名,当时我也被抓去,带到煤炭港时,那里已有二千多人了,全部被脱光了衣服,最后被拖到长江边,一批批用机枪扫射。后来大概那些刽子手嫌麻烦,就把人关在煤炭港的机房里,点上火连房子一起烧光。③

这篇文章还在小标题为《在紫金山脚下》的部分简要描述了《东京日日新闻》在 1937 年 12 月报道的百人斩竞赛,讲述野田少尉杀了 105 人,向井(宫冈)少尉杀了 106 人④。显然,这是根据报告的英译本所写,因而向井

---

① 本报记者:《追记日寇南京大屠杀的血海深仇》,载《新华日报》1951 年 2 月 26 日,第 5 页。该文的文摘版收录进 1951 年 3 月 25 日在北京出版的《新华月报》第 3 卷第 5 期,第 988—991 页。
② 本报记者:《追记日寇南京大屠杀的血海深仇》,载《新华日报》1951 年 2 月 26 日,第 5 页。该文的文摘版收录进 1951 年 3 月 25 日在北京出版的《新华月报》第 3 卷第 5 期,第 988—991 页。
③ 本报记者:《追记日寇南京大屠杀的血海深仇》,载《新华日报》1951 年 2 月 26 日,第 5 页。该文的文摘版收录进 1951 年 3 月 25 日在北京出版的《新华月报》第 3 卷第 5 期,第 988—991 页。
④ 本报记者:《追记日寇南京大屠杀的血海深仇》,载《新华日报》1951 年 2 月 26 日,第 5 页。该文的文摘版收录进 1951 年 3 月 25 日在北京出版的《新华月报》第 3 卷第 5 期,第 988—991 页。

的名字被误指为宫冈。

除了屠杀和杀戮之外，文章还详细叙述了日本兵在城里的所作所为：

> 日寇进城后，遇屋就烧，从中华门到内桥，从太平路到新街口，以及夫子庙一带繁华区域，大火连天，几天不熄。他们烧房子，除一点就着的草棚板屋外，还嫌一些坚固的建筑物点燃费事，就利用化学药品，由检查的鬼子在门上画一个记号，放火的就按记号把化学药品倒在门板和窗户上，这样燃着之后，就是泼水也弄不熄。无数栋高大的建筑，都屋塌墙翻，化为一片焦土，时正严冬，日寇就随手把门窗板壁攀下烧火取暖，等熊熊烈火上了屋，鬼子们就一走了之。①

这篇文章还控诉了日军在南京强奸妇女：

> 鬼子在南京除杀人放火之外，更惨无人道的是强奸妇女，多少妇女姐妹一想起那些痛苦的屈辱的日子，根根头发都要愤怒的竖起来，仇恨——这是用血织的仇恨。住在门东仁厚里五号的陶汤氏，遭到鬼子轮奸，最后还切她的腹焚她的尸。怀胎九月的孕妇萧余氏，十六岁的少女黄桂英，陈二姑娘，七十岁的老婆婆，她们都在中华门一带惨遭强奸。张孙氏的丈夫叫鬼子的保险刀刺杀了，她被日本鬼子奸污了，从此她发了疯。十二岁的丁小姑娘被十三个鬼子轮奸，因她惨叫呼救，十三把刺刀乱戳她的小肚子……②

在提到妇女反抗强奸的案例时，文章记录了一个其他资料没有提及的例

---

① 本报记者：《追记日寇南京大屠杀的血海深仇》，载《新华日报》1951年2月26日，第5页。该文的文摘版收录进1951年3月25日在北京出版的《新华月报》第3卷第5期，第988—991页。

② 本报记者：《追记日寇南京大屠杀的血海深仇》，载《新华日报》，1951年2月26日，第5页。该文的文摘版收录进1951年3月25日在北京出版的《新华月报》第3卷第5期，第988—991页。

子:"八府塘小学有一个女教师,日寇几次要去强奸她,她设法搞了一支枪,待日寇来时,她躲在床下,竟打死了五个鬼子,最后自己从容就义。"①

1951年4月,郭士杰的《日寇侵华暴行录》②在北京出版。该书由14个章节组成,第一章《南京大屠戮的惨痛回忆》的内容与《新华日报》的文章相似。这一章似乎是根据它改写的,或者说,是在相同的材料和案例的基础上改写而成,同时引用了其他的一些案例,并正确地译出了向井的名字,而不再是宫冈;指出了八府塘小学的老师射杀了三个日本士兵,而不是五名。书中引用了一份案件清单作为证据,对杀人、强奸和焚烧进行了总结性描述。

除了1951年的出版物外,中国在很长一段时间很少再提及南京大屠杀。在学术界,仅有一个相关南京大屠杀的深入研究工作,由南京大学历史系教授高兴祖(1928—2001)发起。高兴祖1928年12月出生在江苏武进。1954年从南京大学毕业后,留在历史系任教,研究重点是中日关系,特别是南京大屠杀这一课题。他是中国研究这一课题的先驱,他坚决主张和呼吁建立纪念碑保护大屠杀遗址并创建南京大屠杀纪念馆。他在搜寻、收集和出版档案资料方面发挥了主导作用,是南京大屠杀研究会的创始会长。他于2001年1月8日在南京逝世。

1960年,高兴祖和三位青年教师:胡允恭、吴世民、查瑞珍动员本系的七名学生开展了南京大屠杀的学术研究。他们花了两年时间,研究档案文件、照片和其他材料,并调查和采访仍然居住在当地的大屠杀幸存者和证人。这个研究的结果是一本约75000字的油印小册子,标题为《日本帝国主义在南京的大屠杀》。该册子成书于1962年,但当时并未公开或正式出版。高兴祖曾多次尝试出版这本小册子。1963年,江苏人民出版社将其列入出版计划,发行范围仅限于内部。结果,尽管清样稿已经印好,但出于中日关系的考虑,

---

① 本报记者:《追记日寇南京大屠杀的血海深仇》,载《新华日报》,1951年2月26日,第5页。该文的文摘版收录进1951年3月25日在北京出版的《新华月报》第3卷第5期,第988—991页。

② 郭士杰:《日寇侵华暴行录》,北京:联合书店1951年版。

出版社没有出版该书。1963 年 11 月，高兴祖小组得到了 15 本清样校对稿的册子。直到 1979 年 3 月，这本小册子才成为正式的出版物，尽管它仍然是内部流通的版本，不公开销售。

最终，高兴祖的著作《侵华日军暴行：南京大屠杀》于 1985 年出版，1986 年，该书被翻译成日文在东京出版①。该书虽以 1979 年出版的小册子为基础，但全书经过改写，是一个改进版本。它不仅删除了部分与政治相关的内容，而且大量引用了美国传教士留下的目击描述和当时能够获得的日本军人的日记片段。该书的意义在于，它是在中国出版的第一部关于南京大屠杀的长篇学术研究著作。

在 20 世纪 60 年代，南京博物院在其中国历史展览中展出了关于南京大屠杀的照片和文字说明。1965 年，笔者 9 岁。这年初夏，笔者在父亲的带领下参观了这个展览。这是笔者第一次接触南京大屠杀这一事件。

在日本，在远东国际军事法庭完成其使命后，南京大屠杀没有被提及和讨论，直到前陆军军官岛田胜己（Katsumi Shimada）在 1956 年 6 月出版的《特集人物往来》杂志上发表了文章《南京攻略战与屠杀事件》（『南京攻略戦と虐殺事件』）。岛田胜己曾在第十六师团担任第三十三联队第二机枪中队长。这篇文章基本上是作者的战场回忆录，他在文中试图为日军肆意杀戮的行为辩护：

> 向南京猛烈进击以及在此后的攻防战中，我们给敌人造成不少的伤亡。特别是谷兵团，从南面的远处出发，接近敌人的撤退路线，在中华门和水西门外的沼泽地遭遇了一个联队以上兵力的敌军。这些敌人或试图转移阵地发起攻击，或在撤退途中，谷兵团给予他们毁灭性的打击。谷兵团确实屠杀了大量的人。在这样的战斗中，时常会有一些难以与合法行动区分的杀戮，特别是考虑到激昂的战场气氛，可能是不可避

---

① 高兴祖：《日军侵华暴行：南京大屠杀》，上海：上海人民出版社 1985 年版；日文版：牧野笃（Atsushi Makino）译，『南京大虐殺：日本軍の中国侵略と暴行』，东京：日本教职员组合 1986 年版。

免的。

十几个敌人的残败兵将被俘虏，集中到攻占太平门的部队那里。当日本士兵让敌军士兵坐在路上加以看守的时候，其中一个敌军士兵可能觉得自己的生命受到了威胁，突然将一枚隐藏的手榴弹扔向那个警戒的士兵，将其炸死。就这样，日本士兵不管三七二十一，不听上级的命令，一下子就把所有的残败兵都杀了。在这种情况下，恐怕不能以常规心态来判断战场上的特殊性。①

战争爆发前，今井正刚是《朝日新闻》南京分社的记者，南京陷落后，他跟随日军攻城的部队进城。他在1956年12月的《文艺春秋》杂志增刊上发表了题为《南京城内大量杀人》（南京城内の大量殺人）的文章②。在文章中，他详细地描述了他和他的同事中村正吾在长江边和位于大方巷《朝日新闻》南京分社旁的一块空地上目睹的大屠杀事件：

> 据说就在边上的空地上，日本兵集中了大量的中国人准备杀掉，其中还有附近西服店的姓杨的老板和他儿子。因为两人都不是当兵的，女仆让我快点去救他们。如果不抓紧的话他们就要被杀了。
> 
> 我跟在女仆的后面，杨太太的大麻脸上淌满泪水，在那里打着哆嗦不知所措。我和中村正吾特派员（现《朝日新闻》美国总局局长）急急忙忙跑了出去。
> 
> 那是在支局附近的小山坡上，时值黄昏。空地上黑压压地蹲着四五百个中国男子。空地的一边是倒塌后残留的黑砖墙。对着这面墙并排地站着中国人，六人为一组。在距离他们身后二三十步远的地方，日

---

① ［日］岛田胜己（Katsumi Shimada）:『南京攻略戦と虐殺事件』（《南京攻略战与屠杀事件》），收录于『特集人物往来』1956年6月，第111页。

② ［日］今井正刚（Masatake Imai）:『南京城内の大量殺人』（《南京城内大量杀人》），收录于《特集文藝春秋》1956年12月，第154—159页。

本兵用步枪一起对着他们射击，他们直直地往前倒，在身子快要倒地之际，背后又被刺上一刀。"噢"的一声，断魂鬼一般痛苦的呻吟在夕阳照射的小山坡上回荡。接下去又是六个人。

　　一批接着一批的人被杀，蹲在空地上的四五百人之多的人群用无助的眼神看着他们一排排倒下。这种无助、这种虚无究竟是什么？四周围着的众多女人和孩子们茫然地看着这一切。如果仔细注视他们一张张脸，那一定是面对自己的父亲、丈夫、兄弟以及孩子的被杀而充满了恐惧和憎恶。他们一定发出了悲鸣和哭泣。可是我的耳朵什么都听不见。我只觉得"砰、砰"的枪声和"啊"的叫声充满了我的耳际，眼前只见西下的斜阳将黑色的砖墙染得通红通红。

　　我气喘吁吁地对站在我身边的军曹说道："他们中肯定有的不是军人。请您救救他们。"我斜视了一眼军曹表情僵硬的脸。

　　"西服店的老板和他儿子就不是当兵的。我们用身价担保。"

　　"你知道是哪一个？"

　　"我认识的。他太太在，叫一声的话就会出来的。"

　　我不等军曹回答就把杨老板的太太往前推。杨太太大声地叫起了杨老板的名字。

　　人群中满脸皱纹的老头和一个20岁左右的年轻人跑了出来。"就是他们俩。他们绝对不是残兵。他们是开西服店的，经常出入我们朝日支局。喂，你们两个快回家去。"

　　广场上的人立刻都站了起来。只要拜托这个人就能得救。也许是这种想法将人们从无助和虚无中解脱出来了吧。人群一下子跑到我们跟前，抓起我们外套的袖口。"还继续下去吗？看看那里，女人一个劲地在哭啊。尽管要杀他们也是没有办法的事，但不会找个女人和孩子看不到的地方吗？"

　　我们激动地一口气说完上面的话。晚霞已经从空中消失。我和中村君将一言不发并且表情僵直的军曹撇在一边先行离开了空地。从我们的身后又传来了枪声。①

在1957年2月25日的《日本周报》上，田中正明和秦贤助都发表了关于南京大屠杀的文章。田中正明的文章《南京虐杀事件与松井石根日记》（南京虐殺事件と松井石根日記）②是根据松井石根1937年8月14日至12月底的日记而写的。它不是以日记的形式，而是以叙述的形式，且其内容经过了大量的编辑、重新组合与改写。其中唯一提到南京大屠杀的部分是，12月18日，为了应对日军部队的暴行，松井召集了他在南京的部队的军官，然后严厉责备他们，命令他们加强部队的纪律，惩罚肇事者，维持秩序③。

秦贤助是一位作家，曾在中国前线采访过第十三师团下属的第一〇三旅团第六十五联队的官兵。他的文章《沾满俘虏鲜血的白虎部队》（捕虜の血にまみれた白虎部隊）④描述了第六十五联队参与的大规模处决俘虏：

> 屠杀事件是15日下午开始的，到了夜间达到了顶峰。这一天，有一群数量众多的俘虏，在南京市区向着太平门移动，数量多达2万之众。……他们正是在入城式之际，由白虎部队作为战利品带来的大批俘虏。等待这望不到尽头的长长的俘虏队列的命运，却是死亡。
>
> 一直被人们称颂为"光荣的白虎部队"的部队，把自己的俘虏处死了，这到底是白虎部队的失误吧。到底是被大家一直认为富有人情味的部队长两角大佐的意图？还是任师团长的萩洲部队长萩洲立兵中将所选择的处置方式呢？

---

① ［日］今井正刚（Masatake Imai）:『南京城内の大量殺人』(《南京城内大量杀人》)，收录于『特集文藝春秋』，1956年12月，第156—157页。
② ［日］田中正明（Masaaki Tanaka）:『南京虐殺事件と松井石根日記』(《南京屠杀事件与松井石根日记》)，载『日本週報』1957年2月25日，第3—10页。
③ ［日］田中正明（Masaaki Tanaka）:『南京虐殺事件と松井石根日記』(《南京屠杀事件与松井石根日记》)，载『日本週報』1957年2月25日，第6页。
④ ［日］秦贤助（Kensuke Hata）:『捕虜の血にまみれた白虎部隊』(《沾满俘虏鲜血的白虎部队》)，载『日本週報』1957年2月25日，第13—15页。

军司令部曾几次请示中央（参谋本部、陆军省），最初的训令是"妥善处置"，而这种含混不清的命令根本无法执行。再次请示得来的命令是"酌情处置"，还是无所适从，故第三次请示到底怎么处置为好，最终下达的命令是"依军司令部的职责处置"。军司令部认为，中央持暧昧态度。军司令部非常着急，因为朝香中将官殿下亲临的入城式就在眼前。"杀掉吧"，这个结论就这样容易地做出来了。这时，城内已经开始处死俘虏了，要把"扫荡"残敌进行到底，直到不留一个活口为止。况且，在没有口粮提供给两万多俘虏的情况下，自然而然地认为除此之外没有其他办法。

但是，据说两角大佐到底还是反对这么做的。这是因为他原有的想法没有变化，他是想"我们抓的俘虏，总之要解除武装后释放的，并让他们回到各自家乡"。但是，他的主张行不通，说是部队长，只不过是联队长而已。况且，在大陆战线中，所有的部队，都因连战连捷的战绩，得意忘形得趾高气扬。什么事都干出来了。[①]

事实上，秦贤助直到1938年夏秋之交，即南京大屠杀发生几个月后才去中国。他在第六十五联队停留了较短的时间。他的中国之行使他得以在1939年出版长篇著作《白虎部队》，此书是关于第六十五联队在中国战场的经历的。1937年9月10日至1938年12月10日担任第六十五联队长的两角业作大佐为该书写了序言。"秦君拖着其75公斤庞大的躯体，义无反顾地到湖北前线收集第一手资料。我不能不敬佩秦君的热情和努力。"[②] 湖北前线是指1938年6月11日至10月25日的武汉会战。这些信息有助于确定秦贤助在1938年夏秋之交在中国采访写作的时间与位置。根据他对军人的采访，他在《白虎部队》中描写了第六十五联队在南京的情况：

---

① ［日］秦贤助（Kensuke Hata）:『捕虜の血にまみれた白虎部隊』(《沾满俘虏鲜血的白虎部队》)，载『日本週報』1957年2月25日，第15页。

② ［日］两角业作（Gyosaku Morozumi）:『白虎部隊』（序），东京：平凡社1939年版，第1页。

这一天，两角部队攻占了距南京二公里地处郊外扬子江畔的幕府山炮台。此战，两角部队俘虏了两万敌军残兵。在这前所未有数量巨大的俘虏里，还包含着约2000名那些曾依据老陆宅、马家宅，让两角部队吃尽苦头的残兵败将。一想到"这些家伙杀了我们的战友"，他们就成了最可恨的敌人。

突然有这么多的俘虏，使部队不知所措。不给他们食物，或者不提供医疗服务，都是不对的，此外，他们还必须严加看管。所有这些都给部队带来了很多麻烦。

然而，无论如何，俘虏这么多敌人，是两角部队的辉煌战果。①

18年后，1957年，可能是基于同样的采访记录，秦贤助在《沾满俘虏鲜血的白虎部队》中对同一事件作了类似的描述：

昭和十二年十二月十三日，白虎部队攻占了地处南京郊外两公里处长江岸边的幕府山炮台，从而奏响了胜利之歌。在这次战斗中，白虎部队俘虏了两万多名敌军。在这堪称前所未有的大量敌兵俘虏中，有大约两千名在老陆宅、马家宅一带让我们白虎部队吃尽苦头的残敌。

在南京战役中，第一支攻入城内的部队是协坂部队。举行入城仪式的当天，多达白虎部队数倍的敌兵俘虏也被押送着进南京城，因此，白虎部队的队伍显得格外壮观，但毕竟带着太多的俘虏，给我们带来很多麻烦，有些不知所措。不能不给俘虏们吃饭，但是，首先，部队缺乏粮食，其次必须医治俘虏的伤病，且还得严加看管俘虏。所有的这些对一支部队来说确实是麻烦事。②

---

① ［日］秦贤助：『白虎部隊』，东京：平凡社1939年版，第183—184页。
② ［日］秦贤助：『捕虜の血にまみれた白虎部隊』（《沾满俘虏鲜血的白虎部队》），载『日本週報』1957年2月25日，第13—14页。

在《白虎部队》中，秦贤助描述了这样一个情节：一名中国工兵上尉在南京城墙前被日军俘虏后斩首①。日军第六十五联队的通信小队长堀越文男（Fumio Horigoshi）在他 1937 年 12 月 14 日的日记中记录了完全相同的斩首事件，该日记在 57 年后的 1996 年出版②。这表明，根据秦贤助在第六十五联队收集的信息和材料，他的著作基本上是忠实可靠的。但他对把大量俘虏押进城，然后穿过太平门向城外行进到刑场的描述并不准确。山田支队俘虏了大量的中国军人，将他们关押在幕府山脚下的营房中，然后在附近的长江边大规模处决。1957 年，秦贤助的文章发表时引起的关注非常有限，但 15 年后，它却成为日本学者激烈争论的焦点。

日本学者新岛淳良（Atsuyoshi Niijima, 1928—2002）的研究兴趣为现代中国，包括文学和政治。1967 年 3 月访问南京后，他写了两篇关于南京大屠杀的文章：发表于 1967 年 7 月 3 日《东风新闻》的《夺去三十万生灵的"南京大屠杀"》（『三十万人の生命奪つた「南京虐殺事件」とほ』）与刊登在《大安》杂志 1967 年 9 月号的《雨花台和我们所了解的南京大屠杀》（『雨花台、南京虐殺の話をきく』）③。他在文章中简述了日军进攻和占领南京的情况，以及该市的大量难民，不仅包括因战争而被迫放弃家园的当地居民，还包括从上海、苏州、无锡、镇江和芜湖等战乱地区逃到南京避难的人。他扼要介绍了在下关、挹江门、燕子矶、草鞋峡、五台山、汉中门等地发生的大屠杀和集体处决事件，以及在华侨招待所避难的 5000 名难民被押送到长江边上屠杀的情况。然后，他大量引用了大屠杀幸存者伍长德在东京审判中的证词、《纽约时报》记者弗兰克·提尔曼·杜丁的新闻报道、H. J. 田伯烈的《战争

---

① ［日］秦贤助：『白虎部隊』，第 182—183 页。

② ［日］堀越文男（Fumio Horigoshi）：『堀越文男陣中日記』，收录于『南京大虐殺を記録した皇軍兵士たち：第十三師団山田支隊兵士の陣中日記』，小野贤二、藤原彰、本多胜一编辑，东京：大月书店 1996 年版，第 78 页。

③ ［日］新岛淳良（Atsuyoshi Niijima）：『雨花台、南京虐殺の話をきく』（《雨花台和我们所了解的南京大屠杀》），载『大安』第 13 卷（1967 年 9 月），第 2—6 页。

的意义：日本在中国的恐怖》一书中的片段，以及 M. S. 贝茨的信中的段落。此外，他还介绍了姜根福在日军暴行中幸存的经历，以及向井少尉和野田少尉的故事和他们的杀人比赛。

几年后，新岛淳良在日中友好协会的一个地方分会做了一次演讲，演讲的内容在 1971 年 3 月以题为《南京大虐杀》的 26 页小册子印行①。此外，他发表了另外两篇文章：在 1971 年 8 月的《情况》杂志上的《我所知道的南京大屠杀》（『わが南京大虐殺』）②与在《新评论》杂志 1971 年 8 月号上的《立体构成—南京大屠杀》（『立体構成—南京大虐殺』）③。然而，他的文章在公众中引起的关注有限。

1967 年 10 月，早稻田大学历史教授洞富雄（1906—2000）的《现代战史之谜》（『近代戦史の謎』）④一书出版。洞富雄于 1906 年 11 月 14 日出生在长野县，1931 年毕业于早稻田大学，之后在母校的图书馆任职。1937 年，他开始在该大学担任兼职讲师。1957 年，他成为全职助理教授。1960 年，在早稻田获得博士学位后，他担任该大学图书馆副馆长至 1966 年，此后他才以全职教授的身份开始教学。他于 1977 年 3 月退休，2000 年 3 月 15 日在东京逝世。

作为一名历史学者，洞富雄是日本进行南京大屠杀学术研究的先行者，对该领域作出了巨大贡献。他在这方面的第一次学术尝试是《现代战史之谜》，该书由四个部分组成，讨论了：1）马可波罗桥（卢沟桥）事件的爆发；2）南京事件；3）1939 年蒙古诺门罕（ノモンハン）战役的初始阶段；以及 4）朝鲜战争的爆发。洞富雄在第二部分专门讨论了南京大屠杀，引用了当时能够获得的原始资料，包括南京安全区文件、远东国际军事法庭的记录、H. J. 田伯烈的《战争的意义》，以及约翰·G. 麦琪的日记信件、日本第三十步兵

---

① ［日］新岛淳良：『南京大虐殺』，日中友好协会（正统）永福支部 1971 年版。
② ［日］新岛淳良：『わが南京大虐殺』（《我所知道的南京大屠杀》），载『情況』1971 年 8 月号。
③ ［日］新岛淳良：『立体構成—南京大虐殺』（《立体构成—南京大屠杀》），载『新評』第 18 卷（1971 年 8 月），第 48—57 页。
④ ［日］洞富雄（Tomio Hora）：『近代戦史の謎』（《现代战史之谜》），东京：人物往来社 1967 年版。

旅团旅团长佐佐木到一（Touichi Sasaki）的日记、德国目击者的描述、西方和日本记者的新闻报道，还有新岛淳良的报告。作者对南京大屠杀进行了全面的研究和深入的分析，讨论了诸如大屠杀的总体情况、围捕中国士兵、强奸、抢劫、焚烧、安全区、受害者的尸体数量及对大屠杀负责的人等问题。后来，他对这一部分进行了修改，用更多的材料进行了补充，并将其扩展为他的第一本关于该主题的研究专著《南京事件》①，该书于1972年4月出版。书中包括《卢沟桥事件的爆发》（『蘆溝橋事件の発端』）、《第二次上海事变的爆发》（『第二次上海事変の発端』）、《南京暴行》（『南京アトロツティーズ』）等篇章。之后，他又编撰了相关南京大屠杀的两卷本原始资料集《中日战争资料：南京事件》②，此书于1973年11月出版。作为日本第一个对南京大屠杀进行开创性研究的历史学家，洞富雄主要采取以文献资料为依据的文献纪实法来介绍和描述事件，并在分析各种来源的原始材料和文件的基础上提出他的论点。

在越南战争期间，美国军队于1968年3月16日在美莱（My Lai）屠杀了数百名平民。美国媒体曝光美军的暴行，对日本社会产生了独特而重大的影响。日本人普遍对美莱大屠杀持批评态度，因此这一事件促使一些日本人对自己的部队在战争期间的行为进行反思。一些从事媒体工作的人认为，他们有责任寻找战争暴行的真相，因为日本军队在几十年前犯下的暴行被隐藏起来，不为公众所知。正是在这种情况下，1971年出现了各种涉及南京大屠杀和日军在中国其他地方犯下暴行的作品，包括杂志文章、个人回忆和调查报告。

1971年7月的《潮》杂志发表了《持续被隐瞒的南京大屠杀的记录》（隠されつづけた南京大虐殺の記録）③，作为《日本人在中国大陆所犯罪

---

① ［日］洞富雄：『南京事件』，东京：新人物往来社1972年版。
② ［日］洞富雄：『日中戦争資料：南京事件』，东京：河出书房新社1973年版。
③ 『隠されつづけた南京大虐殺の記録』（《持续被隐瞒的南京大屠杀的记录》），载《潮》1971年7月，第112—156页。

行：100人的证言与坦白》（大陸中国での日本人の犯罪：100人の証言と告白）系列报道的一部分。该文收集了60人对日本在中国的战争罪行的看法，其中很大一部分是前日本军人。他们中的许多人对日本在中国犯下的暴行表示忏悔。尽管该文的标题突出了南京大屠杀，但在60位参与者中，只有《朝日新闻》的前战地记者和摄影师影山光洋（Koyo Kageyama）透露了他在南京沦陷后的个人经历。他说，他在长江边看到了40到50具被枪杀的中国士兵的尸体[①]。不少前日本军人证实了在山东、山西、河北、安徽、湖北、湖南、黑龙江和内蒙古等地杀害中国战俘和平民的情况。例如，1942年，日军在山西太原俘虏了数十名八路军战士和学员，包括约20名女学员，并将他们作为刺刀练习的靶子杀害[②]；在山西崞县（今原平），日本兵把村民当作刺刀练习的靶子，并用手榴弹残酷杀害一名孕妇[③]。

这些从20世纪50年代到70年代初出版的著作从不同的角度提供了关于南京大屠杀的信息，而且书中的观点并不总是一致，但这些著作都没有引发激烈的辩论或争议。

## 争论的起点

本多胜一（Katsuichi Honda, 1932—）是《朝日新闻》的一名记者，20世纪60年代后期曾在越南报道新闻，他以采访报道的方式介绍南京大屠杀。本多胜一关于日军在中国的暴行的报道，震惊了日本社会，引发了争论。

本多胜一，1932年1月28日出生于长野，1950年进入千叶大学学习医药学。1954年毕业并获得药剂师证书后，他进入京都大学学习写作。1958年，

---

① 『隠されつづけた南京大虐殺の記録』(《持续被隐瞒的南京大屠杀的记录》)，载《潮》1971年7月，第116页。

② 『隠されつづけた南京大虐殺の記録』(《持续被隐瞒的南京大屠杀的记录》)，载《潮》1971年7月，第115页。

③ 『隠されつづけた南京大虐殺の記録』(《持续被隐瞒的南京大屠杀的记录》)，载《潮》1971年7月，第141页。

他开始为《朝日新闻》工作，担任文字编辑。1959 年到 1962 年，他在《朝日新闻》的北海道分部担任记者，此后调回东京的报社总部。

1971 年，他访问了中国，特别走访了那些在战争期间遭受日军暴行的地区。从 6 月 13 日至 7 月 18 日，他去了广州、北京、沈阳、抚顺、鞍山、唐山、南京、上海和韶山。在发生暴行的地方，他采访了幸存者和目击者。本多的故事以《中国之旅》为题，从 1971 年 8 月 26 日至 12 月 25 日在《朝日新闻夕刊》上分为平顶山事件、万人坑、南京事件与三光政策四个部分，共 40 次连载刊登。相关南京的报道在 11 月 4 日至 16 日期间分 10 次发表。7 月 10 日至 12 日，本多在南京会见并采访了大屠杀幸存者姜根福、陈德贵、梅福康和蔡周氏，他们详细描述了大屠杀期间的个人幸存经历和在日军暴行中失去家人的情况。除了讲述自己的经历和家人的遭遇外，姜根福还讲述了李秀英在抵抗强奸时被刺刀刺伤的情况，并简要介绍了两名日本少尉的百人斩竞赛：

> 有一天，少尉"A"和"B"接到长官命令，进行一场杀人竞赛：从句容到南京郊区的汤山有 10 公里的距离，谁先杀了 100 人，谁就能得到奖赏……。
>
> 两人进行了比赛。结果，"A"杀了 89 人，"B"杀了 78 人。他们到达汤山后，长官又命令他们在汤山和紫金山之间 15 公里的范围内再杀 100 人。这一轮的结果是"A"杀了 106 人，"B"杀了 105 人，都达到了目标。然而，长官又说："谁先达到 100 人的目标并不清楚，应该再进行一次竞赛：从紫金山到南京城有 8 公里，这次的目标是 150 人。"①

由于《朝日新闻》发行量大，本多的《南京大屠杀》极大地引起了公众关注，同时也带来了批评与争议。这些《朝日新闻》的文章，以及本多在中国旅行

---

① ［日］本多胜一（Katsuichi Honda）:『中国の旅』(《中国之旅》)，载『朝日新聞（夕刊）』1971 年 11 月 5 日，第 2 页。

期间所写的、分为 12 个部分的其他故事，在 1972 年以同样的标题《中国之旅》，合集成书出版①。

本多的中国报道在《朝日新闻》上刊载时，铃木二郎（Jiro Suzuki），即在 1937 年报道百人斩竞赛的战地记者之一，在 1971 年 11 月号的月刊《丸》上发表了一篇重要而有争议的文章《我目睹了"南京悲剧"》（『私はあの「南京の悲劇」を目撃した』）。在这篇回忆文章中，作者指出，他和另外两名报道百人斩竞赛的记者浅海一男和光本于 1946 年 6 月 24 日被远东国际军事法庭传唤。因为光本住在关西，只有铃木和浅海于 7 月 1 日出庭，接受关于杀人竞赛的询问。由于他们的证词，两名少尉被释放，尽管他们后来被认定有罪并在南京被处决②。

此外，铃木还回忆了他在南京沦陷后随日军进城时的所见所闻。经中山门进城后，铃木与另一位记者朋友，立即进入励志社的大楼休息。他们刚睡下，就有四个日本兵端着刺刀闯入大楼，冲向他们。两人都跳了起来，大喊自己是日本人，士兵们才停止了对他们的攻击。铃木表示，当时"我们没有穿军装。不管穿不穿军装，这些士兵都会杀你"③。他接着描述了他目睹的一次大规模处决：

> 于是，我第一次目睹了可怕的大屠杀。
> 俘虏在 25 米高的城墙上一字排开，然后被刺刀逐一刺死，掉落城墙外。

---

① ［日］本多胜一：『中国の旅』，东京：朝日新闻社 1972 年版。除了《朝日新闻》上刊登的四个部分外，其他 12 个部分分别是"中国人对军国主义日本的印象""原佳友工厂""教养所""用于细菌学试验和活体解剖的人""抚顺——被侵略者的历史""防疫大屠杀""鞍山和原久保田铸造厂""马可波罗桥附近""运送强迫劳动者的奴隶船之旅""上海的战场""港口"和"'远征'和'轰炸'的真实故事"。

② ［日］铃木二郎（Jiro Suzuki）：『私はあの「南京の悲劇」を目撃した』（《我目睹了"南京悲剧"》），载『丸』第 24 卷第 1 期（1971 年 11 月），第 96—97 页。

③ ［日］铃木二郎（Jiro Suzuki）：『私はあの「南京の悲劇」を目撃した』（《我目睹了"南京悲剧"》），载『丸』第 24 卷第 1 期（1971 年 11 月），第 97 页。

在城墙顶上，许多日本兵举起刺刀，气势汹汹地用刺刀刺向战俘的胸口和腰部，只见鲜血飞溅，真是阴森森令人毛骨悚然的景象。

在那里，我再一次看到了那个差一点用刺刀刺杀我的日本兵凶残的模样。我目睹着一幕惨剧，惊呆了。

然而，在这场残酷的屠杀中，有一种不可思议的现象，我永远无法忘记，就是那些被刺杀的俘虏的态度与表情。

面对死神时，他们中的一些人露出了满意的笑容，而另一些人则不时发出会心的笑声，期待着 "死亡的到来"。

我几次听说，在这个战场上，有一群手持红缨枪（与日本长矛相似，但矛头系着红缨）的人，不惧牺牲，冲锋陷阵，进行了殊死的肉搏战，使日军畏惧。

据传，这些手持红色长矛的人有着坚定的信念和信仰，即使弹丸击中也不会死。事后，我从那些刺杀俘虏的日本兵那里得知了这一点。[1]

此后，他回到励志社，才发现：

此前没注意到的门内，有一棵大树，那里有约十几名敌残兵，被用铁丝绑在一起。

每个人的脸像纸一样雪白、裸露肌体，有人坐着，有人站着，以发呆的目光盯着我。

突然，数个日本兵呼啦啦进来了。二三人拿着铁镐，像是工兵。看都不看一眼站在旁边的我，其中一个日军，站在那棵大树的面前，喊叫着"这家伙竟敢把我的伙伴给害惨了！"

随即挥舞着铁镐向这个不能抵抗的俘虏的头上狠劲砍下去。

尖锐而发光的铁镐的尖端，发出呼呼的声音，扑地喷出了鲜血。看

---

[1] ［日］铃木二郎（Jiro Suzuki）：『私はあの「南京の悲劇」を目撃した』(《我目睹了"南京悲剧"》)，载『丸』第 24 卷第 1 期 ( 1971 年 11 月 )，第 97 页。

见这个情景，后面的数人连忙挣扎着，但无济于事，成了其他兵的暴行的猎物。确实是一瞬间的事情。

这些俘虏中，有解除武装的士兵，也有像市民的人。

看了这些，我急忙走开了。

从那以后，直到15日离开南京为止，在城内采访收集素材。

通向光华门的道路两旁有蜿蜒绵长的散兵战壕，里面有无数的烧焦的尸体，路上铺设的很多的圆木下，也有横陈着的尸体，胳膊和腿露出来，的确是人间地狱般的景象。

我看到有些坦克发出轰隆隆的履带的声音，毫不留情地从尸体上奔驰，周围弥漫着腐烂的尸臭，混杂着火药味的硝烟，我仿佛就站在焦热的血肉炼狱，感觉自己是人间地狱的"狱卒"的错觉。

地处城外北方，与长江对岸的浦口隔岸相对的水陆交通要冲下关的情况，更加记忆犹新，因日本兵的迅猛追击无法逃离的数千士兵、市民在这里被日军机枪扫射被杀，此地变成了血海尸山了，宽广无比的长江的黄色江水，染成血红色，江面上漂浮着无数的尸体。①

志志目彰（Akira Shishime）上小学时曾听野田毅谈起他在中国参加杀人竞赛的经历。在读了本多的报道和铃木的回忆录后，他写了文章《中日战争的回忆：百人斩竞赛》（『日中戦争の追憶：「百人斬り競争」』），发表在1971年12月的《中国》月刊上。1939年春天，也就是志志目彰从鹿儿岛师范学校附属小学毕业的前一年，野田作为校友和归国的战斗英雄来到他家乡的学校，讲述了他在中国的战争经历，特别是他参与百人斩竞赛的情况。野田在谈话中表示：

"说什么乡土出身的勇士啊，百人斩竞赛的勇士啊，这些登在报纸

---

① ［日］铃木二郎（Jiro Suzuki）：『私はあの「南京の悲劇」を目撃した』（《我目睹了"南京悲剧"》），载『丸』第24卷第1期（1971年11月），第99页。

上的人，就是我……实际在白刃战中砍杀的也就四五个……对着已攻占的敌战壕大喊'你，来，来'，由于支那兵都比较傻，成群结队地都往我们这里过来，就让他们站成一排，一个一个地砍杀。虽然，被人们评论为百人斩，实际上绝大多数是这样砍杀的。是两个人的竞赛，但人们事后问起这是否是一件大事时，我就说没什么了不起的……"①

然后，志志目彰评论："但是，不是在白刃战中斩杀，而是斩杀已放弃战斗、投降了的敌人，说这些话的'勇士'的经验之谈，对我来说，就是很大的冲击。真是又残忍又滑头！"②在文章的末尾，他指出："此外，尽管《丸》杂志的报道显示，N少尉对《每日新闻》记者铃木二郎和浅海一男说'他没有杀死那些逃跑的人'，然而，可能他当面坦率地告诉我们的情况更接近事实。"③

本多的《中国之旅》连载报道在《朝日新闻》上刊登后不久，山本七平（Shichihei Yamamoto，1921—1991），前日本军官、山本书店店主和自由评论者，以笔名伊赛亚·本达桑（イザヤ·ペンダサン）在1972年1月的《诸君！》月刊上发表了一篇文章《〈朝日新闻〉的"我很抱歉"》（朝日新聞の「ゴメンナサイ」）④。山本七平，1921年12月18日出生在东京，1937年在青山学院上学时受洗成为基督徒。1942年从该学院毕业后，他被征召入伍，战争结束时，他是第一〇三师团下属的一个炮兵中队的少尉，驻扎在菲律宾的吕宋岛。1945年9月16日，他被捕并关押在马尼拉的一个拘留所，直到1947年才返回日本。他于1956年开设了山本书店。多年来，作为评论家，

---

① ［日］志志目彰（Akira Shishime）:『日中戦争の追憶:「百人斬り競争」』(《中日战争的回忆:"百人斩竞赛"》)，载『中國』1971年12月，第43—44页。
② ［日］志志目彰（Akira Shishime）:『日中戦争の追憶:「百人斬り競争」』(《中日战争的回忆:"百人斩竞赛"》)，载『中國』1971年12月，第44页。
③ ［日］志志目彰（Akira Shishime）:『日中戦争の追憶:「百人斬り競争」』(《中日战争的回忆:"百人斩竞赛"》)，载『中國』1971年12月，第45页。
④ ［日］イザヤ·ペンダサン（Isaiah Ben-Dasan，伊赛亚·本达桑）:『朝日新聞の「ゴメンナサイ」』(《〈朝日新闻〉的〈我很抱歉〉》)，载『諸君！』1972年1月，第166—179页。

他发表了许多文章和书籍。他认为，日本人自己不应该通过寻找和承担战争罪行而相互指责[①]，因此，他对本多的《中国之旅》极为反感。在《诸君！》1972年1月发表的这篇文章中，他指责本多在报纸上的报道，以虚假的证词，使读者和普通日本人感到内疚，对大屠杀负有责任，并不得不道歉。

作为回应，本多在同一份杂志1972年2月号上以记者P采访的形式发表了一篇文章《致伊赛亚·本达桑的公开信》（イザヤ・ベンダサン氏への公開状）。他指出，日本在战败后的20多年里，并没有告诉民众日本在中国的所作所为的真相。日本走的是侵略战争的道路。他对日本军国主义在中国的战争现场进行采访和报道，是为了追查前军国主义分子的暴行，以便真诚地道歉，防止军国主义的复活[②]。

在1972年3月的《诸君！》杂志上，伊赛亚·本达桑发表《给本多胜一先生的答复》（答本多胜一様への返信），继续挑战本多，特别是关于本多的百人斩竞赛报告的真实性和准确性。在引用了本多胜一的报告中姜根福的叙述后，伊赛亚·本达桑提出了他对从句容到汤山的10公里距离内杀死89人的怀疑。为了证明姜根福的叙述是不可靠与虚假的，他在姜根福的叙述中加入了一个因素，即时间。他争辩说，通常士兵走四公里需要一个小时，10公里的路程大约需要150分钟。要在150分钟内杀死89人，少尉必须每1分36秒用军刀、手枪或步枪杀死一个人，这是一个不可能完成的任务[③]。然而，本达桑没有意识到，在战场上，士兵们不可能只行军，在10公里的路程中，他们必须参与战斗行动和"扫荡"行动，这可能会耗费更多的时间，更不用说大多数受害者是平民和战俘。此外，大量手无寸铁的平民和俘虏在相对较短的时间内，在相对较少的地点被集中屠杀，也不需要行走太长的

---

[①] [日]森恭三（Kyouzou Mori）：『本書によせて』（《本书序》），引自『中国の旅』（《中国之旅》），东京：朝日新闻社1972年版，第vi页。

[②] [日]本多胜一：『イザヤ・ベンダサン氏への公開状』（《致伊赛亚·本达桑的公开信》），载『诸君！』1972年2月，第211页。

[③] [日]イザヤ・ペンダサン（伊赛亚·本达桑）：『答本多勝一様への返信』（《给本多胜一先生的答复》），载『诸君！』1972年3月，第51页。

距离。

本多以另一篇刊载在 1972 年 4 月《诸君！》杂志的题为《噪音对我眼睛的伤害》（雑音でいじめられる側の眼）的长篇文章进行反击。在逐一驳斥本达桑指控的同时，本多完整地引用了 1937 年 11 月 30 日和 12 月 13 日《东京日日新闻》关于百人斩竞赛的报道，并部分引用了铃木二郎的文章《我目睹了那场"南京惨案"》和志志目彰的回忆录《中日战争回忆》，以说明百人斩竞赛最初是由随军的日本记者报道的，而不是像本达桑指控的由姜根福杜撰的。本多还提到了与日军在中国犯下的战争罪行的责任和惩罚相关的有关越南美莱大屠杀的新闻报道和责任[1]。显然，本多对右翼杂志《诸君！》及本达桑的论点感到失望，他在文章的最后向本达桑在和《诸君！》的读者道别，不愿再继续纠缠。

然而，在 1972 年 4 月的同一期《诸君！》杂志上，本达桑又发表了一篇文章《给本多胜一先生的附言》（『本多勝一様への追伸』）[2]，继续鼓吹他自己的论点，反对本多胜一的观念，即日本需对犯下的战争罪行，包括南京大屠杀负责，日本应向中国道歉。在接下来的几个月里，虽然本多保持沉默，但本达桑在每一期的《诸君！》杂志上发表文章，其中 5 月、6 月和 8 月的文章直接涉及本多或百人斩竞赛。这些文章重申了他以前的观点，没有增加显而易见的新内容。同时，从 1972 年 8 月到 1974 年 4 月，山本七平以他的真名在《诸君！》杂志上发表了一系列文章。这些文章后来以《我们的日本军队》（私の中の日本軍）为题合集成书[3]，于 1975 年 11 月出版发行。

当本多和本达桑就百人斩竞赛和日本在中国的战争罪行进行激烈争论时，纪实作家、记者今井明夫（Akio Imai, 1925—2003），以铃木明为笔

---

[1] ［日］本多胜一：『雑音でいじめられる側の眼』（《噪音对我眼睛的伤害》），载『诸君！』1972 年 4 月，第 152 页。

[2] ［日］イザヤ ペンダサン（Isaiah Ben-Dasan）：『本多勝一様への追伸』（《给本多胜一先生的附言》），载『诸君！』1972 年 4 月，第 132—143 页。

[3] ［日］山本七平（Shichihei Yamamoto）：『私の中の日本軍』（《我们的日本军队》），东京：『文藝春秋』1975 年版。

名在 1972 年 4 月的《诸君！》杂志上发表了一篇文章《南京大屠杀的虚幻》（南京大虐殺のまぼろし），加入山本七平的行列。今井明夫，1925 年 10 月 28 日出生在东京，毕业于立教大学，之后成为《周刊タイムズ》杂志的记者。1972 年 4 月，他担任《调查情报》月刊的主编，该杂志由东京放送系统控股公司出版。在 1972 年 4 月发表在《诸君！》杂志的文章的开头，铃木引用了本多 1971 年 11 月 5 日关于百人斩竞赛的报道，指出战争时期的杀人与和平时期完全不同。在他看来，第六师团的指挥官是无辜的，不应该被处决。他进一步公开否认南京大屠杀，认为这一事件是捏造的，指称唯一的原始资料是田伯烈的书和日本少将佐佐木到一在日记中的叙述。当佐佐木的部队向和平门推进时，中国士兵不断前来投降，他们的人数多达数千人。情绪激动的日本兵完全不顾上级军官的劝告，将这些俘虏一个个杀死。回忆起许多战友的流血事件和过去十天的艰辛，连佐佐木自己都想说"把他们都杀了"，更不用说那些士兵了[1]。然而，除此之外，他未能拿出任何可靠的证据。同时，他对远东国际军事法庭的判决提出质疑。

铃木继续发表关于这一主题的文章。1972 年 8 月的《诸君！》杂志发表了他的《向井少尉为何被杀：南京"百人斩"的虚幻》（向井少尉はなぜ殺されたか：南京「百人斬り」のまぼろし），这是一篇长达 26 页的文章[2]，它从本多 1971 年 11 月 5 日的报道及 1937 年 11 月 30 日和 12 月 13 日《东京日日新闻》的报道开始，追溯了百人斩竞赛的整个过程：它的原始新闻报道，向井敏明被逮捕、拘留和引渡到中国，以及他在南京的审判、上诉和处决。铃木引用了向井在狱中写的信件、日记和遗言的节选，并透露了作者去台湾采访那些主持或参与南京审判的人。1972 年 10 月，铃木发表了《向井少尉

---

[1] ［日］铃木明（Akira Suzuki）：『南京大虐殺のまぼろし』(《南京大屠杀的虚幻》)，载『诸君！』1972 年 4 月，第 186—187 页。

[2] ［日］铃木明：『向井少尉はなぜ殺されたか：南京「百人斬り」のまぼろし』(《向井少尉为何被杀：南京"百人斩"的虚幻》)，载『诸君！』1972 年 8 月，第 178—203 页。

为何被杀·补遗》（向井少尉は何故殺されたか·補遺）①，指责本多发表了"捏造的事实"，东京审判中证人的证词含糊不清。

铃木的另一篇题为《南京·昭和十二年十二月》的长篇文章，分两期刊载在 1972 年 12 月和 1973 年 1 月的《诸君！》杂志上。作者花了很大力气去寻找和联系南京沦陷后在南京的日本记者和前日本军人。最终，他采访了大约八名记者和十多名前日本军人。作者将这些采访记录收录到文章中，用以诋毁今井正刚 1956 年关于他目睹大规模处决的报道、秦贤助 1957 年的文章和铃木二郎 1971 年回忆他在南京经历的文章，试图否认大屠杀曾经发生过。这篇文章发表后不久，铃木将他在《诸君！》杂志发表的关于这个主题的文章收集成书，定名为《南京大屠杀的虚幻》（『南京大虐殺のまぼろし』）②，于 1973 年 3 月出版。

为了反驳山本七平和铃木明对大屠杀的否认及其论点，洞富雄撰写文章，在《历史评论》杂志上发表。在 1972 年 11 月这一期，他写了题为《由军事教育形成的年轻军官的精神结构——百人斩竞赛是"事实"或"被告知的事实"》（『軍隊教育に培われた青年将校の精神構造——「百人斬り競争」は「事実」であったか「語られた事実」であったか』）一文③。通过引用不同来源的证据和原始材料，作者在这篇文章中对"百人斩竞争"进行了详细而深入的分析。在批评本达桑、山本和铃木观点的同时，他还指出，日本的军事教育也难辞其咎，因为它培养和鼓励了官兵野蛮残忍的行为。

随后，洞富雄在《历史评论》杂志 1973 年 6 月号和 7 月号上分两次发

---

① ［日］铃木明（Akira Suzuki）：『向井少尉は何故殺されたか·補遺』（《向井少尉为何被杀·补遗》），载『诸君！』1972 年 10 月，第 108—115 页。

② ［日］铃木明：『南京大虐殺のまぼろし』（《南京大屠杀的虚幻》），东京：文艺春秋 1973 年版。

③ ［日］洞富雄（Tomio Hora）：『軍隊教育に培われた青年将校の精神構造—「百人斬り競争」は「事実」であったか「語られた事実」であったか』（《由军事教育形成的年轻军官的精神结构——"百人斩竞赛"是"事实"或"被告知的事实"》），载『歴史評論』第 269 期（1972 年 11 月），第 30—48 页。

表了一篇长文《南京事件与史料批判》(『南京事件と史料批判』)①。在 6 月发表的部分，针对铃木明采访曾在日军第十三师团和第十六师团服役的军人，以及他在《诸君！》杂志上发表的文章，洞富雄引用了《东京朝日新闻》1937 年 12 月 17 日的报道、秦贤助的文章，以及第一〇三旅团旅团长山田栴二的日记与其他资料，重新勾勒出大屠杀的情况，并对铃木的采访进行了分析与批判，反驳他的观点。在 7 月刊登的部分，洞富雄引用了今井正刚和铃木二郎的文章中的证据，分析和批评了铃木明对 1937 年 12 月随军日本记者进行的采访。此外，他通过反驳铃木明新出版的《南京大屠杀的虚幻》中的论点，以及山本七平对浅海一男捏造杀人竞赛的指责，重新审视了有关百人斩竞赛的问题。

《历史评论》的文章，以及洞富雄以前发表的关于这个主题的其他文章、著作，为他所做的南京大屠杀研究的框架和方法奠定了基础，他后来的许多著作都是从这些文章衍生而来的。几年后，他修改了发表于《历史评论》的文章，将其编撰成书，1975 年 8 月以《批判南京大屠杀之"虚幻"》(『南京大虐殺「まぼろし」化工作批判』) 为书名出版。本多胜一还将《南京事件与史料批判》收录在 1977 年 9 月出版的《笔的阴谋》(『ペンの陰謀』)② 一书中。此后，洞富雄进一步完善了他的研究，补充了更多的信息，于 1982 年 12 月出版了《决定版南京大虐杀》③，这是在研究南京大屠杀方面，洞富雄最具代表性的学术研究著作。

《决定版南京大虐杀》采取文献纪实的方式，由两部分组成，即南京大屠杀的真相与对南京大屠杀虚幻的批判。该书以大量目击者的叙述和其他原始材料为基础，提供了详细而深入的分析和评述，其中涉及的资料主要来自日本。第一部分使用了他于 1972 年出版的《南京事件》中《南京暴行》一

---

① ［日］洞富雄：『南京事件と史料批判』(《南京事件与史料批判》)，载『歴史評論』，第 277 期 (1973 年 6 月)，第 106—118 页，以及第 278 期 (1973 年 7 月)，第 64—83 页。

② ［日］本多胜一：『ペンの陰謀：あるいはペテンの論理を分析する』(《笔的阴谋：或分析欺诈的逻辑》)，东京：潮出版社 1977 年版。

③ ［日］洞富雄：『決定版南京大虐殺』，东京：徳间书店 1982 年版。

章的原始资料，并辅以不少新发现或新获得的资料，以专题形式安排，将他的论点集中在七个主要问题上。

洞富雄首先比较了日本战地记者在 1937 年 12 月报道的中国战俘人数和日本当局在同一时间发布的战俘人数。他认为，两者之间的差距揭示了大量战俘被屠杀的事实：

> 因此，战俘被屠杀的事件，在当时基本上是显而易见的。然而，直到日本战败后，在东京的远东国际军事法庭上，检方接连不断提出证据，我们才知道南京大屠杀的真相。
>
> 事实上，南京大屠杀事件早已为世人所知。那些被完全蒙在鼓里并讴歌圣战的，只有日本人。从战场上归来的军人受到严格的禁言令约束，几乎没有人泄漏任何相关的情况。[①]

作者探讨的第二个问题涉及当南京被日军攻占之际城内外发生的大规模屠杀。洞富雄广泛引用了日本军人的战时日记和战地记者的文章，这些文章描述了他们对大规模处决和堆满尸体的大屠杀现场的观察，引用了佐佐木到一、高城守一（Morikazu Takashiro）、外贺关次（Sekiji Geka）、岛田胜己、铃木二郎和杉山平助（Heisuke Sugiyama）的日记和著作。赤星义雄（Yoshio Akahoshi）是第六师团第十三联队的一名士兵，他描述了 1937 年 12 月 14 日他在下关办事时看到的情景：至少有 5 万具尸体漂浮在长江上，长江变成了一条死亡之河[②]。

洞富雄还引用了日军各部队的战史记录，证明大量的中国战俘被大规模处决。第十六师团第三十三联队史留有下述记载："敌军士兵前来向进城的日军集体投降，这在当时难以处理。但这些投降的士兵后来下落不明，战后被认为是南京大屠杀事件，引起世界各国流传着各种说法，从而损害了我军

---

① ［日］洞富雄：『决定版南京大虐杀』，东京：德间书店 1982 年版，第 15 页。
② ［日］洞富雄：『决定版南京大虐杀』，东京：德间书店 1982 年版，第 24 页。

的传统声誉，实在令人遗憾。"①1938年1月编撰的《第九师团作战经过概要》（『第九師団作戦経過の概要』）指出："师团以右翼联队作为主力在城内进行扫荡，歼灭残败兵七千余人。"②

与此同时，洞富雄对日军在南京西面的几座城门外，用机枪扫射溃退的中国部队、缴械投降的军人与老百姓作了评论："日本军方面认为这些军事行动是正当的作战行为，但中国方面，认为它同在雨花台扫射杀戮一样，是集体屠杀。"③

洞富雄关注的第三个主题是：战俘、便衣士兵和难民被大量屠杀。他在这部分的开头提到1937年12月17日《朝日新闻》关于两角部队在幕府山俘获14777名中国士兵的新闻报道。洞富雄说，因为缺乏食物来养活这些俘虏，所有的俘虏都被两角部队屠杀了④。关于长江边的大规模处决，他引用了今井正刚1956年的回忆文章，说长江边的码头上有黑暗的、纠缠在一起的尸体山⑤。

第十六师团第三十旅团少将旅团长佐佐木到一在他的文字材料中指出，截至1938年1月5日，"依次逮捕在城外近郊继续不听命令的残败兵。在下关被处决的有数千人"⑥。此外，洞富雄还引用了梁庭芳、尚德义、孙远震、鲁甦在东京审判中的证词，以及本多胜一收集的陈德贵的证词，证明大量被俘的中国士兵和平民在长江边被集体处决，尽管他对鲁甦提供的57418名大屠杀受害者这一数字的可信度有疑问⑦。

为了进一步支持他的观点，洞富雄大量引用了日军军邮站长佐佐木元胜（Motokatsu Sasaki）的著作。佐佐木元胜在1941年以《野战邮便旗》为

---

① ［日］洞富雄：『決定版南京大虐殺』，东京：德间书店1982年版，第22页。
② ［日］洞富雄：『決定版南京大虐殺』，东京：德间书店1982年版，第28页。
③ ［日］洞富雄：『決定版南京大虐殺』，东京：德间书店1982年版，第26页。
④ ［日］洞富雄：『決定版南京大虐殺』，东京：德间书店1982年版，第32页。
⑤ ［日］洞富雄：『決定版南京大虐殺』，东京：德间书店1982年版，第34页。
⑥ ［日］洞富雄：『決定版南京大虐殺』，东京：德间书店1982年版，第40页。
⑦ ［日］洞富雄：『決定版南京大虐殺』，东京：德间书店1982年版，第36页。

题出版了他在中国的战时经历，其中表示，1937年12月16日抵达南京后，他看到大量被俘的中国士兵被押解走①。佐佐木的邮局搬迁到下关后，他记录了他在江边看到的情况：

  在江边，残败兵被机枪扫射后，尸体堆积如山。在路边、江堤下、江边，尸体重叠成堆。没有比这更悲惨的景象了。此外，有多少尸体被长江的浊流冲走了，无人知晓。②

同盟社记者深泽干藏和前田雄二在《在战争的洪流中》（『戦争の流れの中に』）一书中的描述与佐佐木的描述一致。1937年12月17日晚上，他们在前田雄二的办公室举行庆祝晚宴：

  这天夜晚，我们在野战分局再次举行庆祝宴会。席间，深泽干藏报告了令人震惊的消息。深泽曾在黄昏时分独自前往下关查看，发现下关下游的长江边有很多尸体，堆积如山。他走过去一看，那堆积如山的尸体绵延很长一段距离。据说，如果守卫发现有人还没有死，而且还在动，他们就会立即把人杀死。

  第二天早上，我和两三个朋友开车出去。途经挹江门时，所有的尸体都被清理掉了。因此，我没有那种穿过地狱之门的可怕感觉。经过下关的时候，确实像深泽所描述的那样。在江边的路上，有大量的中国士兵的尸体，堆积如山，绵延很长的距离。看起来，这些尸体像是被浇上了汽油，用火焚烧过的。③

洞富雄用65页的篇幅介绍了他的下一个主题，即对无辜的南京居民实

---

① ［日］洞富雄：『決定版南京大虐殺』，东京：德间书店1982年版，第41页。
② ［日］洞富雄：『決定版南京大虐殺』，东京：德间书店1982年版，第43页。
③ ［日］洞富雄：『決定版南京大虐殺』，东京：德间书店1982年版，第42页。

施的暴行（无辜的南京市民にたいする残虐行为）。他再次引用了大量不同来源的原始资料和著作，涵盖了日本兵在南京杀害居民、强奸妇女、抢劫和焚烧等方面。

他引用了不同国籍目击者的叙述，如 M. S. 贝茨 1937 年 12 月 15 日的南京情况报告，约翰·麦琪在远东国际军事法庭上的证词，以及这里引用的一位德国目击者的报告的部分内容：

12月14日，由于推进迅速而没有充足的给养，日军在城里放纵肆虐，这支正规部队的行为举止简直难以言说。

他们从难民那儿抢劫走所有能拿走的食物、羊毛睡毯、衣服、钟表，简而言之，看上去值得携走的一切物品。不仅是抵抗，犹豫不决或给东西略微迟缓，立刻用刺刀侍候，许多人，仅仅因为他们语言不通等原因而在此情况下遇害。……一个日本兵驱赶 4 名不得不为他搬运掳掠物品的苦力的情况并不少见。

这种有组织的偷窃和掳掠持续了 14 天。即使在今天，遇上任何因某种原因出去"征用"的日军团伙也不安全。中国军队撤离之际，个别食品杂货店被闯入洗劫一空，也有一些纵火的现象。然而，到那时为止，城市绝大部分完好无损。①

黄俊乡，一个在大规模处决中幸存下来的中国平民，为东京审判提供了书面证词作为控方证据，文件编号为 1733，尽管这份证词没有在法庭上宣读：

昭和十二年（1937 年）十一月（阴历）九日，日军在光华门附近突破城墙，进入城内，并接近难民区。两天后，日军开始搜查民居。他们见到地上到处是丢弃的武器，断定难民区内隐藏了许多军人。于是，他

---

① 洞富雄：『决定版南京大虐杀』，东京：德间书店 1982 年版，第 68—69 页。

们不顾国际法的规定，开始杀人。所有18岁至40岁的人都被当作国军拘捕。在最初的几天里，有两千多人被抓，我就是其中一个。被捕的人排成四路纵队，从难民区出发，到长江沿岸各处。队伍长达一日里（约二英里）。入夜后日本军几乎把他们全都杀光。[①]

冈本健三，出生于东京，1937年5月被征入日本军队，之后参加了杭州湾登陆作战和南京攻击战。在1971年8月出版的《中国》月刊中，他以《参加杭州湾敌前登陆作战》（参加杭州湾敌前上陆に参加して）为题发表了他的战时经历，其中详细叙述了日军在南京的大规模处决和强奸等暴行。洞富雄引用了这篇文章的一个片段（中间省略的部分请见本书第11章）：

> 有人声称南京大屠杀事件并没有发生。那是一派胡言。我目睹了这场大屠杀。日本军队占领南京后，由于我们无法区分无辜的居民和游击队，就发了良民证。我们的部队也参与了查问人的工作。虽然要求中国人填写他们的出生年、月、日、职业和性别，但很少有中国人会写字。我们试图向那些不会写字的人解释，但他们听不懂我们的话。因此，回答清楚的人就没事，那些讲话慢腾腾，前言不搭后语的，就被视为形迹可疑而另行处置。……不清楚那些被杀的人是不是游击队员。当我们试图区分他们是否是无辜的居民时，并不总是有真凭实据。由于语言不通，情况无法弄清楚。虽然地狱极乐世界相差无几，但实际上是无稽之谈。
>
> 强奸事件也不是传闻，而是确有其事。南京被占领后，情况很糟糕。自从杭州湾登陆后，部队里就没有妇女了。士兵们都是年轻人……长官说，如果你做了那种事，就把女人当场杀掉。不允许使用刺刀，也不允许开枪，要把她们打死。我认为这种方式使别人无法知道是谁杀了她们。这是因为强奸和偷窃会被送上军事法庭。话虽如此，但在前线部队中，

---

① ［日］洞富雄：『決定版南京大虐殺』，东京：德间书店1982年版，第95页。

有时纪律松懈，他们对这些事件视而不见。没有人因惩戒而被枪毙……不，也没有人被惩罚。不仅仅是士兵做了坏事。有时，军官也会带头做。①

洞富雄通过检视日军当局对暴行的反应，从日本军方的角度来探讨他的下一个主题——庆祝"南京胜利"时期（「南京勝利祭」の期間）。

根据东京审判期间对武藤章的审讯记录，日军不顾松井将军只应有两三个大队进入南京的命令，全军进城，从而导致了南京暴行②。在1937年12月17日的入城仪式后，松井石根得知他的部队犯下暴行，立即向上海派遣军和第十军发出命令，除了驻守南京的必要部队外，其余部队应立即撤离南京城。同时，他下令严明部队纪律，惩治不法行为③。

然而，松井的命令发出后，暴行并没有停止。相反，笼罩城市的恐怖持续了六个星期之久。洞富雄引用麦琪、菲齐、贝茨和程瑞芳的证词来说明日本兵在那个时期的非法行为，他指出，南京城防司令，也就是第十六师团师团长中岛今朝吾，和他的下属佐佐木到一少将是两个对当时的暴行负有责任的可怕人物④。

经过约翰·爱利生在南京的反复抗议和美国大使约瑟夫·格鲁在东京提交的照会，参谋本部派遣本间雅晴（Masaharu Homma）少将前往南京调查。松井在东京审判期间表示，本间雅晴于1938年1月底抵达上海，告诉松井，东京的日本当局在收到有关日本士兵在中国犯下的暴行的报告后感到担忧。本间在2月初到达南京进行调查，而第十旅团长天谷直次郎在1月中旬取代中岛今朝吾，成为南京城防司令。情况直到2月中旬才有实质性的改善⑤。

在《对死亡人数的估计》（『犠牲者数の推定』）一节中，洞富雄讨论了目击者证词和法庭证词中关于受害者人数的报告，并分析了不同来源的

---

① ［日］洞富雄：『決定版南京大虐殺』，东京：德间书店1982年版，第70—72页。
② ［日］洞富雄：『決定版南京大虐殺』，东京：德间书店1982年版，第126页。
③ ［日］洞富雄：『決定版南京大虐殺』，东京：德间书店1982年版，第126页。
④ ［日］洞富雄：『決定版南京大虐殺』，东京：德间书店1982年版，第127—132页。
⑤ ［日］洞富雄：『決定版南京大虐殺』，东京：德间书店1982年版，第132—134页。

掩埋记录的可信度，如来自红卍字会、崇善堂等团体的记载。他引用了东京审判期间，日本辩方总结中关于这两个组织的掩埋记录的长篇论述：

> 上述物证据说是根据1946年，即日军占领南京十年后收集的资料制作的，不清楚这些表格是根据什么数据为基础制作的。尤其是尸体的数量，要在事发十年后确定几乎是不可能的，所以我们必须得出结论，这些数字都是基于假设或猜测的。……
>
> 现在，让我们接下来举一些例子，表明这些证物中的数字是欺诈和难以置信的，据法庭第324号物证，崇字掩埋队从1973年12月26日至28日掩埋了404具尸体，也就是说，它平均每天掩埋了130具尸体，但上述掩埋队从1938年4月9日至18日在兵工厂和雨花台等广大地区掩埋了26612具尸体，平均每天掩埋达2600具。
>
> 如果把上述1937年12月的工作量与1938年4月的工作量进行比较，会发现说法夸张，数字不可靠。
>
> 战斗发生后五个月，在我军已经清理过的雨花台地区，不可能有这么多尸体。我们可以指出，在水西门－上新河、中山门－马群、通济门－方山等地区也存在类似的矛盾。
>
> 对于红卍字会掩埋的尸体数量，在一天内处理了672具尸体，另一天处理了996具，而在2月9日估计处理了4685具，同月21日处理了5805具。
>
> 无论工人的数量如何变化，都不可能有这么大的差异。可以认为，需要的数字被特意按插在所需的地方。此外，在崇字掩埋队所列的数字中，男女和儿童的尸体均按比例减少，但在红卍字会提供的数字中，没有女性和儿童的尸体。在几乎所有非战斗人员都已逃离的前线，不可能相信会有妇女和儿童在那儿。
>
> 另外，在查看这个有计划地进行掩埋工作报告的表格时，红卍字会从2月19日到22日在下关的鱼雷营码头连续工作，该掩埋队在21日

处理了5226具尸体，但在19日和20日分别只处理了524具和197具尸体。这违反常理——因为工作的第一天，这个数字应该是很大的，但它应该逐日逐渐减少。我们可以指出煤炭港和兵站工作中也有这种矛盾。①

洞富雄认为，上述诋毁掩埋记录的企图让人怀疑。他指出，是日本军事当局命令掩埋队处理散落的尸体，日本军方也应该保留掩埋队发送的报告。中方会推断日本军事当局可能销毁了这些记录，但他们无法确定这一点。因此，中方不会玩弄这种危险的游戏，向军事法庭提交可疑的证据②。同时，他提请读者注意1938年4月16日《大阪朝日新闻》（华北版）的一篇新闻报道，其中指出有数万具尸体散落在沟渠和小河里。到那时为止，日本僧侣与红卍字会和"自治委员会"合作，在城内掩埋了1793具尸体，在城外掩埋了30311具尸体，还有许多尸体散落在城外和山后③。洞富雄比较了日本新闻报道中的尸体掩埋数量和红卍字会的掩埋记录，两者基本吻合。

他认为，并非所有被发现的受害者尸体都被记录下来，受害者总数可能高达20多万④。但是，他对鲁甦的57418人⑤和崇善堂在城外埋葬的104718具尸体的记录表示怀疑。他认为其在城内发现7548具尸体的记录有些夸张，但这一数字也绝不是捏造的⑥。

洞富雄论述的最后一个主题是"残虐事件的责任"。他首先讨论了华中派遣军司令部或第十军是否发出过消灭或杀害投降的中国士兵的命令。据松井的副参谋长武藤章说，由于中日战争是一场不宣而战的战争，被俘的中国士兵不被当作战俘对待。中山宁人（Yasuto Nakayama）是一名参谋，他

---

① 英文原文见《东京战争罪审判》，第19卷，法庭记录，R.John Pritchard和Sonia Magbanua Zaide编辑，第47269—47273页，此处中文译文根据英文原文译出。
② 洞富雄：『決定版南京大虐殺』，东京：德间书店1982年版，第140页。
③ 洞富雄：『決定版南京大虐殺』，东京：德间书店1982年版，第140—141页。
④ 洞富雄：『決定版南京大虐殺』，东京：德间书店1982年版，第145页。
⑤ 洞富雄：『決定版南京大虐殺』，东京：德间书店1982年版，第149页。
⑥ 洞富雄：『決定版南京大虐殺』，东京：德间书店1982年版，第142页。

也同意武藤的意见①。但日军司令部有没有发出过正式的命令？跟随第六师团的摄影记者河野公辉（Kimiteru Kouno）声称，他在师团司令部看到过一份传达命令的文件，其中写道："不要容忍共产党的暴政。为了镇压共产党匪徒的猖獗活动，务必杀死农民和工人，甚至妇女儿童全部杀光。（共產主義の暴虐む許さず、共匪の跳梁む粉碎するため、農夫、工夫はもとより、女子供にいたるまで、全員殺戮）"②洞富雄怀疑这个命令可能是由第十军发出的，柳川平助是该军的指挥官，应该承担这个责任。尽管他不能排除是华中派遣军司令部的某些人发出了这一命令，但洞富雄不相信松井知道这一命令。

洞富雄进一步探究了谁应该对这些暴行真正负责的问题。他有理由相信，师团长更有可能是责任方。他举例说，第六十五联队在屠杀中国士兵前围捕了约15000名中国士兵，山田栴二表示他的师团长命令他们"处决俘虏"；第十六师团下属的一个联队长田川（助川）曾向铃木明表示，"他的师团长说不要保留俘虏"；松井在战后的一次审讯中表示，他认为师团长才是责任者③。

洞富雄认为，虽然他认为师团长和旅团长不会鼓励或奖励强奸和抢劫等行为，但他们实际上默许了这些可怕的犯罪活动④。他还指出，一般学校的军国主义教育，特别是军队的教育，以及官兵道德价值观的教育，对犯下的暴行也难辞其咎⑤。

该书的第二部分《对"南京大屠杀"虚幻的批判》（「南京大虐殺」まぼろし化工作批判）是在他1975年出版的同名著作的基础上，进行重新组合、修改和更新的成果，它包括三个部分：1）百人斩竞赛真的是虚假的报道吗？（「百人斬り競争」ははたして虚報か）；2）铃木明的不同寻常的采访活动（鈴木明のめざましいルポ活動）；3）山本七平的"史料批判"（山本七平氏の「史

---

① [日]洞富雄：『決定版南京大虐東』，东京：德间书店1982年版，第156页。
② [日]洞富雄：『決定版南京大虐東』，东京：德间书店1982年版，第160页。
③ [日]洞富雄：『決定版南京大虐東』，东京：德间书店1982年版，第161—163页。
④ [日]洞富雄：『決定版南京大虐東』，东京：德间书店1982年版，第165页。
⑤ [日]洞富雄：『決定版南京大虐東』，东京：德间书店1982年版，第187页。

料批判」）。

洞富雄说，百人斩竞赛在南京大屠杀的研究中不一定会引起人们的注意，但由于有人声称这是一个假报道的政治意图，他不能再保持沉默[①]。通过追溯伊赛亚·本达桑和本多胜一之间的论战，铃木明加入争论支持本达桑，山本七平系列文章《我们的日本军队》及其他批评家的回应，他批评了本达桑、铃木和山本的观点，驳斥了他们关于百人斩竞赛是虚假报道的指控。

洞富雄讨论了铃木的文章《南京·1937年12月》，并对铃木与第十三师团和第十六师团前日军官兵的访谈进行了深入分析和批评。通过引用山田栴二的日记，他对采访内容的准确性和可信度提出了质疑。他进一步分析了几位前日本军官在东京审判法庭上作为辩方证人提供的证词，并证明他们在法庭上提供了虚假的证词[②]。他批评了铃木对存在大量尸体的怀疑，并指责铃木持有与东京审判法庭上日本辩方相同的观点。洞富雄引用了石射猪太郎的《外交官的一生》（『外交官の一生』）一书中的内容，反驳了铃木对约翰·麦琪在东京审判中的证词和《纽约时报》记者F.提尔曼·杜丁的报道不可信的指控。洞富雄还引用了不同来源的资料，分析了秦贤助、今井正刚和铃木二郎的文章，为这些文章的可信度辩护，反击铃木明的指控和攻击。

山本七平在他的《我们的日本军队》（『私の中の日本軍』）一书中，声称南京大屠杀是一种虚幻，并指控铃木二郎的文章是捏造的。在《决定版南京大屠杀》最后一节中，洞富雄对铃木的文章和山本的指控进行了详细深入的分析，并通过从各种渠道获取的证据，包括杜丁在《纽约时报》上发表的新闻报道，证明了铃木二郎的描述是合理可信的。此外，他还批评了山本关于受害者人数和伤亡人数的论点。

---

① ［日］洞富雄：『決定版南京大虐殺』，东京：德间书店1982年版，第200页。
② ［日］洞富雄：『決定版南京大虐殺』，东京：德间书店1982年版，第265页。

## 争论的转折点

1982年是关于南京大屠杀争论的一个重要的转折点。在此之前，关于百人斩竞赛和其他南京大屠杀相关问题的争议主要是在日本国内进行的。1982年，日本文部省（教育部）批准并授权新修订的历史教科书用于公立学校系统。每隔四年，文部省下属的教科书授权和研究委员会（教科用図書検定調査審議会）都会审查和评估由几家私营公司编写和提议出版的教科书。该委员会的职能是确保教科书的内容是客观、公正和没有错误的。该委员会批准并认可通过其检查的教科书。然后，地方教育委员会从教育部的授权清单中为其管辖的小学、初中和高中选择教科书。因此，审查/批准过程应确保学术准确性。这个过程也是高度政治化的，其结果可以为那些教科书被认可的私营公司带来非常丰厚的利润。

1982年6月25日，日本文部省完成了教科书审查程序，并披露了对即将到来的秋季学期的新历史教科书的修改，其中一项修改是"用显然更中立的'进出'一词取代'入侵'，以描述日军在20世纪30年代在中国及20世纪40年代在东南亚和太平洋的进攻"。同时，教育"官员还指示日本利润丰厚的教科书市场上的出版商删除、压缩或改变其他有关日本对具体战时事件的责任的提法"。就南京大屠杀而言，新书提出，"根据当时人的描述，1937年的'南京大屠杀'可能是由于日本兵被他们在数量相对较少、训练不足、装备较差的中国抵抗军人的抗击中遭受的损失所激怒而引发的"[1]。

在最近修订之前，一个教科书版本对该事件的描述为："在占领南京期间，日军杀害和袭击了许多中国军人与平民，并掳掠，纵火焚烧。日本因南京大屠杀而受到国际社会的批评。据说中国遇难者总数达20万人。"

---

[1] Tracy Dahlby, "Japan's Texts Revise WWII：'Invasion' Becomes 'Advance;' Asians Become Irate", *The Washington Post*, July 28, 1982, pp. A1 and A14.

据报道，新版本的内容为"在占领南京的混乱中，日军杀害了许多中国军人和平民。日本因南京大屠杀而受到国际上的批评"①。

除了引发一些日本教师组织的内部投诉和抗议外，教科书的修订还引发了中国、韩国和其他亚洲国家的强烈抗议，他们要求日本方面立即改正这些内容。韩国人抗议教科书中的歪曲内容，删除了有关日本对韩国50年殖民统治的关键事实。韩国人认为教科书的改变暗示了战后日本的路线改变。

中国提出抗议，认为新的教科书掩盖了日本侵略军的暴行，并将对中国的侵略和占领从侵略降格为推进，称教科书的修订是日本军国主义分子所为，他们"无法从中国人民的脑海中消除他们对侵略、杀戮、折磨和掠夺的痛苦记忆"。中国方面公布了在南京砍杀人头的照片和战争期间日军在中国的残暴行为的证言作为回应。同时，他们要求立即纠正涉及日军暴行的段落。中国还取消了日本文部省长官小川平二（Heiji Ogawa）对北京的访问。中国方面和日本的许多专家都认为，极端保守的官员应对这些修改负责，而这些官员得到了执政的自民党右翼的支持，这个政党尽管具有自由民主的名称，却是极其保守的党团②。

1983年11月，南京市政府成立了一个专门的办公室，负责编纂南京大屠杀历史资料，建立南京大屠杀纪念馆，并在大屠杀遗址上建立纪念碑或标志物。1984年2月至6月，该办公室在南京居民中进行了大规模普查，发现了1756名大屠杀幸存者和目击者。他们对这些人进行了采访，并将采访的书面记录归档。1985年8月15日，南京大屠杀纪念馆成立，距大屠杀发

---

① Tracy Dahlby, "Japan's Texts Revise WWII: 'Invasion' Becomes 'Advance;' Asians Become Irate", *The Washington Post*, July 28, 1982, p. A14.

② Ibid., p. A14, "Japanese Stands by Revisions in Texts That Irritate China", *The New York Times*, August 11, 1982, p. A8; "Seoul Bids Japan Act at Once to Correct Changes in Texts", *The New York Times*, August 25, 1982, p. A4, and Henry Scott Stokes, "Japan Pledges Textbook Revision", *The New York Times*, August 27, 1982, p. A2.

生已近48年；1985年8月，在13个主要屠杀地点设立了纪念碑和标志；1985年，《1937.12.13——侵华日军南京大屠杀史料》[①] 出版；1987年，《1937.12.13——侵华日军南京大屠杀档案》[②] 和《1937年12月侵华日军南京大屠杀史稿》[③] 出版，1994年，调查的结果《侵华日军南京大屠杀幸存者证言集》[④] 印刷发行。

## 日本右翼的兴起

自1957年2月在《日本周刊》上发表短文《南京虐杀事件与松井石根日記》以来，田中正明在20多年里几乎没有发表过有关南京大屠杀的文章。当历史教科书的修订遇到中国、韩国和其他亚洲国家的强烈反对时，田中发现自己不能再保持沉默了。据田中说，"1982年夏天的教科书事件就像一场噩梦"，因为"中国和韩国积极合作提出抗议，使之成为一个国际事件。"在他看来，"要求另一个国家修改教科书显然是对教育权利的侵犯，是对另一个国家内部事务的干涉"[⑤]。1983年和1984年，他的几篇文章出现在杂志上，即载于《靖国》1983年7月号的《"南京大屠杀"的骗局》（『「南京大虐殺」のでっちあげ』）、《诸君！》1983年9月号发表的《"南京大屠杀"与松井石根的战地日记》（『「南京虐殺」と松井石根の陣中日誌』）、刊登在《外交时报》1984年2月号的《东京审判判决与"南京大屠杀"的虚构》

---

[①] 侵华日军南京大屠杀史料编委会、南京图书馆编：《1937.12.13——侵华日军南京大屠杀史料》，南京：江苏古籍出版社1985年版。

[②] 中国第二历史档案馆、南京市档案馆编：《1937.12.13——侵华日军南京大屠杀档案》，南京：江苏古籍出版社1987年版。

[③] 侵华日军南京大屠杀史料编委会编：《侵华日军南京大屠杀史稿》，南京：江苏古籍出版社1987年版。

[④] 朱成山：《侵华日军南京大屠杀幸存者证言集》，南京：南京大学出版社1994年版；日文版：侵華日軍南京大屠殺遇難同胞紀念館编，加藤実（Minoru Katō）訳，『この事実を…：「南京大虐殺」生存者証言集』，松戸（Matsudo）：ストーク（Sutōku）2000年版。

[⑤] ［日］田中正明（Masaaki Tanaka）：『「南京虐殺」の虚構』（《南京大屠杀的虚构》），东京：日本教文社1984年版，第353页。

（『東京裁判と「南京大虐殺」の虚構』）、《全面观察》（『ゼンボウ』）杂志1984年2月号发表的《修订教科书以屈服于"东京审判"历史观的风险》（『「東京裁判」史観に屈服した改訂教科書の危険性』）。1983年，他还出版了《何为东京审判？六个独立的判决》（『東京裁判とは何か 六つに分かれた判決』）一书。1984年6月，他出版了《"南京大屠杀"的虚构》（『「南京虐殺」の虚構』），该书立即被日本右翼人士誉为里程碑式的作品，为他赢得了日本右翼的代表与代言人的声誉。

田中正明，1911年2月11日生于长野县，1933年毕业于兴亚学塾，之后在泛亚协会担任职员。松井石根是该协会的创始人之一，1935年出任该协会主席。在该会工作期间，田中担任松井石根的私人秘书，与松井石根建立了密切的联系，1936年春，他陪同松井石根出访华南和华中。1938年8月，田中作为随军记者，前往南京并在那里停留了三个星期。1942年12月，他被征召入伍，1942年到1945年，在驻中国的日本军队服役。战后，他在家乡担任《南信时事新闻》的主编。1958年到1973年，他担任日本世界连邦协会的秘书长，此后成为国际和平协会的常务理事和东京拓殖大学的兼职讲师。由于他与松井石根的关系密切，松井曾向东京法庭称他丢失的战时日记存放在田中这里。1985年，田中以《松井石根大将的战地日记》（『松井石根大将の陣中日誌』）为书名出版了松井的日记[①]。由于田中对日记中的内容进行了900多处的改动、修改和删除，日本历史学家秦郁彦、板仓由明和笠原十九司等人严厉批评他造假。因此，他受到了日本学术界的排斥。此外，他的主要作品《"南京大屠杀"的虚构》是以一个忠于松井石根的前日本皇军军人的心态而写的，他写作的主要使命是否认南京大屠杀与挑战远东国际军事法庭的判决。从这个意义上说，他不是一个做学术研究的学者型历史学家。由于方法上的偏颇和不平衡，论据上的缺陷，事实上的谬误，资料来源的不可靠和结论上的粗心，他的作品不可避免地缺乏学术准确性和客观性。

---

① 『《松井石根大将の陣中日誌』（《松井石根大将的战地日记》），田中正明编辑，东京：芙蓉书房1985年版。

2006年1月8日，田中因肺炎在东京去世。

在《"南京大屠杀"的虚构》一书中，田中声称南京大屠杀及日军在南京的暴行从未发生过。因为他的出发点是否认大屠杀，所以他直截了当地否认任何报告、幸存者的证词、目击者的叙述及描述大屠杀和日军暴行的著作，无论这些著作是由中国人、日本人、美国人还是德国人提供或撰写的。

该书一开始就对本多胜一和他的《中国之旅》系列报道进行了尖锐的批评。田中认为，《中国之旅》的内容是中国受害者的言辞或故事，是"道听途说"。他指责本多去中国，从一个姓姜的人那里收集了一堆"道听途说"，并在没有核实其真实性或检查日本证据的情况下，未经修改地发表了这些内容。因此，本多是一个极其不负责任的新闻记者①。至于今井正刚在1956年写的关于南京大屠杀的目击报告，田中肯定地说，今井显然是在撒谎，他把一些东西写成了他亲眼所见的样子②。田中对秦贤助的评论是："秦贤助先生在南京事件发生将近两年后的1939年入伍。显然，他写的东西完全是传闻和捏造的混合物。"③"据查，秦贤助先生并不是南京战役时的随军记者，他写的东西完全是道听途说的捏造。"④ 他对洞富雄及其著作也同样持批评否定的态度：

> 洞富雄教授采用的方法是，先定下几十万人被屠杀的基调，然后着手收集相关的资料，从第一手的原始资料到第三手资料以下的诸如道听途说、谣言、瞎话，都收集起来。最终，尸体的数量、战俘的数量、被抓走的数量、被掩埋的尸体等都说成是日军"屠杀"的。这样的态度绝对不能称为一个有良心的学者的态度。⑤

---

① [日]田中正明:『「南京虐殺」の虚構』，第16页。
② [日]田中正明:『「南京虐殺」の虚構』，第61页。
③ [日]田中正明:『「南京虐殺」の虚構』，第16页。
④ [日]田中正明:『「南京虐殺」の虚構』，第242页。
⑤ [日]田中正明:『「南京虐殺」の虚構』，第33页。

田中对第三方中立国国民的目击证词也同样持批评和否认的态度。关于 H. J. 田伯烈的《战争意味着什么：日本在中国的恐怖》和徐淑希编撰的《南京安全区档案》，田中同样是批评和否定的。他断言"从这两本书中可以看出，日本官兵进城后，到处杀人、强奸、抢劫，违法乱纪的行为不胜枚举。看起来，违法犯罪的情况相当严重。但是，经过仔细分析，书中有编造、夸大和重复的地方，而且几乎都是道听途说"①。他得出的结论是，这两本书的内容不过是道听途说的产物，并指出南京安全区国际委员会的文件是以这种方式撰写与汇编的。"根据'国际委员会'的记录，15 名成员每天都在一起吃午饭，他们边吃边讨论他们所听到的情况，记录下来。这就是道听途说的汇集。"② 田中不知道的是，委员会名单上的 15 名成员中，有几个人在日军占领南京之前就已经撤离南京。根据 1938 年 1 月副领事詹姆斯·爱斯比编撰的美国外交文件《南京的状况》第 6 号附件，该委员会只有 11 名成员③。田中指称委员会的文件是在午餐会谈中产生的，这显然只是一种异想天开、不负责任的推测。

田中表示，从一开始，南京安全区国际委员会就对日本人抱有极大的偏见。"这一点可以从以下事实中判断：南京的'安全区国际委员会'称日军为'侵略者'，并狡辩说中国军队没有抢劫，日军进城后也没有这么做。拉贝会长（德国人）甚至向他的祖国做了一份虚假的报告，说'日本兵在一个月内犯下的强奸案达两万起'。"④

几位美国传教士，如路易斯·史迈斯、罗勃特·威尔逊和明妮·魏特琳等人，都在日记和个人信件中记载，从 1937 年 12 月 19 日到 1938 年 1 月 20 日，几乎每天都有焚烧城市的事件发生。然而，田中用日本士兵的话证明，"'南

---

① ［日］田中正明：『「南京虐殺」の虚構』，第 29 页。
② ［日］田中正明：『「南京虐殺」の虚構』，第 30 页。
③ Enclosure No. 6 to the report "Conditions at Nanking, January 1938", January 25, 1938, 793.94/12674, Microfilm Set M976, Roll 51, RG59, National Archives Ⅱ.
④ ［日］田中正明：『「南京虐殺」の虚構』，第 309 页。

京大火'纯属谣言","东京审判的判决是荒谬的"[①]。

五位在南京的美国和英国记者,曾于1937年12月和1938年1月、2月在各自的媒体发表报道南京大屠杀的稿件,其中,斯提尔和杜丁的报道内容广泛。然而,田中却有不同的断言:

> 除了120名日本特约记者和摄影记者外,在南京境内的狭小区域内,有来自各国的记者和摄影记者,争相采访报道。此外,还有五艘美国和英国船只停泊在长江中。如前所述,还有27名外国人从战事抵达南京之前就一直待在那里,密切注视着。可以说,日军在众目睽睽之下,到处都受到监视。
> 
> 然而,八年过去了,直到日本在东亚战争中战败,东京审判即将开始,从来没有人报道过大规模的屠杀,日军有计划地屠杀10万、20万或30万人的消息。[②]

田中还声称,在东京审判期间,检方证人,无论是美国人还是中国人,都在法庭上提供了虚假证词。1946年8月15日和16日,约翰·麦琪作为控方证人出庭作证。他提供了暴行案件的证词,包括他在鼓楼医院拍摄的一些受害者的影片。然而,田中对大量的证据置之不理,他说:"美国牧师麦琪在两天内提供了一百数十起涉及日军官兵杀人、强奸、抢劫的暴行案件。然而,除了一起谋杀案、一起强奸案和一起抢劫案外,其余的都是道听途说、流言或猜测、想象或他自己的编造。"[③]至于M. S. 贝茨的证词,即12000名平民男女和儿童在城内被杀,田中指出,该证词与12月16日的报告相矛盾。1937年12月16日,日本记者若梅和村上在《东京日日新闻》的报道中说,他们采访了贝茨,并引用他的话说,日本占领南京后,南京很快就恢复了和

---

① [日]田中正明:『「南京虐殺」の虚構』,第31—32页。
② [日]田中正明:『「南京虐殺」の虚構』,第244页。
③ [日]田中正明:『「南京虐殺」の虚構』,第314页。

平①。田中在诋毁中国证人的证言时更加肆无忌惮,他认为许传音的证词是"梦话",而陈福宝则是人格不正常的证人②。在田中看来,东京审判是一个单方面的、不公正的审判,南京大屠杀"是由胜利者惩罚失败者的东京审判法庭戏剧性地编导捏造的。法院的审判是极其片面的,别有用心地'证明'了日军的惨无人道"③。

田中对东京审判是如此怨恨,以至于他对亨利·沃克将军死于车祸而感到欣喜,因为"负责处决7名战犯的人是亨利·沃克中将,他下达了处决命令",1951年,沃克的车在朝鲜掉下悬崖,"他还没来得及发声喊叫就一命呜呼了。巧合的是,那天是12月23日,是松井等六人的忌日,也是午夜时分,是松井等人被处决的同一天同一时刻。当然,事故发生在三年后的1951年"④。

多年来,田中竭力鼓吹他的论点,即南京大屠杀只是中国人的捏造。所有中国幸存者提供的证词和目击者的叙述都被他贴上了虚假指控或未经日本人证实的传闻的标签。他甚至不惜采用文化定性和诽谤的方式,来诋毁中国人对南京大屠杀和日军暴行的描述。

> 自《三国志》问世以来,中国的宣传工作一直非常娴熟。把战斗中的失败宣传成胜利的例子不胜枚举。这在《孙子兵法》中也有记载。这种宣传不仅在战时采用,而且在日常生活中也使用,其巧妙程度令日本人难以望其项背。中国是一个语言之国,一个文字之国。可以说,这个民族的语言修饰、描述和夸张的能力远胜于其他民族。⑤

田中在这里提出,南京大屠杀是另一个完美的宣传例子,其中显示了"语言修饰、描述和夸张的能力"。

---

① [日]田中正明:『「南京虐殺」の虚構』,第309—310页。
② [日]田中正明:『「南京虐殺」の虚構』,第315—317页。
③ [日]田中正明:『「南京虐殺」の虚構』,第27、305页。
④ [日]田中正明:『「南京虐殺」の虚構』,第85—86页。
⑤ [日]田中正明:『「南京虐殺」の虚構』,第248页。

在把中国文化描述为宣传和夸张的象征的同时，田中主张，日本人即使在向外国土地进行军事扩张和发动战争时也要有良好的意图。他钦佩地引用了松井石根为日本对俄国、朝鲜和中国发动战争所作的辩解：

> 二、日本过去发动战争的目的
> 1）1894—1895年中日战争的目的是将中国不正当的政治力量赶出朝鲜，确保朝鲜的独立，保证日本的自卫。
> 2）日俄战争的目的是防止帝国主义俄国入侵满洲和朝鲜，确保满洲的完整和朝鲜的独立，并进一步确保日本的独立。
> 3）自满洲事变以来，以及1937年中国事变，日本多次向中国出兵的原因是每次中国都违反了中日之间的协议和条约（如侵犯1932年第一次上海事变期间规定的中立区）。日本的直接目的是保护在华日本人的生命、财产和利益，维持自卫，并进一步限制欧美政治、经济和意识形态的入侵，以建立和维持东亚的和平。①

为了否认南京大屠杀，田中引用了前日本军人亩本正巳（Masaki Unemoto）的叙述，他通过揭示在南京及周边地区犯下暴行的日本士兵的心态来为杀戮辩护：

> 日军在上海进行了浴血奋战，失去了许多战友。此外，他们废寝忘食奋勇追击，在南京郊区的阵地上遇到中国军队殊死顽强的抵抗，许多战友在首都南京的灯光在望之际倒下。见此情景，不禁抚尸痛哭流涕。
> 战后，许多战友回忆说，在当时的情况下，每个人暗下决心。"攻占南京，战争一结束，我们就可以回家了。这是最后一战，现在是我们立功的时候了！""打，这是最后的努力！"他们鼓足勇气，投入战斗。

---

① ［日］田中正明：『「南京虐殺」の虚構』，第309—310页。

而在前线的官兵则与敌人面对面地交锋。从 12 日开始，到处都碰到溃败的敌军，拿着武器企图隐藏起来的敌军，依托阵地和建筑物继续反击的敌军，携带手枪和手榴弹的便衣人员，以及无法与平民百姓区别开来的作战人员。

当时日军官兵的心态是："刚才还拒绝打开城门投降，负隅顽抗，现在看到形势不妙，就扔掉武器投降了。哼!……""只要他们举起白旗，大批投降就好了，但这里一个，那里一个……""投降？多好的想法啊！不知道自己什么时候被杀，不要留情，杀了他！"正是在这种心态下，在与敌人相遇的一刹那，他们不顾后果，冲上去就杀。

另外，把投降的敌人当作战俘还是战斗人员，不管他们是否失去了战斗意志，当中是否混杂着无辜的平民百姓，他们也来不及有冷静的判断。前线士兵并没有"按国际法"行事。至于敌人或敌对分子，在一瞬间，如果你不杀他，他就会杀你。这在历史上屡见不鲜。这就是官兵在战场上并非虚构的心态与行为。①

不管田中引用这段话的目的是什么，亩本正巳的上述陈述确实承认在南京发生了肆意的杀戮，并在一定程度上揭示了他们在那里犯下暴行的原因。在为日军的"清剿"行动辩护之际，田中表明，"在东京审判期间，控方证人许传音在他的证词中说，'日本兵向任何移动的东西开枪'，'见人就开枪'，'看到任何人在跑，就开枪打死'，试图让人们相信日本兵是多么残暴，多么狰狞，多么凶残。这指的是[12月]13日和15日之间的"扫荡"行动中发生的事情，战斗部队有这样的行为是理所当然的"②。然后他引用了一位前日本军官的话：

在战场上，如果你不杀对面的人，他就会杀你。如果有一只小猫在动，

---

① ［日］田中正明:『「南京虐殺」の虚構』,第 27—28 页。
② ［日］田中正明:『「南京虐殺」の虚構』,第 185—187 页。

你就要举枪瞄准，感到可疑就会开枪。在"扫荡"行动中，不管是穿军装的还是穿便衣的，逃跑的人当然要开枪。也不会让可疑的妇女、儿童离开，枪要对准他们，同时搜查他们携带的物品。①

田中进一步指出，他并不否认日军的纪律有时会松散，在"扫荡"行动中也会发生诸如强奸和抢劫等暴行。

此外，他们确实处决过"凶恶的俘虏"，那些把武器藏在床底下或屋顶上，假装投降但企图逃跑，顽强抵抗，并换上便衣的人，也就是说，当时有相当多的逃跑者和便衣队成员，根据战时国际法不能算作战俘。关于这一点，前田雄二先生在他的《战争的潮流中》中写道：

第二天（12月16日），我、新井和照片上的被川等人一起去军官学校观看"处决行刑"。被关在校园一角的建筑物里的俘虏，被一个个带到院子里来。一名中士命令他们跑到前面的防空壕去，这时已经准备好的士兵用刺刀向他们的后背上刺去。那些惨叫着跌入防空壕的俘虏被再次补刀刺杀。在校园里，有三个这样的"刑场"。②

战俘显然是在安排好的行刑场地，而不是在战场上，被没有组织地大批屠杀的。田中意欲将《"南京大屠杀"的虚构》一书当作否认南京大屠杀的宣言，但书中关于大屠杀和日本暴行的证据却是明确无误的。

《"南京大屠杀"的虚构》中遍布着数量众多的各类史实错误，由于篇幅所限，这里只列举几个。在第142页，田中谈到日本飞机在江阴附近意外轰炸了美国军舰"巴纳号"，在进攻南京时，日军大炮轰击了英国商船"瓢虫号"。本书第十章详细讨论了美国军舰"巴纳号"的轰炸事件和英国商船

---

① ［日］田中正明：『「南京虐殺」の虛構』，第187页。
② ［日］田中正明：『「南京虐殺」の虛構』，第189页。

"瓢虫号"被炮击的情况。1937年12月12日，美国长江巡逻炮舰"巴纳号"在南京上游约28英里处的安徽省和县水域被炸沉，此地距离江阴约200英里。1937年12月12日，英国的"瓢虫号"长江巡逻炮艇，而不是商船，在芜湖港遭到炮击被炸伤。芜湖离江阴的距离更远。

书中有许多相关日期的错误。他列出了出版物和研究项目提及南京大屠杀遇难者人数的日期：

| | |
|---|---|
| 《改造日报》，1945年 | 420000人 |
| 《人民日报》，1946年 | 200000 |
| 《工人日报》，1946年 | 300000 |
| …… …… …… | |
| 《人民中国》（日文版），1947年 | 300000 |
| 《南京大屠杀》（南京大学历史系），1948年 | 几十万① |

以上所列中，《工人日报》是1949年7月15日创刊的，《人民中国》是1953年6月创刊的。南京大学是1949年成立的，其历史系在20世纪60年代初才启动南京大屠杀的研究项目。

田中在书的第62页提到，铃木二郎于1957年（昭和32年）在《丸》杂志上发表了一篇文章，讲述了他所看到的日军在南京的暴行。事实却是，铃木的文章《我目睹了"南京惨案"》（私はあの「南京の悲劇」を目撃した）出现在该杂志的1971年11月号。在第243—244页，田中援引《东京日日新闻》的报道，对《芝加哥每日新闻报》的斯提尔、美联社的麦克丹尼尔和路透社的史密斯于12月14日从上海回到南京进行讨论。事实是，这三名记者留在南京报道围城、城破和大屠杀的初始阶段，他们直到12月15日和16日才乘坐美国军舰"瓦胡号"、英国军舰"瓢虫号"和日本驱逐舰"栂

---

① ［日］田中正明：『「南京虐殺」の虚構』，第59页。

号"离开南京，前往上海。

1938年1月1日，"南京自治委员会"在鼓楼召开群众大会，宣告成立。田中在第254页说，1月3日举行了成立"委员会"的群众大会。这些都是相对次要的错误，但它们清楚地表明，田中正明远不是一个认真、仔细的研究者。他似乎没有费心去检查他使用的资料来源的准确性，而只是捡了一些不可靠的、不准确的，或者，一些道听途说的东西。

如果说上述史实的错误是细枝末节的谬误，田中对检方证人许传音在东京审判法庭上关于1938年1月1日焚烧苏联大使馆的证词的指责，似乎是他凭空捏造的：

> 证人许传音的失败在于，他把公使馆和大使馆弄混了。公使馆在离南京20里外的天王寺，而大使馆在南京市内中山北路以东的地方。发生火灾的不是茅草房，而是大使馆。公使馆是一间茅草房，没有着火。许证人一直坚持说是公使馆，是茅草房。辩护律师神崎说：
> 那么，你说的公使馆并没有被烧毁，根本就没有人放火烧它。证人是在说梦话制造矛盾，还是在撒谎？肯定是二者必居其一。
> 连证人许某也不得不保持沉默来结束这一幕。①

苏联大使馆或公使馆在历史上任何时候都不可能位于南京以东的农村小镇天王寺，即使在20世纪30年代，大使馆或公使馆也不会是一座茅草屋。为了揭开真相，有必要追溯到远东国际法庭对许传音的盘问笔录：

> 由神崎（KANZAKI）先生提问：
> 问：在回答检方提出的问题时，你回答说日本士兵的暴行一直持续到战争结束——直到战争结束。这是否正确？

---

① ［日］田中正明：『「南京虐殺」の虚構』，第316页。

答：这并不完全正确。如果我没记错的话，我的说法是这样的：在最初的几个月里，尤其是三个月内，情况是最糟糕的，后来或多或少地逐渐减少。……

问：那么我是否可以理解，日本士兵的暴行持续了几个月，是这样吗？

答：不，它并不只持续了几个月。它只是在更大的范围内，不那么显眼。例如，迟至1942年，我自己家族的一名成员就被强奸致死。我还知道在天王寺的另一个案子，那是1943年。两三个日本士兵到那个村子去，企图抢夺鸡和肉。在一个人家，他们发现了一位非常漂亮的年轻女子，他们强奸了她，丈夫回来时，他们杀死了其中两个日本兵。事后，日本人对此愤怒异常，第二天——让我说完。第二天，日本人来到——

问：不必了，这就够了。

萨顿（SUTTON）先生：请法庭……

庭长：他不明白。继续你的回答。

答：第二天，日本人来了，借口说他们会给那个村子里的一些男人提供工作。于是，他们通过这种方式把村子里大部分男子弄出来，把他们带去干活，枪杀他们，用机关枪扫射，之后，日本人放火，把整个村子焚毁。

问：证人先生，你刚才说，日本士兵放火烧了俄国公使馆。这是什么时候发生的？

答：1942。

问：哪个月，哪一天？

答：嗯，是在——我现在不记得日期了。

问：你刚才说你目睹了这场火灾。这场火是怎么烧起来的？

答：嗯，是放火烧起来的。所有的储藏室，很容易被点燃。

问：证人先生，你之前说过，是浇上煤油烧起来的。你说你目睹了这场大火。你到底有没有目睹这场大火？

答：你在歪曲事实。我早上说的是煤油，那是火烧俄国公使馆。那个公使馆的房屋离我住的地方很近，那是在南京附近。这里说的是天王寺，离南京大约20里。

问：我们问的是俄国公使馆的情况。

答：好吧。你想问俄国公使馆什么情况？

问：我是在说俄国公使馆的情况。请你告诉法庭有关俄国公使馆大火的状况和情景。

答：俄国公使馆离我住的地方只有几个街区远，也许应该说是几百码。现在，当他们在我所在的地方，靠近那个地方的路上，因为我通常习惯在私人场所散步。那大约是在中午时分，我在那里散步。当我走到那里时，看到几个士兵，日本兵在那里。当然，第一眼我不知道发生了什么。后来我看到这么多，所以我尽量不看太多，不走得离他们太近。但我所在的距离足以使我看到他们在干什么——把煤油倒在那些——那些地方。过了一会儿，我看到那里有浓烟，在燃烧。

问：你说你在散步。那是什么时候，是早上，还是下午，还是晚上？

答：大约是中午，12点。

问：那座建筑是否完全被烧毁了？

答：从结果来看——从后果来看，当然被烧毁了，但是在燃烧中我试图远离那个地方。我没有试图去了解烧毁的程度。这不关我的事。

问：关于是否有必要看到它，这是题外话。你能告诉我们这些士兵在干什么吗？

监察员：你能告诉我们你在那儿看到了什么吗？

答：我看到士兵把油倒在那些地方，然后就起火了。当然，在起火之后，我不愿意——我甚至没有试图阻止火势，也没有与之有什么牵连。

问：我不是问你是否对此事有兴趣。我只是问你实际看到了什么。

答：我已经告诉你我看到了什么。这还不清楚吗？还有什么不清楚的？

问：今天早上你说那座建筑完全烧毁了。现在你说你不知道它是否被完全烧毁了。你只是说你看到有烟升起。哪个是真的？

答：你误解了我的意思。我说你是——我知道你是在问我是否看到了那场火，以及烧毁了多少。你现在问我这个问题。今天早上我说了整个事件。现在，我没有观察到整个燃烧的过程，但是之后我可以看到，因为离我家很近，它完全被烧毁了。

问：但是，证人先生，这个俄国公使馆没有被烧毁。关于这一点，你是在做梦，还是在说谎？

答：我不知道你是什么意思，南京的俄国公使馆没有被烧毁？

庭长：律师必须接受证人的回答。①

记录中提到了1943年在天王寺的一座村庄发生的事件，其中一名妇女被强奸，两个日本兵因此被杀。作为报复，日本军队屠杀了男性村民并烧毁了村庄。在盘问中根本没有出现茅草屋，显然，田中正明不是在说梦话，就是在说谎。

除了已经讨论过的内容，田中的其他论点包括三个主要问题。

首先，松井石根是无辜的。在松井受审期间，田中曾三次到巢鸭监狱探望他。松井声称，在审判开始之前，他从未听说过大屠杀。既然所谓的大屠杀没有发生，松井就不应该为未能控制他的部队而负责。

其次，他辩称，崇善堂的掩埋记录是为东京审判而编造的。红卍字会的掩埋数据被夸大了。红卍字会掩埋的大部分尸体都是阵亡的中国士兵，或因伤病死亡的士兵，还有一些是在空袭中丧生的士兵。

第三个问题是关于南京的人口与大屠杀遇难者人数的关系。田中认为，由于1937年底南京的人口不可能超过25万，日军也就不可能屠杀30万人，即中国人声称的受害者人数。他没有提到这样一个事实：25万只是对城内人

---

① R. John Pritchard and Sonia Magbanua Zaide, *The Tokyo War Crimes Trial*, *Vol. 2*, *Proceedings of the Tribunal*, New York：Garland Publishing Inc., 1981, pp. 2, 583-2, 589.

口的粗略估计，而不是人口普查数据；郊区有相当多的逃难者的"难民营"；参加南京保卫战的约 15 万中国军队不属于当地人口；最重要的是，自 1937 年 12 月 9 日日军包围南京，中国军队封堵了所有的城门，城内居民无法出去，城外的人也无法进城。而主要的大规模处决和掩埋活动都是在城外进行的。除了那些被押出城外在下关和汉中门外被处决的人，在南京陷落后的第一两周内，绝大部分在城外被屠杀的遇难者和居住在城内的居民是被城墙隔开的两类人。用互不相属的两组人相互加减在逻辑上说不通。田中的简单化的算术方法似乎并不是一个充分令人信服的解决方案。

## 搜寻日本军人战时的日记

由于围绕南京大屠杀的争论越来越激烈，为了驳斥田中和其他人的否认论点，日本的一些研究人员转而寻找那些直接参与大规模屠杀的日本军人留下的日记。《朝日新闻》1984 年 7 月 28 日报道，将于 8 月 2 日开幕的京都市和平战争展览（平和のための京都の戦争展）展示收到的一名士兵的战时日记。根据新闻报道，"这些日记是由一名亲自参加南京攻陷战、并战死在中国大陆的京都府出身的一名士兵的遗物，由日中战争执行委员会发现。尽管依照遗族的意愿，不能公开日记作者的确切姓名，但在两本日记本里详细记载了从昭和十二年八月到十三年二月为止，大约半年期间从军过程中发生的事情"[①]。

这名士兵在 1937 年 12 月 14 日记录，他所在的小队到安全区，发现战败的中国士兵与难民混杂在一起：

> 去城内难民区进行"扫荡"作战，但因为残兵与难民混在一起，只好挑选出大约 500 名似乎像残兵的人……因为一个小队怎么也杀不了

---

① 『「南京大虐殺」克明に 従軍兵士の手帳発見』(《忠实阐述"南京大屠杀"，发现军队士兵的日记》)，载『朝日新聞』1984 年 7 月 28 日，第 22 页。

五百人，除了我们中队的六挺机枪外，我们还需要第一机枪（中队）的两挺机枪。以及全部的步枪集中在一起，然后把全部残兵赶往远处的城堡里，用轻重机枪一阵扫射，把他们全部杀光了，那场面真是令人吃惊。①

新闻报道对当时的情况进行了分析解释：

从这两本日记，人们知道了如下事实：日军的"扫荡"波及了当时尚未与日本进入战争状态的以美国教会学校金陵大学（现南京大学）为中心的"难民区"，把士兵和一般市民的甄别模糊时用"似乎（大约）像残兵的人"来描述以及在被杀的中国人中有可能包含了非战斗人员等事实。

另外，日记本上记载了射杀500人的任务是由士兵所在的小队（通常五六十人组成）来完成，因所属中队装备的六挺轻机枪不足以完成任务，从机枪中队借了两挺重机枪。这些事实都表明，屠杀是有组织性地进行的。②

1984年8月5日，《朝日新闻》发表了第六师团第二十三联队的一名一等兵所写日记的摘录。该士兵于1974年死于肾病，日记发表时，其身份被隐匿。1937年12月，他在南京逗留了4天，参与了杀害平民的大屠杀。这本400页的日记，以及三张被杀害的中国男人和女人头颅的照片，是在这位士兵位于宫崎县东臼杵郡北乡村的农舍发现的。他在1937年12月15日的日记中写道：

---

① 『「南京大虐殺」克明に 従軍兵士の手帳発見』（《忠实阐述"南京大屠杀"，发现军队士兵的日记》），载『朝日新聞』1984年7月28日，第22页。

② 『「南京大虐殺」克明に 従軍兵士の手帳発見』（《忠实阐述"南京大屠杀"，发现军队士兵的日记》），载『朝日新聞』1984年7月28日，第22页。

今天，遇到约两千名无路可逃的清国奴（对中国人的蔑称）高举白旗来投降。看到那些老幼混杂、穿戴千差万别、武器等物都扔掉，……用各种各样的方法把他们杀了。最近，随便抓来那些完全无辜的中国人，直接活埋或往火堆里扔或用木板打死等让支那兵感到极度恐惧的残忍屠杀，而且士兵们似乎都喜闻乐见这种残杀。①

**这篇新闻报道详细描述了那三幅照片：**

在相册里留存着三张照片。这些照片是二寸的黑白照片，一张是在像是居民住宅的建筑物前，吊挂着刚砍下来的12个人头，其中还有像女人的头颅。其他两张照片里都是穿着衣服的女性和老人的尸体。虽然，照片上没明确记载拍摄地点为南京城内，但据说拍摄者生前曾私下告诉家人，这些照片是"南京屠杀时的照片"。②

据他的家人说："他生前看到照片的时候也有烦恼的时候。死前，对往日的战友和家人说：'因为杀了无辜的人，遭报应了。'"③

1984年8月7日，《每日新闻》刊登了栗原利一的证词，他曾是一名日军士兵，于1937年12月在南京参与大规模处决投降的中国军人。栗原是第十三师团第六十五联队田山大队的一名班长。他参加了南京作战和徐州会战，并在进攻汉口的途中受伤，被送回日本治疗。在1938年底的休养期间，他写下了他的战场记录④。

---

① 『南京虐殺、現場の心情 宮崎で発見元従軍兵士の日記』(《南京大屠杀与现场感受，在宫崎发现的前士兵日记》)，载『朝日新聞』1984年8月5日，第22页。

② 『南京虐殺、現場の心情 宮崎で発見元従軍兵士の日記』(《南京大屠杀与现场感受，在宫崎发现的前士兵日记》)，载『朝日新聞』1984年8月5日，第22页。

③ 『南京虐殺、現場の心情 宮崎で発見元従軍兵士の日記』(《南京大屠杀与现场感受，在宫崎发现的前士兵日记》)，载『朝日新聞』1984年8月5日，第22页。

④ 『元陸軍伍長、スケッチで証言、南京捕虜一万余人虐殺』(《前陆军班长、一幅素描提供证词。超过一万名战俘在南京被屠杀》)，载『每日新聞』1984年8月7日，第22页。

# 第十三章
## 对南京大屠杀的争论

1937年12月13日，栗原的大队攻占了紫金山东北部的乌龙山炮台，并在第二天进攻并占领了南京北部的幕府山炮台：

> 第一大队的135人抓住13000多名俘虏，并解除了敌人的武装。一张"流放岛"的草图详细描述了这场大屠杀。
>
> "我们告诉他们，将把他们暂时送到江心岛去。但当船到江心后，就跟他们拉开距离，然后从四面八方一起开火。当晚我们一批又一批地一直杀到天明，然后浇上汽油烧，再用柳树枝干做钩子，一个一个地拖到江中让急流冲走。我们部队杀了13500人。如今想起来都不敢想象。"
>
> 根据栗原先生的说法，屠杀俘虏是从12月17日到18日的夜里进行的。中午开始把俘虏两手反绑在背后，再一个接一个地连在一起，然后带到离营地大约四公里路的长江边上。因为有一万多人，所以等到把他们全部押到江边时，天已经黑了。离江岸不远有一片沙洲，上司告诉我们："把俘虏关押到那座岛上去。"但突然下达了"开火"的命令。射击持续了大约一个小时。眼见俘虏们拼命地逃窜，为了避免被横飞的子弹击中，他们往死人堆上方爬，结果形成一个三四米高的人柱。①

此外，栗原的证词还有力地驳斥了掩盖或推卸大屠杀责任的企图：

> 昭和四十年发行的《乡土部队记》（由福岛县町民协会等联合出版）写道，军部下达了处死所有战俘的命令，但旅团长山田栴二决定将他们释放到江对岸。然而，当十几艘满载战俘的船驶向对岸时，对岸向战俘们开了火，这引发了留在江这边的战俘们的暴动，他们攻击了看守他们的日本士兵。我们打死了一千多人。
>
> 铃木明先生的《南京大屠杀的虚幻》根据包括旅团长山田和其他军

---

① 『南京虐殺、現場の心情　宮崎で発見元從軍兵士の日記』（《南京大屠杀与现场感受，在宫崎发现的前士兵日记》），载『朝日新聞』1984年8月5日，第22页。

官在内的高级军官的证词，采纳了同样的"自卫开枪"的说法。防卫厅防卫研究所战史室的《支那事变陆军作战〈1〉》和今年7月出版的儿岛襄的《日中战争3》也是如此。对"自卫开枪论"，栗原先生说："被绑在背后、不能自由行动的战俘是不会引起群体性暴乱的。屠杀是事实，最好说清楚。"①

## 日本学界对南京大屠杀的研究

自20世纪70年代以来，在日本从事南京大屠杀研究的作家、研究人员和学者分别归属三个阵营：1) 屠杀派，其成员承认曾经发生过大规模的屠杀；2) 虚幻派，他们否认南京大屠杀发生过，认为这是一种捏造或幻觉；3) 中间派或温和派，他们认为屠杀的规模远远小于屠杀派成员所承认的数目。

屠杀派的代表人物有洞富雄、本多胜一、藤原彰（Akira Fujiwara，1922—2003）、笠原十九司（Tokushi Kasahara，1944—）、江口圭一（Keiichi Eguchi，1932—2003）、井上久士（Hisashi Inoue，1950—）和吉田裕（Yutaka Yoshida，1954—）。这个派别的大多数成员是历史学家，他们组织了一个研究小组，即南京事件调查研究会，但并非所有被归类为屠杀派的学者都是该协会的成员。虽然他们承认大屠杀的发生，但成员间对遇难者总数的看法不尽相同，从10万到20多万不等。如前所述，这个派别的成员与虚幻派的成员进行了激烈的辩论。

屠杀派对这个主题研究的重大贡献之一是寻找、编纂和出版原始资料集。洞富雄1973年编纂出版的《日中战争史资料 8 南京事件Ⅰ》和《日中战争史资料9 南京事件Ⅱ》②，这两卷书收录了H.J.田伯烈的《战争意味着什

---

① 『南京虐殺、現場の心情 宮崎で発見元從軍兵士の日記』（《南京大屠杀与现场感受，在宫崎发现的前士兵日记》），载『朝日新聞』1984年8月5日，第22页。

② 日中战争史资料编集委员会编：『日中戦争史資料8南京事件Ⅰ』与『日中戦争史資料9南京事件Ⅱ』，东京：河出书房新社1973年版。

第十三章 对南京大屠杀的争论

么》、徐淑希的《南京安全区档案》、路易斯·S. C. 史迈斯的《1937 年 12 月至 1938 年 3 月南京地区的战争损失》，以及《纽约时报》记者 F. 提尔曼·杜丁的新闻报道。1992 年，南京事件调查研究协会以《南京事件资料集》[①]为题翻译并出版了两卷本的原始资料。第一卷是美国资料，包括美国外交文件、美国传教士的信件、日记，以及美国记者的新闻报道；第二卷是中国资料，包括掩埋记录、南京军事法庭文件和有关大屠杀的新闻报道。此外，他们还翻译出版了约翰·拉贝[②]的南京日记、明妮·魏特琳的金陵日记，[③] 以及一本德国外交文件集[④]。

这批学者的另一项工作包括收集大屠杀期间在南京的前日本军官和士兵的日记和回忆录，如《隐秘的联队史》（『隠された聯隊史』）[⑤]、《南京事件：京都师团关系资料集》（『南京事件：京都師団関係資料集』）、《中日战争从军日记：一个辎重兵的战场体验》（『日中戦争従軍日記： 一輜重兵の戦場体験』）[⑥]、《皇军士兵记录的南京大屠杀：第十三师团山田支队兵士的战地日记》（『南京大虐殺を記録した皇軍兵士たち：第十三師団山田支隊兵士の陣中日記』）[⑦]，以及《南京战役：寻找被封存的记忆》（『南京戦： 閉ざされた記

---

[①] 南京事件调查研究会编：『南京事件資料集』，东京：青木书店 1992 年版。

[②] ジョン・ラーベ(约翰·拉贝)：『南京の真実：The Diary of John Rabe』（《南京的真相：拉贝日记》），平野卿子（Kyōko Hirano）译，东京：讲谈社 1997 年版。

[③] ミニー・ヴォートリン（Minnie Vautrin）：『南京事件の日々——ミニー・ヴォートリン日記』（《南京事件日志：明妮·魏特琳日记》），冈田良之助、伊原阳子（Ryōnosuke Okada，Yoko Ihara）译，东京：大月书店 1999 年版。

[④] 石田勇治（Yūji Ishida）、笠原十九司（Tokushi Kasahara）、吉田裕（Yutaka Yoshida）：『資料ドイツ外交官の見た南京事件』（《资料：德国外交官见证的南京事件》），石田勇治（Yūji Ishida）译，大月书店 2001 年版。

[⑤] ［日］下里正树（Masaki Shimozato）：『隠された聯隊史』（《隐秘的联队史》），东京：青木书店 1987 与 1988 年版。

[⑥] ［日］小原孝太郎（Kōtarō Kohara）：『日中戦争従軍日記：一輜重兵の戦場体験』（《中日战争从军日记：一个辎重兵的战场体验》），江口圭一（Keiichi Eguchi）、芝原拓自（Takuji Shibahara）编辑，京都：法律文化社 1989 年版。

[⑦] ［日］小野贤二（Kenji Ono）、藤原彰（Akira Fujiwara）、本多胜一（Katsuichi Honda）编辑：『南京大虐殺を記錄した皇軍兵士たち：第十三師団山田支隊兵士の陣中日記』（《皇军士兵记录的南京大屠杀：第十三师团山田支队兵士的战地日记》），东京：大月书店 1996 年版。

憶を尋ねて』）[1]等。一些研究人员还发表了他们在前往中国采访幸存者时获得的中国幸存者的证言：笠原十九司的《南京事件：27位幸存者的证词》（『南京事件：体験者27人が語る』）[2]，以及松冈环（Tamaki Matsuoka）的《南京战役：断魂的遇难者》（『南京戦：切りさかれた受難者の魂』）[3]。她还采访了昔日的军人，并出版了《寻找南京战役封闭的记忆：102名前士兵的证词》（『南京戦閉ざされた記憶を尋ねて：元兵士102人の証言』）[4]。

在与虚幻派的唇枪舌剑中，他们撰写了大量关于该主题的长篇研究著作。除了前面讨论过的洞富雄和本多胜一的著作外，其他学者的主要作品有：藤原彰的《南京大虐杀》[5]、《南京的日军：南京大屠杀的背景》（『南京の日本軍：南京大虐殺とその背景』）[6]、《如何看待南京大屠杀：日本、中国和美国研究者的审视》（『南京事件をどうみるか：日・中・米研究者による検証』）[7]；吉田裕隆的《天皇的军队与南京事件》（『天皇の軍隊と南京事件』）[8]；笠原十九司的《在亚洲的日本军队》（『アジアの中の日本軍』）[9]、《南京难民区百日》（『南京難民区の百日』）[10]、《南京事件》[11]、《南

---

[1] ［日］松冈环(Tamaki Matsuoka)：『南京戦：閉ざされた記憶を尋ねて』(《南京战役：寻找被封存的记忆》)，东京：社会评论社2002年版。
[2] ［日］笠原十九司(Tokushi Kasahara)：『南京事件：体験者27人が語る』(《南京事件：27位幸存者的证词》)，东京：高文研2006年版。
[3] ［日］松冈环：『南京戦：切りさかれた受難者の魂』(《南京战役：断魂的受害者》)，东京：社会评论社2003年版。
[4] ［日］松冈环：『南京戦：閉ざされた記憶を尋ねて：元兵士102人の証言』(《寻找南京战役封闭的记忆：102名前士兵的证词》)，东京：社会评论社2002年版。
[5] ［日］藤原彰(Akira Fujiwara)：『南京大虐殺』，东京：岩波书店1985年版。
[6] ［日］藤原彰：『南京の日本軍：南京大虐殺とその背景』(《南京的日军：南京大屠杀的背景》)，东京：大月书店1997年版。
[7] ［日］藤原彰：『南京事件をどうみるか：日・中・米研究者による検証』(《如何看待南京大屠杀：日本、中国和美国研究者的审视》)，东京：青木书店1998年版。
[8] ［日］吉田裕隆(Yutaka Yoshida)：『天皇の軍隊と南京事件』(《天皇的军队与南京事件》)，东京：青木书店1985年版。
[9] ［日］笠原十九司：『アジアの中の日本軍』(《在亚洲的日本军队》)，东京：大月书店1994年版。
[10] ［日］笠原十九司：『南京難民区の百日』(《南京难民区百日》)，东京：岩波书店1995年版。
[11] ［日］笠原十九司：『南京事件』，东京：岩波书店1997年版。

京事件与三光作战》(『南京事件と三光作戦』)①、《南京事件与日本人》(『南京事件と日本人』)②、《南京事件论争史》③与《百人斩竞赛与南京事件》(『「百人斬り競争」と南京事件』)④;津田道夫(Michio Tsuda)的《南京大屠杀与日本人的精神结构》(『南京大虐殺と日本人の精神構造』)⑤。此外,这些学者还紧密合作,共同发表了他们的研究成果:《南京事件的思考》(『南京事件を考える』)⑥、《南京大屠杀的地点》(『南京大虐殺の現場へ』)⑦、《南京大屠杀研究》(『南京大虐殺の研究』)⑧、《现代史学与南京事件》(『現代歴史学と南京事件』)⑨。在《南京大屠杀否定论者的十三个谎言》(『南京大虐殺否定論13のウソ』)⑩一书中,七位研究者,即藤原彰、吉田裕、笠原十九司、井上久士、本多胜一、小野贤二和渡边春己撰写了其中的章节,驳斥虚幻派提出的所有质疑和指控,涉及的问题包括东京审判及其判决、受害者人数、掩埋记录、国际法和被日本军队大规模处决的解除武装的中国士兵的战俘身份、南京的人口和百人斩竞赛等。

虚幻派的主要成员有山本七平、铃木明、田中正明、阿罗健一(Kenichi Ara,1944—)、东中野修道(Shudo Higashinakano, 1947—)、藤

---

① [日]笠原十九司:『南京事件と三光作戦』(《南京事件与三光作战》),东京:大月书店1999年版。
② [日]笠原十九司:『南京事件と日本人』(《南京事件与日本人》),东京:柏书房2002年版。
③ [日]笠原十九司:『南京事件论争史』,东京:平凡社2007年版。
④ [日]笠原十九司:『「百人斬り競争」と南京事件』(《"百人斩竞赛"与南京事件》),东京:大月书店2008年版。
⑤ [日]津田道夫(Michio Tsuda):『南京大虐殺と日本人の精神構造』(《南京大屠杀与日本人的精神结构》),东京:社会评论社1995年版。
⑥ [日]洞富雄、藤原彰、本多胜一编辑:『南京事件を考える』(《南京事件的思考》),东京:大月书店1987年版。
⑦ [日]洞富雄、藤原彰、本多胜一编辑:『南京大虐殺の現場へ』(《南京大屠杀的地点》),东京:朝日新闻社1988年版。
⑧ [日]洞富雄、藤原彰、本多胜一编辑:『南京大虐殺の研究』(《南京大屠杀研究》),东京:晚声社1992年版。
⑨ [日]笠原十九司、吉田裕:『現代歴史学と南京事件』(《现代史学与南京事件》),东京:柏书房2006年版。
⑩ [日]南京事件调查研究会编:『南京大虐殺否定論13のウソ』(《南京大屠杀否定论者的十三个谎言》),东京:柏书房1999年版。

冈信胜（Nobukatsu Fujioka，1943—）和北村稔（Minoru Kitamura，1948—）。20世纪90年代末，在东中野加入该团体之前，虚幻派的成员主要是社会和政治问题的作家、政治家或前日本军官。而东中野、藤冈和北村则是大学教授，他们从1998年开始积极参与出版相关的书籍。这个派别的成员在2000年组成了一个名为"南京学会"的研究组织。他们否认南京大屠杀曾经发生，其论点集中在以下几个方面：在远东国际军事法庭之前，日本对南京大屠杀一无所知，该法庭用传闻证据捏造了大屠杀；崇善堂和其他团体的掩埋记录中的尸体数量是捏造或夸大的，因此不可靠；那些被杀和被埋的人要么是在战斗中阵亡，要么是在空袭中丧生，而不是大屠杀的受害者；南京沦陷后，大量的中国便衣士兵躲在难民区内，由于他们无法获得战俘身份，因此逮捕和处决他们是正当的战斗行动；谋杀平民、强奸、抢劫和焚烧是战败的中国士兵所为，而不是日军；由于南京城破前的人口为20万，日军不可能在那里屠杀30万人；城破后，人口稳步增长，这说明日军的纪律严明，从未发生过如此大规模的屠杀；留在南京的西方人反日，同情中国人，因此他们的证词、日记、信件和其他记录是不可信的。

几乎所有上述论点都可以在1948年4月9日东京远东国际军事法庭上呈交的日本辩方总结中找到源头，但被同一法庭1948年11月11日的最终裁决所否定（详见本书第十二章的相关部分）。他们的论点也被大屠杀学派成员在他们的研究中驳斥，特别是在《南京大屠杀否定论者的十三个谎言》一书中，这些论点被逐条驳斥。

虚幻派还收集和出版了原始资料，例如《南京战史资料集》，该书于1989年首次出版，后来又补充了新的资料，于1993年作为《南京战史资料集》第二卷出版[①]。这两卷书主要收录了参加过南京保卫战、参与过或目睹过暴行的日军官兵的战地日记。具有讽刺意味的是，尽管出版这些日记的初衷是否认大屠杀的发生，但日记中的大量描述却有助于证明大屠杀的存在，因此，

---

① 南京战史编集委员会编：『南京戦史資料集 I, II』，东京：偕行社1989与1993年版。

这些日记有利于屠杀派的成员有效地驳斥虚幻派的论点。此外，阿罗健一曾采访过前日本军人，并在1987年出版了《倾听关于南京事件的陈述》（『闻き書南京事件』）。2001年该书再版时，更名改为《南京事件：48日本人的证言》（『「南京事件」日本人48人の証言』）①。

与屠杀派的成员一样，虚幻派的成员除了发表大量的期刊文章外，还出版了不少关于这个主题的书籍。田中正明的《南京事件概述：否定大屠杀的十五种理由》（『南京事件の総括：虐殺否定十五の論拠』）②；东中野修道撰写的《彻底验证"南京大屠杀"》（『「南京虐殺」の徹底検証』）③、《1937年南京攻略战真相》（『1937年南京攻略戦の真実』）④、《南京事件：破译国民党绝密文件》（『南京事件：国民党極秘文書から読み解』）⑤、《再现南京战役》⑥、《南京百人斩竞赛真相》（『南京「百人斬り競争」の真実』）⑦；此外，东中野修道还编辑出版了名为《南京"屠杀"研究最前线》（『南京「虐殺」研究の最前線』）⑧的南京学会年刊，并与人合著了另外三本出版物：《"南京暴行"研究》（『「ザ・レイプ・オブ・南京」の研究』）⑨、《虚构的"抗日"

---

① ［日］阿罗健一（Kenichi Ara）:『聞き書南京事件』（《倾听关于南京事件的陈述》），东京：图书出版社1987年及其2001版；『「南京事件」日本人48人の証言』（《南京事件：48 日本人的证言》），东京：小学馆2001年版。

② ［日］田中正明:『南京事件の総括：虐殺否定十五の論拠』（《南京事件概述：否定大屠杀的十五种理由》），东京：谦光社1987年版。

③ ［日］东中野修道（Shudo Higashinakano）:『「南京虐殺」の徹底検証』（《彻底验证"南京大屠杀"》），东京：展转社1998年版。

④ ［日］东中野修道:『1937南京攻略戦の真実』（《1937年南京攻略战真相》），东京：小学馆2003年版。

⑤ ［日］东中野修道:『南京事件:国民党極秘文書から読み解く』（《南京事件：破译国民党绝密文件》），东京：草思社2006年版。

⑥ ［日］东中野修道:『再現南京战役』，东京：草思社2007年版。

⑦ ［日］东中野修道:『南京「百人斬り競争」の真実』（《南京"百人斩竞赛"真相》），东京：ワック（Wakku Kabushiki Kaisha）2007年版。

⑧ ［日］南京学会:『南京「虐殺」研究の最前線』（《南京"屠杀"研究最前线》），东中野修道编辑，东京：展转社，2002年版。

⑨ ［日］藤冈信胜（Nobukatsu Fujioka）、东中野修道:『「ザ・レイプ・オブ・南京」の研究（《"南京暴行"研究》），东京：祥传社1999年版。

史观》（『「反日」史観の虚構』）①、《验证南京事件的"照片证据"》（『南京事件「証拠写真」を検証する』）②；松村俊夫（Toshio Matsumura）撰写的《南京大屠杀大疑问》（『南京虐殺への大疑問』）③；前田雄二的《不存在南京大屠杀》（『南京大虐殺はなかった』）④；北村稔的《探索南京事件》（『南京事件の探求』）⑤；富泽繁信（Shigenobu Miyasawa）的《南京事件的核心》（『南京事件の核心問題』）⑥和《"南京事件"发展史》（『「南京事件」発展史』）⑦。

中间派的代表学者有秦郁彦（Ikuhiko Hata, 1932—）、板仓由明（Yoshiaki Itakura, 1932—1999）、亩本正己（Masaki Unemoto, 1913—？）和中村粲（Akira Nakamura, 1934—2010）。这批学者和作家没有自己的独立组织，身份相当松散。他们承认南京大屠杀确实发生过，但规模要小得多，他们对受害者总人数的估计为1万到4万人。他们与虚幻派的观点更为接近，甚至有些成员也可以被认为是属于虚幻派的。例如，亩本正己被一些人认定为中间派，但也有人认为他是虚幻派。他们主要的关注点仍然是受害者人数、掩埋记录、南京人口、大规模处决的合法性、东京审判和其他一些问题。

这个派别发表的最有影响力的学术著作为秦郁彦的《南京事件：大屠杀的

---

① ［日］田边敏雄（Toshio Tanabe）、东中野修道、阿罗健一、新井佐和子（Sawako Arai）:『「反日」史観の虚構』（《虚构的"抗日"史观》），东京：日本政策研究センター（日本政策研究中心）1998年版。

② ［日］东中野修道、小林進（Susumu Kobayashi）、福永慎次郎（Shinjirō Fukunaga）:『南京事件「証拠写真」を検証する』（《验证南京事件的"照片证据"》），东京：草思社2005年版。

③ ［日］松村俊夫（Toshio Matsumura）:『南京虐殺への大疑問』（《南京大屠杀大疑问》），东京：展转社1998年版。

④ ［日］前田雄二（Yuji Maeda）:『南京大虐殺はなかった』（《不存在南京大屠杀》），东京：善本社1999年版。

⑤ ［日］北村稔（Minoru Kitamura）:『南京事件の探求』（《探索南京事件》），东京：文艺春秋2001年版。

⑥ ［日］富泽繁信（Shigenobu Miyasawa）:『南京事件の核心問題』（《南京事件的核心》），东京：展转社2003年版。

⑦ ［日］富泽繁信:『「南京事件」発展史』（《"南京事件"发展史》），东京：展转社2007年版。

构成》(『南京事件：虐殺構造』)①，他还写了《追踪昭和历史之谜》(『昭和史の謎を追う』)②、《现代史中的争论点》(『現代史の争点』)③及《现代史的光与影：对南京事件的争论》(『現代史の光と影：南京事件から嫌煙権論争まで』)④。在这些书中，他探讨并分析了导致大屠杀发生的原因。他对受害者人数的估计是40000，是中间派中最高的。该派别的其他作品包括亩本正己的《史实的歪曲：东京审判审视的南京大屠杀事件》(『史実の歪曲：東京裁判に見る南京虐殺事件』)⑤与《真相：验证约翰·拉贝的南京事件日记》(『真相・南京事件ラーベの日記を検証して』)⑥；板仓由明的《南京事件真的是这样的吗》(『本当はこうだった南京事件』)⑦以及大量的期刊文章，此外，他还与东中野修道就约翰·拉贝的日记进行了激烈的辩论⑧；中村粲编辑的《辩方未在东京审判中提交的原始材料》(『東京裁判却下未提出辯護側資料』)⑨及英文版的《帕尔法官的判决异议书：远东国际军事法庭》(*Dissentient Judgment of Justice Pal: International Military Tribunal for the Far East*)⑩，同时，

---

① ［日］秦郁彦(Ikuhiko Hata)：『南京事件：虐殺構造』(《南京事件：大屠杀的构成》)，东京：中央公论社1986年版。
② ［日］秦郁彦：『昭和史の謎を追う』(《追踪昭和历史之谜》)，东京：文艺春秋1993年版。
③ ［日］秦郁彦：『現代史の争点』(《现代史中的争论点》)，东京：文艺春秋1998年版。
④ ［日］秦郁彦(Ikuhiko Hata)：『現代史の光と影：南京事件から嫌煙権論争まで』(《现代史的光与影：对南京事件的争论》)，东京：グラフ社(Gurafusha)1999年版。
⑤ ［日］亩本正己(Masaki Unemoto)：『史実の歪曲：東京裁判に見る南京虐殺事件』(《史实的歪曲：东京审判审视的南京大屠杀事件》)，埼玉县浦和市：阁文社1992年版。
⑥ ［日］亩本正己：『真相・南京事件ラーベの日記を検証して』(《真相：验证约翰·拉贝的南京事件日记》)，东京：文京出版，建帛社1998年版。
⑦ ［日］板仓由明(Yoshiaki Itakura)：『本当はこうだった南京事件』(《南京事件真的是这样的吗》)，东京：日本图书刊行会，近代文艺社1999年版。
⑧ ［日］板仓由明：『東中野論文「ラーベ日記の徹底検証」を批判する』(《东中野论日记〈拉贝日记的全面论证〉》)，载『正論』1998年6月号；东中野修道，『やはり「ラーベ日記」は三等资料板倉由明氏の批判に答える』(《回复板仓田明先生批判拉贝日记》)，载『正論』1998年7月号。
⑨ ［日］中村粲：『東京裁判却下未提出辯護側資料』(《辩方未在东京审判中提交的原始材料》)，东京：国书刊行会1995年版。
⑩ ［日］中村粲(Akira Nakamura)：Dissentient Judgment of Justice Pal: International Military Tribunal for the Far East(《帕尔法官的判决异议书：远东国际军事法庭》)，东京：国书刊行会1999年版。

他还与藤冈信胜（Nobukatsu Fujioka）进行了辩论，后者对中村估计的10000名受害者人数提出质疑①。

## 中国学界对南京大屠杀的研究

1947年3月10日，南京军事法庭结束了对谷寿夫的审判，关于大屠杀的规模，判决书指出：

> 计于中华门外花神庙、宝塔桥、石观音、下关草鞋峡等处，我被俘军民被日军用机枪集体射杀并焚尸灭迹者，有单耀亭等十九万余人。此外，零星屠杀，其尸体经慈善机构收埋者十五万余具。被害总数达三十万人以上。尸横遍地，惨绝人寰，其残酷之情状，尤非笔楮所忍形容。如十二月十五日下午一时，我军警二千余名，为日军俘获后，解赴汉中门外，用机枪密集扫射，饮弹齐殒，其负伤未死者，悉遭活焚。同月十六日下午六时，麇集华侨招待所之难民五千余人，被日兵押往中山码头，用机枪射杀后，弃尸江中，仅白增荣、梁廷芳二人，中弹受伤，投身波中，与漂尸同流，得以幸免。同月十八日夜间，复将我被囚幕府山之军民五万七千四百十八人，以铅丝扎捆，驱集下关草鞋峡，亦用机枪射杀，其倒卧血泊中尚能挣扎者，均遭乱刀戳毙，并将全部尸骸，浇以煤油焚化。②

在涉及大规模屠杀的判决书附录1中，列出了28起大大小小的屠杀和大规模处决，包括判决书中提到的三起案件，每起案件的受害者从8人到5

---

① ［日］藤冈信胜（Nobukatsu Fujioka）:「中村粲氏の「南京事件一万人説」を批判する」（《对中村粲提出南京大屠杀一万民受害者的批判》），载『正論』1999年3月号；中村粲（Akira Nakamura）:「「南京事件」の論議は常識に還れ—藤岡信勝氏の批判に答える」（《讨论南京大屠杀的常识：回复藤冈信胜的批判》），载『正論』1999年5月号。

② 《谷寿夫 判处死刑》，载《中央日报》1947年3月11日，第3页。

万多人不等，受害者总人数达到196005人[1]，而附录2则列出了858起个人谋杀案[2]。

判决书中的这段话揭示了南京大屠杀的巨大规模以及其30万遇难者的总数，成为中国官方对大屠杀的立场，被国民政府和中华人民共和国政府先后接受。

多年来，中国研究人员和学者的研究一直与官方立场保持一致。在《抗日战争研究》杂志1991年第2期上发表的一篇题为《30万南京同胞被屠杀的史实岂容否定》的文章中，南京学者孙宅巍就遇难者总人数、掩埋记录和南京人口与遇难者人数的关系等问题提出了自己的看法和分析。他列举了十次受害者超过1000人的大规模屠杀：

1) 1937年12月15日。有2000多人在汉中门外被杀害。这一说法得到了1947年3月10日谷寿夫审判判决书中的陈述和这场大屠杀的幸存者伍长德1945年11月1日的证词的证实。

2) 1937年12月15日。大约9000人在鱼雷营附近的江边被屠杀，作为证据，引用了这次屠杀的幸存者殷有余1946年10月19日的证词，"这一天连官兵带老百姓一共被俘九千多人"，"日本兵用四挺机枪扫射，只漏下九个没有打死"。

3) 1937年12月16日。5000多人在中山码头被屠杀。谷寿夫的审判判决书指出，12月16日下午6点，华侨招待所的5000名难民被日本军队围捕，他们被押送到中山码头，用机枪扫射，随后受害者的尸体被扔进江中。1946年10月7日梁廷芳和1984年刘永兴这两位幸存者的证词证实这一说法。

4) 1937年12月16日[3]。4000多人在下关被屠杀，引用谷寿夫审判判

---

[1] 《谷寿夫战犯判决书附件关于集体屠杀部分统计节录》，收录于《1937.12.13——侵华日军南京大屠杀史料》，侵华日军南京大屠杀史料编委会、南京图书馆编辑，南京：江苏古籍出版社1985年版，第163—167页。

[2] 《谷寿夫战犯判决书附件关于集体屠杀部分统计节录》，收录于《1937.12.13——侵华日军南京大屠杀史料》，侵华日军南京大屠杀史料编委会、南京图书馆编辑，南京：江苏古籍出版社1985年版，第291—348页。

[3] 根据谷寿夫案判决书附件一所列的时间为1937年12月18日，按当时老百姓普遍使用的阴历为1937年11月16日，详见《1937.12.13——侵华日军南京大屠杀档案》，第165页。

决书附录 1 中的陈述，"在大方巷难民区内，将青年单耀亭等四千余人，押送下关，用机枪射杀，无一人生还"，并引用单耀亭妻子张氏在 1946 年 4 月 2 日出具的结文作为证据。

5) 1937 年 12 月 17 日。3000 多人在煤炭港被杀害。死者包括发电厂的 40 多名工程师和工人。作者引用了陆法曾 1945 年 10 月 25 日提交的呈文和何守江 1984 年的证词作为证据。

6) 1937 年 12 月 18 日。57000 多人在草鞋峡被屠杀，引用了鲁甦 1945 年 12 月 7 日的证词作为证据。日本记者横田 1937 年 12 月 16 日的报道也支持了这一说法："两角部队在乌龙山、幕府山炮台附近的山地俘虏了 14777 名南京溃败敌兵，因为这是前所未遇的大规模生俘敌军，故部队方面颇觉为难。"1937 年 12 月 17 日，《朝日新闻》报道了此事。

7) 1937 年 12 月。在水西门外的上新河地区，约有 28000 人被杀害，援引两位木材商人盛世徵和昌开运于 1946 年 1 月 9 日提交的请愿书作为证据，他们住在那里，目睹了一些杀戮，并提供资金收埋受害者的遗体。

8) 1937 年 12 月。在南郊凤台乡和花神庙周围的地区，有 7000 多人被杀害，引用谷寿夫审判判决书附录 1 中的陈述作为证据："民国二十六年十二月间，难民五千余名，士兵二千余名，在南门外附近凤台乡、花神庙一带被屠杀，所有尸体，由芮芳缘、张鸿儒、杨广才等，会同红卍字会分别掩埋于雨花台山下及望江矶、花神庙等处。"作者还补充说，为了准备谷寿夫案的审判，在中华门外的地点进行了挖掘工作，挖掘出几千具骸骨。

9) 1937 年 12 月。5 万多人在燕子矶江滩被屠杀。1945 年 10 月 1 日，李龙飞填写的调查表上写道："日军在燕子矶滩一处，杀毙我解除武装的青年 50000 人以上，尸横遍野，惨不忍睹。"中国第八十八师士兵郭国强 1984 年提供的证词佐证了这一说法，他目睹日军用机枪扫射了一天一夜，屠杀两万多解除武装的中央军。

10) 1937 年 12 月。在宝塔桥和鱼雷营一带，有 3 万多人被屠杀。援引谷寿夫审判判决书附录 1 中的陈述："民国二十六年十二月间，在城外宝塔桥及鱼雷营一带，屠杀军民三万人以上……尸横遍野，惨不忍睹。"

随后，孙宅巍统计了上述大规模屠杀的受害者人数，得到的总数是19.5万①。

孙宅巍还指出，根据谷寿夫审判判决书的附录，除了这10起大规模屠杀外，还有870多起规模不等的屠杀。其中，遇难者超过100人的屠杀案如下：下关南通路北的麦田里有300多人被屠杀；挹江门附近的姜家花园有300多人被杀；鼓楼附近的四条巷和五条巷各有几百人遇难；三汊河边的放生寺和慈幼院难民所分别有四五百人遭屠杀；在龙江桥江口有500多人被杀；在大方巷，有200多人被杀后扔进池塘；在下关的九甲圩江边有500多人被屠杀②。

通过使用红卍字会、崇善堂和红十字会的掩埋记录，他从掩埋记录中减去了埋葬在这10次大规模屠杀发生地或从这些地方收集的尸体数量，红卍字会还记录了17次掩埋作业，埋葬了5093具尸体；崇善堂也进行了17次掩埋作业，埋葬了66463具尸体；而红十字会在太平门外埋葬了5704具尸体。将这三个数字结合起来，总共有77260具尸体，这便是孙宅巍所指小规模屠杀和个别杀戮的遇难者人数，再加上大规模屠杀的19.5万人，得出27.2万受难者的总数③。

1991年，孙宅巍在《南京社会科学》杂志上发表了《关于南京大屠杀尸体处理的研究》一文，主要是为了回应田中正明、山本七平和阿罗健一对大屠杀的否认。作者分四个部分讨论了这个问题。在第一部分，他提到了由慈善组织掩埋的18.5万具尸体，即红卍字会掩埋了43071具，崇善堂掩埋了104718具，红十字会掩埋了8949具，同善堂掩埋了约7000具④。

针对田中正明关于红卍字会的埋葬人数不过是战后编造的材料的说法，

---

① 孙宅巍：《30万南京同胞被屠杀史实岂容否定》，载《抗日战争研究》1991年第2期，第107—111页。
② 孙宅巍：《30万南京同胞被屠杀史实岂容否定》，载《抗日战争研究》1991年第2期，第111页。
③ 孙宅巍：《30万南京同胞被屠杀史实岂容否定》，载《抗日战争研究》1991年第2期，第107—111页。
④ 孙宅巍：《关于南京大屠杀尸体处理的研究》，载《南京社会科学》1991年第4期，第72—74页。

孙宅巍引用了红卍字会 1938 年 4 月 4 日提交给"南京自治委员会"的一封信，称到那时为止，"共计掩埋尸体已有三万数千具，现仍在工作进行中。……刻下天时渐暖，城内外残余尸体尚多，汽油告罄，运尸将停，将来臭气四溢，传染堪虞"。为了进一步证明埋葬的统计数据不是战后编造的，孙宅巍引用了 1938 年 8 月红卍字会提交给伪南京市政府社会工作处的一份调查表，表中指出这时已"掩埋尸体四万有零"，以及红卍字会会长陈冠麟在 1938 年 10 月给日伪华中维新政府行政院院长梁鸿志的报告，称"掩埋尸体统约四万余具"①。此外，作者还提到了日本报纸《大阪朝日新闻》华北版于 1938 年 4 月 6 日发表的一篇报道：

> 红卍字会、"自治委员会"和日本妙法寺所属的僧侣们携手合作，着手进行处理，他们把腐烂的尸体装上卡车，同时口念"南无妙法莲华经"，将尸体掩埋在一定的地方，但花费了相当多的物力和人力，他们忍受着令人厌恶的臭气，日复一日地持续进行收尸掩埋工作，到最近为止，已在城内处理了一千七百九十三具，在城外处理了三万零三百十一具。②

对于阿罗健一的说法，即"在攻陷南京前后，任何地方都没有崇善堂进行埋葬活动的痕迹"，崇善堂提供的埋尸资料"纯属捏造"；而田中正明则认为，崇善堂的掩埋活动到 4 月以后"开始急剧增加"，违背了"通常应是初期多，越到后来越少"的规律，孙宅巍引用了 1938 年 12 月 6 日崇善堂堂长周一渔给江苏省赈务委员会的一封信："此次事变（按指南京沦陷），敝堂亦在难民区内成立诊所，组织掩埋队，及办理其他救济事宜。"此外，他还引用了崔金贵的证词，崔金贵曾是崇善堂埋葬队的成员，根据崔金贵的证词："第一，崇善堂除原有的四个掩埋分队，共 49 人外，还雇用了大批不在册的临时工，

---

① 孙宅巍：《关于南京大屠杀尸体处理的研究》，载《南京社会科学》1991 年第 4 期，第 72 页。
② 孙宅巍：《关于南京大屠杀尸体处理的研究》，载《南京社会科学》1991 年第 4 期，第 73 页。

来加快收尸的速度；第二，乡间尸体的收埋比较草率，只能于就近的战壕、沟渠中简单填埋，故可以在短期中收埋大量的尸体；第三，崇善堂付给工人工资及向当局呈报进度，设有专人统计收尸数字。"①

在第二部分，孙宅巍列举了个人和团体埋葬的35000具尸体。第一个案例关于木材商盛世徵和昌开运雇佣工人在上新河地区掩埋了28730具尸体的情况，田中正明认为这是一个大谎言，因为红十字会和红卍字会已经在该地区进行了14次收集和掩埋，总共有8400具尸体。作为回应，孙宅巍引用了盛世徵和昌开运于1946年1月9日向南京市抗战损失调查委员会提交的结文，称他们为每具被掩埋的尸体支付了4毛钱，总共花费了1万元②。

第二个案例涉及三名当地居民，即芮方缘、张鸿儒和杨广才，他们在获得红卍字会授权的情况下，组织了一支由30多人组成的志愿掩埋队。他们在中华门外的雨花台一带埋葬了约7000具尸体。对于田中正明指责该组织埋葬的尸体与红卍字会埋葬的尸体有重叠，孙宅巍参照三位居民的宣誓书进行了辩解。他表示，该组织从1938年1月7日至2月25日掩埋了尸体。同时，红卍字会在该时间段、在该地点埋葬的尸体数量为537具。这两个团体一直在从事各自的掩埋活动。然而，即使尸体数量可能有重叠，537人的数字与红卍字会的43071人或该团体的7000人相比，似乎都微不足道③。

第三个案例是关于一个穆斯林掩埋队收殓的400多具尸体。对于穆斯林埋葬的尸体数量似乎没有争议④。

在第三部分中，孙宅巍讨论了由日伪地方政府掩埋的7400具遇难者尸体1938年10月，伪南京市政府在该市东郊收埋了3000多具尸体；下关区政府在下关和三汊河地区收埋了3240具尸体；伪第一区政府在该市南部掩埋

---

① 孙宅巍：《关于南京大屠杀尸体处理的研究》，载《南京社会科学》1991年第4期，第73页。
② 孙宅巍：《关于南京大屠杀尸体处理的研究》，载《南京社会科学》1991年第4期，第74—75页。
③ 孙宅巍：《关于南京大屠杀尸体处理的研究》，载《南京社会科学》1991年第4期，第75页。
④ 孙宅巍：《关于南京大屠杀尸体处理的研究》，载《南京社会科学》1991年第4期，第75页。

了约1200具尸体。尽管对这些情况没有争议，但作者还是试图将上述地方政府埋葬的尸体数量与其他慈善组织、其他团体和个人埋葬的尸体数量加以区分①。

在第四部分中，孙宅巍提及了日本战俘太田寿男（Hisao Ota）在1954年被关押在中国辽宁抚顺的战俘管理所时的供词。在1990年12月14日日本《每日新闻》报道的一份供词中，太田说，作为隶属于第二碇泊场司令部的一名少佐，他于1937年12月15日到达下关，从12月16日至18日，他的士兵处理了大量的尸体。根据他的回忆，士兵们将19000具尸体扔进江里，而另一位少佐安达由己（Yoshimi Adachi）的手下在同一时期将16000具尸体扔进长江。此外，从12月14日至15日，安达由己的部队共处理了65000具尸体。太田还估计，其他部队将大约5万具尸体扔进江中，并声称日本部队通过扔进江里或焚烧的方式共处理了15万具尸体②。

虽然孙宅巍认为太田的供词是一个重要的原始资料来源，但他对太田的数字不无怀疑，他指出：

> 但是，考虑到太田提供这一资料是在南京大屠杀发生16年之后，时间已经较长，况其中有相当大数量尸体的处理，非其亲身所为，其数字不可能十分准确，同时，焚烧与投江，都不可能将所有尸体彻底毁灭，其中必有一个相当的数量残留下来，或为焦骸，或为江中浮尸，重新被各掩埋队收集、埋葬。据统计，红卍字会有22起共15056具尸体在下关沿江边一带收埋；红十字会有16075具尸体在下关一带收埋，伪下关区有2840具尸体在下关一带收埋。这些单位在下关地区收埋的尸体数，与太田寿男所供日军焚尸灭迹数之间，免不了要有一定的重复交叉。③

---

① 孙宅巍：《关于南京大屠杀尸体处理的研究》，载《南京社会科学》1991年第4期，第76—77页。

② 孙宅巍：《关于南京大屠杀尸体处理的研究》，载《南京社会科学》1991年第4期，第77—78页。

③ 孙宅巍：《关于南京大屠杀尸体处理的研究》，载《南京社会科学》1991年第4期，第78页。

孙宅巍还对南京大屠杀之前和期间的南京人口进行了深入的调查研究。1990 年，他在《南京社会科学》上以《南京大屠杀与南京人口》为题发表文章，回应田中正明的指责："市民 20 万，防卫队 5 万，合起来当时南京人口就是 25 万。即便一个没剩全部被杀，也只不过是 25 万，可是为何说杀害了三十几万呢？"孙宅巍把这个问题分为三个部分来说明。在"常住人口"部分，他首先追溯了自 1927 年国民政府在南京成立以来，南京人口规模的变化，当时记录的人口为 36.05 万人。此后，人口稳步增长，1934 年为 796955 人，而到 1935 年 11 月，人口增长到 100 万以上，为 1009502 人。此后一直保持在 100 万左右，大多数月份都超过 100 万，1936 年 4 月达到高峰，为 1019148。然后他列出了几个表格，其中包含南京市政府从 1936 年 4 月至 1937 年 11 月初收集的人口数据[①]。

**1936 年 4 月人口统计**[②]

| 户口区别 | 户数 | 男 | 女 | 合计 |
|---|---|---|---|---|
| 第一区 | 27513 | 99386 | 55363 | 154749 |
| 第二区 | 18544 | 57474 | 38112 | 95586 |
| 第三区 | 17297 | 60813 | 37406 | 98219 |
| 第四区 | 27892 | 94070 | 54605 | 148675 |
| 第五区 | 31082 | 90776 | 64244 | 155020 |
| 第六区 | 14334 | 47003 | 31078 | 78081 |
| 第七区 | 19223 | 56630 | 39039 | 95669 |
| 第八区 | 8748 | 21016 | 14903 | 35919 |
| 燕子矶区 | 12722 | 31816 | 26545 | 58361 |
| 孝陵区 | 7004 | 17868 | 16178 | 34046 |
| 上新河区 | 13542 | 35105 | 29718 | 64823 |
| 共计 | 197937 | 611957 | 407191 | 1019148 |

---

[①] 孙宅巍：《南京大屠杀与南京人口》，载《南京社会科学》1990 年第 3 期，第 75—77 页。
[②] 三个人口表格均引自孙宅巍《南京社会科学》1990 年第 3 期的文章，第 76—77 页。

### 1937 年上半年人口统计

| 区别 | 地点 | 人口数 |
| --- | --- | --- |
| 第一区 | 城内 | 134496 |
| 第二区 | 城内 | 88679 |
| 第三区 | 城内 | 84430 |
| 第四区 | 城内 | 138263 |
| 第五区 | 城内 | 140269 |
| 第六区 | 城内 | 79163 |
| 第七区 | 下关 | 76407 |
| 第八区 | 浦口 | 30916 |
| 孝陵区 | 乡区 | 50518 |
| 燕子矶区 | 乡区 | 63472 |
| 上新河区 | 乡区 | 51805 |
| 陵园 | 乡区 | 7166 |
| 合计 | | 945584 |

### 1937 年 11 月人口数据

| 区别 | 户数 | 人数 | 报告时间 |
| --- | --- | --- | --- |
| 第二区 | 9440 | 37324 | 1937 年 10 月 27 日 |
| 第三区 | 10119 | 38889 | 10 月 28 日 |
| 第四区 | 18076 | 70688 | 10 月 30 日 |
| 第五区 | 22785 | 108247 | 11 月 3 日 |
| 第六区 | 11288 | 50877 | 11 月 1 日 |
| 第八区 | 7625 | 29456 | 10 月 30 日 |
| 孝陵区 | 7467 | 37611 | 10 月 30 日 |
| 合计 | 86800 | 373092 | |

根据 1937 年上半年收集的数据，战争开始前，南京 11 个区的人口为 945584 人。然而，自 1937 年 8 月 13 日，上海爆发战争以来，随着日军频繁对南京进行空袭，相当一部分居民离开了。1937 年 10 月 18 日，内政部为了解当时的实际人口数字，命令南京市各区政府收集人口数据，但到 11 月初，只有 7 个区上报，合计人口为 373092 人，其余 4 个区，即第一、第七、燕子矶和上新河区，由于以前的社区组织因居民离开而受到阻碍或丧失功能，没有收集数据。于是，作者将战前的数据和 7 个区的统计资料进行了比较和

分析，发现按 1936 年人口普查的数据下降率为 42.2%，按 1937 年上半年的数据下降了 39%。按这两个减少率，他推断到 1937 年 11 月初，南京 11 个区的人口大约分别为 589033 人或 572061 人①。

1937 年 11 月 12 日，上海沦陷后，特别是在国民政府宣布将国都从南京迁往重庆后，更多的人撤离以逃避战乱。为了解释有多少居民可能留下来，作者引用了南京市政府 1937 年 11 月 23 日给军事委员会的一封信，信中说："查本市现有人口五十余万。除一部能自动离京，一部事实上绝不能离京外，估计将来需要遣送难民约二十万人左右。"②

作者进一步分析，从 11 月 23 日到 12 月 13 日，更多的居民可能离开，但由于以下原因，人口不会急剧减少：

> 1. 大部分有条件、经济较富裕的市民，早已离开南京，留下的 50 余万人口，多为外地无亲友可以投靠，或者经济上无力外迁者。2. 南京市政府关于"遣送难民约二十万人左右"的计划，后因筹建"难民区"及战局急速恶化，事实上未能实施。3. 在战火迫近南京以后，南京卫戍司令部出于军事上的考虑，控制了江面的船只，使部分市民虽欲往江北或溯江而上而不可能。因此，有理由相信，在城陷前的半个月中，市民的流动，多数是就近躲避到城郊地区，或者在城郊之间漫无目的地往复搬迁。……有位记者曾经这样报道了沦陷前夕南京市民盲目流动的情况："城北的百姓往城南搬，城南的百姓往玄武湖搬。玄武湖的百姓往乡下搬，乡下的百姓往城里搬。搬来搬去，好像他们离开原来地方就可以得到无上安全保障似的。"这些忙碌奔走的市民，最后有不少都进入了"难民区"，致使面积不到 4 平方公里的"难民区"里，聚集了 20 万以上的难民。这些情况表明，南京市民经过 11 月以前的大量外迁后，其人口数量的总水平已经相对稳定。即使考虑到有少数人继续迁往外地这一因素，到

---

① 孙宅巍：《南京大屠杀与南京人口》，载《南京社会科学》1990 年第 3 期，第 76—77 页。
② 孙宅巍：《南京大屠杀与南京人口》，载《南京社会科学》1990 年第 3 期，第 76 页。

城陷时，其常住人口在 50 万人以上，当无疑问。[①]

在第二部分，孙宅巍提出了在南京的中国守军人数的问题。大量的屠杀遇难者是防守南京的中国军人，因此，分析中国城防部队的总体规模具有重要的研究价值。孙宅巍首先试图提供一份参加南京战役的部队的完整材料：参战的部队有第三十六、第四十一、第四十八、第五十一、第五十八、第八十七、第八十八、第一〇三、第一一二、第一五四、第一五六、第一五九和第一六〇师，此外还有中央教导团（包含 3 个旅或 11 个团）、宪兵部队（4 个团）、炮台的两个炮兵营、一个通信营、一支特种部队、8 门反坦克炮、10 辆装甲车和 27 门防空炮。总的来说，南京城防部队由 13 个师又 15 个团组成。根据 1937 年中国军队的人员编制标准，一个师如果满员，下辖两个旅或四个团，还有一个炮兵营、一个工兵营和一个辎重营，计有 10923 名官兵。每个满员的团通常有 2200 人。因此，13 个师和 15 个团，如果满员的话，应该有 175000 人，但上述所有部队都参加了上海战役，伤亡惨重。此外，作者在南京的中国第二历史档案馆查询，获得一些师的战地总结报告：

| 第三十六师 | 11968 |
| 第四十一师和第四十八师 | 16929 |
| 第五十一师和第五十八师 | 17000 |
| 第八十七师 | 10000 |
| 第八十八师 | 6000 |
| 第一〇三师 | 2000 |
| 第一六〇师 | 9000 |
| 宪兵部队 | 5490 |
| 教导队 | 15000 |

---

① 孙宅巍：《南京大屠杀与南京人口》，载《南京社会科学》1990 年第 3 期，第 77 页。

上述 9 个师和 15 个团共有 113387 人。与他们的满员状态相比较，这些部队的规模是通常的 86.4%，按 86.4% 的比例来算，13 个师和 15 个团有 151199 人，即约 15 万名官兵[1]。

孙宅巍对收集到的原始资料进行了进一步分析，得出在战斗中牺牲的中国士兵不会超过 1 万人。那么，在南京沦陷期间和之后，有多少中国军队撤离到安全地带？他再次搜索了那些战场总结报告，得到了以下关于成功撤离的部队人数的数据：

| | |
|---|---|
| 第三十六师 | 4937 |
| 第四十一师和第四十八师 | 11851 |
| 第五十一师和第五十八师 | 5000 |
| 第八十八师 | 500 |
| 第一六〇师 | 3400 |
| 宪兵部队 | 2456 |
| 教导队 | 4000 |

在上述 7 个师和 15 个团中，共有 32144 人安全撤离，占南京战役开始时这 7 个师和 15 个团人数的 31.7%。同样按 31.7% 的比例来算，在 15 万部队中，共有 47550 人，或约 5 万名官兵成功撤离。因此，孙宅巍得出结论，在参加南京保卫战的 15 万部队中，约有 1 万人作战阵亡，约有 5 万人成功撤离，剩下 9 万人被困在南京[2]。

在最后一部分，孙宅巍谈到了流动人口问题。自从战争在上海爆发以来，成千上万的上海难民逃离了受战争波及的地区。他们中的大多数人通过南京前往内地，也有许多人在南京及其周边地区避难。每天都有一千多名难民抵

---

[1] 孙宅巍：《南京大屠杀与南京人口》，载《南京社会科学》1990 年第 3 期，第 77—78 页。
[2] 孙宅巍：《南京大屠杀与南京人口》，载《南京社会科学》1990 年第 3 期，第 78—79 页。

达南京，仅红十字会南京分会就在几个月内为155960名难民提供了住所、食物和出行工具[①]。

随着战争的持续，成千上万的中国伤兵也被运到了南京。1937年10月，下关火车站的红十字会服务点在两周内接收了12747名伤员，并为其中的6620人提供了医疗服务[②]。

孙宅巍表示，由于大量的流动人群，包括难民和伤兵，其中有几万人因各种原因留在了南京地区，这并不夸张，他最后谈道："南京市在沦陷前夕，实有常住市民50万人以上，滞留守城官兵9万人以上，聚集外地难民、伤员数万人，总数在60万人以上。这使日本侵略军完全有可能在南京这片土地上，进行屠杀30万无辜人民的罪恶表演。"[③]

孙宅巍关于受害者人数、掩埋记录和人口问题的主要观点和论据此后基本上没有改变，并在1997年作了一些文字上的修订后，将这些内容收录进他本人主编、北京出版社出版的《南京大屠杀》一书中。除了对遇难者人数的分析和争论，他将掩埋记录和人口分析写进由张宪文主编，2012年南京大学出版社出版的三卷本《南京大屠杀全史》。

《南京大屠杀全史》是继孙宅巍1997年发表的著作之后，又一次尝试对这一主题进行全面的研究和分析。该书基本上采用了依据文献资料纪实分析的方法，使用了中文、英文、日文和其他语言的原始资料，包括政府档案资料、外交文件、中国幸存者的证词、日本军人的日记、德国商人的报告和日记、美国传教士的目击者陈述。那时，越来越多的日本士兵的日记被译成中文并出版，因此该书引用了较多日本军人的叙述，但较少引用中国幸存者和证人在20世纪40年代为南京军事法庭提供的宣誓书、请愿书、结文和证词。该书与以往作品相比的另一个明显特点是，它较少强调遇难者总人数的问题。总的来说，该书似乎不愿意用相对明确的数字来讨论遇难者人数，而是比较

---

① 孙宅巍：《南京大屠杀与南京人口》，载《南京社会科学》1990年第3期，第79页。
② 孙宅巍：《南京大屠杀与南京人口》，载《南京社会科学》1990年第3期，第79页。
③ 孙宅巍：《南京大屠杀与南京人口》，载《南京社会科学》1990年第3期，第80页。

模糊地处理这个问题。除了引用 1947 年南京军事法庭关于谷寿夫的审判判决书，即"遇难者总数超过 30 万"，以及在讨论这两个审判的章节中引用 1948 年东京审判的判决，即"超过 20 万人被杀害"之外，本书没有专门的章节讨论遇难者人数的问题。

在以前的作品中，在描述草鞋峡大屠杀时，鲁甦关于 57418 人被大规模处决的证词总会被引用。然而，这本书引用了日本方面的资料，说大约有 15000 人被屠杀。此外，在引用鲁甦 1946 年的证词后的一个脚注中指出，"从常识上说，鲁甦在夜间不可能看清日军幕府山大屠杀的详情，更不可能将受害者人数准确到个位数"[①]。

此前，在讨论燕子矶大屠杀时，均引用谷寿夫审判判决书附录1的一段话，即在燕子矶的江滩上，有 5 万多被解除武装的青年被屠杀[②]。然而，2012 年出版的这部书在谈到"日军占领南京后，一些试图从燕子矶渡江的中国军人及平民因没有渡船，被困在燕子矶附近江边。日军进抵燕子矶后，用机枪猛烈扫射被困的中国军民"之后指出：

> 关于日军在燕子矶的集体屠杀，目前只有中方的史料有所记述，而日方和第三方的史料均无记载。在中方的史料中，金陵女子文理学院舍监程瑞芳的日记系当时的记录，因此史料价值较高，而其他史料系事后的回忆，其价值就不及当时的日记。程瑞芳在 1938 年 1 月 3 日的日记中记述说："南京也死了不少的[人]，有些未逃的军人也死了不少。在燕子矶那边有几千逃兵饿了三天，后来派两个兵到日兵那里投降，有两天送东西给他们吃，三天后用机关枪射击死了。这是魏司[师]傅在那里看见的。有的军人和百姓，他们用绳子捆牵到沟边，枪[毙]一个倒在沟里一个，一排一排的死，真可怜。那些死在燕子矶的尸首还在那里，有的地方死尸被狗拖，想起来不能不伤心，死得真苦，妇女做寡妇也不

---

① 张宪文：《南京大屠杀全史》，南京：南京大学出版社 2012 年版，第 200 页。
② 孙宅巍：《南京大屠杀》，北京：北京出版社 1997 年版，第 129 页。

少。"①

不知该书为何没有提及明妮·魏特琳 1938 年 2 月 15 日的日记："人们想知道，保卫南京战役中究竟有多少中国军人牺牲了。今天上午我收到报告，红卍字会估计，在下关一带有 30000 人被杀害；今天下午，我听说，'成千上万的人'被困在燕子矶——没有船只渡他们过江。可怜的人们！"② 她在 2 月 16 日的日记中再次提及燕子矶的屠杀情况。一位来访的严先生告诉她，"20000 到 30000 人在燕子矶遭屠杀"③。

在掩埋记录方面，最有争议的显然是崇善堂提出的掩埋数据。在 2012 年的这部书中，处理遇难者尸体的部分是由孙宅巍撰写的，像在 1991 年的文章和 1997 年的书中一样，他提到了崇善堂埋葬队的全部掩埋数据。然而，在 2012 年的书中，他表示，由于该堂负责人周一渔在 1938 年 12 月 26 日至 1939 年 1 月 2 日被日本宪兵扣留，他们还搜查了周的住所，并没收了该堂的所有书面记录。因此，至于该堂掩埋的大量尸体，目前还没有找到表明掩埋过程的数据来支持这一巨大数字④。在崇善堂的掩埋统计表后有一脚注："至于崇善堂总共埋尸 112266 具之数据，因系形成于战后，其在册工人只 40 余人，较难实现日均数千具尸体之掩埋，故学术界对此存有歧见。对该堂的掩埋活动，尚待进一步发掘档案资料，深入进行研究。"⑤

至于太田寿男承认处理了 15 万具尸体的情况，虽然 2012 年的书介绍了他的供词，但也引用了梶谷健郎（Kenrou Kajitani）的日记，他当时也在第二碇泊场司令部服役，是一名军曹。日记中写道，太田寿男于 1937 年 12

---

① 张宪文：《南京大屠杀全史》，南京：南京大学出版社 2012 年版，第 219 页。
② Minnie Vautrin, Diaries, February 15, 1938, Minnie Vautrin Papers, Disciples of Christ Historical Society Library, Nashville, TN.
③ Minnie Vautrin, Diaries, February 16, 1938, Minnie Vautrin Papers, Disciples of Christ Historical Society Library, Nashville, TN.
④ 张宪文：《南京大屠杀全史》，南京：南京大学出版社 2012 年版，第 863 页。
⑤ 张宪文：《南京大屠杀全史》，南京：南京大学出版社 2012 年版，第 862 页。

月 25 日抵达下关，比他声称将数千具尸体丢入江中的时间晚了一个多星期，这使太田供词的可信度受到怀疑。该书还指出，无论是太田的供词还是梶谷的日记，本身都是孤证，没有其他来源可以佐证①。

自 20 世纪 90 年代中期以来，中国学者对南京大屠杀的研究越来越活跃，并产生了大量相关该主题不同方面的研究成果，包括翻译英文、德文、日文原始资料，以及翻译日本学者的主要作品。最突出的工作是 2005 年至 2010 年在南京出版的 72 卷本《南京大屠杀史料集》。

---

① 张宪文:《南京大屠杀全史》,南京: 南京大学出版社 2012 年版,第 904—911 页。

# 第十四章 "百人斩竞赛"及其争论

向井敏明少尉和野田毅少尉之间的"百人斩竞赛"发生在日军抵达南京郊区之前，与南京大屠杀的规模相比，这是一个相对微不足道的事件。肯定有大量的日本士兵，在南京大屠杀之前和期间参与了杀害放下武装的中国军人与平民，但这些人的身份没有暴露被确认，战后也没有受到任何惩罚。然而，日本的主要报纸关注着"百人斩竞赛"的发展，并从1937年11月30日至12月13日连续报道了它。这种宣传为这两名少尉带来了暂时的名声和荣耀，也为战后盟军逮捕、起诉并最终于1948年在南京处决他们提供了证据。

对这两名少尉的高调审判，对他们的死刑判决，该事件在20世纪70年代引发的与否认南京大屠杀有关的争论，以及2003年至2006年对《东京日日新闻》的继承者《每日新闻》《东京朝日新闻》、出版商柏书房等出版社，以及记者、作家本多胜一提起的诽谤诉讼，为这一事件作了进一步的宣传传播，并在中国和日本引发了更多的争议。

## 最初的新闻报道

1937年11月30日，日本最有影响的报纸之一《东京日日新闻》刊登了一篇由浅海一男、光本和安田三位随军报道战场情况的记者从中国常州发出的报道：

### 百人斩竞赛！两少尉已杀八十人

[浅海、光本、安田特派员 29 日发自常州]

某某部队短短 6 天就快速行走了常熟无锡之间 40 公里的距离，并以同样的神速仅用 3 天就突破了无锡常州之间相同的距离，实在是神速、快击战。据闻在第一线的片桐部队里，两名青年军官开展百人斩竞赛。从无锡出发后，一人很快就斩敌 56 人，另一人斩敌 25 人。一人是富山部队的向井敏明少尉（26 岁），出身山口县玖珂郡；另一人是同部队的野田毅少尉（25 岁），出身鹿儿岛肝属郡田代村。剑道三段的向井少尉腰间是一把刻铭为"关孙六"的刀，野田少尉的刀虽无铭文，但该刀是祖传之物，也引以自豪。

向无锡进发后，向井少尉沿铁路行军二十六七公里，而野田少尉则沿铁路线进军，二人分头出发的第二天早上，野田少尉在距无锡 8 公里的无名村落攻破了敌军的防御重地，杀敌 4 人。听到此消息的向井不甘落后，和部下当晚在横林镇斩杀敌军 55 人。

在那之后，野田在横林镇杀敌 9 名，在威关镇是 6 名，29 日在常州车站是 6 名，共计杀敌 25 名。向井之后在常州车站附近杀敌 4 名，等记者们到达车站后，遇见了两人在车站见面的场景。

向井少尉：照这样下去，不用到南京，在丹阳我就能杀足 100 人吧，野田输定了。我的刀斩了 56 个人，只有一处豁口。

野田：我们两人都不杀逃跑的人，因为我身为某官，成绩没有上升，但到丹阳之前，我会创一个大纪录给你们看。①

---

① 『百人斬り競争！両少尉、早くも八十人』（《百人斩竞赛！两少尉已杀八十人！》），载『東京日日新聞』1937 年 11 月 30 日，第 11 页。

几天后，即 12 月 4 日，从丹阳发出的第二篇报道刊载在同一份报纸上，向井和野田斩杀的人数分别达到 86 和 65：

### 急速前进百人斩竞赛经过

[浅海、光本特派员 3 日发自丹阳]

本报已经报道了，在向南京进攻途中，已开始"百人斩竞赛"的〇〇部队急先锋片桐部队、富山部队的青年军官向井敏明、野田毅两少尉，自出兵常州以来加倍奋战，于 2 日下午 6 时攻占丹阳城前，向井少尉已杀 86 人，野田少尉则是斩杀 65 人的战绩，互相展开了激烈的竞争。

从常州到丹阳的 40 公里①路程中，两人的战绩分别是向井 30 人、野田 40 人，两少尉如战神阿修罗般英勇奋战的精神无以言表。此次两勇士沿京沪铁路在同一战线杀敌，攻破了奔牛镇、吕城镇、陵口镇（都位于丹阳的北部），其中向井少尉毅然决然第一个冲破丹阳的中正门，野田少尉的右手手腕也负了轻伤，两少尉在百人斩竞赛中不断立下赫赫战功。当记者等追上攻下丹阳城后不顾休息就乘胜追击的富山部队时，向井少尉在行进的队伍中笑对记者曰："野田那家伙快追上来了，我不能掉以轻心。野田的伤势不重所以不用担心。在陵口镇杀敌时一个家伙把我的孙六刀碰出一豁口，不过我还是能再杀一两百人。我要请东日大每②的记者给我当裁判。"③

该报在 12 月 6 日刊登从句容发出的第三篇报道，其时被两名少尉斩杀的人数分别跃升至 89 人和 78 人：

---

① 此处日文原文为"十里"。一日本里约为 3.927 公里，"十里"约为 40 公里。常州与丹阳之间的距离为 44 公里。
② "东日大每"为『東京日日新聞』与『大阪毎日新聞』的简称。
③ 『急ピッチに躍進 百人斬り競争の経過』(《急速前进，百人斩竞赛经过》)，载『東京日日新聞』1937 年 12 月 4 日，第 11 页。

## "百人斩"大赛

### 勇壮！向井、野田两少尉！ 89∶78

[浅海、光本特派员5日发自句容]

片桐部队的两名年轻军官，向井敏明、野田毅少尉，以南京为目标进行了"百人斩竞赛"。两少尉在攻陷句容城时，冲在最前线，勇猛奋战。直至攻陷前，两人取得了势均力敌的成绩：向井少尉斩89名、野田少尉斩78名。[①]

12月12日，这两名少尉到达紫金山脚下的南京郊区，他们的杀人纪录都远远超过了100大关，其中向井杀了106人，野田杀了105人：

### 百人斩竞赛"超纪录"向井106 ---- 野田105
### 两少尉延长竞赛

[浅海、光本、铃木特派员发自紫金山麓]

片桐部队的勇士——向井敏明、野田毅两少尉攻入南京之前开创了"百人斩竞赛"这种罕见比赛的先例。二人在10日紫金山攻略战的忙乱中创出了106∶105的纪录。10日正午，两少尉单手提卷刃的日本刀会面。

野田说："喂，我杀了105人，你呢？"

向井说："我杀了106人。"

两少尉哈哈大笑起来。结果，不知谁何时先杀超过百人的，二人马上达成一致意见："那么就算我们平手吧，但是我们再杀到150人，怎么样？"11日果真开始了斩杀150人的竞赛。11日中午，在俯瞰中山陵的紫金山上，正在搜捕残败军的向井少尉说起了"百人斩竞赛平局"的始末，"不知不觉中双方都超过了百人，真是愉快啊。我的关孙六刀

---

[①] 『"89—78"百人斩り 大接戦 勇壮! 向井、野田両少尉』(《89—78，"百人斩竞赛"伟大的战斗竞赛! 英雄的向井和野田两少尉!》)，载『東京日日新聞』1937年12月6日，第7页。

崩刃是因为我把一个人连同他的钢盔一起砍了。说好了战争结束后，就把这把日本刀赠给贵社了。11日凌晨3点，友军采取奇妙战术把残敌从紫金山的藏身处逼出来时，我也被逼了出来。站在枪林弹雨中，我手握宝刀，心想：嗳，随他便吧。然而，多亏这把孙六刀，一次都没被击中。"向井少尉向记者展示了那把在敌人的枪林弹雨中，曾啜饮过106人鲜血的孙六刀。[1]

"百人斩竞赛"的两名军官。野田毅（右）和向井敏明（左）。照片由特约记者佐藤振寿在常州拍摄。

然而，《东京日日新闻》并不是唯一刊载"百人斩竞赛"系列新闻的报

---

[1] 『百人斬り超記録向井106—105野田／両少尉さらに延長戦』(《百人斩竞赛超目标，向井106人，野田105人，两少尉延长竞赛》)，载『東京日日新聞』1937年12月13日，第11页。

纸。《大阪每日新闻》也在1937年12月1日、4日、7日和13日以不同的标题发表了这些报道，内容略有改动。从1937年12月到1938年3月，《大阪每日新闻》鹿儿岛冲绳版、《鹿儿岛每日新闻》《鹿儿岛朝日新闻》和《鹿儿岛新闻》等报纸刊登了一系列后续报道，内容涉及百人斩竞赛、野田的英雄归来、他父亲的骄傲，以及野田在当地团体的演讲。

在《东京日日新闻》的第一篇报道刊出后，《大阪每日新闻》鹿儿岛和冲绳版在1937年12月1日发表了一篇报道，指出"发誓完成××百人斩而威震江南大地的富山部队的野田毅少尉，来自鹿儿岛县肝属郡田代村"[①]。

1937年12月16日，《鹿儿岛朝日新闻》报道了对野田父亲的采访，他说："当然，孩子是奉献给天皇陛下的，所以有战死的觉悟，但是在报纸上就这样宣传的话，在百人斩竞赛过程中牺牲的话，有点遗憾啊，……就这点担忧。"此外，他还分享了他儿子邮寄回家的战场笔记：

> 没过多久，我们发现了敌人的大部队，约有3000人。我们从三面包围了他们，并在离他们大约50米时发起了攻击。结果，敌人丢弃500多具尸体溃散。这样算经历了三次激战，不过，最近也习惯了打仗，不久就有了轰轰烈烈的战果报道。[②]

《鹿儿岛新闻》在1937年12月18日发表了一篇报道，标题为《人们话题主人公的好男儿，著名的百人斩竞赛参与者，野田毅少尉，日本人民感到非常荣幸和感激，他来自肝属郡田代村》。在采访中，野田的父母接受了采访。

---

① 『百人斬り"波平"二百本の中から選んだ銘刀　田代村出身野田毅少尉』（《百人斩"波平"刀，二百把刀中脱颖而出的名刀，田代村出身的野田少尉》），载『大阪毎日新聞』鹿儿岛冲绳版1937年12月1日，转引自『「百人斬り訴訟」裁判記録集』（《"百人斩诉讼"审判记录》），东京：展转社2007年版，第146页。

② 『南京攻略の華百人斬り再出發　背に浴びた太刀提げて　鹿兒島出身の若武者野田毅少尉』（《攻占南京时的光荣的百人斩　抽出背上的大刀再次踏上新征程的鹿儿岛出身的年轻的武士野田毅少尉》），载『鹿兒島朝日新聞』1937年12月16日，转引自『「百人斬り訴訟」裁判記録集』，第147—148页。

他的母亲说，野田从小就喜欢军人。书中还引用了野田给他父亲的信[1]。

一个多月后，1938年1月25日，《大阪每日新闻》鹿儿岛和冲绳版刊登了一篇关于野田和向井杀人竞赛的报道：《斩杀二百五十三人，如今发誓千人斩》（『二百五十三人を斬り，今度千人斬り発愿』）。它引用了野田在鹿儿岛写给密友中村硕郎的一封信。野田在信中吹嘘自己在战斗中的英勇表现，并承认自己参加了杀人比赛：

> 以南京为目标快速推进的片桐部队的最前沿，在这场壮烈无比、像阿修罗般艰苦卓绝的"百人斩竞赛"中，让飞溅的鲜血削钝了刀刃的向井敏明、野田毅两部队长，进入晴朗的南京城。但是，在那血染的秋水里刻下的比分为106比105，最终谁先完成百人斩，没有明确结论，就算平局。此后，两部队长以自己年轻的性命为赌注，立下了一举完成"千人斩"的誓言。其后，野田部队长在"扫荡"敌残兵时斩杀了253人，如此继续的话，热血方刚的两部队长的残缺不全的刀刃里镌刻着的"血刃行"，哪里是尽头？……
>
> 如此豪爽的野田部队长，给自己鹿儿岛县枕崎町的朋友中村硕郎寄去了下面的书信，信中充满了野田部队长视死如归，一边高唱着大元帅陛下万岁，一边从容不迫地挥舞血刃的壮烈雄姿及无以言表的痛快劲儿，活灵活现地展现了"勇猛野田"的面貌——
>
> 目前，在华中……我们横扫粉尘般粉碎了约50里的敌人所谓的铜墙铁壁，一口吃掉了敌首都南京，但不止有五次十次差点为国捐躯、升入天国，因为敌人也顽强，怎么也不逃跑，所以就开始了如你通过《大阪每日新闻》报道知晓的百人斩这种竞赛了，步枪和机关枪之类作为摇篮

---

[1] 『話題の快男子　百人斬り名選手　野田毅少尉　日本人たる無上の光榮に感激　肝属郡田代村出身』（《人们话题主人公的好男儿，著名的百人斩竞赛参与者，野田毅少尉，日本人民感到非常荣幸和感激，他来自肝属郡田代村》），载『鹿兒島新聞』1937年12月18日，转引自『「百人斬り訴訟」裁判記録集』，第148页。

曲，迫击炮和地雷这些家伙当作爵士乐，到南京入城为止斩了105个，之后，又七零八零地斩杀了253人，多亏连波平也斩的乱七八糟、一塌糊涂，我觉得一百和二百是搞不出什么名堂，和竞争对手向井部队长约定干脆来个千人斩竞赛了。支那的这区区400余州，不配做我施展武勋的天地，它实在是太狭窄了。①

在同一封信中，野田还附上了一首诗《锋利的百人斩日本刀之歌》（『百人斬日本刀切味の歌』）。此诗为野田的同僚六车政次郎（Masajirō Muguruma）所写，赞美野田在百人斩竞赛中的英雄事迹：

一，今宵辞别故乡月，清冷放光为刀剑
二，头枕军刀露营梦，饥饿血哭泣的声音
三，暴风雨吹遍江南，让君目睹识百人斩
四，长刀三尺一挥舞，飞溅的鲜血如风吹
五，戎装擦掉血迹消，手臂残伤竟不见
六，今日的面庞还是昨夜的脸，明天又将是考验的刺杀味道。
七，离开祖国时镜子般的肤色，如今已被血色染红。
（一，今宵別れて故郷の月に，冴えて輝くわが剣
二，軍刀枕に露営の夢に，飢えて血に泣く声がする
三，嵐吹け吹け江南の地に，斬って見せたや百人斬
四，長刀三尺鞘をはらへば，さっと飛び散る血の吹雪
五，ついた血糊を○衣でふけばきづも残らぬ腕の冴え
六，今日は○かよ昨日はお○，明日は試さん突きの味

---

① 『二百五十三人を斬り，今度千人斬り発愿』(《斩杀二百五十三人，如今发誓千人斩》)，载『大阪毎日新聞』鹿儿岛冲绳版 1938 年 1 月 25 日，第 3 页。

七，國を出るときや○の肌よ，今ぢや血の色黒光り）[1]

六车政次郎与野田同班毕业于士官学校。1937年，他与野田一起在第九联队服役，担任第九联队第一大队副官，而野田是第三大队的副官。在回忆文章中，六车政次郎多次提到他与野田的关系，以及百人斩竞赛。

毫无疑问，新闻报道带有战时宣传的色彩，报纸编辑可能出于宣传目的而夸大其词。然而，这封信和诗似乎并不完全是通信员或编辑编造出来的。即使信和诗的内容在某种程度上是夸大或捏造的，但它们最初也是由野田和六车政次郎写的。

1938年3月，野田回到日本参加培训。他借此机会访问了他的家乡，给小学生们讲课。当地媒体报道了他的访问和演讲。1938年3月21日，《鹿儿岛新闻》详细报道了野田回到他的家乡进行访问，他与家人团聚，去他的家乡田代村祭奠祖先的坟墓，并在一所小学讲授他百人斩竞赛的经历。

19日晚9点02分，他的父亲伊势熊在伊集院站见到了将在南萨线换车的野田毅少尉。他的儿子，一位26岁的年轻战士，显得神采奕奕，在窗外举着一个酒杯，这是在火车车厢里特别准备的，用来祝愿他在战争中好运延续，而他正在谈论他出征后的战斗成就。

当被问及他与向井少尉的竞赛时，他笑着说，自己已经杀了374个敌人，披着袈裟，把敌人砍成两半，敌人倒下时发出巨大的声响，这真是太好了。尽管我最喜欢的刀并不出名，但它很少有缺口。他一边说，一边拔出刀，向别人展示他那把闪着寒光的刀。从刀身中间到刀尖，有几处破损，但人们确实无法相信这把刀的刀身曾被374个中国人的鲜血泼洒过，因为它仍然闪闪发光：

---

[1] 『二百五十三人を斬り，今度千人斬り発願』(《斩杀二百五十三人，如今发誓千人斩》)，载『大阪每日新聞』鹿儿岛冲绳版1938年1月25日，第3页。

"我参加过从津浦、京汉两铁路的中间地区到京汉线方向的战斗,又转战常熟、南京的攻陷战,又被派遣到华北,经历了大大小小许多次战斗,可谓奔走于枪林弹雨中,但没有一颗子弹击中我。攻击紫金山时,我左右的七名士兵中弹倒地,但中间的我居然没挨上一枪,我确信子弹绝对不会击中我",立下赫赫战功的年轻少尉,带着微笑说。当问起竞争对手向井少尉斩了多少时,他又破颜一笑说,大概167吧。从他的言语中可以感觉到对同僚的厚爱。

　　野田毅少尉计划于20日上午,给父亲的津贯小学儿童讲他们的杀人竞赛的经历,下午出席校区主办的演讲会及欢迎会,24、25、26日回老家肝属郡田代扫墓。①

1938年3月22日,《大阪每日新闻》鹿儿岛和冲绳版也报道了野田的回家之行:

　　得知野田少尉凯旋归来的消息,于20日去校长家想采访这位勇士,可被告知野田少尉当日从上午九点开始在津贯小学给儿童演讲实战故事,看来少尉很忙的样子,但据少尉的父亲伊势熊先生讲,"野田少尉从北支战线到中支方向转战,南京攻陷战是最后一次参加的战斗,共计参加了20次左右的激战,共计斩杀了敌兵374人,特别是在河北省的邯郸攻击战中,斩杀的最多,所以爱刀有点弯了"。②

根据1938年3月26日《大阪每日新闻》鹿儿岛和冲绳版的新闻报道,

---

①『袈裟がけ 唐竹割―突つ伏せ―唸れる銘刀の凄味 三百七十四人を斬つた戦場の花形』(《披上袈裟、一刀劈成两半、轰然倒下,寒光闪闪的铭刀斩杀三百七十四人的战场明星》),载『鹿兒島新聞』1938年3月21日,转引自『「百人斬り訴訟」裁判記録集』,第150页。

②『斬りも斬ったり敵兵三百七十四人 剛勇野田少尉突如加世田に凱旋』(《共计斩杀敌兵三百七十四人 神勇 野田少尉突然凯旋归来加世田》),载『鹿兒島朝日新聞』1938年3月22日,转引自『「百人斬り訴訟」裁判記録集』,第150—151页。

25 日，野田前往鹿儿岛的神刀馆访问，他曾在那里练习武术。神刀馆为欢迎野田举行了盛大的招待会，野田也发表了讲话。接待会结束后，野田在当天下午 1 点 20 分左右离开，前往东京①。

1938 年 5 月 19 日，《东京日日新闻》发表了关于百人斩竞赛参与者的后续报道，这次是关于向井敏明的。通信员西本在湖北省日寺庄村的战场上采访了向井少尉。这篇报道错误地指出，野田毅在海南岛阵亡：

> 向井中尉就是，一年前在南京战役中同战友野田中尉相约开展了百人斩并用爱刀关孙六斩杀敌兵 107 人的勇敢的青年军官，南京战后刮掉长胡子并与战友野田中尉进而约定 500 人斩，转战徐州、大别山、汉口、钟祥等地，斩杀敌兵 305 人，但由于野田中尉战死于海南岛，所以如今一人为了实现斩杀 500 人而奋斗。
>
> 斩的还不错，虽然刀尖有点卡住，但因为自信，所以没多大问题，出征以来没得过病，始终在第一线，从没负过伤，真是不可思议，可能我的身体已经造就成经得住长期的作战，只是下属们战死了，真是过意不去，就这个遗憾，给遗属们写了悔恨的书信，因为不能进行千人斩而遗憾的我，自从与野田中尉分手后，为了完成 500 人斩的约定而努力奋斗，到今天共斩了 305 人，部队长带着枪，所以我不能输，继续奋斗。②

该事件的第一个英文版本是由美国人在东京出版的英文报纸《日本广告报》（The Japan Advertiser）发表的。《日本广告报》的版本后来被收录在哈罗德·约翰·田伯烈（Harold John Timperley）的《战争意味着什么》一书的附录 F，有助于在英语世界传播这一事件的信息。1937 年 12 月 7 日，

---

① 『百人斬の野田少尉神刀館で講演』（《百人斩野田少尉在神刀馆演讲》），载『大阪毎日新聞』鹿儿岛冲绳版 1938 年 3 月 26 日，转引自『「百人斬り訴訟」裁判記録集』，第 151 页。
② 『戦死した競争相手に「孫六」手向けの斬れ味　向井中尉漢水戦線にあり』（《给战死的竞争对手供上"孙六"的斩味　向井中尉在汉水战线》），载『東京日日新聞』1938 年 5 月 19 日，第 7 页。

《日本广告报》刊登了《东京日日新闻》前一天登载的第三篇报道的英文版本:

### 两少尉在砍杀100名中国人的竞赛中势均力敌

向井敏明少尉和野田毅少尉,都在位于句容的片桐部队,在开展一场看谁能在日军完全占领南京之前,单刀搏击首先砍杀100名中国人的友谊赛,竞赛已进入最后阶段,几乎是并驾齐驱。周日,他们的部队在句容郊外作战之际,据《朝日新闻》报道,"比分"是:向井少尉,89,野田少尉,78。①

1937年12月14日,《日本广告报》刊登了第四篇报道的英文译文:

### 两勇士均超指标　用军刀斩杀100中国人之竞赛延长

《日日新闻》从南京郊外的紫金山麓报道,向井敏明少尉和野田毅少尉之间谁先用军刀斩杀100中国人的竞赛尚未决定胜负。向井杀了106人,他的对手杀了105人,但两位竞争者无法确定谁先超过100。他们不打算通过协商来解决这个问题,而是将目标延长50人。

向井的刀在竞赛中轻微受损。他解释说这是把一个中国人连同钢盔一起砍成两半的结果。他宣称,竞赛很"有趣",他认为两者都超过了100,却不知道对方也已达到,这很好。

周六清晨,当《日日新闻》的人在俯瞰中山陵的地方采访少尉时,另一支日本部队在紫金山的山坡上放火,试图将中国军队逼出来。这一行动也将向井少尉和他的部队熏了出来,子弹从头顶横飞之际,这些人竟袖手旁观。

"肩上扛着这把军刀,枪子儿不会打中我。"他自信地解释道。②

---

① Harold J. Timperley, What War Means: The Japanese Terror in China, London: V. Gollancz, p.284.
② Harold J. Timperley, What War Means: The Japanese Terror in China, London: V. Gollancz, pp.284-285.

1938年1月1日，由美国人在上海出版的英文周刊《密勒氏评论报》首次在中国报道了百人斩竞赛。

### 向井和野田少尉如何超越了谋杀定额

东京主要报纸《日日新闻》于12月12日刊登了其驻南京记者的一篇报道，无意中提供了关于日军占领南京后在该市屠杀中国人的新信息。这篇新闻稿的标题为"南京紫金山脚下"，讲述了两名日本陆军军官向井敏明少尉和野田毅少尉"开启一场罕见的斩杀100名敌人的竞赛"。12月10日，这两个年轻军官，"手持刀刃破损的日本军刀"在中山陵附近的紫金山脚下相遇。野田少尉说："我已杀了105人，你杀了多少人？"向井中尉答道："我已经杀了106个。"接下来，引用报道中的话，两军官大笑起来："哈哈，向井赢了一个。"但无法确定谁先超过了100这个目标，因此决定称其为平局，并将比赛延长至每位军官杀死150名中国人。刊载两位参赛者照片的《日日新闻》的报道称，比赛"在12月11日重新振作起来，以达到150人的目标"。

东京报纸的报道，尽管有可能夸大，但对日本军人进入中国首都后发生的抢劫、谋杀和强奸的狂暴作了相当好的诠释。[①]

《密勒氏评论报》的报道被翻译成中文，并刊登在1938年1月25日在汉口出版的《申报》和《新华日报》上，不过中文译本错误地调换了向井和野田在对话中的位置：

### 紫金山下杀人竞赛

《密勒氏评论报》刊载，最近东京《日日新闻》载有通讯一篇，题

---

① "How Lieutenants Mukai and Noda Exceeded Murder Quotas", *The China Weekly Review*, 83, no. 5（January 1, 1938）: 115.

为"南京紫金山下",述两日寇在我国竟至以杀人多寡为竞赛。此两日寇,一名向井,一名野田,相约以谁先杀死一百人为优胜。占南京后,两寇各执血迹殷然刀口已缺之刃,相见于紫金山下中山陵前,原文并载两寇之对话。名向井者说:"我已杀死了一百零五人,足下成绩呢?"野田答:"我杀了一百零六个。"两寇相顾大笑。野田以多杀一人获胜。然究竟谁先满一百人,无从决定,乃约定,以杀满一百五十人为竞赛。该记者并扬扬得意加以按语云:此两皇军又将继续杀人矣!该报并将此两寇照片刊出,似语其国人,此即"皇军"之英雄!《密勒氏报》并称:日军嗜杀,外国教士皆可证明。当日寇进占南京时,未及逃出之我国难民,手无寸铁,皆为驱集一处,以机枪扫射而死,在日寇占据区域,除被迫搬运物件者外,殆无所谓俘虏,皆一律杀死,即中国军缴去武器,亦被杀死。难民区之着壮丁服者,亦皆指为兵士,而被整批枪杀,如此暴行,可谓惨绝人寰矣。[1]

显然,从一开始,美国人和中国人都不相信这两名少尉是战斗中的英雄。对他们来说,百人斩竞赛只不过是日本军队首先在长江流域,然后在南京实施的众多纵情杀戮中的一个而已。

## 当事人回忆录中描述的"百人斩竞赛"

战争期间,由于日本媒体对百人斩竞赛的报道,向井敏明和野田毅被日本人视为战场上的英雄。从1937年到1946年,无论是向井还是野田,或者其他任何人都没有否认他们参加过百人斩竞赛,也没有人质疑新闻报道的真实性,或向任何一家报纸抱怨记者编造了这些报道。在1946年之前,关于百人斩竞赛及其媒体报道没有任何争议或争论。日本战败后,有关百人斩竞

---

[1] 《紫金山下杀人竞赛 敌兵惨绝人寰》,载《申报》1938年1月25日,第2页。同一天,汉口出版的《新华日报》也刊登了内容与《申报》相近的报道,即《南京紫金山杀人竞赛 寇军暴行惨绝人寰》,载《新华日报》1938年1月25日,第2页。

赛的新闻报道立即成为证据，导致向井和野田被逮捕、起诉、审判和处决。此后，这些新闻报道逐渐淡出人们的视野，一直埋藏在报纸的档案堆中。从1948年到1971年，这一事件在中国和日本都很少被提及。几十年来，没有任何有争议的纠纷，杀人比赛的相关媒体报道似乎也被遗忘了。事实上，直到50多年后，在日本才有人发掘或收集这些关于杀人比赛的各种新闻报道。在中国，在同一时期，只有一个源自英文译本的摘要版本在南京的一小群人中流传。到南京的日本游客对南京大屠杀和相关问题表现出兴趣，因而了解到这个版本。正是这个不准确的百人斩竞赛的版本，由本多胜一带回，并于1971年11月在《朝日新闻》上发表，在日本引发了争议。

在《朝日新闻》中，本多报道了大量发生在中国各地的日军暴行案件，但为什么百人斩竞赛在1971年招致争议？首先，与本多的版本类似的报道在20世纪60年代曾被多次发表。由于这些出版物的发行量有限，这些报道很少引起注意。而《朝日新闻》是一份有影响力的报纸，其读者覆盖了全日本各行各业。这是1971年11月5日本多的报道引发百人斩竞赛争议的第一个原因。其次，当时没有人收集过所有相关的新闻报道并提供给广大读者。姜根福告诉本多的是一个不完整、不准确的版本，不准确的细节使本多的报道容易受到右翼分子的抨击，他们对故事的可信度和可靠性提出质疑。再次，两名少尉因参与百人斩竞赛而被处决。右翼分子，特别是一些前日本军人，认为这是不可接受的，因为他们中的许多人在中国有类似的肆意杀人的经历，并努力为他们的残暴行为辩护。最后，右翼分子以百人斩竞赛的不实报道为突破口，挑战和否定暴行报道，进一步挑战和否定南京大屠杀。

20世纪70年代，日本出现了大量关于百人斩竞赛的文献。在辩论进行的同时，一些直接参与或与这两名少尉有密切联系的人发表了他们的回忆录，对百人斩竞赛提供了不同的观点。1971年，有两篇回忆文章发表。一篇是铃木二郎写的《我目睹了"南京悲剧"》（『私はあの「南京の悲劇」を目撃した』），是他与人合著了第四篇百人斩竞赛的报道；另一篇是志志目彰的《追忆日中战争》（『日中戦争の追憶』），他在1939年的一所小学里听了野田毅关于杀人比赛的演讲。铃木在文章中完整地转载了百人斩竞赛的第一和第四篇报告,提供了有关该比赛的起源和发展的详细信息,这些信息在本多的《朝日新闻》报道中是没有的。然后,他描述了他和浅海一男,即最初报道的记者,是如何被传唤到远东国际军事法庭作为证人作证的。两人在书面声明中强调,根据两位少尉的说法,军官们从未杀死那些逃跑的人,只杀死了攻击他们的敌军士兵。这些杀戮被认为是基于武士道精神,而不是暴行[①]。

> 对检察官方面来说无疑是极其不可信的证言。不知是不是这个缘故,当终于等到了出庭的日子,首先由浅海君站在证人台上,高举右手,用响亮的声音宣誓的瞬间,被告知"材料不充分",被驳回了,没精打采地回到休息室。不久,书记员来了,被告知"以后可以不来了"。本来为下一个证人出场而紧张的我,对再也不用站在证人台上,放下心来。
>
> 然而,我们听说这两个军官被国府方面逮捕,我们的签名请愿书也没起作用,到底被处决了。[②]

在详细介绍了日军在南京的暴行的目击者证词后,铃木在文章的末尾表示:

> 尽管,作为现场记者,现在终于有勇气写出这样一篇"证言",说起来有些惭愧,也许是因为我没意识到,"南京大屠杀"中竟有让世界耸人听闻的"情景",也没意识到当时站在硝烟和尸体以及飞溅的鲜血中的我,是因为责任感和兴奋,对"战争"这一行为的"认同"心理以及对国际战争法规的无知等使然的吧。

---

① [日]铃木二郎(Jiro Suzuki):『私はあの「南京の悲劇」を目撃した』(《我目睹了"南京悲剧"》),载『丸』第24卷第1期(1971年11月),第96—97页。
② [日]铃木二郎(Jiro Suzuki):『私はあの「南京の悲劇」を目撃した』(《我目睹了"南京悲剧"》),载『丸』第24卷第1期(1971年11月),第97页。

> 由于，目睹南京大屠杀之前，即上海、南京之间随军的一个月期间也屡次目睹了"屠杀"，由于接连遭遇惨烈的战斗和战场，闻了太多的尸体和血的气味，的确处于神经麻痹状态，但是，每当亲眼目睹很多日军战死者身影时，不能说没有心中涌上来的敌忾、复仇之心以及内心的一隅闪烁的嗜虐之心。
>
> 在战场上的敌意和恐惧，胜者对失败者的态度，所以这种骇人听闻的事件也终于发生了，该接受审判吧。
>
> 最后，我想向说出"我屠杀了"真相的人们的勇气表示敬意。①

因为他对日本在南京的暴行的目击者的描述，以及他与百人斩竞赛的关系，自从这篇回忆文章发表后，铃木多次受到右翼人士的攻击，他们指责他捏造暴行。

在读了本多在《朝日新闻》发表的报道和铃木的回忆文章后，志志目彰在1971年12月发表了一篇短文，回忆他小时候在小学听野田毅演讲的经历：

> 然而，站在小学生面前的N少尉看起来很随意、舒服，一点也没有通常军人的坚硬的性格，以及自负要强的一面。我现在还是那么认为的。也许是转战无数战斗的人的沉着吧。也许是对母校的小学生，给自己人讲话时的轻松自在感吧。②

志志目彰听到野田在公开演讲中承认，英雄的杀戮比赛不过是杀死投降的中国士兵：

---

① [日]铃木二郎（Jiro Suzuki）：『私はあの「南京の悲劇」を目撃した』（《我目睹了"南京悲剧"》），载『丸』第24卷第1期（1971年11月），第99页。

② [日]志志目彰（Akira Shishime）：『日中戦争の追憶：「百人斬り競争」』（《中日战争的回忆："百人斩竞赛"》），载『中國』1971年12月，第43页。

佝偻着腰、举起双手成群结队地出来的中国兵……中国兵为什么不逃跑？不反抗？士兵果真都是笨蛋吗？

另外，我也肯定听说过《中支那前线》或战场生活的一些事情，但都忘了。而"'你，来，来'这么一说，支那兵傻乎乎地、成群结队地出来"这句话，到现在也清楚地记着。据说"你，来，来"，就是你过来吧的意思。这句话也是竹内好君、安藤彦君等所说的"部队支那语"中的一句。

当时的我们，没有对被斩杀中国兵的愤怒或同情心这样的人道主义。连想都没想过，那些中国兵也有像我这样的弟弟吧。因为羡慕想当军人的我，自然应该联想起这些，可我……

但是，不是在白刃战中斩杀，而是斩杀已放弃战斗、投降了的敌人，说这些话的"勇士"的经验之谈，对我来说，就是很大的冲击。真是又残忍又滑头！这些事情，对当时幼小的我来说是不明白的。可以这么干吗？这样的军队与军人，怎么能进行"圣战"？进入陆军少年学校，作为国家军队的学生接受教育的那天开始，我重新思考起这些问题。

接着战败了。我的转变比较慢，一直到二一总罢工后，依然是个军国主义者。恰好，那时远东审判开庭了。每当媒体或世界舆论，揭露作为旧军队尤其是推行战争的主要骨干的正规军官的腐败时，我就窝心，但开始认真地接受南京大屠杀事件的报道。从那时开始，我觉得才知道了N少尉说的话的全部意义，才开始思考了自己也是该承担日本帝国主义的对外侵略的责任。

过了不久，地方新闻刊登了N少尉他们，作为战犯，在南京被枪毙的报道。啊，是该这样啊。理所当然的啊！我以为，这事就这样结束，没再多想。……

此外，尽管据《丸》杂志报道，N少尉对铃木二郎、浅海一男两位每日新闻特派员说过"逃跑的一概不斩"，但也许本人亲口坦率地对我们说的话，更加接近真实吧。

据铃木说，他在远东审判市谷法庭上中途终止了起诉。也许是铃木记者他们所说的"因为这是只砍杀冲过来的敌人的日本武士道精神……所以不是屠杀"证言起作用了吧。但是，在国民政府的法庭上，当然被判定为屠杀而被处以极刑了。①

在本多的《朝日新闻》相关报道导致了主要发表在《诸君！》杂志上的百人斩竞赛的争论后，《新潮流周刊》努力联系1937年报道百人斩竞赛的记者，希望他们能提供关于真实情况的信息。光本在战后的1950年去世，但其他记者还健在。1972年7月29日的《新潮流周刊》刊登了一篇文章：《这些记者对百人斩竞赛的"虚假报道"导致战犯被判处死刑，不会把他们从死囚牢里救出来，现在是中日关系的明星》（「南京百人斬り」の'虚報'で死刑戦犯を見殺しにした記者が今や日中かけ橋の花形）。

文章透露，在1947年南京审判期间，向井敏明的弟弟向井猛与浅海一男和富山武雄联系，后者是大队长，也是向井敏明的顶头上司长官，希望两人能够来救他哥哥。浅海给他送去一张纸条，上面写道："①这篇报道文章是根据对向井、野田的采访写成，他从未到现场目睹。②两位军官的行为并不是对居民或俘虏的残忍暴虐。③两位军官的人格高洁。④上述事项已向东京军事法庭检察官帕金森（Parkinson）陈述，并且没有受到质疑，他没有说'这是捏造'的。"② 有了这个说明，浅海拒绝了向井猛的要求。1972年，浅海也没有向《新潮流周刊》提供任何信息。而富山武雄给向井猛提供了一份不在场证明，称向井少尉于12月2日在丹阳郊区左膝受伤，被送往医疗队，到12月15日才在汤水归队。如果该证明被法庭接受，将证明向井少尉在12月10日至12日期间没有参加战斗行动，不可能像第四份报道中所说的那样

---

① ［日］志志目彰（Akira Shishime）：『日中戦争の追憶：「百人斬り競争」』(《中日战争的回忆："百人斩竞赛"》)，载『中國』1971年12月，第44—45页。

② ［日］『「南京百人斬り」の「虚報」で死刑戦犯を見殺しにした記者が今や日中かけ橋の花形』(《这些记者对"百人斩竞赛"的"虚假报道"导致战犯被判处死刑，不会把他们从死囚牢里救出来，现在是中日关系的明星》)，载『週刊新潮』1972年7月29日，第34页。

在紫金山杀人。向井猛很高兴地把证明送到了南京①。

《东京日日新闻》摄影记者佐藤振寿（Shinju Sato）拍摄了两位少尉在常州持刀的照片，他向杂志社提供了证词：

"总之，十六师团进入常州城时，我们在城门附近找到了住处。说是宿舍，其实跟野营帐篷差不多，我们挂起社旗。正好我在宿舍时，浅海君过来说，需要拍一张照片，我问他，是什么照片，他指了指正在外面的两位军官，说'就是他们两人开展了百人斩竞赛'，他跟二位军官说：'拜托，拍张照片可以吗？'军官'啊'了一声，想想觉得有意思，就让我们拍了，这就是'拍摄于常州'的那张照片。照片是在城门旁边拍的。我记得，浅海说两个军官没烟了，所以我从自己的背包中取出两包各装有'红宝石女王'牌香烟十支的卷烟，作为礼物给他们。在我拍照片的工夫，浅海拿着笔记本记录他们二人的谈话。所以，我从头到尾亲耳听到那个报道。"

这根本不是一个虚构的故事，至少是他自己直接从他们那里听到的故事，这是一个证词。……

"当时我的疑问是，斩杀一百人，是谁数的数呢。是我在拍照时问的，还是浅海先生问的，这一点记不太清楚，但确实有人问了'你们说，斩了多少多少，是谁记数？'他们说，野田少尉，是大队副官，向井少尉是步兵炮队的小队长。各自都有勤务兵，是他们的勤务兵各自记的，他们就是这么说的。——这样的话，明白了。以上就是我在战场遇到的情况。"②

---

① 『「南京百人斬り」の「虚報」で死刑戦犯を見殺しにした記者が今や日中かけ橋の花形』(《这些记者对"百人斩竞赛"的"虚假报道"导致战犯被判处死刑，不会把他们从死囚牢里救出来，现在是中日关系的明星》)，载『週刊新潮』1972年7月29日，第34页。

② 『「南京百人斬り」の「虚報」で死刑戦犯を見殺しにした記者が今や日中かけ橋の花形』(《这些记者对"百人斩竞赛"的"虚假报道"导致战犯被判处死刑，不会把他们从死囚牢里救出来，现在是中日关系的明星》)，载『週刊新潮』1972年7月29日，第35页。

在同一篇文章中，第四次报告的共同作者铃木二郎回忆说：

> 然后，如报道所述，我和浅海君一起，在紫金山碰上了那两个少尉。于是，在场的有向井少尉、野田少尉、浅海君加上我四人。紫金山上的战斗异常激烈。后来敌人的抵抗逐渐减弱，被追击到山顶。最后使用了一种叫作"红筒"的毒气，把被毒气熏出来的敌人彻底"扫荡"，就在这个时候与两位少尉相遇了……于是，在那里把那篇文章的内容告诉我们。①

文章作者在评论铃木对通信员与两位少尉会面的描述时表示，第四篇报道《12月12日，在紫金山，通讯员浅海和铃木发来的》表明，这份电报是在12月12日发出的，而会面很可能发生在12月11日。如果是这样的话，富山大尉为向井少尉出具的"12月2日受伤，12月15日才回来"的凭证可以被视为"伪造的不在场证明"，"这也可能是为了挽救他以前部下的生命的一个阴谋诡计"。②

与此同时，铃木透露了更多关于与少尉会面的信息：

> 我们听到他们亲口说"只把向我们冲过来的斩杀了。绝对没有斩杀逃跑的敌人"。我们相信他们的说法，所以传到后方了。忘了是浅海先生还是我执笔写的。……随军记者的作用，就是报告战况，并让人们了解日本官兵的英勇战斗事迹。我们如实地报道了战场上的所见所闻，包

---

① 『「南京百人斬り」の「虚報」で死刑戦犯を見殺しにした記者が今や日中かけ橋の花形』(《这些记者对"百人斩竞赛"的"虚假报道"导致战犯被判处死刑，不会把他们从死囚牢里救出来，现在是中日关系的明星》)，载『週刊新潮』1972年7月29日，第36页。

② 『「南京百人斬り」の「虚報」で死刑戦犯を見殺しにした記者が今や日中かけ橋の花形』(《这些记者对"百人斩竞赛"的"虚假报道"导致战犯被判处死刑，不会把他们从死囚牢里救出来，现在是中日关系的明星》)，载『週刊新潮』1972年7月29日，第36页。

括战功和事迹。①

五年后，铃木在本多胜一编辑的《笔的阴谋（ペンの陰謀）》一书中，以"当时的随军记者"（当时の従军记者として）为题发表了另一篇回忆文章。铃木在此强调，作为一名在危险战场上的记者，他没有胆量编造故事：

> 在战场上与官兵朝夕相处，在枪林弹雨中奔波的记者们，真的会编造开玩笑新闻吗？我没有那个胆量。那是在靠近南京城的紫金山麓，在敌我双方的炮火中，我们直接从即将达到比赛终点的二位军官那里听到他们斩杀的数目。虽然这是39年前的事，但绝对不会忘记。②

同时，铃木读到志志目彰的回忆录时表示震惊，其中野田少尉在公开场合谈到了在一所小学杀死投降的中国士兵。铃木觉得自己遭"背叛"了，因为他相信他们的话，没有杀死那些逃跑的人，更没有杀死投降的敌军士兵或非战斗人员③。

浅海一男，这位共同撰写了所有四篇新闻报道的记者，在《新潮流周刊》1972年7月29日的文章中选择了沉默，在1977年为本多的《笔的阴谋》一书撰写了一章。在这一回忆章节中，浅海提供了关于他如何与两名少尉会面并在从无锡到紫金山的几个地点采访他们的细节：

> 的确是在无锡车站前广场的一角，遇到了M少尉和N少尉两个年轻

---

① 『「南京百人斩り」の「虚报」で死刑战犯を见杀しにした记者が今や日中かけ桥の花形』（《这些记者对"百人斩竞赛"的"虚假报道"导致战犯被判处死刑，不会把他们从死囚牢里救出来，现在是中日关系的明星》），载『週刊新潮』1972年7月29日，第36页。

② ［日］『铃木二郎（Jiro Suzuki）：『当时の従军记者として』（《当时的随军记者》），出自『ペンの陰谋』（《笔的阴谋》），本多胜一编辑，东京：潮出版社1977年版，第356页。

③ ［日］『铃木二郎（Jiro Suzuki）：『当时の従军记者として』（《当时的随军记者》），出自『ペンの陰谋』（《笔的阴谋》），本多胜一编辑，东京：潮出版社1977年版，第357—358页。

的日本军官。……记得笔者等采访组，当时在广场一隅，一边小憩，一边准备搭建过夜的野营帐篷，这时M、N两军官，看到我们挂起的报社的社旗，从对面走了过来。……他们以为，自己的部队是最基层的小部队，因此他们的英勇战斗气概很少传到国内的报刊，两军官对此表示有些不满，他们还说，他们所在的最前线的官兵如何士气高昂作战着，还说了现在已经记不起来的很多话题。他们还给我们讲了，两军官计划的"百人斩竞赛"，说此计划就是展示青年军官的赫赫战功的大比武。笔者从很多战争故事中，选择此竞赛计划，并把它附在多篇当天的战况报道后面，一并电传过去，遂成为了那篇"百人斩竞争"系列报道的第一篇报道。两军官离开我们的地方时，记者们问他们，今后怎样获知这个竞赛的成绩结果，他们回答说，反正你们肯定在战线公路上的某处挂起你们报社的社旗，以社旗为目标见到就过来谈，接着健步走开了。……

说实在的，在激烈战斗中当然可以随心所欲地把"敌人""斩杀"。就算其他场合，在当时的日本国内的道德观的角度来说，也不算什么太不道德的行为，尤其是在我们随军的战线上，根本就没有把它看成是不道德的意识，这就是事实。对于那个战线的朦胧的记忆片段中，只有下面几个场面的记忆，始终留在笔者的脑海里。

譬如，的确是发生在占领靠近丹阳（上海一侧）的中华民国步兵学校时的事情，当看到那个学校后面广场上，躺卧着数十具国民党军士兵的遗体，每一具遗体颈部上面什么也没有，笔者忘不了当时恐怖和惨淡的心情。另外，当我们从无锡往前走一点时，我无法忘记10多个敌军士兵的情景，他们的双手被粗大的铁丝绑住，被扔在路边。他们中的大多数人已经被打倒昏厥，但还有一些人倒在地上挣扎。当时，国民党士兵都穿着厚厚的棉布军装过冬。日军中有人撕开了军装的一小部分，用火柴点燃了那部分突出来的棉花，并点燃了它。燃烧的棉花散发出火光，这个士兵成了在人间地狱中燃烧的人……

就是在这样异常的环境中，笔者的采访团队听到了M、N两少尉的谈话。在那次谈话以后，两少尉三四次出现在我们的处所（因为几乎每天都在前进，所以位置一直在变），告诉我们"竞赛"的经过。尽管具体的日期和场所，几乎已经从笔者的记忆中消失了，但肯定记得在刚过丹阳的某处有一次，在麒麟门附近有一次或二次，在紫金山麓中山陵前的公路附近有一次或二次，好像接待了两少尉的来访。两少尉有时一个人，有时两个人，神采奕奕地来访。并且看起来他们参与的战事复杂繁忙，只谈必要的，几乎没有闲聊，然后就匆匆返回前线。[1]

1993年，摄影师佐藤振寿发表了他的战时回忆录《跟随军人的步履》（『從軍とは歩くこと』），收录于日本右翼重要出版物《南京战史资料集》第二卷。除了提供关于日军暴行详细的描述，特别是佐藤在南京亲眼目睹的大规模处决被俘的中国士兵外，佐藤还在《拍摄百人斩竞赛的两名军官》（『百人斬りの両将校を撮る』）为标题的部分提供了与少尉访谈进一步的细节和其他信息：

> 提供香烟后，他将从军官那里了解什么呢？我认真地听着浅海记者和两位军官之间的对话。一位是大队部副官野田毅少尉，另一位是炮兵小队长向井敏明少尉。他们谈论的是一个令人震惊的话题：从现在开始到攻占南京之前，要看看他俩谁能第一个用军刀斩杀100名中国士兵！……
>
> 他们说，从现在起到进入南京之前，将用刀砍杀100名中国士兵，但谁来保证这个数字被计算出来呢？如果没有人计数，就没有办法证明他们杀了100人这个事实。我向两位军官提出了这个问题，得到的答案是：向井少尉手下的士兵负责统计野田少尉杀死的人数，而野田少尉手下的士兵则负责统计野田少尉杀死的人数。[2]

---

[1] ［日］浅海一男（Kazuo Asami）:『新型の進軍ラッパはあまり鳴らない』(《新的行军号不够响亮》)，引自『ペンの陰謀』(《笔的阴谋》)，第340—347页。

[2] ［日］佐藤振寿（Shinju Sato）:『從軍とは歩くこと』(《跟随军人的步履》)，收录于『南京戦史資料集II』，南京战史编辑委员会编纂，东京：偕行社1993年版，第574页。

在提供拍摄照片的准确时间和地点，以及采访内容的细节的同时，佐藤也提出了他对杀人比赛的疑问和怀疑：

> 我大致了解了情况，但究竟什么时候他们才有机会在白刃战中用刀砍杀中国士兵？这是令我困惑的问题。也就是说，通常在战斗中，他们几乎接近不了敌方的士兵。换句话说，他们很少进行白刃战。他们只有在极少数情况下短兵相接肉搏战中才有可能用日本刀砍杀中国士兵。
>
> 在这种情况下，虽然战场上肯定处于混乱状态，但大队副官野田少尉将负责协助大队长并向各中队传达命令。同时，作为炮兵小队的指挥官，向井必须指挥炮兵发射火炮。在这种情况下，野田少尉或向井少尉怎么可能用刀杀死中国士兵？这给我留下了一个大大的问号。……
>
> 我只在常州见过这两个少尉一次，差不多将之淡忘之际，在距离南京不远的地方，又碰到了浅海记者。他厚着脸皮跟我要烟，"那两个人还在竞赛。能不能借些香烟给他们？"
>
> 战后我再次见到浅海时，他问我："市谷军事法庭的检察官传唤我去询问。他去你那儿了吗？"浅海记者说因为他写了"百人斩竞赛"的新闻报道，中国检察官询问了他当时的情况。我没有参与其中，但后来我被其他机构传唤询问。
>
> 作为摄影师，我的名字出现在两少尉照片的标题中。《新潮流周刊》的记者从《每日新闻》的人事部打听到了我的地址，并到我家来。他采访的目的是让我告诉他关于野田和向井少尉的真相。[①]

显然，这三名记者的回忆录提供了证据，证明他们并没有编造百人斩竞赛。虽然他们无法亲眼看见实际的杀戮，但他们是通过采访两名声称在战斗中用军刀杀死大量敌军士兵的少尉而获得信息的。他们的陈述证明，这两名

---

① [日]佐藤振寿(Shinju Sato):『從軍とは步くこと』(《跟随军人的步履》)，收录于『南京戰史資料集Ⅱ』，南京战史编辑委员会编纂，东京：偕行社1993年版，第574—575页。

少尉1947年12月在南京的法庭上撒了谎，说他们没有向报纸提供刊登出来的信息。

1985年，曾在第十六师团第九联队第十一中队服役的前日本士兵望月五三郎（Gosaburou Mochizuki）以《我的中国事件》（私の支那事变）为题，自费出版了他的战时经历。野田毅曾在第十一中队临时担任教官，这为望月提供了近距离观察野田的机会，从而使他能够在《我的中国事件》中以"百人斩"为题写出野田的那段经历，其中讲述了他在第十一中队从常州前往丹阳附近的途中所目睹的情况：

> 大概就是从这个时候开始，野田少尉和向井少尉开始了他们的"百人斩竞赛"。野田少尉是作为见习士官来到我们第十一中队来作我们的教官，他升为少尉后担任了大队部副官。在行军过程中，他骑马来回奔走，负责向各中队传递命令。他因"百人斩竞赛"而闻名，并因此被誉为"勇士"受到国内报纸和广播的高度赞扬。
>
> 他对下属说："喂，望月，把那个中国人给我带过来。"于是，那个人被带了过来。起初，那个人还在拼命地求饶，但很快他就不作声了，老老实实地跪在少尉面前，少尉高高举起军刀，在他的背后反复比画，然后带着可恶的笑容砍下去。
>
> 仅仅一刀，在身体倒下之前，头颅瞬间飞了出去。鲜血从脖子上猛地涌出，将地上的石头冲得滚动。我本来想把目光移开，却盯视着少尉的刀。
>
> 虽然我看到战友就死在我面前，我也踩踏过很多尸体，但我不明白为什么要无缘无故地屠杀毫无抵抗能力的农民？
>
> 这样的杀戮不断升级。每当看到中国人，野田和向井就会争先恐后地挥舞着军刀。在战斗中用军刀对敌也就罢了，但他们连那些流泪乞求的农民都不放过。他们一味地杀戮。联队长和大队长应该都知道，但他们默许了这样的行为，任由"百人斩竞赛"继续进行。

我不知道为什么这种残忍屠杀行为竟然会被视为英雄事迹而广为宣传。因为最前线没有媒体，他们可以模糊中国军人和中国农民之间的区别进行报道。让新闻报道部门审查后发回国内加以报道，是有一定意义的。但从今天的角度来看，这是世界战争史上的一大污点。①

根据志志目彰和望月五三郎撰写的回忆录中的陈述，杀人比赛的参与者肆意屠杀投降和解除武装的中国士兵和其他非战斗人员。他们是战争罪犯，而不是在战场上创造了英雄事迹的勇士。

## 2003—2006 年"百人斩"诉讼始末

相关"百人斩竞赛"的争论始于 20 世纪 70 年代初，在随后的几十年里持续不断，渐成气候。在争论的氛围，特别是右翼的言论鼓动下，也由于她们作为被处决的战犯的女儿和妹妹所声称在婚姻和事业上面临歧视和其他困难的生活经历，嫁给了一名美国军人的向井敏明的长女惠美子 - クーパー（Emiko Cooper）、二女儿向井（田所）千惠子（Chieko Tadokoro Mukai）以及野田毅的妹妹野田麻萨（Nasa Noda）2003 年 4 月 28 日在东京地方裁判所对《东京日日新闻》的继承者《每日新闻》《朝日新闻》、出版商柏书房和本多胜一提起诽谤诉讼，要求对他们的家庭在经济和精神上的痛苦支付总计 3600 万日元（约 30 万美元）的赔偿。

稻田朋美（Tomomi Inada，1959—）为知名的右翼政客，曾任日本国会众议院议员（2005—）和日本防卫大臣（2016—2017），在她领衔的 17 名律师团队的咨询指导下，三名原告起诉《每日新闻》在 1937 年编造并发

---

① ［日］望月五三郎（Gosaburou Mochizuki）:『私の支那事変』(《我的中国事件》)，1985 年私家版，第 43—45 页。该书的摘录以『南京「百人斬り競争」は農民虐殺だった——望月五三郎の手記』(《南京："百人斩竞赛"就是屠杀农民 — 望月五三郎的记载》)为题，发表在『中帰連：戦争の真実を語り継ぐ』(《中国归还者连络会：真实的战争记录》)第 30 期（2004 年 9 月），第 47—48 页。

表了"百人斩竞赛"系列报道，《朝日新闻》1971 年出版了本多胜一的"中国之旅"（中国の旅）系列报道，出版了书籍《中国之旅》（1972）和《南京之路》（『南京への道』）（1987），出版商柏书房 1999 年出版了《南京大屠杀否定论者的十三个谎言》（『南京大虐殺否定論 13 のウソ』）一书。

**原告的指控**

I.《东京日日新闻》记者编造了"百人斩竞赛"

原告声称，1937 年 11 月 30 日至 12 月 13 日刊载在《东京日日新闻》上的百人斩竞赛系列报道是由报社记者捏造的。他们声称向井和野田没有参与《东京日日新闻》系列报道中描述的百人斩竞赛，并提供以下陈述：

a. 在南京战役进行时，包括《东京日日新闻》和《朝日新闻》在内的日本媒体竞相报道当时为热门话题的战场新闻，吸引了读者的注意。这些新闻报道以提高士气，鼓励人们战斗为目的，但忽略了真相或事实[①]。

b. 1937 年 12 月 2 日，向井少尉在丹阳的一场战斗中受伤后，被医疗队收治，直到 12 月中旬才回到第三大队，亦称富山大队。1937 年 12 月 4 日，富山大队从丹阳出发，进军句容。由于金泽师团（即第九师团）在 5 日封锁了句容以西的撤退路线，旅团长命令富山大队改变行军路线，转而向北，不参加进攻句容的战斗。因此，由于向井受伤离开前线，野田没有进入句容，步兵第三十三联队也没有参加紫金山的战斗，向井和野田都没有登上紫金山[②]。

c. 在《东京日日新闻》的"百人斩竞赛"报道中，还有一些说法是错误的或与事实有出入。1937 年 11 月 30 日的第一篇报道说，从无锡到常州，向井杀了 56 人，野田砍杀 25 人。然而，根据佐藤振寿的说法，当他在常州拍摄两少尉的照片时，浅海说少尉们将从这里到南京进行一次"百人斩竞赛"。

---

[①] 『判決「2005 年 8 月 23 日」』，收录于『「百人斬り訴訟」裁判記録集』，东京：展转社 2007 年版，第 113 页。

[②] 『判決「2005 年 8 月 23 日」』，收录于『「百人斬り訴訟」裁判記録集』，东京：展转社 2007 年版，第 113—114 页。

佐藤没有听到他们或浅海提到他们已经杀了 56 人和 25 人。此外，在第一篇报道中，向井所杀的总人数被报告为在横林的 55 人加上常州的 4 人，总人数应该是 59 人，这与 56 人的数字不一致。1937 年 12 月 4 日刊发的第二篇报道称，在常州和丹阳之间，向井杀了 30 人，野田杀了 40 人，而向井第一个进入丹阳中正门。如前所述，向井在丹阳被炮火炸伤，离开了前线。野田也没有进入丹阳。第三篇报道 1937 年 12 月 6 日刊登在报纸上，仅比前一篇报道晚一天刊出。同一天，浅海记者在丹阳采访收集材料，又在远离丹阳的句容采访到百人斩竞赛的结果，这令人难以想象也不可能做到。1937 年 12 月 13 日的第四篇报道，根据该报道 10 日两少尉在紫金山达到 106 对 105 的杀人纪录，报告说决定 11 日开始"150 人斩竞赛"。可以说这篇报道的内容只不过是用豪言壮语讲述一个虚假离奇的故事[①]。

d. 至于《东京日日新报》报道的百人斩竞赛，除了望月五三郎外，两位少尉的下属没有一个人目睹杀人事件，也没有人相信这些故事。因此，其他报纸的后续报道是不可信的。野田在其家乡鹿儿岛发表公开演讲时否认了百人斩竞赛。而且，向井在南京战役后告诉他的下属，百人斩竞赛不过是报社记者根据他给他们讲的笑话而捏造的[②]。

e. 1946 年 7 月 1 日，在远东国际军事法庭的 325 室，美国检察官帕金森审讯了向井。结果，裁定百人斩竞赛案将不被起诉，因为没有事实证据。向井被释放。在向井被审讯之前，记者浅海和铃木接受了询问。两名记者都表示《东京日日新闻》的报道内容是真实的。他们的宣誓书没有提交给法庭，因为这两名记者都没有目睹杀人比赛。他们的报告被裁定为没有证据价值[③]。

---

[①] 『判決「2005 年 8 月 23 日」』，收录于『「百人斩り訴訟」裁判記録集』，东京：展转社 2007 年版，第 114—115 页。

[②] 『判決「2005 年 8 月 23 日」』，收录于『「百人斩り訴訟」裁判記録集』，东京：展转社 2007 年版，第 115 页。

[③] 『判決「2005 年 8 月 23 日」』，收录于『「百人斩り訴訟」裁判記録集』，东京：展转社 2007 年版，第 115 页。

f. 在南京军事法庭的审判中，这两名少尉说：

① 虽然野田只与记者浅海见了两次面，向井见了一次面，但报纸却报道了四五次。

② 野田在麒麟门的一辆坦克上见到记者浅海时，浅海表示他已经发送了报道的稿件。后来，野田得知那是紫金山的报道。

③ 因为这两个少尉都没有进入句容，所以句容的报道是捏造的。

④ 向井只参加了在无锡和丹阳的作战行动。他左膝受伤，右臂肘部以下受伤，被医疗队收治，离开了前线。紫金山的报告是编造的。

⑤ 两少尉在丹阳分手，直到向井回到富山大队后才再次见面。

⑥ 1946年7月，东京审判的检察官审讯了向井，百人斩竞赛被裁定为虚假，并裁定向井无罪，不被起诉。然而，南京军事法庭在审判中拒绝了他们传唤浅海记者和富山大队长作为证人的要求，甚至没有调查受害者，并在同一天判处这两名少尉和田中军吉大尉死刑。曾呈送两名少尉、富山大队长、富山大队书记竹村政弘要求复审的宣誓书，但未获受理。他们1948年1月28日被处决。很明显，这次审判是不公正的，只不过是一次报复性的审判。[①]

g.《东京日日新闻》报道的百人斩竞赛是假的，因为日本军刀的强度不够。换句话说，军刀只是军官地位象征的摆设[②]。

h.《东京日日新闻》百人斩竞赛的报道从当时日本军队的组织来看是不可能的，也是错误的。向井是一名步兵炮队小队长，负责指挥炮小队炮击敌人，但不参与前线攻击。他的任务是歼灭或压制敌人的重武器，非常忙碌。突然离开岗位是违反军法的，是不允许的。此外，向井没有用军刀作战的经验。此外，野田是大队部副官，负责大队部的行政组织和管理，工作非常繁忙。他只有在紧急情况下才会参与徒手搏斗，例如，大队部突然受到攻击时。

---

[①] 『判決「2005年8月23日」』，收录于『「百人斬り訴訟」裁判記録集』，东京：展转社2007年版，第116页。

[②] 『判決「2005年8月23日」』，收录于『「百人斬り訴訟」裁判記録集』，东京：展转社2007年版，第116页。

他离开岗位去参加杀人竞赛是不可原谅的①。

i. 从南京战役的性质来看,百人斩竞赛是不可能的。南京战役是现代战争,是有组织的日本军队和中国军队之间的战斗。中国军队进行的是德国式有组织的防御作战,其武器与日军相当。两名少尉不太可能在中国士兵面前挥舞他们的军刀②。

涉及百人斩竞赛中屠杀战俘的问题,原告争辩道:"作为推测'百人斩竞赛'是屠杀战俘的依据,被告本多引用了志志目彰的故事,他在上小学时听到了野田少尉的谈话,但这样的谈话是否真的发生并不确定。而且,在南京战役这样的现代战争中发生这个故事的内容是不可想象的,根本不能相信。"③

至于望月五三郎对野田在百人斩竞赛中屠杀中国农民的描述,原告声称:

被告《朝日新闻》提交了望月五三郎的《我的中国事件》中的一节,作为"屠杀农民"的证据,但据说这本书中存在 200 多处错误。证据所依赖的"备忘录"或"材料"等是否存在,令人怀疑。不清楚在南京战役期间,望月五三郎属于哪个部队。在"百人斩"一节中,错误地描述了常州和丹阳的位置。百人斩开始的地点有误,而且描述也很抽象和含糊。完全不可信。④

Ⅱ. 对少尉的诽谤导致遗属的社会评价下降

除了指控百人斩竞赛是《东京日日新闻》记者编造的,原告还声称,在

---

① 『判决「2005 年 8 月 23 日」』,收录于『「百人斬り訴訟」裁判記録集』,东京:展转社 2007 年版,第 116—117。

② 『判决「2005 年 8 月 23 日」』,收录于『「百人斬り訴訟」裁判記録集』,东京:展转社 2007 年版,第 117 页。

③ 『判决「2005 年 8 月 23 日」』,收录于『「百人斬り訴訟」裁判記録集』,东京:展转社 2007 年版,第 117 页。

④ 『判决「2005 年 8 月 23 日」』,收录于『「百人斬り訴訟」裁判記録集』,东京:展转社 2007 年版,第 118 页。

《中国之旅》《南京之路》《南京大屠杀否定论者的十三个谎言》等出版物中，本多胜一、出版商柏书房和《朝日新闻》披露了向井少尉和野田少尉的名字，将他们描述为屠杀战俘的残暴之人，而且几乎没有经过核实就传播这一信息。这不仅是对两位少尉的诽谤，而且导致两少尉家人社会环境的恶化，给他们带来精神上的痛苦，侵犯了他们对两少尉身为父亲与兄长的爱戴之情，也侵犯了他们的隐私权。因此，它降低了原告的社会评价，并损害了他们不可剥夺的荣誉和名誉[1]。

Ⅲ. 被告侵犯了原告对两位少尉的敬爱追慕之情

即使本案涉及的书籍中的一本只是对两少尉的诽谤而不构成对遗属荣誉的损害，原告也声称，被告本多、被告柏书房和被告《朝日新闻》在每一本书中对两位少尉如前所述的诽谤性描述，超出了合理容忍的社会界限，侵犯了原告对少尉的爱慕之情等个人利益[2]。

Ⅳ. 被告侵犯了原告的隐私权

隐私权是一个人的私生活不被他人侵犯的特权，是一个人不希望他人知道他/她的私生活事实的权利，也是一种不披露信息的权利。原告的父亲或兄长在南京军事法庭作为战犯被处决，这属于原告的隐私。被告本多、被告柏书房和被告《朝日新闻》在本案的每一本书中都设法公布这一事实，侵犯了原告的隐私权[3]。

**被告的反驳**

针对原告的指控，被告根据自己收集的证据陈述了反驳意见。法庭争论的焦点有四个，即：a. 百人斩竞赛是否真的发生；b. 两少尉在百人斩竞赛

---

[1] 『判决「2005年8月23日」』，收录于『「百人斬り訴訟」裁判記録集』，东京：展转社2007年版，第112页。

[2] 『判决「2005年8月23日」』，收录于『「百人斬り訴訟」裁判記録集』，东京：展转社2007年版，第112页。

[3] 『判决「2005年8月23日」』，收录于『「百人斬り訴訟」裁判記録集』，东京：展转社2007年版，第112页。

中是否在战斗中斩杀敌方士兵,是否屠杀投降的中国士兵和平民;c. 被告是否对少尉和原告造成了诽谤损害;d. 被告是否侵犯了原告对两名少尉的爱慕之情和原告的隐私权。

I. 关于百人斩竞赛存在的论点

一、被告本多胜一争辩《东京日日新闻》所报道的百人斩竞赛的证据很清楚,具体如下:

a. 《日日新闻》从1937年11月30日至12月13日分四篇报道了杀人竞赛。这些报道是由四位记者:浅海、光本、安田和铃木撰写的。在远东国际军事法庭的调查会议上,以及在此后的其他著作中,浅海和铃木都表示他们曾采访过这两名少尉,并从他们那里听说了这场竞赛。此外,记者佐藤直接听到两名少尉谈到百人斩竞赛,他回忆说:"在采访中问道:'你们说你们杀了这么多人,但谁来清点杀人的数目呢',我听到两名少尉说:'我俩都有勤务兵,都有自己的记录。'他们真的这么说了。"这两名少尉不太可能向记者浅海提供虚假信息。所有这些都提供了事实和证据,表明这两名少尉进行了百人斩竞赛。

b. 除了《东京日日新闻》的系列报道外,以下各家报纸都报道了百人斩竞赛:1937年12月1日的《大阪每日新闻》鹿儿岛版、1937年12月2日的《大阪每日新闻》鹿儿岛冲绳版、1937年12月16日的《鹿儿岛朝日新闻》、1937年12月18日的《鹿儿岛新闻》、1938年1月25日的《大阪每日新闻》鹿儿岛冲绳版、1938年3月21日的《鹿儿岛新闻》、1938年3月22日的《鹿儿岛朝日新闻》、1938年3月26日的《鹿儿岛新闻》,以及1939年5月19日的《东京日日新闻》。

野田少尉在给他的朋友中村硕郎的信中承认有百人斩竞赛,同时还写了一首诗:"锋利的百人斩日本刀之歌"(《大阪每日新闻》鹿儿岛冲绳版,1938年1月25日);回到日本后,在接受记者采访时,野田发表声明承认了百人斩竞赛(《鹿儿岛新闻》,1938年3月21日);

野田的家人也在一份声明中承认了百人斩竞赛（《鹿儿岛朝日新闻》，1938年3月22日）。这些报道进一步证实了这两名少尉参与了百人斩竞赛的事实。

　　c. 1937年，望月五三郎在富山大队下属的第十一中队服役，并参加了南京战役。在他的《我的中国事件》一书中，他描述了参与百人斩竞赛的两名少尉。他的描述很详细，也很忠实。如果他不是亲自观察过这一事件，根本不可能写出来。

　　d. 志々目彰在《中国》杂志1971年12月号上发表了一篇文章，讲述了在他还是小学生的时候听野田少尉讲座的内容。根据他的描述，野田在讲座中承认，他参与了百人斩竞赛。由于志志目彰的目标是成为一名军人，他被野田的故事震惊了。因此，这次谈话给他留下了清晰的记忆，文章的内容也很详细，写得很有把握。

　　e. 两少尉在遗嘱中都没有否认他们参加了百人斩竞赛。①

此外，被告《朝日新闻》指出，1967年，野田少尉的父亲野田伊势熊为日本士官学校第49期毕业生的出版物《镇魂》第二期写了一篇文章。在这篇文章中，伊势熊认可南京军事法庭的审判，承认两名少尉的百人斩竞赛的事实②。

二、百人斩竞赛不是记者捏造的

被告《朝日新闻》宣称，《东京日日新闻》报道的百人斩竞赛是一个真实的事件，报道是根据少尉在采访中告诉该报记者的内容而写的。

　　a. 浅海记者亲自进行采访并撰写了报道。少尉们积极提供信息。因此，

---

① 『判决「2005年8月23日」』，收录于『「百人斩り诉讼」裁判记录集』，东京：展转社2007年版，第119—120页。

② 『判决「2005年8月23日」』，收录于『「百人斩り诉讼」裁判记录集』，东京：展转社2007年版，第127页。

报告的内容是真实的。

1946 年 6 月 15 日，在远东国际军事法庭的调查会议上，当检察官帕金森询问《东京日日新闻》的第三和第四篇报道是真的还是假的时，浅海明确表示它们是真实的。浅海于 1947 年 12 月 10 日向南京军事法庭提交了一份宣誓书，称"两人所做的绝不是针对居民和战俘等的残暴行为"，"报道中描述的事实是我从上述两人那里听到并写下的"。1972 年 7 月 29 日的《新潮流周刊》上的一篇文章指出，记者浅海是从少尉那里听到的故事。在收入 1977 年 9 月出版的《笔的阴谋》一书的《新的行军号不够嘹亮》（『新型の進軍ラッパはあまり鳴らない』）一文中，浅海说，两少尉自己谈到了策划百人斩竞赛的事，之后少尉来拜访浅海，谈到了他们杀人竞赛的结果。浅海对这些访谈进行了详细的描述①。

b. 铃木是《东京日日新闻》第四篇报道的共同作者，他与浅海一起采访了这两名少尉，他们积极谈论了报道的内容，报道是真实的。1946 年 6 月 15 日，在远东军事法庭上，当他被检察官帕金森问及《东京日日新闻》第四篇报道的真实性时，他明确回答说这是真实的。在《丸》杂志 1971 年 11 月号上，铃木发表了《我所目睹的南京惨案》一文，其中他表示，他写下了从两名少尉那里听到的内容。在 7 月 29 日出版的《新潮流周刊》的文章中，铃木表示，他和浅海一起在紫金山会见了两位少尉，他们复述了从少尉那里听到的内容。在 1977 年 9 月出版的《笔的阴谋》中收录的《当时的随军记者》一文中，铃木特别指出，他在紫金山直接从两名少尉那里听到了这个故事，但不认为这是残暴的杀戮。此外，在右翼作家阿罗健一出版的《"南京事件" 48 名日本人的证言》（『「南京事件」日本人 48 人の証言』）一书中他也陈述了他从两位少尉那儿听说的这个故事②。

---

① 『判决「2005 年 8 月 23 日」』，收录于『「百人斩り訴訟」裁判記錄集』，东京：展转社 2007 年版，第 125 页。

② 『判决「2005 年 8 月 23 日」』，收录于『「百人斩り訴訟」裁判記錄集』，东京：展转社 2007 年版，第 125—126 页。

c. 佐藤说，他在拍摄《东京日日新闻》第四篇报道中刊登的两名少尉的照片时，听到少尉们谈论他们的百人斩竞赛。佐藤在1972年7月29日出版的《新潮流周刊》的文章中表示，他听到两名少尉向浅海通报了百人斩竞赛的进展。记者浅海记录两位少尉说的话时，涉及如何计算百人斩竞赛的人数一事，他说"如果是这样，我就能理解这事了"。这样他被说服了。在1993年12月出版的《南京战史相关资料集》第二卷中的《跟随军人的步履》一文中，佐藤进一步描述说，他曾听到两位少尉主动与记者浅海谈起百人斩竞赛的事。后来他在进入南京前又碰到了浅海，得知浅海继续为百人斩竞赛进行采访和收集材料。此外，佐藤在本法庭上作证说，他听到少尉和记者浅海谈论百人斩竞赛的事情①。

三、向井少尉在1937年12月没有受伤

被告本多反驳了原告关于向井在丹阳受伤的说法。在南京军事法庭上，两位少尉声称野田在麒麟门以东便没有再参与作战，没有进入南京，而向井在丹阳的战斗中受伤，被医疗队收治。然而，如前所述，野田曾详细谈及百人斩竞赛的情况。南京战史的记录显示，富山大队参加了南京战役。涉及向井的情况，田中金平（Kenehei Tanaka）的行军记录中没有关于向井受伤的描述，田中金平是向井的直属部下之一，在富山大队的第三步兵炮小队服役。此外，在1939年5月19日《东京日日新闻》发表的一篇文章中，向井本人承认他没有受伤。少尉们在法庭上的陈述是不可信的，因为它们与客观记录和证词相反②。

被告《朝日新闻》则提供了更多细节：

---

① 『判決「2005年8月23日」』，收录于『「百人斬り訴訟」裁判記錄集』，东京：展转社2007年版，第126页。

② 『判決「2005年8月23日」』，收录于『「百人斬り訴訟」裁判記錄集』，东京：展转社2007年版，第120—121页。

田中金平曾在富山大队的第三步兵炮小队服役，是向井少尉的直接下属。由第十六步兵师团第九联队炮兵中队的战友会第九次聚会出版的《我的战场怀古录》（我が戦塵の懐古録）中收录了《第三步兵炮小队是如何战斗的（第三步兵砲小隊は斯く戦う）》一文，在此文中，田中详细记录了第三步兵炮小队的行军记录。虽然对战斗中死亡或受伤的人员均有记述，但没有小队长向井少尉在丹阳战斗中受伤被医疗队收治的记载。

直属小队长离开前线，而没有这样的描述是不可想象的。向井少尉在丹阳的战斗中受伤，被医疗队收治，向井少尉在南京军事法庭上的辩解陈述，以及富山大队长提交的受伤证明，都不能认为是完全真实的陈述。①

## 四、关于日本军刀的强度问题

被告本多还对原告关于日本刀的强度不足以杀死几十个人的说法提出质疑。

1. 战斗中的杀戮与屠杀战俘和非战斗人员

被告人本多宣称：

很明显，这两名少尉进行了百人斩竞赛，不仅在战斗中杀人，而且还杀害投降的士兵、战俘和农民。

a. 根据望月五三郎的《我的中国事件》，野田少尉杀害了他在行军中发现的任何中国人。"这样的杀戮不断升级。每当看到中国人，野田和向井就会争先恐后地挥舞着军刀。"根据前面提到的志志目彰的文章，野田少尉承认，他们让投降的士兵和战俘"站成一排，一个一个地砍杀"。

b. 曾任早稻田大学教授的洞富雄对史料进行了详细的批判性研究，

---

① 『判決「2005 年 8 月 23 日」』，收录于『「百人斬り訴訟」裁判記録集』，东京：展转社 2007 年版，第 128 页。

认为百人斩竞赛实际上是一场屠杀战俘的比赛。曾在东京大学任教授的田中正俊（Masatoshi Tanaka）也根据客观数据进行了实证观察，并指出在百人斩竞赛中被杀的人几乎都是非武装人员。写了《南京大屠杀的虚幻》的铃木明说，百人斩竞赛有可能是杀战俘。拓殖大学的秦郁彦教授也判断道，百人斩竞赛"似乎不是发生在战斗中的故事"。

在1937年的南京战役中，日军掳掠、强奸、纵火、杀害战俘和平民是司空见惯的现象……①

## 2. 关于对两名少尉的诽谤损害导致原告的社会环境恶化的问题
被告人本多主张：

关于对死者本人的诽谤，根据法律关于诽谤的原则和内容，应予否定。对主要事实的歪曲是决定对死者的诽谤是否成为对原告的诽谤的条件。显然，"百人斩竞赛"和"杀害战俘和非武装人员"的主要事实是真实的……②。

被告《每日新闻》是《东京日日新闻》和《大阪每日新闻》的继承者，就《东京日日新闻》1937年的报道发表了声明：

本案中《日日新闻》的报道是否对两位少尉造成诽谤，应根据一般读者的阅读标准和普遍的注意力来判断，并应根据报道发表时的阅读标准来判断，这些报道是在中日战争期间两国交战的情况下，关于日军两位少尉攻击敌国正规军阵地和碉堡的报道。媒体报道了大量敌军士兵被

---

① 『判决「2005年8月23日」』，收录于『「百人斬り訴訟」裁判記録集』，东京：展转社2007年版，第121页。
② 『判决「2005年8月23日」』，收录于『「百人斬り訴訟」裁判記録集』，东京：展转社2007年版，第118页。

杀以及有关正规部队之间战斗的消息。据报道，那些被打败的士兵不会被杀死，但没有关于屠杀非战斗人员的报道。在国家政权发动的战争行动中，有很多关于杀死敌国正规部队的新闻报道。当时日军进行的作战行动，大大增加了这两名少尉的社会评价，而不是损害了他们的声誉。[①]

被告《朝日新闻》就原告对其出版物《中国之旅》和《南京之路》的指责提出异议。《朝日新闻》辩称：

> 一篇报告是揭示事实还是正确表达意见或评论，应根据普通读者的普通注意力和阅读标准来判断。在第16次印刷以来出版的《中国之旅》《本多胜一文集》第14卷《中国之旅》《南京之路》以及《本多胜一文集》第23卷《南京之路》中，两位少尉被匿名称为"M"和"N"，少尉的真名都没有透露。因此，读者不会认出"M"和"N"是这两名少尉。此外，由于他们不能认出原告是"M"和"N"的遗属，因此，对这两位少尉和原告的诽谤不能成立。
> 
> 即使上述《中国之旅》和《南京之路》揭示了"M少尉"和"N少尉"进行的"百人斩"是一场屠杀战俘的竞赛，但"百人斩"是1937年中日战争期间战斗人员的战争行为，距今已有60多年。遗属不可能被追究责任或被指控，也不会对作为两少尉遗属的原告造成诽谤损害。[②]

被告柏书房辩称，原告对两名少尉的爱慕之情没有受到侵犯。遗属的爱慕之情在人刚刚死后最为强烈，此后会随着时间的推移而有所缓解。关于死者的事实则随着时间的推移具有对历史事实的探究强化的特征。关于这种历

---

[①] 『判決「2005年8月23日」』，收录于『「百人斬り訴訟」裁判記録集』，东京：展转社2007年版，第132—133页。

[②] 『判決「2005年8月23日」』，收录于『「百人斬り訴訟」裁判記録集』，东京：展转社2007年版，第123页。

史事实，有必要考虑到，有历史证据的历史探索等，是由为此目的的自由表达活动主导的。上述作品是在两位少尉去世 52 年后出版的。其目的和内容完全是通过展示历史证据进行历史探索，并没有非法侵犯原告对两位少尉的爱慕和崇拜的情感[1]。

至于对原告隐私权的侵犯，被告柏书房表示：

> 原告称，《南京大屠杀否定论者的十三个谎言》中，"原告是被南京军事法庭处决的'M'和'N'少尉的遗属"，导致了对原告隐私权的侵犯。该书没有侵犯原告隐私的地方，因为没有提到一个字来表明原告是"M"和"N"少尉的遗属[2]。

被告《朝日新闻》还就侵犯原告的隐私权作了陈述：

> 原告称，原告的父亲和哥哥在南京因进行"百人斩竞赛"被作为战犯处死是属于原告的隐私，而在《中国之旅》和上述一些出版物中，两位少尉被匿名称为"M"和"N"，代替了他们的真名实姓，根本没有提到他们与原告的关系。一般读者没有办法认识到属于原告的隐私问题。这样一来，《中国之旅》和《南京之路》中的内容就不可能侵犯原告的隐私权。[3]

**法庭判决**

2005 年 8 月 23 日，东京地方法院的法官土肥章大（Akio Doi）作出了

---

[1] 『判决「2005 年 8 月 23 日」』，收录于『「百人斩り訴訟」裁判记录集』，东京：展转社 2007 年版，第 122 页。

[2] 『判决「2005 年 8 月 23 日」』，收录于『「百人斩り訴訟」裁判记录集』，东京：展转社 2007 年版，第 122—123 页。

[3] 『判决「2005 年 8 月 23 日」』，收录于『「百人斩り訴訟」裁判记录集』，东京：展转社 2007 年版，第 124 页。

法院判决，他在判决中驳回了原告的诉讼请求，并裁定原告要承担审判中涉及的所有法律费用。

法院裁决以详细和平衡的方式，分析了双方提供的所有证据和论据。涉及《东京日日新闻》的系列报道和其他有关百人斩竞赛的主要事实，法院判决指出：

> 因此，审查《日日新闻》在 1937 年 11 月 30 日至 12 月 13 日期间刊登的报道，当时南京战役的背景，报道南京战役的热情高涨的新闻，以及军事审查的可能性，上述系列报道，一般来说，是为了提高全民的战斗士气而发表的。同时，也充分考虑到这些报告在发表时的内容包含虚假信息和夸张的可能性。那么，正如此前所承认的，从田中金平的行军记录和犬饲总一郎（Souichirou Inukai）更详细的记录来看，富山大队确实进军到句容附近，但也有可能大队没有进入句容。从 1940 年起，宫村喜代治（Kiyoharu Miyamura）做了向井少尉的部下约一年，他说百人斩竞赛的故事是个笑话，宣扬它只是为了写篇文章。此外，根据南京战役的实际情况，两位少尉在富山大队担任的职务，日本军刀的强度与杀伤力，两位少尉是否如《日日新闻》报道的内容那样进行了"百人斩竞赛"，也并非没有疑问。①

然后，法院判决就《东京日日新闻》的报道是根据两名少尉与报社记者的谈话，而不是记者的捏造，提出了至关重要的三点：

> 然而，根据公认的事实，1）在本案中拍摄《日日新闻》第四篇报道中照片的佐藤记者没有参与撰写《日日新闻》的报道。但自从 1972 年 7 月 29 日的《新潮流周刊》发表文章到他在本法庭作证之时，他一直

---

① 『判決「2005 年 8 月 23 日」』，收录于『「百人斬り訴訟」裁判記録集』，东京：展转社 2007 年版，第 190—191 页。

都说他听到那两位少尉说他们即将开展"百人斩竞赛"。鉴于这一陈述是根据他在部队时做的笔记的记忆,很难断然否认其可信度。2)发送《日日新闻》报告的浅海和铃木,自从他们在远东军事法庭接受检察官帕金森的询问时起,都说他们从未目睹过"百人斩竞赛"的场景。虽然承认《日日新闻》的有关报道内容是听这两名少尉说的,但他们始终说《日日新闻》的报道内容是真实的。3)两位少尉自己也在遗嘱中说,因为两少尉中的一位与报社记者谈话,不管内容是否是玩笑。当本案涉及的《日日新闻》报道发表了,这些报道展示了谈话的内容。可以承认,至少两名少尉与包括记者浅海在内的报社记者谈话,便是"百人斩竞赛"报道产生的契机。①

法院判决分析了在鹿儿岛发布的新闻报道中,无论是野田给朋友的信,还是他在短暂回国期间在公开演讲中承认百人斩竞赛的言论,均公开刊登出来:

> 此外,根据之前承认的事实,野田少尉给中村硕郎的信被刊登在1938年1月25日的《大阪每日新闻》鹿儿岛冲绳版的报道中。在那个报道中,刊载了野田少尉似乎承认了"百人斩竞赛"的文章。当野田少尉1938年3月短暂返回日本时,鹿儿岛地方报纸和全国性报纸的鹿儿岛地区版将野田少尉作为"百人斩竞赛"的勇士进行了报道,并发表了野田少尉承认"百人斩竞赛"的评论。野田少尉本人在鹿儿岛的演讲中也承认了这一点。至少,野田少尉在《日日新闻》的报道刊登后发表了承认"百人斩竞赛"的言论。②

---

① 『判决「2005年8月23日」』,收录于『「百人斬り訴訟」裁判記録集』,东京:展转社2007年版,第191页。
② 『判决「2005年8月23日」』,收录于『「百人斬り訴訟」裁判記録集』,东京:展转社2007年版,第191页。

关于向井少尉是否在丹阳战斗中受伤，无法参加紫金山战斗的问题，法院判决的分析如下：

> 然而原告辩称，向井少尉在丹阳的战斗中受了伤，他被医疗队收治后离开了前线，不可能参加紫金山的战斗。两位少尉在南京军事法庭上的辩护词和富山大队长向南京军事法庭提供的证明也做了这方面的说明。但是，根据上述公认的事实，向南京军事法庭提交的只有两位少尉的辩护词和富山大队长的证明，就此而言，应该提交南京战役时的客观证据。如果向井少尉在丹阳的战斗中受伤并离开了岗位，应该在行军记录中由田中金平记述，他是向井少尉的直接下属。尽管没有发现这样的描述，但在犬饲总一郎的笔记中，有一段描述，说他听到了向井少尉受伤的情况，但内容并不具体确定。应该说，承认向井少尉在丹阳战斗中受伤，离开前线，无法参加紫金山战斗的事实证据不足。①

经过合理的分析，法院判决得出的结论是，这两名少尉所在的富山大队在1937年12月的南京战役中，在紫金山附近开展了军事行动：

> 原告辩称，紫金山上的攻击是在第三十三步兵联队的行动范围内，而这两名少尉都没有去紫金山。然而，正如之前所承认的，富山大队作为追击部队加入了草场旅团，充当了先头部队的角色。虽然在行军路线上有一些不为人知的地方，但可以承认第九联队第一大队去执行增援的任务，至少在紫金山南麓开展了行动。看来，在紫金山南麓进行了相对激烈的战斗。《日日新闻》的第四篇报道中关于地点是"在俯瞰紫金山的中山陵"，不一定没有错误。可以承认，两位少尉所属的富山大队在

---

① 『判决「2005年8月23日」』，收录于『「百人斬り訴訟」裁判記録集』，东京：展转社2007年版，第191—192页。

紫金山附近开展了军事行动。①

法院判决还提供了远东国际军事法庭拘留这两名少尉但不起诉他们的可能与可以解释的理由：

> 原告还说，向井少尉于1946年至1947年在东京法庭接受了美国检察官帕金森的审讯；由于缺乏证据，"百人斩竞赛"没有被起诉。然而，没有证据可以解释为什么向井少尉没有被起诉。检察官帕金森对向井少尉说："在美国有许多人因报纸报道而感到烦恼。"然而没有客观证据支持上述说法。如何处理此案的情况以及以这种方式处理此案的原因仍然不得而知。即使向井少尉没有被起诉，从东京法庭只审判所谓A级战犯的事实来看，向井少尉的行为并不能等同于A级战犯的罪行。仅仅因为该案没有在东京审判中被起诉，自然应该说并不能认为这是毫无事实依据的案件。②

基于对《东京日日新闻》关于百人斩竞赛的报道是否为通讯员捏造的一系列焦点问题的分析研究，包括相关的证据和论据，法院的判决得出结论：

> 根据上述情况，至少可以肯定，本案中《日日新闻》的相关报道是系列报道，是两位少尉与包括记者浅海在内的新闻记者谈及"百人斩竞赛"时借机写出的。报道发表后，野田少尉据说发表了承认"百人斩竞赛"的言论。因此，虽然不能说系列报道中不可能有关于行军路线和杀人比赛的详细内容的虚假信息和夸张，但很难论定两少尉的 "百人斩竞

---

① 『判决「2005年8月23日」』，收录于『「百人斬り訴訟」裁判記錄集』，东京：展转社2007年版，第192页。

② 『判决「2005年8月23日」』，收录于『「百人斬り訴訟」裁判記錄集』，东京：展转社2007年版，第192—193页。

赛"是报纸记者没有任何事实依据的捏造。①

法院判决还讨论了在百人斩竞赛中屠杀战俘的问题。它首先分析了志志目彰在一份月刊上发表的陈述：

> 志志目彰上小学时听了野田少尉的讲座，听到野田少尉说在"百人斩竞赛"中，被杀的大部分是战俘，而不是徒手搏斗中的对手。可以承认，他在月刊上说野田少尉的"百人斩"大部分是屠杀战俘。然而，由于志志目彰是在小学期间听到野田少尉的谈话，然后在30多年后在月刊上发表了这个故事，这并不意味着他的记忆的准确性没有问题。②

此外，法院的判决还对望月五三郎的战时回忆录进行了分析评论。他在回忆录中说，野田和向井在百人斩竞赛中，争相用军刀杀农民：

> 此外，当时野田少尉作为教官，与望月五三郎先生一起服役，根据上述2（1）ナ（コ）的描述，野田少尉和向井少尉进行的百人斩竞赛已经升级到了争相杀害农民的程度。能否判定为真信息或假信息并不重要，但没有客观材料能断然证明它是假的。③

在提供了一系列的分析性陈述后，法院判决的结论是。"鉴于以上几点，不能说上述志志目彰的书面叙述内容是完全虚假的。"④

---

① 『判决「2005年8月23日」』，收录于『「百人斩り訴訟」裁判記録集』，东京：展转社2007年版，第193页。
② 『判决「2005年8月23日」』，收录于『「百人斩り訴訟」裁判記録集』，东京：展转社2007年版，第193页。
③ 『判决「2005年8月23日」』，收录于『「百人斩り訴訟」裁判記録集』，东京：展转社2007年版，第194页。
④ 『判决「2005年8月23日」』，收录于『「百人斩り訴訟」裁判記録集』，东京：展转社2007年版，第194页。

关于 百人斩竞赛是真实事件还是编造的故事，法院判决一方面作了以下陈述："此外，关于'百人斩竞赛'这个故事的真实性，到现在为止正反两方面的意见交织在一起，包括上面2（1）卜中提到的那些公认的文件，以及各种作品，论定其为历史事实的评价尚无定论。"另一方面，法院明确指出："鉴于上述各点，不足以认定本案所揭示的事实显然是虚假的。"①

至于原告对两名少尉的诽谤损害的指控，法院判决以法律条文诠释否定了该指控：

> 然而，应该理解，像荣誉这样的道德权利是所谓的个人专属权利。一个人死后便失去拥有该权利的能力。以同样的方式，上述的道德权利也随之消失。关于死者的荣誉，我们有理由认为，只有当实践法承认其法律保护的必要性时，死者的荣誉和爱戴才会得到法律保护。此外，在私法中，既没有一般规则承认允许死者家属或继承人建立与死者生前拥有的诸如荣誉这样的道德权利相同内容的权利，也没有规定承认死者家属或继承人可以享受和行使死者的道德权利。
>
> 因此，由于损害死者荣誉和爱戴的行为在私法中不构成单独对道德权利的侵犯，因此，原告关于两少尉的荣誉受到损害的指控不能作为判断依据，不予采纳。②

对于原告提出的她们对两少尉的爱慕之情受到侵害的说法，法院的判决以富有哲理的语言加以回应：

---

① 『判决「2005年8月23日」』，收录于『「百人斬り訴訟」裁判記錄集』，东京：展转社2007年版，第194页。
② 『判决「2005年8月23日」』，收录于『「百人斬り訴訟」裁判記錄集』，东京：展转社2007年版，第187—188页。

因为遗属对死者的爱慕之情是一种个人的精神利益，在某些场合应该受到保护，所以在某些场合对感情的侵害可能构成违法行为。然而，一般来说，可以承认，失去亲人的家庭成员对死者的爱慕和崇拜的感情似乎在刚刚死亡后最为强烈，而后随着时间的推移逐渐减弱。另外，可以说，随着时间的推移，有关死者的事实可以过渡为历史事实。历史事实在其存在和内容方面经常成为争议的对象，它们具有这样的特点，即可以根据不同的时间段给予不同的评价。这就出现了一个关于对死者的社会评价下降的问题，在相当长的时间后，在某些场合被当作历史事实来看待。然而，有必要理解的是，应该仔细考虑探索历史事实的自由和言论自由。

因此，对于涉及此类历史事实的表达行为，不应评价为违法，除非是在表达行为中关于死者生前社会评价下降的基本事实或评论的重要部分可以一眼看出明显虚假的情况下，仍坚持将其公开，而且，综合考虑遭侵害利益的内容、表述的内容与表述的特点等问题、对之争议的趋势等各种问题，认为这种场合的表达行为对死者家属的爱戴之情所构成的损害达到了难以容忍的程度。①

**法院判决对原告关于其隐私权受到侵犯的指控直截了当地指出：**

原告辩称，本案相关书籍中的描述损害了原告固有的荣誉，原告的隐私权受到了侵犯。但是，正如上述公认的事实，本案中的书籍并没有提到任何原告的生活状况、经历、行为等，所以不能论定原告的荣誉和隐私权受到了侵犯。因此，原告在这一点上的指控不予采纳。②

---

① 『判決「2005年8月23日」』，收录于『「百人斬り訴訟」裁判記録集』，东京：展转社2007年版，第188—189页。

② 『判決「2005年8月23日」』，收录于『「百人斬り訴訟」裁判記録集』，东京：展转社2007年版，第188页。

由于对东京地方法院的裁决不满意，2005年9月5日，原告向东京高等法院提出上诉。

在上诉陈述中，原告在一定程度上修改了她们的策略。她们承认野田和向井曾与包括浅海在内的记者谈论过百人斩竞赛。然而，她们辩称，谈论杀人比赛并不等同于实际实施。原告以下列论点反驳了东京地方法院关于这个问题的判决：1）两少尉作为英雄出现在宣传中是无可辩驳的事实，但没有证据证明百人斩竞赛作为实际事件存在；2）向井受了伤，不可能参加紫金山的战斗行动；3）望月五三郎的书和志志目彰的文章是不可靠的证据。此外，她们认为由富山大队长提交的不在场证明是一份文件，证明了向井的受伤。她们还强调，由于日本军刀的脆弱，百人斩竞赛是不可能实施的[①]。

2006年5月24日，东京高等法院的主审法官石川善则（Yoshinori Ishikawa）驳回了此案。关于《日日新闻》系列报道中的百人斩竞赛是否是历史事实的问题，东京高等法院的判决以二元论的方式进行了裁定：

> 根据南京战役的实际情况，两位少尉在部队中的任务，日本刀的强度及其在现代战争中作为战斗武器的实际作用，《日日新闻》报道中与本案有关的"百人斩竞赛"的内容和实质，以及杀人的数量，很难相信报道中的内容，有理由认为报道中"百人斩"的战斗结果是值得怀疑的。
>
> 但是，即使比赛的内容与《日日新闻》报道的内容和实质不同，从以下几点来看，即这两位少尉在南京战役时在部队服役，在当时，"百

---

① ［日］渡道春已（Harumi Watanabe）:『「百人斩り」裁判の争点と本多側の主張』（《"百人斩"的论证要点和本多一方的陈述》）；本多胜一、星徹（Tōru Hoshi）、渡道春已（Harumi Watanabe）:『南京大虐殺と「百人斩り競争」の全貌』（《南京大屠杀和"百人斩竞赛"全貌》），东京：金曜日2009年版，第65—66页。

人斩竞赛"似乎并不是一个不可想象的竞赛，也不可能否认竞赛本身的事实。因此，应该说，不能论定《日日新闻》报道中的"百人斩竞赛"完全是新闻记者的虚假捏造。①

东京高等法院的判决以对法律概念与文件的诠释和分析来处理诽谤问题：

> 从刑法和版权法的规定来看，以立法基础的道德观念来判断，不能否认一个人的荣誉即使在死后也应该得到保护。然而，维护一个人的尊严，将死者视为荣誉的载体等，显然不能承认死者是权利的主体性，也不能承认死者的法定道德权利。就非法行为而言，不可能承认实际上存在着否认死者生前的荣誉和道德权利的个人专属性的法律规定，也不可能承认有规定死者的家人和其他亲属有权可以行使的条款。
>
> 那么，对于死者而言，即使死者存在于世界上，即使有侵犯其名誉的行为，也不能说构成了侵权法规定的侵犯死者道德权利的违法行为。没有理由对原告主张的其余几点，即本案涉及的每本书籍中的描述都损害了两位少尉的荣誉，进行裁决。②

根据东京高等法院的判决，被告撰写和出版的书籍中的描述，既没有降低原告的社会地位和社会评价，也没有侵犯原告的隐私权：

> 由于本案涉及的每本书的描述都没有提到两位少尉的孩子和妹妹，因此，即使那些知道原告是少尉的孩子和妹妹的人可能会当面指认出原

---

① 『判決「2005 年 8 月 23 日」』，收录于『「百人斬り訴訟」裁判記録集』，东京：展转社 2007 年版，第 253—254 页。

② 『判決「2005 年 8 月 23 日」』，收录于『「百人斬り訴訟」裁判記録集』，东京：展转社 2007 年版，第 251—252 页。

告是有趣的事物，也不可能通过本案涉及的每一本书的描述来指认原告为两位少尉的孩子或妹妹，或者能够降低他们的社会地位。有鉴于此，本案涉及的每一本书的描述都不能损害原告固有的荣誉，也不能侵犯他们的隐私权。[1]

关于原告指称她们对两少尉的爱慕之情被被告的书籍和著作所侵犯，东京高等法院的判决指出，百人斩竞赛早在1971年被告的出版物印行之前就已经出版发行广为他人知晓。

> 根据上述认定的相关"百人斩竞赛"的事实在日本国内报纸的报道，如《日日新闻》和《大阪每日新闻》鹿儿岛和冲绳版1937年12月1日的报道，《日本广告报》的报道，以及田伯烈对日本暴行的报道。另一方面，对于两少尉，有他们在南京军事法庭宣布的死刑以及他们在南京雨花台被处决的事实。这些关于两少尉死前行为的事实、真实影像的报道和材料，从不同的角度作为探究历史事实的对象是不可避免的。而在1971年《朝日新闻》刊登被告本多撰写的"两位少尉的竞赛"的报告五年之前，大森实（Minoru Omori）在其《烈焰中的天安门》（天安門炎上す）（1966）一书中对"南京百人斩"的描述早已被人阅读。[2]

而后，法院判决认定了导致侵犯对死者的爱慕和崇拜的感情的先决条件[3]。

收到东京高等法院的判决后，原告于2006年6月6日向日本最高法院

---

[1] 『判決「2005年8月23日」』，收录于『「百人斬り訴訟」裁判記録集』，东京：展转社2007年版，第252页。

[2] 『判決「2005年8月23日」』，收录于『「百人斬り訴訟」裁判記録集』，东京：展转社2007年版，第252—253页。

[3] 『判決「2005年8月23日」』，收录于『「百人斬り訴訟」裁判記録集』，东京：展转社2007年版，第252—253页。

提出上诉。2006年12月22日，最高法院法官今井功（Isao Imai）驳回了该案①，维持了东京地方法院和东京高等法院的判决。百人斩案的诉讼由此告一段落，尽管关于"百人斩竞赛"的争议在未来的岁月仍将持续。

---

① 『棄却の通知』（《驳回通知》）(2006年12月22日)，收录于『「百人斬り訴訟」裁判記録集』，东京：展转社2007年版，第278页。

## 参考资料

**档案资料：**

1. American Board Commission Foreign Missions Files, Harvard Houghton Library.

2. China Mission Files, Special Collection, Yale Divinity School Library.

3. China Missionary Files, Harvard Yen-ching Library.

4. Court Papers, Journal, Exhibits, and Judgments of the International Military Tribunal for the Far East, RG 238, the National Archives II, College Park, MD.

5. Deutche Beraterschaft in China, MSG 160, Bundesarchiv Militärarchiv, Freiburg, Germany.

6. Diplomatic dispatches, reports, and documents, Department of State Central Decimal Files, 1930-1939, RG 59, the National Archives II, College Park, MD.

7. Diplomatic telegrams and documents, FO371, Foreign Office, Political Departments, General Correspondence, 1906-1960, Public Record Office, Kew, London.

8. Foreign Missionary Files, Presbyterian Historical Society, Philadelphia, PA.

9. Missionary Files, Burke Library, Union Theological Seminary, Columbia University.

10. Missionary Files, Disciples of Christ Historical Society Library, Nashville, TN.

11. Missionary Files: Methodist Episcopal Church, South, Missionary Correspondence, 1897-1940, Roll 11, Scholarly Resources Inc., Wilmington, DE.

12. Nanking Embassy Archives, 1938, Diplomatic Posts, China, Record Group 84, the National Archives II, College Park, MD.

13. Peking I, Politisches Archiv, Auswärtiges Amt, Berlin.

14. Peking II, Politisches Archiv, Auswärtiges Amt, Berlin.

15. Yangtze Records, 1938, Records of Admiralty, Public Record Office, Kew, London.

## 中文资料：

1.《一笔血债》，载《大公报》1938年2月3日，第2版。

2.《追记日寇南京大屠杀的血海深仇》，载《新华日报》1951年2月26日，第5版。

3.《敌陷南京后之暴行：刘柔远脱险抵湘谈话》，载《中央日报》（长沙）1938年4月1日、2日，均在第4版。

4.《八一三淞沪抗战：原国民党将领抗日战争亲历记》，北京：中国文史出版社1987年版。

5. 中央档案馆、中国第二历史档案馆、吉林社会科学院编：《日本帝国主义侵华档案资料选编：南京大屠杀》，北京：中华书局1995年版。

6.《中国红十字会月刊》第 35 期，1938 年 6 月。

7. 侵华日军南京大屠杀史料编委会、南京图书馆编：《1937.12.13——侵华日军南京人屠杀史料》，南京：江苏古籍出版社 1985 年版。

8. 段月萍：《侵华日军南京大屠杀遗址纪念碑》，载《抗日战争研究》1994 年第 4 期，第 92—101 页。

9. 高兴祖：《日军侵华暴行：南京大屠杀》，上海：上海人民出版社 1985 年版。

10. 郭歧：《陷京血泪录》，载《西京平报》1938 年 8 月 1 日至 9 月 17 日，均在第 2 版。

11. 郭士杰：《日寇侵华暴行录》，北京：联合书店 1951 年版。

12.《日军大举侵略东省》，载《申报》1931 年 9 月 20 日，第 3 至第 4 版。

13.《日军官武装直冲我飞机场》，载《申报》1937 年 8 月 10 日，第 9 版。

14.《济南日军惨无人道》，载《申报》1928 年 5 月 5 日，第 4 版。

15. 蒋纬国：《国民革命战史》第三部《抗日御侮》第五卷，台北：黎明文化事业公司 1978 年版。

16. 锦辉：《一介不屈的姑娘》，载《新华日报》1951 年 3 月 1 日，第 2 版。

17. 李克痕：《论京五月记》，载《大公报》1938 年 7 月 18 至 21 日，第 2、第 3 版。

18. 李世原：《赴京办理掩埋工作报告（1938 年 3 月 18 日）》，收录于上海市档案馆。

19. 李云汉：《卢沟桥事变》，台北：东大圆书公司 1987 年版。

20. 林娜：《血泪话金陵》，载《宇宙风》1938 年 7 月号，256 页。

21. 刘国铭、黄晋明：《中国国民党百年人物全书》，北京：团结出版社 2005 年版。

22. ［美］陆束屏：《历史上的黑暗一页：英国外交文件与英美海军档案中的南京大屠杀》，南京：江苏人民出版社 2017 年版。

23. ［美］陆束屏：《忍辱负重的使命：美国外交官记载的南京大屠杀与劫后的社会状况》，南京：江苏人民出版社 2018 年版。

24. ［美］陆束屏：《血腥恐怖金陵岁月：金陵女子文理学院中外人士的记载》，

南京：南京出版社 2014 年版。

25. 上海市宝山区政协学习文史委员会编纂：《罗泾祭：侵华日军暴行实录》1997 年版。

26. 泯光：《一位守卫南京的壮士》，载《西京日报》1938 年 1 月 9 日、10 日、17 日，均在第 3 版。

27.《南京保卫战》，北京：中国文史出版社 1987 年版。

28.《南京市街巷名册》，南京：南京市公安局 1984 年版。

29.《地狱中的南京》，载《半月文摘》第 2 卷第 5 期（1938 年 5 月 10 日），第 176—178 页。

30.《从南京逃到上海：一个难民的口述》，载《文汇报》1938 年 3 月 5 日，第 2 与第 6 版。

31. 中国第二历史档案馆、南京市档案馆编：《1937.12.13——侵华日军南京大屠杀档案》，南京：江苏古籍出版社 1997 年版。

32.《蔡公时殉难始末记》，载《申报》1928 年 5 月 9 日，第 10 版。

33. 绍伊：《没齿难忘仇和恨》，载《新华日报》1951 年 2 月 26 日，第 2 版。

34. 史芜：《逃出黑色的紫金城》，载《大晚报》1938 年 3 月 5 日至 8 日，均在第 3 版。

35. 孙宅巍：《南京大屠杀与南京人口》，载《南京社会科学》1990 年第 3 期，第 75—80 页。

36. 孙宅巍：《30 万南京同胞被屠杀史实岂容否定》，载《抗日战争研究》1991 年第 2 期，第 106—120 页。

37. 孙宅巍：《关于南京大屠杀尸体处理的研究》，载《南京社会科学》1991 年第 4 期，第 72—78、88 页。

38. 孙宅巍：《南京大屠杀》，北京：北京出版社 1997 年版。

39.《泣血吴淞口：侵华日军在上海宝山地区的暴行》，上海：上海社会科学院出版社 2000 年版。

40.《沦陷已三月 挥泪话南京》，载《中山日报》1938 年 4 月 1 日，第 4 版。

41. 肖灿：《勇敢顽强的李秀英》，载《新华日报》1951年2月23日，第1版。

42. 吴相湘：《第二次中日战争史》（上册），台北：综合月刊社1973年版。

43. 许杰：《虹口日本人居住区述论》，载《上海研究论丛》第十卷，上海：上海科学院出版社1995年版，第278—298页。

44. 余子道、张云：《八一三淞沪抗战》，上海：上海人民出版社2000年版。

45. 袁霭瑞：《陷落后的南京》，载《大公报》1938年2月20日，第4版。

46. 张宪文：《南京大屠杀史料集》，南京：江苏人民出版社2005—2010年版。

47. 张宪文：《南京大屠杀全史》，南京：南京大学出版社2012年版。

48. 张怿伯：《镇江沦陷记》，北京：人民出版社1999年版。

49. 張正安：《永远忘不了的仇恨》，载《新华日报》1951年2月25日，第1版。

50. 郑宗礼：《不能再让日本鬼来刺我十八刀》，载《新华日报》1951年2月22日，第1版。

51. 朱成山：《侵华日军南京大屠杀幸存者证言集》，南京：南京大学出版社1994年版。

## 英文资料：

1. "A great change", *The North-China Daily News* (Shanghai), January 21, 1938, p. 4.

2. Abend, Hallett. "Invaders despoil cringing Nanking", *The Oregonian* (Portland, OR), January 25, 1938, p. 2.

3. Abend, Hallett. *My Life in China, 1926-1941*, New York: Harcourt, Brace & Company, 1943.

4. Abend, Hallett. "Terror Reigns in Nanking", *The New York Times*, December 24, 1937, p. 7.

5. Abend, Hallett. "Twenty Waves of Chinese Mowed down by Japanese in Fight Atop Tsinan Wall", *The New York Times*, May 13, 1928, p. 1.

6. "Basket Cases", *Time*, Vol. 31 (April 18, 1938): 22.

7. Chen, Jerome. *Yuan Shih-kai, 1859-1916; Brutus Assumes the Purple*, Stanford, CA.: Stanford University Press, 1961.

8. "China and Japan", *The North-China Herald and Supreme Court & Consular Gazette*, March 25, 1885, pp. 342-343.

9. "The Chino-Japan Convention", *The North-China Herald and Supreme Court & Consular Gazette*, December 10, 1874, pp. 570-571.

10. "Corea", *The North-China Herald and Supreme Court & Consular Gazette*, June 5, 1875, p. 553.

11. "Corea", *The North-China Herald and Supreme Court & Consular Gazette*, March 23, 1876, p. 266.

12. "Corea", *The North-China Herald and Supreme Court & Consular Gazette*, August 18, 1882, pp. 176-178.

13. "The Corean Outbreak", *The Time*, December 22, 1884, p. 5.

14. "The Corean Outbreak", *The Time*, January 8, 1885, p. 5.

15. Cox, Alvin D. and Hillary Conroy. *China and Japan: Search for Balance Since World War 1*, Santa Barbara, CA.: ABC-Clio, Inc., 1978.

16. Drea, Edward et al. *Researching Japanese War Crimes Records: Introductory Essays*, Washington, D.C.: Nazi War Crimes and Japanese Imperial Government Records Interagency Working Group, 2006.

17. Duiker, William J. *Cultures in Collision: The Boxer Rebellion*, San Rafael, CA.: Presidio Press, 1978.

18. Durdin, Frank Tillman. "300 Chinese Slain on a Peak Ringed by Fires Set by Foe", *The New York Times*, December 9, 1937, pp. 1 & 5.

19. Durdin, Frank Tillman. "Butchery Marked Capture of Nanking", *The New York Times*, December 18, 1937, pp. 1 & 10.

20. Durdin, Frank Tillman. "Foreigners' role in Nanking praised",

*The New York Times*, December 19, 1937, pp. 1 & 38.

21. Durdin, Frank Tillman. "Japanese atrocities marked fall of Nanking after Chinese command fled", *The New York Times*, January 9, 1938, p. 38.

22. "Eye-Witness Tells of Horror Seen in Fall of Nanking", *Cleveland Plain Dealer*, May 23, 1938, p. 8.

23. "Fall of Nanking vividly retold by eye-witness", *Peking Chronicle*, December 19, 1937, pp. 1 & 18.

24. "Fight at Tsinan-Fu is Over; Both Sides Charge Atrocities", *The New York Times*, May 6, 1928, pp. 1 & 18.

25. Fitch, George Ashmore. *My Eighty Years in China*, Taipei: Mei Ya Publications, 1967.

26. Fitch, George Ashmore. "The Rape of Nanking", *This World*, Sunday Supplement to *The San Francisco Chronicle*, June 11, 1938, pp. 16-17.

27. Foreign Office, Great Britain, *The Foreign Office list and diplomatic and consular year book for 1943*, London: Harrison and Sons, 1943.

28. "Full Text of Peace Agreement", *The North-China Daily News*, May 6, 1932, p. 19.

29. Hatada, Takashi. *A History of Korea*, translated & edited by Warren W. Smith, Jr. & Benjamin H. Hazard, Santa Barbara, CA.: ABC-CLIO, Inc., 1969.

30. Honda, Katsuichi. *The Nanjing Massacre: A Japanese Journalist Confronting Japan's National Shame*, Armonk, N.Y: M. E. Sharpe, Inc, 1999.

31. "How Lieutenants Mukai and Noda Exceeded Murder Quotas", *The China Weekly Review*, 83, no. 5 (January 1, 1938): 115.

32. Howe, Christopher. *China and Japan: history,trends,and prospects*, New York: Oxford University Press, 1996.

33. Hsu, Shuhsi. *Documents of the Nanking Safety Zone*, Shanghai: Kelly &

Walsh, Ltd., 1939.

34. Hsu, Shuhsi. *The War Conduct of the Japanese*, Shanghai: Kelly & Walsh, Ltd., 1938.

35. "Japan and Corea", *The North-China Herald and Supreme Court & Consular Gazette*, October 28, 1875, p. 429.

36. "Japan's reign of terror in China: First authentic description; Americans tell of atrocities; children killed; girls attacked", *Daily Telegraph and Morning Post* (London), January 28, 1938, pp. 15-16.

37. Kerr, George H. *Okinawa: The History of an Island People*, Rutland, VT.: Charles E. Tuttle Company, 1958.

38. Key, Sargent. *Eighty-Eight Years of Commercial Progress Ruined: Shanghai Shelled and Bombed, A Collection of editorials and reports written by impartial foreign observers on the local war situation for leading American and British papers including "The Shanghai Evening Post & Mercury" "The China Press" "North China Daily News", etc.*, Shanghai: [n.p.], 1932.

39. "The Loochoo Islands", *The North-China Daily News*, April 4, 1879, p. 311.

40. "The Loochoo Islands", *North-China Daily News*, April 18, p. 355.

41. "Loochoo", *The North-China Daily News*, May 16, 1879, p. 451.

42. Lu, David John. *From the Marco Polo Bridge to Pearl Harbor: Japan's entry into World War II*, Washington, D. C.: Public Affairs Press, 1961.

43. Lu, Suping. *A Dark Page in History: The Nanjing Massacre and Post-Massacre Social Conditions Recorded in British Diplomatic Dispatches, Admiralty Documents and U.S. Naval Intelligence Reports*, Lanham, MD.: University Press of America, 2012.

44. Lu, Suping. *A Mission under Duress: The Nanjing Massacre and Post-Massacre Social Conditions Documented by American Diplomats*, Lanham, MD.: UPA, 2010.

45. Lu, Suping. *They Were in Nanjing*: *The Nanjing Massacre Witnessed by American and British Nationals*, Hong Kong: Hong Kong University Press, 2004.

46. MacNair, Harley F. *Modern Chinese History*: *Selected Readings*, New York: Paragon Book Reprint Co., 1967.

47. McCormack, Gavan. *Chang Tso-lin in Northeast China,1911-1928*, Stanford, Calif.: Stanford University Press, 1977.

48. McDaniel, Charles Yates. "Nanking hopes Japanese will mitigate harshness", *Springfield Daily Republican* (Springfield, MA), December 18, 1937, p. 2.

49. McDaniel, Charles Yates. "Newsman's diary describes horrors in Nanking", *Seattle Daily Times*, December 17, 1937, p. 12. Also in *Chicago Daily Tribune*, December 18, p. 8.

50. Menken, Arthur. "Cameraman reveals carnage in Nanjing", *Boston Globe*, December 16, 1937, p. 16.

51. Menken, Arthur. "Witness tells Nanking horror as Chinese flee", *Chicago Daily Tribune*, December 17, 1937, p. 4.

52. Misselwitz, Henry F. "Nanking Appeals to League to Urge Japan to Quit China", *The New York Times*, May 12, 1928, pp. 1 & 4.

53. Morley, James William. *Japan's Road to the Pacific War*: *The China Quagmire, Japanese Expansion on the Asian Continent, 1933-1941*, New York: Columbia University Press, 1983.

54. "Nanking Safety Zone still filled with refugees: Violence by Japanese prevent people returning to their homes; food restrictions", *The North-China Daily News*, January 27, 1938, p. 5.

55. "Nanking—What Really Happened—and the Japanese 'Paradise'", *The China Weekly Review*, Supplement (March 19, 1938): 10-11.

56. "The Outbreak in Corea", *The Time*, September 30, 1882, p. 4.

57. Pritchard, R. John & Sonia Magbanua Zaide. *The Tokyo War Crimes*

*Trial*, New York: Garland Publishing Inc., 1981.

58. Pu Yi. *Last Manchu: The Autobiography of Henry Pu Yi, Last Emperor of China*, New York: G. P. Putnam's Sons, 1967.

59. Rabe, John. *The Good Man of Nanking: The Diaries of John Rabe*, New York: Alfred A. Knopf, 1998.

60. "Rape, looting follow taking of the capital: Bitter two days on entry of Japanese; hundreds massacred; foreign property not safe from plundering", *North-China Daily News*, December 25, 1937, p. 5.

61. "The Rape of Nanking: American eyewitness tells of debauchery by invaders; unarmed Chinese butchered", *South China Morning Post*, March 16, 1938, pp. 17-18.

62. *Register of the Department of State, October 1938*, Washington DC.: United States Government Printing Office, 1938.

63. "The Sack of Nanking", *Ken*, Vol. 1 (June 2, 1938): 12-15. A condensed version in *Reader's Digest*, Vol. 33 (July 1938): 28-31.

64. "Soochow Nightmare", *The China Weekly Review Supplement*, March 19, 1938, p. 24.

65. Steele, Archibald Trojan. "Japanese troops kill thousands: 'Four days of hell' in captured city told by eyewitness; bodies piled five feet high in streets", *Chicago Daily News*, December 15, 1937, p. 1.

66. Steele, Archibald Trojan. "Panic of Chinese in capture of Nanking, scenes of horror and brutality are revealed", *Chicago Daily News*, February 3, 1938, p. 2.

67. Steele, Archibald Trojan. "Reporter likens slaughter of panicky Nanking Chinese to jackrabbit drive in U. S.", *Chicago Daily News*, February 4, 1938, p. 2.

68. Steele, Archibald Trojan. "Tells heroism of Yankees in Nanking",

*Chicago Daily News*, December 18, 1937, pp. 1 & 3.

69. Steele, Archibald Trojan. "War's death drama pictured by reporter: Panay victims under Japanese fire for full half hour; butchery and looting reign in Nanking", *Chicago Daily News*, Dec. 17, 1937, pp. 1 & 3.

70. "Terror in Nanking: Looting and murder; the conquerors' brutality", *The Times* (London), December 18, 1937, p. 12.

71. Timperley, Harold John. *What War Means*, London: Victor Gollanz Ltd,. 1938.

72. "Treaty of Peace with Japan", September 8, 1951, San Francisco, *United Nations Treaty Series*, 1952 Vol. 136, (No. 1832).

73. Truman, Harry S. "Executive Order 10393, September 4, 1952", *Federal Register*, Vol. 17, No, 175, September 6, 1952.

74. Truman, Harry S., Chiang Kai-shek and Winston Churchill. "Potsdam Declaration", July 26, 1945, *Foreign Relations of the United States*: *The Conference of Berlin*, Vol. II, Washington, D.C.: Government Printing Office, 1960.

75. Vautrin, Minnie. *Terror in Minnie Vautrin's Nanjing*: *Diaries and Correspondence,1937-1938*, ed. by Suping Lu, Urbana, IL.: University of Illinois Press, 2008.

76. "We were in Nanking", *Reader's Digest*, Vol. 33 (October 1938): 41-44.

77. "Wusih American Property Looted" ,*The China Weekly Review*, March 19, 1938, p. 23.

## 德文资料：

1. Keipert, Maria, Peter Grupp, Gerhard Keiper and Martin Kröger. *Biographisches Handbuch des deutschen Auswärtigen Dienstes,1871-1945*, Paderborn:

Ferdinand Schoningh, 2000-2014.

2. Kröger, Christian. "Nankings Schicksalstage: 12. Dezember 1937 - 13. Januar 1938", BA-NS10/88/ pp. 16-19, Bundesarchiv, Lichterfelde, Berlin.

3. Kröger, Christian. "Nankings Schicksalstage: 12. Dezember 1937 - 13. Januar 1938", MSG 160/8, p. 49-75, Bundesarchiv Militärarchiv, Freiburg, Germany.

4. Mergel, Richard and Murad Ferid. *Auswartiges Amt und Geheimdienst: Personal im Dritten Reich und Nachkriegsdeutschland*, Monee, IL: [n.p.], 2016.

5. Politische Archiv des Auswärtigen Amts Personalakten bis 1945, A-K, Politisches Archiv, Auswärtiges Amt, Berlin.

6. Politische Archiv des Auswärtigen Amts Personalakten bis 1945, L-Z, Politisches Archiv, Auswärtiges Amt, Berlin.

7. Rabe, John. *Der gute Deutsche von Nanking*, bearbeitet von Erwin Wickert, Stuttgart: Deutsche Verlags-Anstalt, 1997.

8. Rabe, Thomas. *John Rabe. Sein Leben, seine Zeit*, Heidelberg: Selbstveröffentlichung, 2009.

9. Raunig, Walter Von and Steffen Wenig. *Afrikas Horn: Akten der Ersten Internationalen Littmann Konferenz 2. bis 5. Mai 2002 in München*, Wiesbaden: Harrassowitz Verlag, 2005.

10. Scharffenberg, Renate. "Mein Vater Paul Scharffenberg: Ein Leben im diplomatischen Dienst in China", *StuDeO-Info*, April 2008, p. 18.

11. Scharffenberg, Paul. "Die militärisch-politische Lage bei und in Nanking gegen Ende 1937 und in der Zeit vom 13. Januar bis zum 21 März 1938, 1. Teil" *StuDeO-Info*, Dezember 2007, pp. 19-22.

12. Scharffenberg, Paul. "Die militärisch-politische Lage bei und in Nanking gegen Ende 1937 und in der Zeit vom 13. Januar bis zum 21 März 1938, 2. Teil" *StuDeO-Info*, April 2008, pp. 14-18.

13. Schmitt-Englert, Barbara. *Deutsche in China 1920-1950*: *Alltagsleben und Veränderungen*, Gossenberg: Ostasien Verlag, 2012.

## 日文资料：

1. 『日本外交年鑑：昭和 18 年版』, 东京：日本外交年鉴社 1943 年版。

2. 石田勇 (Ishida, Yūji)、笠原十九司 (Tokushi Kasahara)、吉田裕 (Yutaka Yoshida)：『資料：ドイツ外交官の見た南京事件』, 东京：大月書店 2001 年版。

3. 佐藤振寿 (Sato, Shinju)：『從軍とは歩くこと』, 收录于『南京戦史資料集 II』, 南京战史编辑委员会编纂，东京：偕行社 1993 年版，第 495—641 页。

4. 创业学会青年部反战出版委员会编：『揚子江が哭いている：熊本第六師団大陸出兵の記録』, 东京：第三文明社 1980 年版。

5. 浅海一男 (Asami, Kazuo) 等：『急ピッチに躍進 百人斬り競争の経過』, 載『東京日日新聞』1937 年 12 月 3 日, 第 11 页。

6. 浅海一男 (Asami, Kazuo) 等：『89 － 78 百人斬り、大接戦 勇壮！向井、野田両少尉』, 載『東京日日新聞』1937 年 12 月 6 日, 第 7 页。

7. 浅海一男 (Asami, Kazuo) 等：『百人斬り：超記録、向井 106 － 105 野田／両少尉さらに延長戦』, 載『東京日日新聞』1937 年 12 月 13 日, 第 11 页。

8. 浅海一男 (Asami, Kazuo) 等：『百人斬り競争！両少尉、早くも八十人』, 載『東京日日新聞』1937 年 11 月 30 日, 第 11 页。

9. 南京事件調査研究会編：『南京大虐殺否定論 13 のウソ』, 东京：柏書房 1999 年版。

10. 东史郎 (Azuma, Shiro)：『わが南京プラトーン：一召集兵の体験した南京大虐殺』, 东京：青木書店 1987 年版。

11. 『捕擄續出 敵の死體山を築く』, 載『東京日日新聞』1937 年 12 月 14 日, 第 2 页。

12. 『敵の死體八萬四千 我が戰死は八百名 南京攻略戰彼我の損害』,載『東京日日新聞』1937 年 12 月 30 日,第 H2 页。

13. 『敵の遺棄死体八九萬』,載『東京日日新聞』夕刊 1937 年 12 月 19 日,第 1 页。

14. 『敵の遺棄死體五萬三千八百』,載『讀賣新聞』第二夕刊 1937 年 12 月 28 日,第 1 页。

15. 『最前線大異常あり:虐殺で対立する南京攻略戰の士兵たち』,載『アサヒ芸能』1971 年 1 月 28 日,第 42—45 页。

16. 秦贤助 (Hata, Kensuke):『白虎部隊』,东京:平凡社 1939 年版。

17. 秦贤助:『捕虜の血にまみれた白虎部隊,』載『日本週報』1957 年 2 月 25 日,第 13—15 页。

18. 东武夫 (Higashi, Takeo):『東武夫陣中日記』,2002 私家版。

19. 本多胜一 (Honda, Katsuichi):『ペンの陰謀:あるいはペテンの論理を分析する』,东京:潮出版社 1977 年版。

20. 本多胜一、星徹 (Tōru Hoshi)、渡边春已 (Harumi Watanabe):『南京大虐殺と「百人斬り競争」の全貌』,东京:金曜日 2009 年版。

21. 本多胜一:『中国の旅』,东京:朝日新聞社 1972 年版。

22. 洞富雄 (Hora, Tomio):『決定版南京大虐殺』,东京:德间书店 1982 年版。

23. 洞富雄:『近代戰史の謎』,东京:人物往来社 1967 年版。

24. 洞富雄:『南京事件』,东京:新人物往来社 1972 年版。

25. 洞富雄:『南京大虐殺:「まぼろし」化工作批判』,东京:现代史出版会 1975 年版。

26. 今井正刚 (Imai, Masatake):『南京城内の大量殺人』,載『特集文藝春秋』1956 年 12 月,第 154—159 页。

27. 板仓由明 (Itakura, Yoshiaki):『松井石根大将「陣中日記」改竄の怪』,載『歷史と人物』1985 年冬,第 318—331 页。

28. 井手纯二 (Ite, Junji):『私が目撃した南京の惨劇』,載『歷史と人物』昭

和 59 年增刊, 第 272—276 页。

29. 岩崎稔 (Iwazaki, Minoru):『或る戦いの軌跡：岩崎昌治陣中書簡より』,东京：近代文芸社 1995 年版。

30.『「南京虐殺」ひたすら隠す』,載『朝日新聞』1985 年 11 月 25 日, 第 3 页。

31. 井口和起 (Kazuki, Iguchi)、木阪順一郎 (Junichiro Kisaka)、下里正樹 (Masaki Shimozato):『南京事件：京都師団関係資料集』,东京：青木书店 1989 年版。

32. 小野賢二 (Kenji Ono)、藤原彰 (Akira Fujiwara)、本多勝一 (Katsuichi Honda):『南京大虐殺を記録した皇軍兵士たち：第十三師団山田支隊兵士の陣中日記』,东京：大月书店 1996 年版。

33. 『二百五十三人を斬り, 今度千人斬り発愿』, 載『大阪毎日新聞』鹿儿岛冲绳版 1938 年 1 月 25 日, 第 3 页。

34. 小原孝太郎 (Kohara, Kōtarō):『日中戦争従軍日記：一輜重兵の戦場体験』,江口圭一 (Keiichi Eguchi)、 芝原拓自 (Takuji Shibahara) 編輯, 京都：法律文化社 1989 年版。

35. 前田雄二 (Maeda, Yuji):『戦争の流れの中に』,东京：善本社 1982 年版。

36. 松岡環 (Matsuoka, Tamaki):『南京戦：閉ざされた記憶を尋ねて』,东京：社会評論社 2002 年版。

37. 松本重治 (Mstsumoto, Shigeharu:『上海時代』, 东京：中央公論社 1975 年版。

38. 望月五三郎 (Mochizuki, Gosaburou):『私の支那事変』,1985 年私家版。

39. 南京战史编辑委员会编：『南京戦史資料集』,东京：偕行社 1989 年版。

40. 南京战史编辑委员会编：『南京戦史資料集 II』,东京：偕行社 1993 年版。

41. 『戦死した競争相手に「孫六」手向けの斬れ味』, 載『東京日日新聞』1938 年 5 月 19 日, 第 7 页。

42. 冈本健三 (Okamoto, Kenzou):『杭州湾敵前上陸に参加して』, 載『中國』1971 年 8 月, 第 30—57 页。

43. 奥宮正武 (Okumiya, Masatake):『私の見た南京事件』, 东京：PHP 研

究所 1997 年版。

44.『隠されつづけた南京大虐殺の記録』, 載『潮』1971 年 7 月, 第 112—156 頁。

45.『「南京百人斬り」の「虚報」で死刑戦犯を見殺しにした記者が今や日中かけ橋の花形』, 載『週刊新潮』1972 年 7 月 29 日, 第 32—37 頁。

46.『南京一帯掃蕩の戦果 敵六萬を捕虜・撃滅す 皇軍なほ清掃を續く』, 載『東京日日新聞』1937 年 12 月 16 日, 第 D1 頁。

47. 佐佐木元胜 (Sasaki, Motokatsu):『野戦郵便旗』, 东京:日本讲演通信社 1941 年版。

48. 佐佐木元胜:『野戦郵便旗』, 东京:現代史資料センター出版会 1973 年版。

49. 佐佐木元胜:『佐々木元勝氏の野戦郵便長日記』, 載『偕行』1984 年 12 月, 第 10—11 頁。

50. 岛田胜已 (Shimada, Katsumi):『南京攻略戦と虐殺事件』, 載『特集人物往来』1956 年 6 月, 第 106—111 頁。

51. 志志目彰 (Shishime, Akira):『日中戦争の追憶』, 載『中國』1971 年 12 月, 第 43—45 頁。

52. 衫山平助 (Shugiyama, Heisuke):『南京』, 載『改造』1938 年 3 月, 第 312—323 頁。

53. 曾根一夫 (Sone, Kazuo):『私記南京虐殺』, 东京:彩流社 1984 年版。

54. 曾根一夫:『続私記南京虐殺』, 东京:彩流社 1984 年版。

55. 铃木明 (Suzuki, Akira):『南京大虐殺のまぼろし』, 东京:文芸春秋 1973 年版。

56. 铃木明:『向井少尉はなぜ殺されたか:南京「百人斬り」のまぼろし』, 載『諸君!』1972 年 8 月, 第 178—203 頁。

57. 铃木明:『向井少尉は何故殺されたか・補遺』, 載『諸君!』1972 年 10 月, 第 108—115 頁。

58. 铃木二郎 (Suzuki, Jiro):『私はあの「南京の悲劇」を目撃した』, 載『丸』1971 年 11 月, 第 24 卷, 第 94—99 頁。

59. 田中正明 (Tanaka, Masaaki):『「南京虐殺」の虚構—松井大将の日記を巡つて』,东京:日本教文社1984年版。

60. 田中正明:『松井石根大将の陣中日誌』,东京:芙蓉书房1985年版。

61. 田中正明:『南京虐殺事件と松井石根日記』,載『日本週報』1957年2月25日,第3—10页。

62. 『「南京虐殺」史料に改ざん 今春出版の「松井大将の陣中日誌」』,載『朝日新聞』1985年11月24日,第3页。

63. 『「百人斬り訴訟」裁判記録集』,东京:展转社2007年版。

64. 『敵の屍六、七萬』,載『東京日日新聞』夕刊1937年12月16日,第H2页。

65. 『なほ潜伏二萬五千 敗殘兵狩り續く 外國權益を特別保護』,載『東京日日新聞』1937年12月16日,第I2页。

66. 『持余す捕虜大漁 廿二棟鮨詰め 食糧難が苦勞の種』,載『東京日日新聞』1937年12月17日,第H2页。

67. 防卫厅防卫研修所战史室编:『支那事変陸軍作戦』,东京:朝云新闻社1975年版。

68. 山本武 (Yamamoto, Takeshi):『一兵士の従軍記録:づりおく、わたしの鯖江三十六聯隊』,福井:新福井1985年版。